परिवर्तन की परम्परा के कवि

लीलाधर जगूड़ी

परिवर्तन की परम्परा के कवि लीलाधर जगूड़ी

डॉ. बृजबाला सिंह

वाणी प्रकाशन

वाणी प्रकाशन
4695, 21-ए, दरियागंज, नयी दिल्ली 110 002

शाखा
अशोक राजपथ, पटना 800 004

फ़ोन : +91 11 23273167 फ़ैक्स : +91 11 23275710

www.vaniprakashan.in
vaniprakashan@gmail.com
sales@vaniprakashan.in

PARIVARTAN KI PARAMPARA KE KAVI
LEELADHAR JAGOODI
by Dr. Brijbala Singh

ISBN : 978-93-87889-39-2
Criticism

प्रथम संस्करण

मूल्य : ₹ 595

सिटी प्रेस, दिल्ली-110 095 में मुद्रित

वाणी प्रकाशन का लोगो मक़बूल फ़िदा हुसेन की कूची से

श्रीमाँ को

अपनी बात

समकालीन कविता के कवि लीलाधर जगूड़ी की कविताओं के अध्ययन की ओर मेरी रुचि पत्र-पत्रिकाओं में प्रकाशित कविताओं से हुई। बाद में मैंने उनके कविता संग्रहों का अध्ययन प्रारंभ किया। बीतते समय के साथ-साथ मेरे विचार उनकी कविताओं से जुड़ते चले गये। मैंने निरन्तर यह अनुभव किया कि जगूड़ी की कविताएँ मुग्ध करने की तुलना में उद्वेलित अधिक करती हैं। उनमें वैविध्य भरा संसार है। अतीत की झलक, वर्तमान का सजीव चित्रण तथा भविष्य की सूचनाएँ भी हैं। उनके काव्य में यथातथ्यता व्यंग्य से भरी है। वे अर्थ को यहाँ-से-वहाँ और कहाँ-से-कहीं पहुँचा देते हैं। उनके प्रायः सभी दृश्य प्रकृति के सहारे उभरते हैं। उनकी कविता में पहाड़, पेड़, चिड़िया, बादल, समुद्र, नदी, चाँद, तारे, सूरज, धूप, चाँदनी, उजाला, अँधेरा, शाम, सुबह, रात-दिन, सभी बदले हुए सन्दर्भों में हैं। उनकी कविताओं में अर्थ की अपार संभावनाएँ हैं। जगूड़ी ऐसे कुशल शब्द-शिल्पी हैं जिनकी कविता में बिम्बों की शृंखला बनती है। फैण्टेसी-प्रयोग अद्‌भुत व अप्रतिम हैं। उनके उपमान अप्रयुक्त एवं अश्रुत हैं। वे सहज एवं सामान्य के विशिष्ट रचनाकार हैं।

किसी भी कवि की कविता को समझने की एक कुंजी होती है किन्तु एक ही कुंजी से जगूड़ी की कविताओं को खोल पाना सम्भव प्रतीत नहीं होता। वे नितान्त भिन्न कहने वाले रचनाकार हैं। नये हैं। उदास बासीपन से दूर रहने वाले कवि हैं। यह सब मैंने जगूड़ी की कविताओं का अध्ययन करते हुए अनुभव किया। वे पुराने कवियों से भी सीखने के पक्षधर हैं। परम्परा के पोषक हैं फिर भी वे अपने आपको किसी बँधी-बँधाई परिपाटी में नहीं बाँधते। वे परम्परा में भी परिवर्तन को स्वीकार करते हैं। वस्तुतः वे 'परिवर्तन की परम्परा के कवि' हैं।

साठोत्तरी कविता-आन्दोलनों के चर्चित काल में जगूड़ी का लेखन प्रारम्भ हुआ। उनके प्रारम्भिक लेखन पर अकविता का प्रभाव है। 'नाटक जारी है'

कविता संग्रह तो अकविता की जमीन को समझने का सर्वोत्तम ग्रन्थ है। किन्तु अगले ही कविता संग्रह 'इस यात्रा में' से जगूड़ी ने अपनी रचना यात्रा की दिशा परिवर्तित कर दी। उनके सभी संग्रहों में तत्कालीन समाज, राजनीति एवं अर्थतन्त्र को साफ-साफ देखा जा सकता है। बदलते समय की इन कविताओं में कवि कहीं भी रूढ़ियों से बँधा हुआ नहीं है। 'ख़बर का मुँह विज्ञापन से ढका है' संग्रह में वैश्वीकरण के प्रभावों को देखा जा सकता है। 'जितने लोग उतने प्रेम' संग्रह में इक्कीसवीं सदी के पाठकों को आकर्षित करने वाली कविताएँ हैं।

पुस्तक के छः अध्याय हैं। प्रथम अध्याय 'कवि का जीवन' लीलाधर जगूड़ी के उस जीवन की कहानी है जिसमें जीवन जीने के विपरीत जो कुछ हो सकता है–सब है। द्वितीय अध्याय 'रचना यात्रा' जगूड़ी के लगभग पचपन वर्षों की रचना-साधना का वह विवरण है जिसमें कविता के साथ-साथ सुललित गद्य की बानगी भी देखी जा सकती है। तृतीय अध्याय 'कविता के उद्‌गम स्थल' उनकी काव्य सम्पदा की मंजूषा है। चतुर्थ अध्याय 'चेतना के शिल्प' में बहुरंगी अभिव्यक्तियाँ हैं। पाँचवाँ अध्याय 'बड़े आशय की छोटी कविताएँ' छोटी कविताओं के भाव-गांभीर्य पर केन्द्रित है। छठवाँ अध्याय 'लम्बी कविताओं की महाकाव्यात्मक गाथा' में कुछ लम्बी कविताओं का विश्लेषण है।

यह पुस्तक लीलाधर जगूड़ी की रचनाओं के मुक्त अध्ययन, मनन, चिन्तन, विश्लेषण एवं विवेचन की परिणति है। आप सुधीजनों के विचार मेरे अगले प्रस्थान के प्रेरणाबिन्दु होंगे।

–बृजबाला सिंह

अनुक्रम

प्रथम अध्याय
कवि का जीवन 11

द्वितीय अध्याय
रचना-यात्रा 25

तृतीय अध्याय
कविता के उद्‌गम स्थल 143

चतुर्थ अध्याय
चेतना के शिल्प 175

पंचम अध्याय
बड़े आशय की छोटी कविताएँ 222

षष्ठ अध्याय
लम्बी कविताओं की महाकाव्यात्मक गाथा 240

प्रथम अध्याय

कवि का जीवन

किसी भी रचनाकार का व्यक्तिगत जीवन उसके रचनात्मक जीवन से अलग नहीं होता। महान साहित्यकार अपने सर्जनात्मक जीवन को ही अपना मूल जीवन मानकर चलते हैं क्योंकि यही उनकी उपलब्धि होती है। कोई रचना चाहे वह कितनी भी व्यक्तिगत क्यों न हो, उसका एक परिवेशगत आधार होता है। रचनाकार की अभिव्यक्ति उसके मानसिक, सामाजिक, राजनीतिक एवं भौगोलिक वातावरण के साथ-साथ उसकी अन्तःप्रेरणा के पारस्परिक क्रिया का प्रक्षेपण होती है। वह अपने जीवन एवं समय के गहनतम दुःख-सुख, अन्तर्विरोध और विचारों को अपने जीवन के तर्क और आवेग में ही कस कर सक्रिय होता है। समकालीन कविता के प्रमुख कवि लीलाधर जगूड़ी का जीवन भी इन्हीं परिस्थितियों की आँच में तपकर, जलकर निखरा है।

अपने जन्म के विषय में लीलाधर जगूड़ी ने स्वयं लिखा है 'मेरा जन्म एक पहाड़ी गाँव में बने घर के ओबारे में हुआ जहाँ पशु बाँधे जाते थे। गाय, बैल और भैंस के कमरे में जिस माँ ने मुझे जन्म दिया, उसने पशुओं से प्यार और पशुता से बैर की शिक्षा दूध के पहले घूँट में ही दे दी थी। आप देखेंगे मेरी कविताओं में सबसे ज्यादा जानवर हैं।'[1] 'स्वप्नभंग' कविता में तो जानवर ही मनुष्यों के बदलने का पूरा स्वप्न देखते हैं :

एक स्वस्थ गाय की मृदुलता ओढ़कर
ओबरे में
सपना देख रहे हैं।–बैल
अपने त्यागे हुए संसर्ग के कीचड़ में सोये हुए
पेड़ों पर चढ़कर।
नये पत्ते खा रहे हैं–बैल

उनके वसन्त पीड़ित वन में
पृथ्वी खड़ी है और पेड़ पड़े हैं
कभी खेत बन जाते हैं
लाल हरे पत्ते
कभी फसल
वे हरेक टहनी को चबा रहे हैं
ताकि लाठियाँ खत्म हो जाएँ
इस वक्त उनके सपने में
आदमी
चींटों की तरह रेंग रहे हैं

(इस यात्रा में, पृ. 91)

ऐसे ही परिवेश में लीलाधर जगूड़ी का जन्म 1 जुलाई, 1940 को उत्तर प्रदेश के टिहरी जिले के धंगण गाँव में हुआ था। उन्होंने अपने जन्म के विषय में स्वयं लिखा है 'मेरा जन्म 1 जुलाई, 1940 के सोमवार को साढ़े नौ बजे सुबह हुआ। मुझे कैसा लगा, नहीं मालूम, पर अपने आज के अनुभव से जानता हूँ कि माँ और पिताजी को बहुत अच्छा लगा होगा। सम्भवतः उन्होंने भेली फाड़कर बाँटी होगी। तब पहाड़ पर मिठाइयाँ और चीनी दुर्लभ वस्तुओं में होती थीं।'[2] उनकी प्रारम्भिक कविताएँ लीलाधर शर्मा के नाम से तथा बाद की कविताएँ लीलाधर जगूड़ी के नाम से प्रकाशित हुईं। धूमिल से हुई एक बातचीत में शर्मा से जगूड़ी होने का रहस्य स्पष्ट होता है। उन्होंने लिखा है कि 'हम जगद्‌गुरु शंकराचार्य के गृहस्थ शिष्यों की संतान हैं–मैंने कहा, पहले जगद्‌गुरु, फिर जगद्‌गुरी और फिर जगूड़ी कहे जाने लगे। टिहरी गढ़वाल में 'जोगथ' एक गाँव है जो 'यज्ञस्थल' का अपभ्रंश और 'जग्यपथ' का बिगड़ा हुआ रूप है। लगभग आठ हजार फीट की ऊँचाई पर यह गाँव पुरातत्त्व की दृष्टि से भी बहुत महत्त्वपूर्ण है, लेकिन अभी तक वहाँ कोई शोध सम्बन्धी कार्य नहीं हुआ। धूमिल ने कहा–इसका मतलब तुम्हारे पुरखे 'केरल' के थे? मैंने कहा–हो सकता है। अब 'जोगथ' के जगूड़ी बहुत जगह बस गये हैं। जोगी और यज्ञ शब्दों से जगूड़ी शब्द बना प्रतीत होता है।'[3] पूर्वजों के इस प्रभाव के कारण ही सम्भवतः लीलाधर जगूड़ी की कविता में ईश्वर शब्द बार-बार प्रयुक्त हुआ है लेकिन अलौकिक गरिमा से मंडित होकर नहीं बल्कि ऐसा ईश्वर जो अपनी उपस्थिति के लिए मनुष्य पर आश्रित हो। अपनी कविताओं में उन्होंने ऐसे ही ईश्वर की

कल्पना की है–जो मनुष्य रूप में है। जो अनेक प्रकार के सामाजिक-पारिवारिक सम्बन्धों में बँधता है। 'साधारण मनुष्य की तरह छोटी-छोटी ताकतों को जुटाता है और एक बड़ी घटना को जन्म देता है। इसलिए मेरा यह भी मानना है कि बेहतर मनुष्य जिसे अभी तक आज के साहित्य ने ठीक से नहीं पहचाना है, प्राचीन साहित्य ने उसे ईश्वर के रूप में पहचाना। बेहतर मनुष्य वह नहीं है जो यथार्थवादी मनुष्य है, बल्कि जिसमें यथार्थ की सबसे ज्यादा चेतना हो और फिर वह मनुष्योचित और न्यायोचित सौन्दर्य का साक्ष्य बन सके।'[4]

लीलाधर जगूड़ी की सम्पूर्ण काव्य-यात्रा में इसी बेहतर मनुष्य की उपस्थिति दिखाई देती है। उनकी कविताओं में आए घुमावदार मोड़ एवं दुःख की अनेक विवश घटनाएँ स्वानुभूत जीवन का हिस्सा हैं। पाँच वर्ष की उम्र में माँ की मृत्यु ने भी उनके जीवन को बहुत प्रभावित किया। माँ उनके जीवन का सबसे महत्त्वपूर्ण चरित्र है जिससे केवल उनका जन्म ही नहीं हुआ बल्कि जिससे उनकी कविता का भी जन्म हुआ। माँ के गाए लोकगीत ही उनके भीतर कविता के भावों का स्फुरण कर सके। माँ की स्मृति में और बचपन के त्रासद जीवन की परिस्थितियों के विषय में उन्होंने लिखा है 'मैं पाँच वर्ष का था तो मेरी माँ का चेचक से निधन हो गया। गाँव के लोग कहते कि इसकी माँ भगवान को प्यारी हो गयी है। यह रहस्य मेरी समझ में नहीं आता था कि क्या ईश्वर मुर्दों से प्रेम करता है? क्या भगवान जीवित रहने के विरुद्ध है? मेरे जीवन की शुरुआत ही मृत्यु की छत्रछाया में हुई और मेरा पूरा जीवन कष्टों, तकलीफों, दुःखों, अनहोनियों और मौतों से भरा हुआ है। और जैसा कि होता है, जब एक अपरिपक्व मस्तिष्क मृत्यु, जीवन, ईश्वर, दुनिया इत्यादि जैसे बड़े सवालों से टकराता है तो कवि होने के सिवाय उसके सामने कोई चारा भी नहीं होता।'[5]

सम्भवतः बचपन की दुखद स्मृतियों से जगूड़ी के कवि मन का संसार बना और प्रारम्भिक संग्रहों की कविताओं से ही एक गम्भीर सुर भावजगत एवं दृश्यजगत के प्रति दिखाई देता है। बचपन ने ही जिसे गम्भीर बना दिया और मातृत्व सुख से जो वंचित रहा उसका बचपन के विषय में सोचना अलग तरह का होता है। 'मातृमुख' कविता में लीलाधर जगूड़ी ने माँ की स्मृति को नये बिम्बों के माध्यम से व्यक्त किया है। यहाँ ठंढ दरवाजों एवं खिड़कियों से टकराती है। रोंगटे खड़े नहीं करती बल्कि रोंगटे खटखटाती है। यहाँ रात के प्रसूतिघर में दूर टिमटिमाते तारे हैं। फेफड़ों की किवाड़ है जो रात के अंधेरे में ठंड से जकड़ गयी है। हवा में हिलते-डोलते पेड़ों की आवाज कवि के कानों में पड़ती है। इस वातावरण में माँ की स्मृति ताजी हो उठती है। बचपन में दिवंगता

माँ के चेहरे का कुछ भी याद नहीं है केवल याद हैं तो उसके काले बाल जो उस समय उसके चेहरे पर छाये हुए थे। वात्सल्य का भाव, करुणा में बदलता हुआ इस कविता को एक शोक गीत बना देता है :

मैं हज़ारों चेहरों को देखकर
अंदाज़ लगा सकता हूँ
कि चेचक ने कैसे उसके चेहरे की
गोड़ाई की होगी
रात के चेहरे पर तारे देखकर
क्यों मेरे मन में
एक तस्वीर बन रही है?
मुझे उसके चेहरे पर पड़े
काले बालों की याद है
केवल काले बालों की याद
मेरे लिए माँ का चेहरा है
इंतज़ार हजार साल पहले से
आदमी को गंदा कर रहा है
मुझे भी इंतज़ार है
कि कभी माँ के चेचक ग्रस्त चेहरे की
रचना कर सकूँगा
रात के बारह पैंतीस को
क्या मैं कह सकता हूँ 'इस समय'?
इस समय मेरे आस-पास
उस समय के चेहरे पर पड़े वे बाल हैं
जिनकी याद और जिनका रंग
फेफड़ों की धुन्ध में
थोड़ा-सा वात्सल्य है

(बची हुई पृथ्वी, पृ. 91-92)

असल में यह कविता एक ऐसे व्यक्ति का सत्यानुभव है जिसके बचपन में कहीं माँ की मौत शामिल है। वह जीवन भर माँ के चेहरे की कल्पना करता है। उसे तरह-तरह से बनाता है लेकिन उस बने हुए चेहरे को वह पहचान नहीं पाता क्योंकि पहचान के लिए हमारे पास एक पूर्व पहचान होनी चाहिए जो कि उसके

पास नहीं है। वह पहचान चेहरे के अलावा और बहुत सारी पहचानी हुई स्मृतियों से बनती है। जिन स्मृतियों से इस कविता को संगठित किया गया है, एक व्यक्ति (जो कि माँ है) का चेहरा बनाने के लिए पर्याप्त नहीं पड़ते। अँधेरे में अकेला बैठा कवि रात को माँ की तरह सम्बोधित करके उसे 'मातृमुखी रात' कहता है। उसे अँधेरे से भय लगता है। वह मातृमुखी रात से कहता है कि इस 'बिगड़ैल अन्धकार को समझाओ अगर मैं तुम्हें याद कर रहा हूँ तो यह सीटियाँ न बजाये, तुम्हारी स्मृति में खलल न पहुँचाये।'

जगूड़ी ने एक साक्षात्कार में अपने बचपन को किशोर उम्र से प्रारम्भ माना है और लिखा है कि 'व्यक्ति का अतीत बचपन से शुरू होता है, लेकिन मनुष्य जाति के बचपन के साथ उसका अतीत लाखों-करोड़ों साल पीछे चला जाता है। इसलिए मैं किशोर उम्र से ही बात शुरू कर रहा हूँ। मैं 11 साल की उम्र में घर से भागा था। कुछ दिन ऋषिकेश में रहा। फिर ऋषिकेश से दिल्ली आया–एक दम बेटिकट। प्लेटफॉर्म पर घूमता रहा। किसी तरह बाहर निकला तो चाँदनी चौक में फँसा। फिर वापस स्टेशन। एक गाड़ी उसी समय जा रही थी शायद प्लेटफॉर्म नं.13 से, उसमें बैठ गया–वही बेटिकट। लोगों से पूछा, गाड़ी कहाँ जा रही है? उन्होंने कहा, जयपुर। इस तरह मैं जयपुर पहुँच गया। छठी क्लास मैंने पास कर ली थी, सातवीं का विद्यार्थी था। गढ़वाली में गीत लिखता था और गाता भी था। जयपुर के कोटपुतली परगना का एक गाँव है 'कांसली' जहाँ के वैद्यनाथ आयुर्वेद कम्पनी के मालिक लोग हैं, जोशी लोग। कांसली में उनके द्वारा संचालित धर्मार्थ संस्कृत विद्यालय में किसी तरह भर्ती हुआ। वहाँ से प्रथमा परीक्षा पास की। कांसली भी ज्यादा दिन नहीं रुक पाया। वहाँ से पुष्कर, पिलानी, बगड़, लक्ष्मणगढ़, झुँझनू और जोधपुर पहुँचा। कुछ समय झुँझनू व जोधपुर में भी रहा। झुँझनू में अयूब खाँ का घर देखा जो उन दिनों पाकिस्तान के राष्ट्रपति थे और खबरों की सुर्खियों में थे।'[6]

बचपन की धर्मार्थ संस्कृत विद्यालय की शिक्षा ने भी सम्भवतः संस्कृत के प्रति उनके मन में गहरा आकर्षण उत्पन्न किया। आगे चलकर उन्होंने संस्कृत के न केवल साहित्य का बल्कि उसके व्याकरण का भी अच्छी तरह अध्ययन-मनन किया। वे संस्कृत के अध्येता बनकर ही नहीं रहना चाहते बल्कि उसे एक जीवनोपयोगी भाषा के रूप में स्थापित करने के पक्षधर हैं। संस्कृत के समर्थन में उन्होंने बहुत सोचा है और लिखा है कि 'संस्कृत साहित्य में सबसे बड़ी उदात्त और आकर्षक चीज मुझे लगती है–मुक्ति की कामना। साहित्य या कोई भी रचनात्मक अभिव्यक्ति, मनुष्य को, सबसे पहले उसकी मानसिक मुक्ति से

जोड़ती है। अभिव्यक्ति भी वहाँ एक मुक्ति है। संस्कृत साहित्य में परम्परा का बड़ा सम्मान इसलिए है क्योंकि वहाँ यह पहले ही स्पष्ट है कि परम्परा में ही परिवर्तन भी अन्तर्निहित है...जीव की जीविका और मानसिक सपनों की अभिव्यंजना के जितने अन्तर्विरोध संस्कृत कवियों में हैं, उतने आधुनिक कवियों में नहीं पाये जाते। आधुनिक आलोचकों में आधुनिक कवियों के लिए किसी अत्याधुनिक और अप्रयुक्त दृष्टि का घोर अभाव दिखता है, जबकि संस्कृत साहित्य के विश्लेषण के लिए एक नहीं अनेक टीकाकार और भाष्यकार मौजूद थे, जिनके पास कवि और कविता के शारीरिक समुच्चय से बाहर जाकर विचार करने की शक्ति थी।'[7]

संस्कृत साहित्य के इस गहरे प्रभाव के फलस्वरूप जगूड़ी की कविता गम्भीर भावों से सबल हुई। उनकी सर्जनाशक्ति प्रौढ़ और रचना प्रक्रिया सुस्पष्ट हुई। भाषा का व्याकरण जीवन का व्याकरण होता है। जीवन यदि एक सामाजिक व्यवस्था है तो भाषा भी ध्वनियों की व्यवस्था है। यह बहुत स्वाभाविक है कि एक के प्रभाव से दूसरे में निखार आया हो। उनका मानना है कि 'भाषा तो ज़िंदगी का मुँहबोला, आँखों देखा और आत्मसात किया हुआ वह अनुभव है, जिसमें ध्वनियों को आकार दिया जाता है। इसी प्रक्रिया में ध्वनियों के लिए अलग-अलग भूगोलों में अक्षर गढ़े गए हैं।'[8] जगूड़ी ने आधुनिक कवियों को संस्कृत कवियों की तुलना में अभिव्यंजना के धरातल पर छिछला बताया है। उनकी सलाह है कि आज के रचनाकारों को संस्कृत साहित्य से बहुत कुछ सीखने को मिल सकता है। संस्कृत साहित्य की तर्क एवं शास्त्रार्थ पद्धति आधुनिक कविता के लिए उपयोगी है। आज की कविता में तर्क और शास्त्रार्थ आत्मालाप में बदल गये हैं। पुरानी जमीन पर ही नये रास्ते फूटते हैं। संस्कृत भाषा के अध्ययन के साथ-साथ जगूड़ी को कवि बनाने में पिता का भी बहुत हाथ है जो रामचरितमानस का पाठ करते थे। 'कल्याण' जैसी पत्रिकाएं पढ़ते थे और गीता प्रेस में काम करने के कारण जिनके पास विपुल मात्रा में धार्मिक साहित्य था।

पिता के अध्ययनशील मन की पूरी छाप लीलाधर जगूड़ी में दिखाई देती है। उन्होंने एक साक्षात्कार में लिखा है 'शुरू से ही किताबें व अख़बार पढ़ने की लत थी। जो भी चीज पसन्द आ जाती, उसी के प्रभाव में आकर वैसा ही कुछ लिखता। इस तरह हिन्दी में लिखने की शुरुआत हुई। प्रकृति, मनुष्य और अपने हालात इन तीनों के सम्बन्ध में होती थीं मेरे उन दिनों की कविताएँ। अकेलापन और असुरक्षा मुझे हमेशा घेरे रहे, लेकिन अपनी कविताओं में मुझे

हिम्मत, सुरक्षा व सौन्दर्य की खोज है।'[9] बचपन अस्त-व्यस्त एवं अव्यवस्थित बीतने के कारण लीलाधर जगूड़ी की प्रारम्भिक कविताएँ कहीं खो गयी हैं ऐसा उनका मानना है। यदि उन आरम्भिक कविताओं को देखने का अवसर मिलता तो सम्भवतः उनके रचनात्मक बालमन की झाँकी प्रस्तुत हो सकती थी। हाँ, पहले संग्रह से ही उनकी काव्यात्मक उत्कृष्टता का आभास होने लगता है।

लीलाधर जगूड़ी बीमारियों एवं विपदाओं से घबराने वाले व्यक्ति नहीं बल्कि उनके साथ समझौता करते हैं। अस्वस्थ होना एवं विपत्तियों का आना जीवन की स्वाभाविक दशायें हैं जिनसे मनुष्य को घबराना नहीं चाहिए। ऐसी स्थितियाँ प्रायः सबके जीवन में घटित होती हैं। इन दुःखों को बाँटने वाला यदि कोई मित्र हो तो जीवन आसान हो जाता है। अपने आपके सही मूल्यांकन के लिए यह बहुत आवश्यक है कि कोई मित्र, कोई शुभचिंतक हमारे करीब हो। उन्होंने स्वीकार किया है कि 'बीमारी और विपत्ति में मैंने यह महसूस किया कि मित्र और शुभचिंतक सबसे बड़ी पूँजी हैं। हम मरते भले ही अकेले हों, लेकिन जीते तो साथ-साथ हैं। यह भी हो सकता है कि जीते हुए बहुत अकेलापन लगे, लेकिन अकेलेपन की फीलिंग किसी के करीब होने की गहरी प्रक्रिया शुरू कर देती है। खुद को अपनी नजर से और दूसरों की नजर से भी देखना काफी दिलचस्प हो जाता है। अन्तर्द्वन्द्वों और अन्तर्विरोधों से भरी हुई एक प्रक्रिया है अपना मूल्यांकन। अकेलेपन का अहंकार मूल्यांकन नहीं होने देता। विपदाओं का क्षेत्र, करुणा, विडम्बना और व्यंग्य का मिलन-स्थल है। जहाँ मिलन है वहाँ अकेलापन नहीं होता। वहीं पर यह लगता है कि भय भी शक्ति देता है–सहने की, जीने की और कुछ करने की शक्ति।'[10]

लीलाधर जगूड़ी का व्यक्तित्व अनेक उतार-चढ़ाव के बीच तपकर तैयार हुआ है। यह तपन, यह खरापन उनकी कविताओं में भी देखा जा सकता है। इसका एक कारण एक प्राकृतिक आपदा भी है जिसका बयान उन्होंने स्वयं किया है कि 'मैं जूनियर हाईस्कूल, मुस्टिक सौड़ में पढ़ाता था। 14 सितम्बर की सुबह मुझे यह खबर दी गयी। श्री दिगम्बरदत्त थपलियाल (उन दिनों एस. डॉ. एम. भटवाड़ी थे) मुझे अपनी गाड़ी में गेंवला लाए। मातली से लगभग तीन किलोमीटर का सफर हम लोगों ने पैदल तय किया। इस पैदल सफर में कई स्थानीय परिचित मुझसे कुछ ज्यादा ही आत्मीयता से मिले। किसी ने भी इस बात की भनक नहीं लगने दी कि नुकसान इतना बड़ा हुआ है। मैंने थपलियाल जी से कहा कि आप कुछ छिपा रहे हैं। आप पूरी बात क्यों नहीं बता देते? जब बादल फटने और बाढ़ की भयानकता इतनी डरावनी थी तो मुझे लगता है कि

हमारे परिवार का एक भी सदस्य नहीं बचा होगा। और अगर ऐसा हो गया है तो आप लोग मुझे साफ-साफ क्यों नही बता देते? मुझमें यह सब सुनने का साहस है। तब उन्होंने बताया कि अभी पूरी जानकारी नहीं मिली है। एक-दो केजुएल्टी हो सकती हैं। लेकिन ऐसी कोई बात नहीं है, आपके पिताजी ठीक हैं। इस बीच हम ऐसी जगह पहुँच गये थे जहाँ से घने चीड़ के जंगल में से हमारे घर की थोड़ी झलक दिखाई देती थी। वहाँ से मैंने देखा कि लगभग आधा कि.मी. तक विशाल चमकते सफेद पत्थरों के बीच रेत-बजरी की एक दीवार-सी दिखाई दे रही है। मेरी साँसें जितनी तेज हो गयी थीं उससे कहीं तेज मेरे कदम हो गए थे। बस, मैं फौरन जैसे उड़कर वहाँ पहुँचना चाहता था।'[11] इन पंक्तियों में जगूड़ी के तत्कालीन मन की व्याकुलता का अन्दाजा लगाया जा सकता है। एक दुखद संस्मरण का लम्बा होना स्वाभाविक है। इस संस्मरण में जगूड़ी की कविता भी समाहित है। उनकी अपनी व्यक्तिगत जिन्दगी का साहस एवं दृढ़ता भी। उनकी कविता को समझने और आत्मसात करने के लिए इन संस्मरणात्मक प्रसंगों से भी अवगत होना चाहिए। अपनी बात को जगूड़ी ने स्वयं आगे बढ़ाते हुए लिखा है–'वहाँ पहुँचते ही मैं अपनी आँखों पर भरोसा नहीं कर पा रहा था कि यह सब कैसे हो गया। हमारे घर के पीछे से दूसरे गाँवों के लिए रास्ता जाता था, उसका भी कहीं पता नहीं था और रास्ते से ऊपर के बिट्ठे पर बड़े-बड़े खेत थे, उनका भी कहीं नामोनिशान नहीं था। घर के पीछे चीड़, बाँज और बुराँश के जंगल से ढका हुआ पहाड़ था, जिसके बीचोबीच पानी का एक चीरा लगा हुआ था। पहले उसी साल इस जंगल में चीड़ के पेड़ों को काटने का ठेका चला था। पहाड़ की चोटी के पास से पानी की एक धारा फूटकर निकली, उसने आस-पास के खड़े और कटे पेड़ों को साथ ले लिया। उखड़े हुए पेड़ों और फिसली हुई झाड़ियों ने और चीड़ के भारी-भारी स्लीपरों ने एक बाँध बना दिया। पेड़ों के अंबार के बीच जो खाली जगहें थीं उनमें झाड़ियाँ और उखड़ी हुई घास भर गई। पानी वहाँ काफी देर रुका होगा, क्योंकि पानी ने अपनी निकासी के लिए दाहिनी ओर पहाड़ को लगभग आधा कि.मी. अन्दर घुसकर काट डाला था। भयंकर मलबे और आधे दिन के इकट्ठे पानी ने जब पारम्परिक रास्ता छोड़कर एक नया रास्ता बना लिया और पूरी शक्ति से उस कृत्रिम बाँध का एक हिस्सा टूट गया तो आधा किलोमीटर के तेज ढाल को, चौड़ाई में कम और गहराई में ज्यादा काटते हुए, वह क्रुद्ध पानी हमारे घर के दोनों मकानों के लगभग डेढ़ सौ फीट के क्षेत्र में नींव के नीचे बीस फीट की गहराई तक घुस गया।'[12] इस संस्मरण में जगूड़ी के मनोवेग, धैर्य एवं मानसिक सन्तुलन को

साथ-साथ देखा जा सकता है। निश्चित रूप से ऐसी परिस्थितियों के कारण ही जगूड़ी की कविता में एक सघन वेदना भी छटपटाती हुई दिखाई देती है।

संस्मरण लम्बा है। केवल वृक्षों एवं पहाड़ों के ढहने का ही नहीं बल्कि मकान एवं परिवार के सदस्यों का जो स्वरूप जगूड़ी ने देखा वे मार्मिक हैं। इन घटनाओं ने भी कवि मन को प्रभावित किया। उन्होंने लिखा है 'पेड़ और पत्थरों के साथ-साथ पानी के प्रवाह और प्रहार से, दोनों मकान काफी दूर तक रेल के डिब्बों की तरह आगे खिसकते चले गये और मलबे के साथ-साथ नदी में बह गये। सौभाग्यवश मेरे पिता ही एक मकान से अपने हाथ में छह माह के मेरे छोटे पुत्र को लेकर छलाँग लगाकर अपनी जान बचा सके। दूसरे मकान से आठवें और नौवें दर्जे में पढ़ने वाले मेरे दो छोटे भाई और एक मेरे फौजी भाई की पत्नी, छलाँग लगाकर किसी तरह अपनी जान बचा सके। दोनों मकानों में छह लोग खत्म हुए और उनमें बहुत ढूँढने के बाद केवल मेरी विमाता की लाश मिल सकी। अपने पिता को मैंने कुर्ते के नीचे, मिट्टी-गारे से सनी धोती को बोरे की तरह लपेटे हुए, लोहे की एक मीटर लम्बी छड़ हाथ में लिए हुए, जो उनको मलबे में कहीं मिल गयी थी, लाशें ढूँढने के लिए मिट्टी पलटते देखा। प्रलय-स्थल पर अपने पिता को एक खोये हुए साहस की तरह मैंने पाया। उन्होंने मुझे धैर्य न खोने की सलाह देते हुए किंचित् व्यंग्यात्मक मुस्कान अपने होठों पर लाने की कोशिश करते हुए कहा–सब कुछ मेरा नष्ट हुआ है, तुम्हारा बड़ा बच्चा राकेश, जिसे मैं एक दिन पहले ही तुमसे माँगकर लाया था–बस उसके जाने का मुझे बहुत दुःख है और वे अपने आँसू छिपा नहीं पाए।'[13] इस मार्मिक घटना ने जगूड़ी के मन को प्रौढ़ तथा कविता को परिपक्व बनाया। इतनी बड़ी घटना के बाद वे किस प्रकार संभल गये, इसका प्रमाण उनकी कविताएँ हैं।

इस प्रकार जीवन के प्रारम्भिक वर्ष उथल-पुथल में बीते जिसने जगूड़ी के मन को बड़ी गहराई तक प्रभावित किया। एक संस्मरण में उन्होंने लिखा है कि 'मैं बचपन में ही अपनी पारिवारिक परिस्थितियों के कारण मानसिक रूप से बूढ़ा हो गया था। बाद में मुझे पता चला कि कविता में बूढ़ों की नहीं, युवाओं की जरूरत है। इस तरह मेरे बूढ़े मन से पैदा हुई मेरी जवान कविताएँ मेरे संघर्षों को अपना समझती हुई पैदा हुई हैं।'[14]

सन् 1960 से 62 के बीच जगूड़ी गढ़वाल रेजिमेंट, लैंसडाउन में सिपाही रहे। 1966 से 1980 तक विभिन्न राजकीय विद्यालयों में अध्यापक के रूप में कार्य किया। 1981 में सूचना विभाग, लखनऊ में आ गए। अध्यापन कार्य की अवधि में उत्तराखण्ड शिक्षक संघ के नेता एवं अध्यक्ष के रूप में कार्यरत रहे।

इसी समय देश में आपातकाल की घोषणा हुई। निश्चित रूप से जीवन की इन विविध परिस्थितियों का कविता पर गहरा प्रभाव पड़ा होगा जिसे पाठक अनुभव भी करते हैं और जगूड़ी ने स्वीकार भी किया है। उन्होंने अपनी कविता पर सामाजिक एवं राजनीतिक प्रभाव स्वीकार करते हुए लिखा है 'कोई भी कवि और कोई भी कर्म अराजनीतिक नहीं होता। राजनीति वही नहीं होती जो राजनीतिक दलों के घोषणा-पत्रों में होती है, बल्कि पूरे जीवन और व्यापार में व्याप्त होती है। कर्म और मानसिकता व सामाजिक प्रतिबद्धता व्यक्ति के मानसिक-सामाजिक विश्वास और कर्म के परिप्रेक्ष्य में जाँची-परखी जानी चाहिए। सामाजिक सम्बन्ध और नौकरीपेशा आदि भी जीवन की राजनीति के अभिन्न हिस्से हैं। कर्म ही मनुष्य के चिन्तन का सबसे बड़ा परिणाम और साक्ष्य है।'[15]

कर्म को जीवन में सबसे बड़ा साक्ष्य मानने वाले लीलाधर जगूड़ी ने जीवन की प्रत्येक परिस्थितियों में मजबूत बनना सीखा। हर घटना से सम्बद्ध लोगों से प्रेरणा ली तथा अपने रचनात्मक व्यक्तित्व को पुष्ट किया। ये सभी बातें उनकी रचनाओं में देखी जा सकती हैं जहाँ वे अपनी बात कहने के लिए अनेक बार शिल्प का परिमार्जन करते हैं और साधारण सी बात को अनोखे अन्दाज में कह जाते हैं। उन्होंने लिखकर स्वीकार किया है कि यदि मैं सेना में सिपाही न रहा होता तो 'घबराये हुए शब्द' नाम के संग्रह में 'बूढ़ा पहाड़' कविता न लिखता :

लेकिन बादल फटते ही उसकी कमर से
एक किलोमीटर हरियाली
अँगोछे की तरह खिसक आयी
तुम्हारे लिए मैं जानता हूँ यह मात्र भूस्खलन है
जबकि मेरे लिए
एक सबसे ज़्यादा बुज़ुर्ग आदमी को
यह नंगा कर देने की घटना है।

(घबराये हुए शब्द, पृ. 65)

'बूढ़ा पहाड़' कोई और नहीं लीलाधर जगूड़ी के पिता हैं जो भूस्खलन एवं प्रलय में छः महीने के बच्चे को गोद में लेकर छलाँग लगा सकते थे। जगूड़ी के लिए पिता का यह साहस सबसे बड़ी घटना है जो उन्हें जूझने की ताकत देता है। मिलिट्री में रंगरूटी करने के बाद एक फौजी बनने तक की ट्रेनिंग कठिन होती है। इस ट्रेनिंग ने भी जगूड़ी को परिश्रम करने एवं डटे रहने की सीख दी।

सिपाही होने के बाद जगूड़ी ने महसूस किया कि इस कार्य को करते हुए पढ़ना-लिखना सम्भव नहीं है–यह विचार कर उन्होंने तत्कालीन रक्षा मंत्री कृष्ण मेनन को फौज की नौकरी से मुक्ति के लिए प्रार्थना पत्र भेजा था जिससे वहाँ से छुटकारा मिला। यह प्रसंग उनके एक साक्षात्कार में इस प्रकार है 'आर्मी में रहते हुए लगा कि राइफल और मैं, बस दो में कोई अन्तर्सम्बन्ध है। मैं राइफल के साथ सोता था। मैं अपनी बेल्ट, अपने हैट के साथ सोता था। रोज अल सुबह मैं अपना चेहरा बाद में धोता, बूट पहले चमकता था। आर्मी में आपका चेहरा चमक रहा है कि नहीं चमक रहा, ये कोई नहीं देखता। क्योंकि वे एक ऐसे आदमी को तैयार करते हैं जो कहना माने, आदेश का पालन करे। मैं एक काम या आदेश पालन करने वाला रोबोट नहीं बनना चाहता था। मैं अपने आपको वहाँ लगातार मिसफिट महसूस करता रहा। मैंने तत्कालीन रक्षामन्त्री को चिट्ठी लिखकर यह निवेदन किया कि आधारभूत रूप से मैं एक कवि हूँ। मैं जानता नहीं था कि मैं कवि हूँ। मैं कुछ लोकगीतों और सुनी हुई कविताओं की तर्ज पर कविताएँ लिखता था। नकल और प्रभाव से ग्रस्त था। मैं मानता था कि साहित्य में मेरा भविष्य है, यहाँ मेरा भविष्य नहीं है। वहाँ से मुक्ति पाना, मुझे लगा कि शायद नया जन्म हो जाये और नया काम करूँ।'[16]

मिलिट्री की नौकरी छोड़ने के बाद लीलाधर बनारस आ गए। यह सन् 1963 का समय था। इस समय उनके सामने दो स्थितियाँ थीं। एक तो यह कि किसी तरह अपनी बी.ए. की पढ़ाई पूरी करना और दूसरी अपनी कविता को आगे बढ़ाना। बनारस से प्रकाशित होने वाले 'आज' के रविवासरीय अंक में भैया जी बनारसी के सहयोग से लिखने का अवसर मिला। उस समय ये लीलाधर शर्मा के नाम से लिखते थे। इस काल को जगूड़ी ने अपने जीवन का उत्कर्ष काल और अपने दूसरे जन्म का समय माना है। इसी समय उन्हें अज्ञेय, केदारनाथ सिंह, कुँवरनारायण, शम्भुनाथ सिंह, जगदीश गुप्त, विजय देव नारायण साही, धर्मवीर भारती, रघुवीर सहाय, सर्वेश्वर दयाल सक्सेना और श्रीकांत वर्मा की कविताओं ने प्रभावित किया। मुक्तिबोध और शमशेर क्रमशः मिलते गये। बनारस में आने पर उनकी भेंट धूमिल से हुई। धूमिल से मिलना भी उनके लिए अविस्मरणीय प्रसंग है जिसकी चर्चा उन्होंने विस्तार में की है। जगूड़ी में आत्मस्वीकार एवं आत्मसाक्षात्कार करने की क्षमता है। नकल को कला एवं कविता के लिए उन्होंने अनिवार्य माना है। बिना नकल किए कला का न तो जन्म हो सकता है न विकास। एक प्रसंग के माध्यम से उनकी इस स्वीकारोक्ति को इस प्रकार देखा जा सकता है। 'मई, 1964 के 'विन्यास' (सागर, म.प्र. से

प्रकाशित) में मेरी एक लम्बी कविता छपी–'बिल्कुल निजी संवाददाता द्वारा'। यह 'बिल्कुल' शब्द मैंने केदारनाथ सिंह के संग्रह 'अभी, बिल्कुल अभी' से लिया था। 'विन्यास' का अंक आते ही कवियों-लेखकों और लघु पत्रिकाओं के पाठकों में यह कविता बहुत चर्चित रही।'[17]

धूमिल से मुलाकात का प्रसंग भी बहुत रोचक है। उन दिनों जगूड़ी 10डी., मीरघाट, हनुमान मन्दिर के सामने, छज्जे पर खुलने वाली कोठरी में रहते थे। उनके साथ बासर पट्टी (टिहरी) का एक लड़का और था मुकुन्द भट्ट। एक दिन सुबह-सुबह एक दुर्बलकाय विदेह युवक ने आवाज दी 'मित्र' उस छज्जे पर यह सम्बोधन मैंने पहली बार सुना था। मैंने यह सम्बोधन इतने आत्मीय और शक्तिशाली ढंग से कभी नहीं सुना था। उन्होंने मुझसे ही पूछा–यहाँ कोई लीलाधर जगूड़ी रहते हैं? अब कोई बतलाए कि हम बतलाएँ क्या? इतने में मुकुन्द भट्ट भी बाहर आ गया और कहा–यही हैं। तब उस लम्बे, छरहरे और अत्यन्त दुबले-पतले युवक ने कहा–मित्र! मैं ऊपर आऊँ या आप ही नीचे आएंगे? कहीं चलकर चाय पीते हुए बातचीत की जाए। मैंने गौर से देखा कि दुबलेपन के कारण ही वह अपरिचित नवागंतुक लम्बा लग रहा था और कमज़ोरी के कारण कुछ अधिक साँवला। मैं और मुकुन्द भट्ट जब नीचे आए तब उन्होंने बताया कि मेरा नाम नागानन्द मुक्तिकंठ है। यह नाम मैं 'नयी कहानी' और 'सारिका' में पढ़ चुका था। उन्होंने कहा कि मेरे एक मित्र हैं धूमिल, वे आपसे मिलना चाहते हैं।'[18] दूसरे दिन सुबह नागानंद मुक्तिकंठ धूमिल को लेकर मीरघाट की गली में हनुमान मन्दिर के उसी मोड़ पर जगूड़ी को आवाज देते हुए खड़े थे। धूमिल का चित्रण करते समय जगूड़ी ने काव्यमय उपस्थिति दर्ज की है जो उनके देखने की बारीक पकड़ के साथ-साथ धूमिल के प्रति उनके आदर को भी अभिव्यक्त करती हैं। 'आँखें बड़ी नहीं थीं, पर कानों की ओर लम्बी खिंची थी। तब धूमिल ने मूँछें नहीं रखी थीं। कुर्ता-धोती में धूमिल एक कामकाजी किसान युवक दिखते थे। नीचे आते ही इससे पहले कि मैं धूमिल को नमस्कार करता, उसने मुझे बाँहों में खींचकर गले लगाया और 'बिल्कुल निजी संवाददाता द्वारा' की ये पंक्तियाँ सुनाईं– 'पहाड़ों के पाख कितने दोगले होते हैं कि पेड़ कहीं गिरता है और गूँज कहीं उठती है।' और खुद ही ठहाका लगाकर हँस पड़ा। कविता की तारीफ का मेरे लिए यह बिल्कुल ही नया ढंग था।'[19]

लीलाधर जगूड़ी के जीवन की कुछ महत्त्वपूर्ण घटनाएँ एवं साक्षात्कारों में आए उनके विचारों से उनकी कविता और कविता की जमीन को समझा जा सकता है। अनेक उतार-चढ़ाव से भरी हुई उनकी जिन्दगी भी उनकी कविता की

भाँति कभी सामने आती है तो कभी नहीं। परन्तु जितनी दिखाई देती है वह बहुत संवेदनशील है। उसमें तल्खी है और बहुत कुछ कर गुजरने का साहस है। उन्होंने अपने व्यक्तिगत जीवन के विषय में बहुत कम लिखा है। कुछ संकेतों से हम उन्हें जान सकते हैं। एक साक्षात्कार में उन्होंने अपने जीवन के विषय में स्वयं लिखा है 'मेरी जिन्दगी निजी जिन्दगी नहीं है। निजी जिन्दगी की मुझे भी तलाश है। किसी दूसरे की जिन्दगी भी मुझे अपनी ही जिन्दगी लगती है। मुझे हर वक्त लगता है कि मेरी तरह कोई दूसरा भी परेशानी और प्रसन्नता के बीच झूल रहा है। अपने लोगों के बीच मैं अपनी जिन्दगी को अलग से पहचान ही नहीं पाता। मैं हमेशा अपनी जिन्दगी का माहौल देखता हूँ। जिन्दगी का माहौल व उसका आलम जितना ही खुला होगा उतना ही उसमें बहुत सारी चीजों की शिरकत होगी। मैं भाषा व चीजों में एक गहरा सम्बन्ध देखता हूँ। हर चीज की अपनी भाषा है। लेकिन हर चीज किसी दूसरी चीज से भी जुड़ी है। दूसरी चीज की भाषा व खुशबू पहली चीज के स्थान व आयाम को बदल देती है। बस, मेरी जिन्दगी की भी कुछ ऐसी ही हालत है। हमारा जो जीवन है वह अलग से कोई विच्छिन्न जीवन नहीं है। जब भी होती है जीवन जीने की 'तैयारी' होती है। जीवन की 'तैयारी' ही हम जीते हैं। जब मैं मिलिट्री में सिपाही रहा तब भी मैं जीवन जीने की 'तैयारी' कर रहा था और आज जब अर्धशतक (उम्र का) बना लिया है, तब भी जीने की ही तैयारी चल रही है। मगर सवाल यह है कि जियेगें कब? जीने की प्रक्रिया में ही पूरा जीवन जीना पड़ता है या जिया जाता है।'[20] लीलाधर जगूड़ी पूरी सर्जनात्मक क्षमता से लेखन कर्म गोष्ठियों, सभाओं एवं सम्मेलनों में व्यस्त रहते हैं।

सन्दर्भ

1. लीलाधर जगूड़ी, मेरे साक्षात्कार, किताबघर प्रकाशन, नयी दिल्ली, प्रथम संस्करण, 2003, पृ. 82
2. लीलाधर जगूड़ी, मैं अनुभव और भाषा का आज़ाद गुलाम हूँ, पर्वतराग, (सं.) गुरमीत बेदी, वर्ष 04, अंक 07, पृ. 80
3. लीलाधर जगूड़ी, मेरे साक्षात्कार, किताबघर प्रकाशन, नयी दिल्ली, प्रथम संस्करण, 2003, पृ. 133-134
4. वही, पृ. 110
5. लीलाधर जगूड़ी, कवि न होता तो जीवन अधूरा और निरर्थक होता, अन्यथा, (सं.) कृष्ण किशोर, अंक 08, दिसम्बर 06, मार्च 07, पृ. 155

6. लीलाधर जगूड़ी, मेरे साक्षात्कार, किताबघर प्रकाशन, नयी दिल्ली, प्रथम संस्करण, 2003, पृ. 41
7. वही, पृ. 146-47
8. लीलाधर जगूड़ी, अभिव्यक्ति की चौपड़, अहा! जिन्दगी, (सं.) आलोक श्रीवास्तव, वर्ष 11, अंक 12, अगस्त 2015, पृ. 54
9. लीलाधर जगूड़ी, मेरे साक्षात्कार, किताबघर प्रकाशन, नयी दिल्ली, प्रथम संस्करण, 2003, पृ. 41
10. वही, पृ. 36
11. वही, पृ. 135-136
12. वही, पृ. 136-137
13. वही, पृ. 137
14. वही, पृ. 82
15. वही, पृ. 134
16. लीलाधर जगूड़ी, कविता संवेदना की आदिम पाठशाला है, पर्वतराग, (सं.) गुरमीत बेदी, वर्ष 04, अंक 07, पृ. 72
17. लीलाधर जगूड़ी, मेरे साक्षात्कार, किताबघर प्रकाशन, नयी दिल्ली, प्रथम संस्करण, 2003, पृ. 132
18. लीलाधर जगूड़ी, मेरे साक्षात्कार, किताबघर प्रकाशन, नयी दिल्ली, प्रथम संस्करण, 2003, पृ. 132
19. वही, पृ. 133
20. वही, पृ. 42-43

द्वितीय अध्याय

रचना-यात्रा

अपनी अविरल कविता यात्रा के पथिक लीलाधर जगूड़ी ईमानदारी से इस सत्य को स्वीकार करते हैं कि कविता की दुनिया में आना उनके लिए सुनियोजित कर्म नहीं था, पूर्व निर्धारित भी नहीं बल्कि जीवन की विसंगतियों, युगीन परिस्थितियों ने एक कवि की रचना कर दी। उन्होंने लिखा है 'मैंने पहले कवि होने के बारे में नहीं सोचा था लेकिन मेरी परिस्थितियों ने मुझे इतना विपत्तिग्रस्त और अकेला बनाये रखा कि मुझे अपने चुप्पेपन में शब्दों और ध्वनियों के अर्थ समझने और बरतने की तलब सी हो गयी। अकेलापन साहित्य में व्यक्ति की मानसिक मरम्मत करता है। मेरे मन में अपार असफलताओं और असुरक्षाओं ने डेरा जमा लिया था। अगर मैं साहित्य के सम्पर्क में न आता तो सम्भवतः एक अपराधी हो जाता। साहित्य ने और कुछ किया हो या न किया हो, कम-से-कम मुझे अपराधी होने से रोका है। मैंने खुद धोखे खाये, अन्याय झेले, उनका प्रतिकार किया मगर हर जगह मैं उन्हें न्याय में नहीं बदलवा पाया।'[1]

कविता जीवन के स्वानुभूत अनुभवों से निःसृत होती है। लीलाधर जगूड़ी अनुभव के साथ-साथ परम्परा को भी कविता के जन्म के लिए आवश्यक मानते हैं। अपनी कविता-यात्रा का प्रारंभ उन्होंने परिवार, गाँव, आसपास के समाज तथा पुराने कवियों की कविताओं से माना है। उनका आत्म स्वीकार है 'मैंने प्रारम्भिक जितनी कविताएँ लिखीं वो नकल से लिखीं, प्रभावित होकर लिखीं, जैसा उसने कहा था उसी को अपनी तरफ से उलट-पुलट कर कहने की कोशिश की। मैं समझता हूँ कि वो मेरा प्रशिक्षण काल था'। आगे उन्होंने उन कवियों की चर्चा की है जो उनके प्रेरणा स्रोत थे 'जयशंकर प्रसाद, दिनकर जी, मैथिलीशरण गुप्त, बालकृष्ण शर्मा नवीन, गोपाल सिंह नेपाली थे और उसके बाद आये तो पंत, निराला, महादेवी वर्मा, अज्ञेय, मुक्तिबोध उसके बाद रघुवीर सहाय, सर्वेश्वर

दयाल सक्सेना, श्रीकांत वर्मा और मेरे समकालीन धूमिल और राजकमल चौधरी आदि ऐसे अनेक अपने आप में आन्दोलन थे, उस समय की कविता में। उस समय एक अच्छी कविता दिमाग में कुछ तोड़ती थी और खलल पैदा करती थी।'[2]

पुराने कवियों के प्रभाव को लेकर ही जगूड़ी की कविता-रचना प्रारम्भ हुई। इस आत्मस्वीकार के उपरान्त उन्होंने पुराने कवियों को मार्ग में एक बड़ी दीवार भी माना है। एक साक्षात्कार में उन्होंने कहा है 'यदि पुराने कवि नहीं होते तो मैं कविता की ओर नहीं आ पाता। मुझे पुराने कवियों का जादू कविता की ओर ले आया। उनके अनुकरण पर कविता करना एक सरल खेल लगता था। लेकिन जब धीरे-धीरे उनके विराट सामाजिक-मानवीय मंतव्यों से परिचित हुआ तो वे ही कवि एक बड़ी दीवार के समान खड़े दिखाई पड़ने लगे। इस दीवार के पास जाने के लिए अपने ढंग का एक नया रास्ता निकालने की कोशिश ने मुझे दोबारा कवि होने की चुनौती में डाल दिया। असल में कविता के साथ मेरी मुठभेड़ यहीं से शुरू होती है।'[3] संस्कृत-कवियों से भी जगूड़ी ने अपने को प्रभावित माना है। उनकी कविताएँ इन प्रभावों का प्रमाण हैं। किसी कवि की कविता-रचना यदि परम्परा से सम्पन्न होती है तो परिवेश से भी प्रभावित एवं परिवर्द्धित। यह परिवेश अपने आस-पास, पड़ोस, समाज अथवा परिवार की व्यापक पृष्ठभूमि में हो सकता है अथवा अपने जीवन में आये सगे-सम्बन्धियों, माता-पिता अथवा अन्य रिश्तों के द्वारा। प्रायः रचनाकारों ने अपनी रचनात्मकता का श्रेय अपने माता-पिता एवं परिवार को दिया है। जगूड़ी ने अपनी कविता लिखने का श्रेय माँ एवं गाँव की स्त्रियों को देते हुए लिखा है 'माँ सहित मेरे गाँव की सभी स्त्रियाँ अनपढ़ थीं। लेकिन जब वे जंगल के पास घास काटते हुए गीत गाती थीं तो उनके अन्दर का दुःख और उल्लास सुनने को मिलता था। पता नहीं वे पंक्तियाँ किसकी रची हुई थीं, पर मुझे ऐसे लगता था कि प्रत्येक गाने वाली स्त्री ही स्वयं उस गीत की रचयिता भी हैं। उन गीतों में पीड़ा के अनुभव से उपजी जो बातचीत थी उन्होंने मुझे भी कुछ उसी तर्ज़ पर कुछ उसी भाषा में कहने के लिए प्रेरित किया।'[4]

पूर्वज कवियों, माता एवं गाँव की स्त्रियों के गीतों से प्रेरणा लेने वाले कवि ने दादी को भी अपनी सर्जनात्मक ऊर्जा का प्राथमिक स्रोत माना है। बचपन में दादी से सुनी गयी कहानियाँ एवं लोकगीतों ने उन्हें कवि बनाने में अहम भूमिका निभाई है। उन्होंने लिखा है 'व्यक्तिओं में मेरी दादी मुझे याद आती हैं जिनका नाम भी सरस्वती था जो मुझे बचपन में पवाड़े, जागर और लोकगीत सुनाया करती थीं। कभी वह कथाओं वाला सफेद गरुड़ छह महीने के लिए बर्फ में बदल

जाता था। गर्मी की ऋतु आते ही धीरे-धीरे उस गरुड़ के पंख वनस्पतियों में बदल जाते थे। बर्फ पिघल जाती थी और हम समझते थे कि वह उड़ जाता है। दादी ने मेरे मन की बनावट में अपनी इस तरह की कहानियों से बहुत सारी उपनिषदीय कविताओं के बीज बो दिए।'[5]

दादी, माता-पिता, गाँव की स्त्रियों, पूर्वज कवियों के साथ-साथ जगूड़ी ने गुरुओं, पाठशाला एवं पाठ्यक्रम में पढ़ाये जाने वाले कवियों को भी अपनी सर्जनात्मकता का प्रेरक तत्त्व माना है। लगभग 12 वर्ष की उम्र से कविता-रचना करने वाले जगूड़ी ने लिखा है 'मैंने पाँच-छह दर्जे से ही लोकगीतों और पाठ्य-पुस्तकों में से हिन्दी कविताओं की नकल में अपने को ढालने और प्रस्तुत करने का चौर कर्म किया। आगे चलकर मुझ पर अपने पिता का भी काफी प्रभाव पड़ा। वे रामचरितमानस के अगाध प्रेमी थे और गढ़वाली बोली में कुछ गीत भी लिखते थे। जब वे रामायण की कथा सुनाते तो राम से लेकर रावण तक सभी पात्र मुझे अपनी माँ से बिछुड़े और विपत्तिग्रस्त प्रतीत होते।'[6]

एक अन्य साक्षात्कार में लीलाधर जगूड़ी ने स्वीकार किया है कि 'जब मैं सातवें दर्जे में था तब से कविता की तरफ मेरा रुझान हो गया था। इस रुझान का एक कारण तो वे कवि थे जो कोर्स में पढ़ाये जाते थे, उन्होंने मुझे बहुत आकर्षित किया और दूसरा कारण यह था कि मेरे पिताजी गीता प्रेस, गोरखपुर से प्रकाशित होने वाला पौराणिक साहित्य मंगाकर पढ़ते थे, जिसमें 'कल्याण' मासिक पत्रिका हमारे घर आती थी और पिताजी की अनुपस्थिति में मैं चुपके से उसे पढ़ डालता था। उस समय संस्कृत मुझे पूरी तरह समझ में नहीं आती थी, पर उसका शब्द-संगीत मोहित करता था। संस्कृत श्लोकों का जो भावानुवाद हिन्दी गद्य में छपा होता था, उसी में उस श्लोक की अर्थवत्ता का अहसास अद्भुत रोमांस से भर देता था। 'कल्याण' पत्रिका के कारण देवताओं से मेरी घनिष्ठ जान-पहचान-सी हो गयी थी, देव-समाज भी मुझे मनुष्य-समाज जैसा ही लगा।'[7]

इस प्रकार 'कल्याण' पत्रिका के माध्यम से संस्कृत के प्रति आकर्षण तो हुआ ही, यह भावना भी स्पष्ट हुई कि देव-समाज भी मानव-समाज की ही तरह है। उसमें दुःख-सुख, अभाव, मनोमालिन्य, कलुषभेद एवं विकार ग्रस्तता उसी प्रकार पायी जाती है जैसे मानव-समाज में। बल्कि यह भी अनुभव किया कि मनुष्य तो ईश्वर के सहायक एवं पूरक हैं। उनके बिना देवताओं का काम नहीं चल सकता। अर्थात् देवता को देवता बनाने में मनुष्य की अहम भूमिका है तो क्या मानव देवता के बराबर है, उसका सहयोगी है या अंश है। यह जगूड़ी का

किशोर मन था जो तरह-तरह की कल्पनाएँ किया करता था। ईश्वर शब्द उनकी कविता में अनेक सन्दर्भों में सम्भवतः इसी कारण आया है। उनके एक संग्रह का नाम ही है 'ईश्वर की अध्यक्षता में'। अपने एक साक्षात्कार में लीलाधर जगूड़ी ने स्वीकार किया है कि 'जिन्दगी की उठा-पटक, राजनीति, अभिशाप और वरदान, शक्ति के केन्द्रों पर हमले, वर्चस्व स्थापित करने के यज्ञ, बुरी शक्तियों को पराजित करने के लिए अच्छी शक्तियों का संगठन, अच्छाई और बुराई के बीच में लौकिक और अलौकिक समस्याओं की फैण्टेसी, मनुष्यों के बिना देवताओं का काम न चल पाना और जिन्दगी के सारे उतार-चढ़ाव–बिल्कुल पार्थिव मनुष्य-समाज की तरह जानने को मिला। इससे प्रभावित व अनुप्राणित होकर मैंने सबसे पहले एक गढ़वाली गीत लिखा था, जिसके मूल में यह भावना अन्तर्निहित थी कि ईश्वर को भी एक सुन्दर, निरापद और अद्वितीय स्थान की तलाश रहती है। 'सेम के जंगल में इधर जाओ या उधर। सामने दिखता है–हिमालय भूधर' जैसी पंक्ति उसमें थी।'[8]

जगूड़ी के अनुसार 'यह गीत मुखेम गाँव के सेम नामक पर्वतशिखर पर बने हुए एक बड़े मैदान के बारे में है, जिसके किनारे कृष्ण का एक मन्दिर बना हुआ है। उस मन्दिर के निचले हिस्से की दीवार में छिपी हुई एक छोटी गुफा से पीने का पानी निकलता है। यह स्थान खैर, नैर, बॉज, चीड़ और बुरांश के पेड़ों से आच्छादित है। यहाँ से हिमालय की मन मोहक शृंखलाएँ दिखाई देती हैं। यहाँ बाघ और रीछ बहुत पाये जाते हैं। मन्दिर के नीचे से निकलने वाले पानी को अगर टकटकी लगाकर देखें तो वह धीरे-धीरे कम होकर बन्द हो जाता है और पानी की ओर पीठ कर लो तो धीरे-धीरे वह पुनः प्रवाहित होने लगता है। इन्हीं चीजों और बिम्बों को लेकर इस गीत में कुछ बातें कही गयी थीं जिसकी पहली पंक्ति है :

यनि जगा भगवान तुम लेंदा अवतार
बाघ थानेदार, रीख चौकीदार

इसका भाव यह था कि बाघ की थानेदारी और भालू की चौकीदारी के बीच देवता ने रहना पसंद क्यों किया? उसके बाद जब मैं घर छोड़कर आया तब हिन्दी की पहली कविता बनारस के 'आज' अखबार में छपी।'[9] जगूड़ी ने गढ़वाली एवं कुमाऊँनी में लिखना इसलिए छोड़ा क्योंकि इन बोलियों का कोई प्रामाणिक व्याकरण नहीं है। साथ ही पहाड़ का जीवन छोड़कर जब वे घर से भागे तो यह भागना मात्र घर से, गाँव से नहीं बल्कि एक संकुचित परिवेश से भी था जो पहाड़ों में कैद था। गढ़वाली बोली की शक्ति को जगूड़ी ने पहचाना

है। उन्होंने लिखा है 'गढ़वाली लोकगीतों में शक्ति है। इनमें अनुभव का गहरा स्पर्श है। लेकिन महज लोकगीतों से ही भाषा समृद्ध नहीं होती है, भाषा तब समृद्ध होती है जब उसमें जीवन का व्यापार बढ़ता है। पहाड़ी क्षेत्र में जीवन का व्यापार आजादी के बाद से सिर्फ दस प्रतिशत बढ़ पाया है। जब तक जीवन और जगत का व्यापार बहुत नहीं बढ़ेगा तब तक भाषा में नये शब्द नहीं पैदा होंगे।'[10] जगूड़ी की रचना-यात्रा क्रमशः इस प्रकार है–

शंखमुखी शिखरों पर

लीलाधर जगूड़ी का पहला कविता-संग्रह 'शंखमुखी शिखरों पर' सन् 1964 में बनारस से प्रकाशित हुआ। जिस समय यह संग्रह प्रकाशित हुआ इसकी पर्याप्त चर्चा हुई। कवियों तथा आलोचकों ने इस पर समीक्षाएँ लिखीं। किसी भी कवि का पहला संग्रह सम्भवतः इन्हीं प्रशस्तियों, टिप्पणियों और आलोचनाओं से स्वीकार्य होता है। विकास का प्रथम चरण सम्भवतः डगमगाते हुए पड़ता है किन्तु लम्बी यात्रा तय करने का संकेत भी देता है। जगूड़ी ने लिखा है कि 'शंखमुखी शिखरों पर' की समीक्षा करते हुए प्रयाग शुक्ल ने लिखा था कि ये 'घरू मोह' की कविताएँ हैं। अब मैं भी सोचता हूँ कि सचमुच ये कविताएँ किशोर मन के घरू मोह की कविताएँ थीं। तब मैं कैशोर्य के मध्यकाल से गुज़र रहा था। इसीलिए जब उसे 'इंटरमीडिएट मेंटैलिटी' कहता हूँ तो लगता है जैसे तत्कालीन समूचे अनिश्चय के साथ, हर छन्द के साथ गुज़रने वाली लालसा को, एक नाम यही सम्भव था जो दिया जा सकता था। उन दिनों हरेक चीज को, चाहे वह 'आवाज' ही क्यों न हो, 'सशरीर' देखने की इच्छा से रात भी सो नहीं पाता था।'[11] उस समय जगूड़ी बीस वर्ष के थे। इस संग्रह के प्रकाशन से वे हिन्दी कविता की मुख्य धारा के रचनाकारों के सम्पर्क में आये। जगूड़ी ने अपने एक संस्मरण में लिखा है 'शंखमुखी शिखरों पर' संग्रह का मूल्य दो रूपया था। प्रकाशक ने सौ प्रतियाँ पकड़ाकर कहा कि इन्हें बेच डालो। यही तुम्हारी रायल्टी है। इस संग्रह की कविताओं में 'कवितामय जीवन के वरण के शुभारम्भ में ही उनके भीतर प्रकृति को, ऋतुओं को, देश को, पहाड़ को, सौन्दर्य को, प्रेम को समझने-बूझने की एक अद्‌भुत व्यग्रता दीख पड़ती है, और इस बातचीत में कहे अनुसार, अगले जन्म में भी कवि-जीवन ही उन्हें काम्य है। उनके पहले ही संग्रह 'शंखमुखी शिखरों पर' की ज्यादातर कविताएँ मन्त्र की तरह गूँजती और सम्मोहित करती हैं।'[12] इस संग्रह की कविताएँ पहाड़ के सांस्कृतिक जीवन-परम्परा की संवाहक हैं :

देवदारु घिरा पंथ झोंके हैं साथ
शंखमुखी शिखरों पर चाँद धुली रात!
पास कहीं बजती है झरनों की बाँसुरी
नयनों में छलक पड़ी एक बूँद आँसुरी
शब्द हीन चरणों से टाँग गयी मेनका
विस्मृति की वेणी पर एक फूल याद का
परिचित सी छाँह हिली श्रृंग के उतार में
मन चाही पीर मिली चीड़ की बयार में
न्योतती दिशाओं के आग्रह का क्षामकंठ
गंधुमी व्यतीत पत्र थमा गया हाथ!

(कवि ने कहा : लीलाधर जगूड़ी, पृ. 17-18)

यहाँ पर्वत श्रृंखला का नैसर्गिक सौन्दर्य और उसके समानान्तर कवि की कल्पना में सुधियों के चित्र यहाँ देखे जा सकते हैं। शब्दों के प्रयोग के प्रति कवि सतर्क है। यहाँ चाँदनी रात नहीं चाँद धुली रात का दृश्य है। नीरव में झरनों का मधुर संगीत सा बजता है जो अतीत के कई राग सुनाता है। 'विस्मृति की वेणी' और 'मनचाही पीर' जैसे वाक्यांश सुधि चित्रों की श्रृंखला बनाते हैं। अन्त्यानुप्रास या तुकबन्दी कविता के प्रवाह में बाधक नहीं है। 'उत्तरकाशी के यादीले सन्दर्भ' कविता में प्रकृति का सौन्दर्य भाषा की अलंकृति से चौगुना बढ़ जाता है। उपमा, रूपक जैसे अलंकार नैसर्गिक सुषमा के लिए आवश्यक प्रयोग हैं। कविता की कुछ पंक्तियाँ हैं :

दूर तक फैली हुई हैं, पर्वतों की श्रृंखलाएँ
फर-फराती हैं उनीले, श्वेत मेघों की ध्वजाएँ!
बज रहा है निर्झरों में, समय, शंखों के स्वर सा
लग रहा है गाँव मुझको, देवताओं के घरों सा
किन्नरों के साथ खेतों में खड़ी हैं अप्सराएँ

(कवि ने कहा : लीलाधर जगूड़ी, पृ. 17)

शब्दों का सुन्दर चयन एवं उनका प्रयोग इस कविता को प्रकृति चित्रण की उत्तम श्रृंखला से जोड़ता है। झरनों में बजता समय, उनीले श्वेत मेघों की ध्वजाएँ, गाँव की बालाएँ किन्नर स्त्रियों की भाँति तथा गाँव का देवलोक हो जाना सामान्य चित्रण नहीं है। वे 'झरनों की सरगम' सुनने वाले कवि हैं। उनकी कविता में रश्मियाँ नहाती हैं और वे प्रपातों की भाषा में पर्वतों के अन्तर्द्वन्द्व को

आत्मसात करने की कोशिश करते हैं। जगूड़ी अपने आपको आकाश दिल आदमी मानते हैं जिनके पास अक्लान्त आवाजें हैं। उनकी कविता पर्यावरण की चिन्ता से आहत होती है। 'सौन्दर्य का शोषण' रोकने में कवि की हथेलियाँ समर्थ नहीं हैं। फिर भी उसका अशिथिल और सुनहरा प्रयत्न जारी है। इस संग्रह की कविताओं में स्मृतियों के कोमल बिम्ब हैं जो सहज ही पर्वतों की सुषमा का बोध कराते हैं। प्रकृति के समानान्तर मनोभावों का अंकन और प्रकृति के साथ भावनाओं के तार बुनना जगूड़ी जैसे कवि के लिए सम्भव है। उनकी 'एक याद', 'यादों का गाँव', 'हिम-फूल' तथा 'एक साँवला प्यार' ऐसी ही कविताएँ हैं। प्रेम के तार यहाँ बजते हैं जिसे मनुष्य ही नहीं पशु-पक्षी, गाय, बैल सब सुनते हैं। गायों की गले बँधी घंटियाँ अनायास नहीं बजतीं। जरूर किसी बैल ने उसे छेड़ा होगा। अपने कमरे के एकान्त में पड़ा कवि पशुओं की रोमांस कल्पना से रोमांचित हो उठता है। 'हिम-फूल' कविता में अतीत की स्मृतियाँ गोधुमी होकर वर्तमान में घुँघराले मधुर सपनों सरीखी बरस रही हैं :

कल्पना खगि के सलोने पंख छूकर
विरह व्याकुल पवन सिहरन भर रहा है!
मैं तुम्हारा भेद सुलझाने लगूँ जब
एक भूला स्वप्न उलझन भर रहा है!

x x x

वक्ष माला झर गयी आलिंगनों से उस दिशा में जो सितारों को मिली थी!

(कवि ने कहा : लीलाधर जगूड़ी, पृ. 16)

'एक साँवला प्यार' की यादें लिए कवि आशा एवं निराशा दोनों के द्वन्द्व में उलझा रहता है। जीवन में 'ऊषाएँ, सन्ध्याएँ बहुरंगी' का अनुभव करने वाला कवि अपने को अक्षम भी मानता है और अकेला भी। प्रकृति के साथ मन के भावों का तालमेल इन पंक्तियों में कवि-क्षमता का साक्षी बन गया है :

किन्तु मेरी आकाश गंगा में कभी बाढ़ नहीं आई,
मेरे पास तट ही नहीं है जिन्हें मैं भंग करने की सोचूँ
एक साँवला प्यार है मेरे पास सेबार जैसा
जिसे पाने के लिए बहुत बार भेजे हैं
धरती ने बादलों के उपहार !

(कवि ने कहा : लीलाधर जगूड़ी, पृ. 12)

यहाँ आकाश गंगा मन प्रेमोल्लास का, तट सामर्थ्य और साँवला प्यार उदास प्रेम के प्रतीक हैं।

जगूड़ी की इन कविताओं में गाँव की चर्चा कई बार आई है। यहाँ सोता हुआ गाँव, सिहर उठता हुआ गाँव, गाँव की गलियाँ तथा देवताओं के घरों जैसा अलौकिक गाँव हैं। किसान बालाएँ अप्सराएँ लगती हैं तो हथेली पर हथेली रखे खेत हैं। पहाड़ के जीवन में कृषि-कर्म का उल्लास देखने के लिए 'लुंग का दिन' कविता की ये पंक्तियाँ पढ़नी चाहिए :

धान रोपती उँगलियाँ 'धागुलों' की ठनक
और लहकते हाथ!
पहाड़ की चोटी पर बजता हुआ ढोल
जीवन का 'मया' खींचते हुए उमंगों के बैल,
लाँघ गया मेड़ पानी का छलकाव,
भीग गया धरती की मटमैली 'ठालकी' का छोर!

(कवि ने कहा : लीलाधर जगूड़ी, पृ. 16)

'लुंग' धान की फसल रोपने के अवसर के लिए पहाड़ों में प्रचलित शब्द है तो 'ठालकी' स्त्रियों के सिर ढकने का दुपट्टा। मेड़ को लाँघता पानी अतिशय उमंगों का प्रतीक है तो नदी के मुड़ाव से झुके हुए गात धान रोपने की मुद्रा में खड़ी स्त्रियों का द्योतन कराने में सक्षम हैं। नये उपमानों एवं प्रतीकों से यह पहला कविता संग्रह कवि के भीतर निहित काव्य क्षमता को लक्ष्य करता है। 'प्याले में ढली हुई स्वाद भरी चाय सा मुख', पुरानी चिट्ठी का बाँचना, गंधुमी ऋचाएँ, छलकती धड़कनों तथा चंचल मुस्कानों के रेशमी पखेरू जैसे शब्द-प्रयोग कविता को सामान्य से बहुत ऊपर उठाने वाले हैं। 'नीड़-हीन पाखी मैं' कविता की कुछ पंक्तियाँ देखकर जगूड़ी की कल्पना शक्ति एवं काव्यत्व के सामंजस्य को जाना जा सकता है :

घाटी में बिहगों ने संध्या का नाम लिया
सूरज की एक-एक किरण ने प्रणाम किया!
शाख हिली विदा! विदा दूर के प्रवासी को
पाँख-पाँख झकझोरे शून्य की उदासी को
क्षितिज के मुँडेरे ने केसर का जाम पिया!

x x x

माटी की छाती पर अश्रु झिरे रात-रात

दुखियारे घावों की बिखर गयी बात-बात
नीड़-हीन पाखी में हर आखर बाँच गया!

(कवि ने कहा : लीलाधर जगूड़ी, पृ. 15)

उनके इस प्रथम संग्रह की कविताएँ मंत्र सी गूँजती एवं सम्मोहित करती हैं। कवितामय जीवन के वरण का प्रारम्भ ही प्रकृति, प्रेम और सौन्दर्य की ललक से भरा हुआ है। मन का द्रवित संसार स्लेटी छतों के टप! टप! टपकते जल से यहाँ मूर्तिमान होता है।

नाटक जारी है

'शंखमुखी शिखरों पर' के बाद 'नाटक जारी है' लीलाधर जगूड़ी का दूसरा कविता संग्रह है। सन् 1972 में अक्षर प्रकाशन से प्रकाशित इस संग्रह में पन्द्रह कविताएँ हैं। इस संग्रह की भूमिका 'पेट और प्रजातन्त्र के बीच' शीर्षक से जगूड़ी ने लिखी है जिसमें उस समय का परिवेश उनके विचारों से स्पष्ट होता है। 'साठ के बाद के मुख्य आग्रह थे निर्जीव मान्यताओं को ध्वस्त करो। अपनी नाराजगी का पुरजोर इज़हार करो। भावुकता से इनकार करो। यथार्थ जैसे खुरदुरे बन जाओ। जो क्षरित हो रहा है उसके क्षरण में मदद करो। जो नष्ट नहीं हो रहा उसकी ताकत को पहचानो और यह जानो कि क्या सचमुच उसकी शक्ति बचाने लायक है? अगर नहीं तो उसे भी धर्म और राजसत्ता की तरह व्यवस्था मानते हुए उसका भी उन्मूलन की हद तक विरोध करो। अपनी बात कहने के लिए भी नयी भाषा लाओ, नये मुहावरे गढ़ो या खोजो। अपनी निरर्थकता और उदासी के मूल कारणों को उसकी सम्पूर्ण विकलता के साथ समझो। पुराना तुम्हारे किसी काम का नहीं है, इस दुनिया को तुम अपने लायक नये सिरे से रचो।'[13]

पश्चिमी सभ्यता का प्रभाव भारतीय समाज को प्रभावित करने लगा था। यह वही कालखण्ड था जब पश्चिम के युवा अपने राष्ट्र की समृद्धि से ऊबकर भारत आये। 'कुछ नंगे पैर चले, कुछ निर्वस्त्र हो गये। पॉप संगीत और हिप्पियों के हुजूम से हिन्दुस्तान भर गया। गरीब देश में जब समृद्ध देशों के नंगे लोग नशेड़ियों, गंजेड़ियों और भिखारियों की तरह अपने 'नयेपन' के अहसास बटोरने के लिए घूमने लगे तो यहाँ की नयी पीढ़ी को लगा कि एकता का जो काम अमीरी न कर सकी वह गरीबी ने कर दिखाया। नयी पीढ़ी विवेकानन्द और महात्मा गाँधी की ओर न जाकर स्वातन्त्र्य से उत्पन्न निरर्थकता को भुलाने के लिए आचार्य रजनीश उर्फ ओशो के ध्यान शिविरों में जाने लगी। ...माओ, चारु मजुमदार, कानू सान्याल,

अमृतपाद डांगे और ज्योति बसु का साम्यवाद अलग-अलग दिशाएँ बताने लगा.... मेरी कविता पर 1965 के अकाल की गहरी छाया है। मेरी कविता कृत्रिम अकाल और असली भूख के बीच का द्वन्द्व हर वक्त महसूस करती है। मैं भूल नहीं सकता उस अभावपूर्ण जीवन को जो होते हुए भी हर जगह अनुपस्थित था।'[14] संग्रह की कविताओं को पढ़ते हुए उपर्युक्त बतायी गयी बातों की झलक जहाँ-तहाँ मिल जाती है। इन कविताओं में समकालीन जीवन के संकट को आसानी से देखा जा सकता है। इनमें मनुष्य को मनुष्य के धरातल पर रहकर जीने के लिए सार्थक चुनौतियों तथा अस्तित्व की खोज करती स्थितियों का चित्रण है। इन कविताओं की रचना जगूड़ी ने आज के मनुष्य की हालत और उसके संकट की अभिव्यक्ति, मध्य वर्ग के एक घरेलू औसत आदमी के चरित्र और मानसिकता को ध्यान में रखकर की है। यहाँ आदमी परिवार में रहते हुए, घर-परिवार की शर्तों पर जीते हुए एक अति सामान्य आदमी है। जो प्रत्येक उपलब्धि के लिए छटपटाता एवं तरसता है। जो बहुत छोटी सी सफलता के लिए अपने आपको तोड़ता है। प्रतिपल खीझता एवं झुँझलाता है परन्तु हार नहीं मानता। वह घर को ढो रहा है–जिम्मेदारी समझ कर नहीं बल्कि बोझ समझकर। प्रायः उसे लगता है कि जीवन में जो कुछ भी है सब एक आदर्श पर्दे के नीचे दिखावा है। नाटक है जो अन्तहीन है। अनवरत है। जारी है। 'नाटक जारी है' की पन्द्रह कविताओं की वस्तुस्थिति एवं रचनात्मकता समान नहीं है। इस सत्य को लीलाधर जगूड़ी ने स्वयं स्वीकार किया है। साथ ही इस संग्रह की कविताओं की मूल आत्मा की ओर संकेत करते हुए लिखा है कि संग्रह की कविताएँ 'असफल और अनुपस्थित मनुष्य की कविताएँ हैं जो हर चीज के लिए खुद को जिम्मेदार मानता है। इसी को अगर आप तेज-तर्रार शुरुआत मान रहे हों तो यह निजी स्वतन्त्रता है जिसमें मैं अगर हस्तक्षेप करूँगा तो यह एक आत्मरक्षक उपाय ही होगा।'[15] क्रमशः हम इन्हें अभिव्यक्त करना चाहेंगे।

संग्रह की पहली कविता 'बिल्कुल निजी संवाददाता द्वारा' प्राप्त सूचनाओं का संग्रह है जिसमें कवि खिड़की बनाने एवं खोलने की झंझट से मुक्त होकर छत पर खड़ा हो गया है। उसके सामने एक साथ समूचे देश का नक्शा है जो टूटे हुए इन्द्रधनुष के समान दिखाई दे रहा है। देश की आजादी की लम्बी अवधि बीतने के उपरान्त भी संविधान के वादे झूठे साबित हो रहे हैं। विकास का यह हाल है कि संविधान की तीन सौ पन्चान्बे धाराएँ स्कूली हथेलियों से प्लेटें धुलवा रही हैं। जिन नौनिहालों को स्कूल में होना था वे होटलों में पतेलियाँ धोकर अपने हिस्से का, अपने भाग्य का भाग मानकर मौन हैं। कवि को लगता है कि नौनिहालों की हथेलियों से टूटी हुई प्लेटें संविधान की खण्डित धाराएँ हैं।

प्रजातन्त्र की विफलता तथा उपलब्ध बर्बरता का संकेत करता कवि आदमी के जंगल में छिपे हुए भेड़ियों का उल्लेख करता है जो पिछले पंजों से मिट्टी खोद रहे हैं और लोमड़ी कुंठाओं की रोंयेंदार पूँछे हिल रही हैं। तमाम तरह के दृश्य बिम्बों से कविता का आकार बना है :

दूकानों पर कुछ नये चाकू बिके हैं
बदनाम मुलाकातों के कीड़े
नालियों में हिले हैं
पैंट। फ्रॉक के ऊपर पड़ा है
इधर कुछ नये अख़बार निकले हैं
हवा कुछ दिन रुक कर
फिर बदल जाएगी
लेकिन भीड़ के लिए। क़तई हॉर्न बजाकर
मौत न आयी है न आयेगी।

(नाटक जारी है, पृ. 15)

संग्रह की दूसरी कविता है 'बीमारी'। इस कविता में ऐसी बीमारी का जिक्र है जो परहेज के नाम पर फैली है और आदमी की खाल से बहुत ज्यादा मैली है। यहाँ व्यंग्य के माध्यम से कवि ने उन तमाम परिस्थितियों का उल्लेख किया है जिसमें वह तिलमिलाकर जलना चाहता है। पिघलना चाहता है शेष न रहने के लिए। यहाँ व्यंग्य का धारदार प्रयोग देखने लायक है। उन हाथों के प्रति कवि चिरकृतज्ञ है जो बहुत पुराने कपड़े लेकर आये हैं। कवि को लगता है कि बच्चों की पैदावार इस देश में अधिक हुई है फ़सल की कम। उसे प्रायः लगता है कि उसके जीवन में कोई बदलाव नौकरी से ही आयेगा। किन्तु कहीं भी आशा की लालटेन जलती हुई उसे दिखाई नहीं देती। वह तमाम तरकीबें निकालता है। आश्चर्य की बात तो यह है कि जहाँ से उसे उम्मीद नहीं होती वहीं से सहारा मिलता है। कवि यह मान बैठा है कि समझौता ही जीवन का धर्म है। किसी का भविष्य नष्ट करना और बेबुनियाद बातों का मुकदमा चलाना जगूड़ी को सदैव सताता रहता है। उन्हें बराबर आशंका लगी रहती है कि लोग किसी पेड़ से उनका सम्बन्ध अवश्य जोड़ देंगे जिसकी टहनियाँ हर मौसम में साथ छोड़ेंगी। समूची कविता में एक प्रकार का नैराश्व है। कवि को प्रायः लगता रहता है कि :

उनकी छाती पर नया साल बे-ज़रूरत उग रहा है
और मैं बे-शर्त ज़िन्दा रहना चाहता हूँ

लेकिन घड़ी देखता हूँ–मुझे जाना है
आफ़िस कुर्सी से ढकेल रहा है
खुद से क्यों लगायी। क्यों लगायी। मैंने यह शर्त
दो दिन तमाम शर्तों को तोड़ना-उबलता है
मुझमें–जीना। इतनी बुरी तरह उछलता है
पर मैं नाड़ा बाँधता हूँ
और शर्त की कहीं कोई गिरह पड़ जाती है

(नाटक जारी है, पृ. 17)

'साक्षात्कार' कविता में जगूड़ी ने सम्बन्धों के खोखलेपन के बीच अपनी सफलता एवं असफलताओं का जिक्र किया है। उन्हें बोध होता है कि सुबह की शुरुआत दुःखों की शुरुआत है। उन्हें आज़ाद भारत का भविष्य अन्धकारमय लगता है। अतीत भी सुखमय नहीं था। उन्होंने कविता में एक कहानी का उल्लेख किया है जिसका नायक अपना पजामा उल्टा सिलकर बताता है कि यह नया है। कवि उसे पुराना बताता है तो नायक कवि के मुँह पर थूक देता है। कवि थूकने का कारण जानना चाहता है। अपनी ईमानदारी, कर्मठता और कवि की सुविधाओं के द्वन्द्व में बौखलाया हुआ काव्यनायक कवि से पुनः प्रश्न पूछने के लिए कहता है। कवि स्वीकार करता है कि काव्यनायक का थूकना उसकी सुविधाओं पर व्यंग्य एवं प्रहार है। काव्यनायक के चेहरे पर कर्मठता से उपजे आभिजात्य-भाव को परखकर चुप रह जाता है। यह देख कर काव्यनायक कवि को दार्शनिक कहता है और यह उलाहना देता है कि जिस देश में इतनी गरीबी हो उसमें आप गहरी नींद में सो रहे हैं। कवि की उस वृद्ध नायक से मित्रता हो जाती है। वह उसकी उपस्थिति का अनुभव प्रायः करता रहता है। कवि के लिए वह सच्चा मित्र है जिसके खिलाफ वह कभी बोल नहीं सकता। हर आदमी से दोस्ती करना जगूड़ी के लिए सम्भव नहीं। वे मानते हैं कि :

आज़ादी के बाद प्रतिमाएँ घास काट रही हैं
और यह इच्छा है
कि आपका अपने बारे में कोई ख़याल नहीं
मैं इस बीच लापता रहा अँधेरे में
लगातार अपनी ऐसी की तैसी और कविता
दोनों करता रहा
थकने के साथ-साथ–बहुत चीज़ें हैं

जो नहीं हैं उन्हें रहने दीजिए
अख़बार पढ़िए लीजिए बहुत कुछ हो रहा है

(नाटक जारी है, पृ. 24)

इस कविता में युगबोध है। हर आदमी एक दूसरे की देखा-देखी व्यवहार कर रहा है। अपनी समझ और अपनी सहमति से वह काम नहीं कर रहा है। ऐसे लोगों को जगूड़ी गलत उम्मीदवार का सुरक्षित वोट मानते हैं। उन्हें यह भी लगता है कि समय के निशान सब पर पड़ रहे हैं। किन्तु समाज जिसमें पीड़ा एवं चोट है, केवल मध्य वर्ग के घरेलू आदमी को लेकर चल रहा है। जिसकी व्यथा से वे आहत होते रहते हैं। और अपनी भावना व्यक्त करते हैं।

'प्रेमालाप' कविता में जगूड़ी देश का नक्शा बनाते हैं। ऐसे देश का जिसमें आदमी का कद छोटा हो गया है और दुनिया भी सिमट कर मेज़ की ऊँचाई और पेट की गहराई में समा गयी है। काव्य नायक अख़बार पढ़ता है और उसकी पत्नी उसका चेहरा। वह पति से कहती है कि चलो हम दोनों मिलकर चूल्हा जलाते हैं आज छुट्टी का दिन है। काव्यनायक सोचता है कि हमारे देश में आम आदमी को अनाज़ नहीं मिलता। लोग खाना नहीं राख बनाते हैं जबकि कानोंकान यही ख़बर है कि फसल ठीक हुई है और अनाज़ का निर्यात हो रहा है। यहाँ विडम्बना की तमाम अनिवार्यतायें हैं। पति-पत्नी प्रेमालाप भी करते हैं तो समाज की जटिलताओं के बीच जहाँ वे देश का नक्शा, मोहल्ले का नक्शा बनाते-बनाते कमरे का नक्शा बनाने की सोचने लगते हैं। काव्यनायक यह भी अनुभव करता है कि इस कमरे का नक्शा उससे पहले भी बनाया गया होगा और उसे लगता है जैसे चारों तरफ धुँआ-धुँआ पसर गया। देश की गरीबी का दर्द यहाँ जगूड़ी के कवि मन को आहत करता है। उन्हें लगता है कि अनाज़ के स्थान पर राख होने का अभ्यास गहराता जा रहा है। 'प्रेमालाप' का कथ्य एक गहरी चिन्ता से जुड़ा हुआ है जिसमें चारों तरफ धुँआ है। जीवन का प्रफुल्ल उल्लास नहीं।

'खलनायक' कविता का नायक आश्वासनों से चाटी हुई भाषा के समानान्तर तनकर खड़ा हो जाता है। अब और अधिक भुलावों में वह नहीं रहना चाहता। उसका मोहभंग हो चुका है लेकिन उसे हासिल क्या होता है? कुछ नहीं, कुछ भी नहीं। वह ईमानदारी की तरह अपने ही शरीर में भरा हुआ सा है। वह बहुत कुछ करना चाहता है लेकिन कुछ करने का साहस जब वह नहीं कर पाता है तब वह इतना उत्तेजित हो जाता है कि उसे देखकर मनुष्यता उससे डरने लगती है। चाय पीते हुए वह बैरे को आदेश देता है कि उसने मेज पर पानी से 'समाज' लिख दिया है साफ कर दे। इस बात

को भी वह अच्छी तरह जानता है कि इस सफाई से कुछ होने वाला नहीं है। 'होने का शिल्प' अपेक्षाकृत छोटी कविता है जिसमें जगूड़ी ने एक अज़नबीपन का भाव व्यक्त किया है। 'कुछ कहीं था, कहीं था लेकिन कोई किसी की तरह नहीं था'। इस कविता में हवा का रंग परिवार का रंग है परन्तु परिवार की हवा ख़राब है। और व्यक्ति का चेहरा उन्हें न तो साफ दिखाई दे रहा था न याद था :

वह था। उसके कपड़े उसके धंधे नहीं थे
दीवारें थीं और दीवारों के कंधे नहीं थे
फिर भी छत का सारा भार उन पर था
बीच में खाली जगह थी। यह उसका घर था
वह इस दुनिया में घर पर था। सारा घर उस पर था
उसका चेहरा था जो उसे याद नहीं था
चे क्या था–हरा था?–नहीं
चेहरा। चेहरा था।
कुछ पता नहीं वह और उसके चेहरे में
कौन अच्छा था। कौन बुरा था
कुछ कहीं था। कहीं था
लेकिन कोई किसी की तरह नहीं था

(नाटक जारी है, पृ. 37-38)

'हर तरह होना है' कविता में जगूड़ी का मन विभिन्न परिस्थितियों से आहत है जो प्रजातन्त्र की असफलता की देन हैं। इसीलिए वे व्यंग्य को आधार बनाते हैं और यह बताते हैं कि सांकेतिक हड़ताल तो लोगों को दिखाने के लिए मात्र दिन में पहनना है। घने अन्धेरे में लोकतन्त्र को पछीटना है। इक्कीसवीं सदी को जब इस बेरौनक लोकतन्त्र में जीना है तो वेश्या की सार्वजनिक योनि से सम्भव करके ही सोचा जा सकता है। शहर में जहाँ इतनी घनी बस्ती हो गयी है कि मकान और आदमी दोनों जटिल हो गये हैं, वहीं अस्पताल बनाना है और समाजवाद की स्थापना करना है। यहाँ गरीबी एवं बेसहारा जीवन की चरम स्थिति है। कवि अमीर-गरीब, मज़दूर एवं पूँजीपति सबको मिलाकर एक समतावादी समाज बनाना चाहता है। उसके सामने ऐसे बाप की तस्वीर है जिसके आठ बच्चे हैं, और जिसके सिरहाने दीवार के अतिरिक्त कोई सहारा नहीं है।

'इस व्यवस्था में' शीर्षक कविता में जीवन को कवि ने एक अनावश्यक संस्था माना है। सम्बन्धों के पतन का प्रभाव सूरज के उगने अथवा अस्त होने पर नहीं

होगा। आजकल लोग सब्ज़ियों के स्थान पर ख़बरें उगा रहे हैं। हम अपने वंश में पैदा हुए परन्तु पिता का नगर देखने के लिए न पहाड़ की तरह ऊँचे उठ सकते हैं न नीचे भाग सकते हैं। बिना खाये-पीये हम पीले पड़ सकते हैं। जगूड़ी की कविता में प्रजातन्त्र के प्रति और सरकार के विपरीत वादों के प्रति तमाम विचार व्यक्त हुए हैं। यह पीड़ा कवि के मन को सालती रहती है और अनेक स्थान पर अनेक प्रकार से दिखाई दे जाती है। इस संग्रह की लगभग सभी कविताओं में यह छटपटाहट दर्द से लेकर आक्रोश एवं उत्तेजना की तह तक फैली हुई है। अनास्था एवं आक्रोश की हद यहाँ तक है कि तीन घण्टे की फिल्म देखना स्वीकार है किन्तु पचास सेकेण्ड का राष्ट्रगान लोगों को असुविधा जनक लगता है। खड़े होने के स्थान पर लोग चलने लगते हैं, राष्ट्रगान की सावधान मुद्रा की उपेक्षा करके। यह कविता अपेक्षाकृत लम्बी है। जिसमें अनेक बार व्यवस्था के विरुद्ध आवाज़ है। ऐसे आदमी की आवाज़ जो शासन की तमाम नीतियों और अनीतियों के बीच जूझ रहा है। उसे तमाम सच्चाइयों का बोध है। उसे यह भी पता है कि एक जगह होने वाला अपराध दूसरी जगह आजीविका दे जाता है। किसकी गर्दन के नीचे चाकू धँसा कर किसने पाँच रुपया कमाया था। कविता का अन्त गद्यमय है। जहाँ कवि काव्यनायक को यह बताना चाहता है कि खाने के लिए ज़हर और रहने के लिए शहर मिल जाने पर भी तुम यहाँ अधिक दिन तक नहीं रह सकते हो। क्योंकि हर रास्ता व्यवस्था में शामिल होने वाला है और तुम एक-न-एक दिन उसके शिकार हो जाओगे।

'सांस्कृतिक यातना' शीर्षक कविता में कवि ने गाँव के अस्वीकार को इसलिये समर्थन दिया है कि शहर में जो भी लोग नंगे पाँव आते हैं उन्हें भर पेट खाने को कुछ मिल जाता है। एक थका-हारा गरीब आदमी किसी की सलाह पर गाँव में रहने की हामी भले ही भर देता है किन्तु उसे जीने की सुविधा शहर में अधिक है। गाँव से आया आदमी रोजी-रोटी के लिए किसी-न-किसी से जुड़ता है। कभी-कभी तो ऐसे लोगों से जुड़ जाता है जो उससे अनैतिक काम कराने के पैसे देते हैं। धीरे-धीरे यही उसका काम हो जाता है बदले में उसे जीने की न्यूनतम सुविधाएँ मिलती हैं। लेकिन वह व्यक्ति अपने भीतर टूटता रहता है। अनैतिकता से समझौता उसकी विवशता है। वह नहीं समझ पाता है कि अपनी व्यथा किससे कहे :

एक अपदस्थ कार्य को
पेट की गरमी इतना सेंकती है
फिर भी आँतें। किसी अतिरिक्त बोझ को। बाहर फेंकती हैं
–यह सच किस-किस की जेब में रखें

कि हम अपने पेट में हर समय थूक रहे हैं
और अपनी टाँग बचाते हुए। ठीक तरह मूत रहे हैं

(नाटक जारी है, पृ. 64)

'अनैतिक' कविता में एक विशेष परिवेश की ओर इशारा है। कवि को पूरा समाज एक खाली परेड की भाँति लगता है और मनुष्य चीजों की भाँति सम्बन्धों को सह रहा है अकेले में। ऐसी परिस्थितियों में :

कुछ चंट चालाक लोग। आँख मारते हुए
युगबोध का बुरादा और नैतिकता का इरादा लेकर
बुत्त होने से पहले थोड़ा-थोड़ा डरते हैं।

(नाटक जारी है, पृ. 65)

यहाँ सबसे बड़ा बोझ घर है जिसमें अपने आपको तोड़ने के अलावा कोई रास्ता नहीं है। आत्महीनता की पराकाष्ठा पर पहुँचकर यह अनुभव किया जाता है कि मैं न समाज हूँ, न व्यक्ति और न नाम। मुझसे सिर्फ़ बचा जा सकता है या घृणा की जा सकती है। 'नगर का मौसम' पिता की चिट्ठियों से जाना जा सकता है। चिट्ठी में पूरे परिवार पर बाज़ का आक्रमण है। चिट्ठी से सबसे बड़ी कविता चीख़ मारते हुए अलग होती है और जिसमें से कुछ अंश चीखते हुए निकलते हैं। कवि को लगता है ये अंश बेमतलब हैं। क्योंकि आने वाले कल में बिस्तर छोड़कर नगर के अनाप-शनाप मौसम में उसे निकलना आवश्यक होगा। 'घर संभालते हुए' कविता में घर और समाज की तस्वीरें हैं। यहाँ वातावरणजन्य अनैतिकता एवं अत्याचार के बीच अपना घर-परिवार संभालने की जुगाड़ करने वाला एक अति सामान्य आदमी है। राजनीति का चेहरा बेनकाब करने वाली यह कविता इस सदमें को भी बर्दाश्त करती है कि 'क्रान्तिकारी जलूस संसद में घुसकर प्रान्तीयता के छोटे उजाले में कुर्सियों पर सो गया'। इस कविता में 'अकविता' का प्रभाव भी आसानी से देखा जा सकता है। यह मोहभंग भी कि 'जनतन्त्र की सही नस का पता चल गया।'

'टेलीफोन पर' कविता में बातचीत के माध्यम से देश की तमाम विसंगतियों की चर्चा की गयी है। यहाँ 'बन्दरगाह से आई हुई हवा दलाल के तालू से सट गयी है।' देश के अधिकांश लोग विदेशी दलाल और देशी सट्टे हैं। जनतन्त्र में किसी को कुछ भी कह देना आसान है। कोतवाली के बगल वाला घर चोरी के लिए सबसे उपयुक्त है। यहाँ पेट और दिमाग के दरमियान विवेक का खतरा

बना हुआ है। यह गरीब और गरम देश है। यहाँ कोई षड्यन्त्र एवं तमाशा नहीं है। हर अभाव है किन्तु लोग ज्ञानी हैं। समूची कविता में व्यंग्य है व्यवस्था के एक-एक अंग पर। गरीबी की चीत्कार भी यहाँ शान्त है :

हलो, मकान के पीछे जो नाला गिरता है
उसमें भी कविता है। कहानी है
महापुरुषों की जीवनी पढ़ी
यहाँ जो चुप रहेगा। भीख मांगकर गुजारा कर सकता है
देश को बिना गाली दिए हुए
सड़क से थोड़ा हटकर
बड़े ढंग से मर सकता है
हलो। इतना तो हर कोई कर सकता है

(नाटक जारी है, पृ. 94-95)

'सांस्कृतिक प्रार्थना' कविता में शरीर एक प्रयोगशाला है जिसमें पुराने जार फूटने लगे हैं और अशुद्ध गैस बाहर निकलने लगी है। मकान, पेड़ और मनुष्य एक समान लगने लगे हैं। कविता से लेकर राजनीति तक सारे सम्बन्ध सिर्फ़ तोड़ने के लिए हैं जोड़ने के लायक नहीं।

संग्रह की अन्तिम कविता है 'नाटक जारी है'। सैंतीस खण्डों में लिखी गयी इस कविता का रचनाकाल 1967 से 1970 तक का है। पहले खण्ड में व्यवस्था पर करारी चोट है। आक्रोश के स्वर में कवि कहता है कि जितनी बार मैं भ्रष्ट-भ्रष्ट कहता हूँ आप तालियाँ बजायें। कविता के पहले खण्ड में रोज़ अपने भीतर उतरकर मूल्यांकन करने का बोध है। रोज़-रोज़ का मूल्यांकन किसी नरक को ध्वस्त नहीं करता बल्कि अपने ही भीतर एक आक्रोश की भाषा गढ़ता है। कमीज के रंग और चेहरे की सौम्यता से कुछ होने वाला नहीं है। 'यदि कुछ कहने का साहस कर सकूँ तो वही सबसे बड़ा साहस' है। दूसरे खण्ड में बौनी होती दुनिया की जटिलता का उल्लेख है जिसमें आदमी अपनी भाषा के प्रति सचेत रहता है। कवि को एक कोरस सुनाई देता है जिसमें अज्ञान एवं गरीबी का राग अलापा जा रहा है। तीसरे खण्ड में कवि को जमाने के दृश्यों का क्रम अनिश्चित लगता है जिसमें न दर्शक बना जा सकता है और न ही अभिनेता। कविता का चौथा खण्ड इस सत्य के संकेत से भरा हुआ है कि भाषा में अपनी उपस्थिति का अहसास होना चाहिए। व्यवस्था से जुड़े हुए जितने प्रसंग हैं उनका सम्बन्ध नेता से है। जनता से नहीं :

असली प्रसंग पार्टी का है। जनता का नहीं
इसलिए जिन्दगी और रुचि का फर्क मिटाते हुए
इस नाटक से
करुणा और सौजन्य वाला दृश्य काट दिया गया है
बाकी नाटक जारी है
पर्दा अगर उठ सका तो दिखा दूँगा
तैयारी है
नहीं उठ सका तो जैसी सबकी होती है
जानने-समझने की
मेरी भी एक संयुक्त लाचारी है

(नाटक जारी है, पृ. 109-110)

पाँचवें खण्ड में आज़ादी को परिभाषित किया गया है। गोबर से गणेश बनाने की घटना का उल्लेख करते हुए कवि कहता है कि क्या मैं आदमी के धड़ पर नेता का चेहरा लगा दूँ? पर्दे के बाहर एवं पर्दे के भीतर की तस्वीर भविष्य की ओर संकेत करती है। छठवें खण्ड में विडम्बना का साफ संकेत है। जिस आदमी का शीर्षक एक दिन टोपी था दूसरे दिन उसका शीर्षक अचानक जूता हो जाता है। सातवें खण्ड में सम्बन्धों के खोखलेपन और ज़बान पर नकली अहसास का ज़िक्र है। मौसम बताने वाली भाषा को कवि आड़े हाथों लेना चाहता है। आठवें खण्ड में लाश बनकर जीना रोजमर्रा का धर्म तथा उदास रहना फ़र्ज बताया गया है। नौवें खण्ड में भाषा के पीछे शब्दों को दौड़ाने का उल्लेख है। ऐसे कार्य का उल्लेख है जिसमें करने का भाव नहीं बल्कि होने का भाव है। दसवें भाग में मनुष्य की इच्छाओं और उन इच्छाओं के पूरे होने की अड़चनों की चर्चा है। कवि को इस बात का अफसोस है कि शब्द अब जीभ से तो उच्चरित होते ही नहीं आँखों से भी गायब होने लगे हैं। कवि को लगता है जीवन एक नाटक है :

इस नाटक में प्रवृत्त होकर
उसे हरेक की झुर्रियों में टटोलना होगा
पेट की सराय में जाने के लिए
नाक पर रूमाल रखकर
हरेक मुख
फाटक की तरह खोलना होगा

(नाटक जारी है, पृ. 117)

ग्यारहवें भाग में आम आदमी की चर्चा है। कवि आम आदमी को जहाँ से उठाता है वहीं से वह फिसल जाता है। कवि उसकी कोई तस्वीर बनाने में अपने को अक्षम पाता है। बारहवें भाग में अपना हाथ किसी खतरे में डालने से पहले वापस खींच लेता है। वह व्यवस्था एवं शोषण की पद्धतियों को आम आदमी की हालत के लिए जिम्मेदार मानता है। आम आदमी ही वस्तुतः इन कविताओं की धुरी है। इस आदमी की भ्रष्ट और विघटित स्थिति से ही इन कविताओं की रचना हो सकी है। तेरहवें खण्ड में अधिकार एवं आक्रमण के बीच रिहर्सल करता कवि ही शेष रह गया है। चौदहवें खण्ड में कवि अनुभव करता है कि कमरों से हवा रोज़ गुजरती है लेकिन फर्श पर कुछ नहीं उगता। पन्द्रहवें भाग में धुँध फैलाते हुए और सवालिया चेहरों पर आये हुए सपनों का उल्लेख है तो सोलहवें भाग में बिजली के खम्भे पर मज़दूर का सिर्फ़ हाथ है न चित्र है न दाग़ है। सत्रहवें भाग में उन लोगों पर व्यंग्य है जो निर्माण के नाम पर देश का पतन कर रहे हैं। कवि कहता है यदि आप कुछ भी नहीं कर सकते तो अपने पड़ोसी को उल्लू तो बना ही सकते हैं। अट्ठारहवें खण्ड में रिश्तों की छीजती दुनिया का उल्लेख है। उन्नीसवें में लाचारी का चित्रण है। कवि मुँह खोलता है किन्तु आवाज नहीं निकाल पाता। इस भाग में बातें कलात्मक अन्दाज़ में दोहराई गयी हैं।

बीसवें भाग में संसार की उलझनों का उल्लेख है तो इक्कीसवें भाग में भूख के पेड़ से सारी संभावनाओं को साधने की बात कही गयी है। कवि हताशा की सीमा पर जाकर कहता है कि केवल कुछ कवि देश की इस स्थिति को नहीं सुधार पायेंगे। इस देश का हर बच्चा नेता है। इतने नेता जब चाहें तब इस देश के नक्शे को अपनी कापी पर सिर्फ़ उतार लेंगे, फिर भूल जायेंगे।

बाइसवें भाग में कवि पूरे आकाश की स्वच्छन्दता की कल्पना करता है जिसमें अपने उगते हुए सिर को योग्य पात्र में बदलने की सोचता है। तेइसवें भाग में नाटकीय घटना का उल्लेख है। हवा की पीठ पर घोड़े की कल्पना करके चाबुक मारना यह जानते हुए कि हवा की पीठ नहीं होती। यहाँ एक जटिल यथार्थ का संकेत है। चौबीसवें भाग में दुर्घटनाओं में उत्सव की तरह शामिल होने का उल्लेख है। पच्चीसवें भाग में चरित्र, समाज और खाली गिलास तीनों को समान रूप से पड़ा रहने देने की बात कही गयी है जबकि तीनों लुढ़क सकते हैं। छब्बीसवें भाग में क्रान्ति का उल्लेख नहीं, क्रान्ति का संकेत है :

पता नहीं ये अन्याय के बादल हैं
या पानी के या संकट के
मगर बिजली मुहावरे में चमकी है

क्रान्ति आप करते नहीं
देते हैं
आपकी सुविधा के लिए वह दैनिक धमकी है

(नाटक जारी है, पृ. 136)

सत्ताइसवें भाग में संशय और अविश्वसनीयता के साथ-साथ अतीत को दुहराना है। अट्ठाइसवें भाग में अन्धकार में उगने की चाह है। उन्तीसवें भाग में सहकारी आदमी के देश उजाड़ने की बात कही गयी है और तीसवें भाग में अहिंसा से कतराने और प्रशंसा से मरने की बात कलात्मक अन्दाज में दोहराई गयी है। चेहरे की जगह कुप्पा हिलाना तथा निर्दयी लोगों के दाँत किराए पर उठाना जैसे मुहावरे जीवन के दोहरेपन में धुँधलाते-झुँझलाते चरित्रों का संकेत करते हैं। घर से लौटा चेहरा और घाट से लौटा चेहरा एक समान लग रहा है। इकतीसवें भाग में विनाश रोकने की प्रार्थना है। बत्तीसवें भाग में धर्म क्षेत्र से चुनाव क्षेत्र में पहुँचकर भागने की कठिनाई का वर्णन है। यहाँ युद्ध और सभा में कोई अन्तर नहीं है। धन और शक्ति से उठकर एक भारी सवाल आम आदमी की जिन्दगी से जुड़कर मुँह खोले निरन्तर खड़ा है। तैंतीसवें भाग में विश्वासहीनता या धोखा खाने के बाद भी विश्वास बनाये रखने की बात कही गयी है। कवि क्रान्ति में विश्वास रखता है। सारी झंझटों को तोड़कर वह खड़ा हो जाता है क्रान्ति करने के लिए। क्रान्ति भी साधारण नहीं बल्कि बहुत बड़ी क्रान्ति। आकाश को भेदने जैसी। लेकिन समाज में फैले क़ब्रस्तान में हार के सिवाय कुछ नहीं मिल पाता। चौंतीसवें भाग में जीवन के यथार्थ का वर्णन है। यहाँ किसी नाटक का नहीं हकीकत का बयान है :

जहाँ नाटक जारी है
अपने-अपने पिता की बगल से
गुज़रते हुए
मेरी कविता में ठहर जाइए
यहीं से शुरू होता है–उबाला
बाक़ी
पोस्टर की दुनिया तो घोर सरकारी है

(नाटक जारी है, पृ. 144)

पैंतीसवें भाग में गरीबी का उल्लेख है। कमजोर आदमी को कमजोर बनाने के लिए जिम्मेदार कौन है? कविता के छत्तीसवें भाग में भूख की पीड़ा का दर्दनाक मातम है। कवि का यह कहना कि मरकर मैं एक बार फिर मिलूँगा

आपसे। यहाँ इस बात का संकेत है कि अभावजन्य जीवन एक जन्म का नहीं कई जन्मों का सिलसिला है। जीवन के सुखद अन्त की चाहत भी दुःखदायी है। यदि आप संघर्ष करके आगे नहीं बढ़ पा रहे हैं, समझौते पर सन्तोष किये हैं तो यह मानकर चलिए कि एक दिन नहीं बल्कि जीवन पर्यन्त घर मलवे के नीचे पड़ा रहेगा। कवि अख़बार के माध्यम से यह सूचना प्रसारित करने के लिए आग्रह करता है कि क्या तुम मुर्दों की राजनीति करते हो आम जन को छोड़ते हुए। सैंतीसवें और अन्तिम भाग में संघर्ष को चलाये रखने की बात कही गयी है। कवि सोचता है कि वह संघर्ष खत्म क्यों हुआ जिसका परिणाम सामने नहीं आ पाया। बन्दूकों की आवाज़ एक दुःख को दूर-दूर तक पहुँचाने के लिए आनी चाहिए थी। यहाँ मृत्यु के बाद भी घायल होने का ज़िक्र है। क्योंकि दीवार पर काँच के टुकड़े जड़े हुए हैं :

या मैं इसी तरह अटका रहूँगा
अपनी किसी पुरानी इच्छा के लम्बे तने पर
जहाँ से पत्तियाँ
बिना चीं किए हुए ऊपर चढ़ती हैं
और नगर-पालिका के सामने
जहाँ से पानी सड़ना शुरू होता है
अपने हरे अनुभव को उदासी में बदलती हुई
गिर पड़ती हैं

(नाटक जारी है, पृ. 147)

इस संग्रह की कविताओं में जगूड़ी ने समय के अनुरूप मनुष्य की बदलती हुई सोच की ओर संकेत करते हुए लिखा है कि आने वाले समय में 'जब युद्ध नहीं अच्छे विचार और बेहतर जीवन लोगों की वैश्विक आकांक्षा बन जायेंगे तब राष्ट्रों की सीमायें खेतों की मेड़ और दुकानों के शटर से बड़ी नहीं होंगी।' कवि ने आजाद देश के कई छल-छद्म भरे आश्वासनों का पर्दाफाश किया है। बोलने की आजादी केवल एक भाषिक छलावा और पछतावा बनकर न रह जाये, इसका खुलासा करती 'नाटक जारी है' कविता व्यक्तिगत जीवन और सामाजिक जीवन के बीच का पर्दा उठाती है। इस पर्दे को उठाने में शिल्प की बारीकियों की भी अनदेखी नहीं की जा सकती। कवि ने इस विषय में लिखा है कि 'सीधे-सीधे इस कविता में प्रवेश कठिन लगता है लेकिन एक बात आप समझ लें कि आज़ादी के बाद के छठें-सातवें दशक के भारत के युवकों के मोह, व्यामोह,

विडम्बनाओं और अन्तर्विरोधों से यह कविता टकराती है, टकराने की उसकी शैली सीधी-सीधी न होकर थोड़ा ज़िन्दगी की तरह टेढ़ी-मेढ़ी है, तब आप इस नाटक को अपने मस्तिष्क के मंच पर घटित होते हुए महसूस कर सकते हैं। यथार्थ और कल्पना के बीच यह नाटक जीवन और परिस्थितियों से उपजी हुई भाषा में घटित होता है।'[16] यह कविता अप्रतिष्ठित जीवन की तरह अप्रतिष्ठित भाषा और बिम्बों में अपने अस्तित्व को देखती है। इसकी भाषा उन लोगों की धड़कनों से बनी है जिन्हें विद्यालयों या महाविद्यालयों में पढ़ने का मौका नहीं मिलता। इन कविताओं के शिल्प पर या रचना-तन्त्र पर बात करना भी ज़रूरी है। इस संग्रह की पन्द्रह कविताओं में से अधिकांश कविताएँ लम्बी हैं। ऐसा लगता है कि लम्बी कविता जगूड़ी के लिए काव्य-रचना की अनिवार्यता है। उनकी काव्य-संवेदना अनेक सन्दर्भों-प्रसंगों को समेटती हुई काटती-पीटती और रूपान्तरित करती हुई चलती है और कविता अनायास लम्बी हो जाती है। विस्तार करने के लिए जगूड़ी ने लम्बी कविताएँ नहीं लिखी हैं बल्कि इनमें सर्जनात्मक आवेश है। इन लम्बी कविताओं में उन्होंने तुक के प्रति अपना अप्रतिम मोह प्रदर्शित किया है। जैसे खण्ड नौ के प्रारम्भ की पंक्तियाँ हैं :

भाषा के पीछे शब्दों को दौड़ाता रहता हूँ
सांड की तरह
कर्म मैं भी करता हूँ
काण्ड की तरह

(नाटक जारी है, पृ. 114)

इस प्रकार के तुक उनकी कविता में बहुत आये हैं जिनकी चर्चा आगे होगी। एक विशेषता यह भी है कि जगूड़ी दो मुख्य पंक्तियों के बीच तीन-चार पंक्तियाँ ऐसे ही रख देते हैं जैसे एक उदाहरण है :

एक किताब में और आदमी में
बहुत फ़र्क पड़ जाता है–जिल्द से
वह ताड़ लेता है कि सब लोगों के पास एक ही चेहरा
रह गया है। थूकने के लिए
वह घिस गया है उसके पास कोई चेहरा नहीं

(नाटक जारी है, पृ. 31)

इस संग्रह की कविताएँ भावानुभूति की न होकर निर्मम यथार्थ की अभिव्यक्ति हैं जो देश की आजादी के बाद उपजी परिस्थितियों के कारण हैं। बाह्य यथार्थ

से सीधे-सीधे टकराने और अन्तर्यथार्थ से उसकी संगति-असंगति की खोज में अनुभूति और विचार का जो बदला हुआ रिश्ता जरूरी है वह इन कविताओं में मौजूद है। इनमें व्यवस्था का विरोध, भावात्मक या उत्तेजक-मुहावरों में न होकर ऐसे विचार पर टिका है जिससे मानव स्थितियों का बोध हो सके। साथ ही उस विकल्प की ओर संकेत भी :

संकल्प के अभाव में
वह इधर-उधर के फ़ालतू पुर्जे से जुड़ता है
ज़िंदगी देखने के लिए
पर कुछ नहीं होता
अन्त में एक पुर्जे की जगह ख़ुद को फ़िट करता है
और मशीन चलने लगती है

(नाटक जारी है, पृ. 31)

इस यात्रा में

'इस यात्रा में' लीलाधर जगूड़ी का तीसरा कविता संग्रह है। राजकमल प्रकाशन से इसके दो संस्करण 1983 एवं 2009 में आ चुके हैं। इस संग्रह में चौंतीस कविताएँ हैं। इस संग्रह की कविताओं के विषय में लीलाधर जगूड़ी ने लिखा है कि 'इस यात्रा में' की कविताएँ 'अपेक्षाकृत कोमल, शान्त, प्रेमिल और बहुत हद तक स्वप्निल-सी दिखती हैं। लगता है परम्परा और प्रयोग में एक सन्तुलन की अदृश्य और बिखरी-बिखरी सी कोशिश काम कर रही है। वे उतना ही बोलती हैं जितना वह अनुभव बोलना चाहता है। अनुभव के चुप रहकर बोलने में एक नयी भाषा की खोज झलक मारती रहती है। भाषा के बदले हुए स्वभाव के कारण अक्सर मेरी उद्विग्न कविताएँ फौरी कार्यवाही जैसी वाचाल दिखती हैं। लेकिन 'इस यात्रा में' भिन्न भाषा-स्वभाव के कारण वे अनबोये बीजों-सी निंदासी दिखती हैं। ज्योंही मैं उन्हें बोने की कोशिश करता हूँ, वे खो जाती हैं। अब वे बोयी हुई, खोयी हुई निद्रालस में भी सक्रिय कविताएँ उगने की प्रतीक्षा जैसी दिखती हैं। यह इंतजार किसी नवांकुर के लिए खाद-पानी का काम करता है। हर बार उसी प्रस्थान पर पहुँचकर मैं फिर से अपने को बदलने की कोशिश करने लगता हूँ। हर बार लगता है कि न केवल मनुष्य के रूप में बल्कि वनस्पतियों और अन्य जड़ पदार्थों के रूप में भी मैं ही यात्रा कर रहा हूँ। दूसरों के साथ की यात्रा भी अपने साथ की यात्रा बन गयी है। लेकिन अब देखता हूँ

तो इस यात्रा ने मुझे अपने से बाहर, दूसरों के नजदीक ले जाने की कोशिश की है। दूसरों की निकटता को सहेजकर मैं इस यात्रा में अपने भीतर लौटा हूँ। बाहर और भीतर का ऐसा अनुभव रंजित विन्यास कि सपने भी और स्वप्नभंग भी एक ही यात्रा के हिस्से लगते हैं।'[17] :

जैसा मैं यहाँ आते हुए था
वैसा अब लौटते हुए नहीं हूँ
तुम पूछते हो कि मैंने क्या किया;
मैं भी यही पूछता हूँ –तुमसे?
हम यहाँ न अपने बाल बचा सके
न अपने नाखून। न अपनी नजर
हर बार हमने यही सोचा
अपने –आपको बचा लो
मगर नहीं बचा सके
हमने यहाँ सब कुछ खो दिया है
अपना गाँव। अपना झोला। अपना सिर

(इस यात्रा में, पृ. 100)

लीलाधर जगूड़ी यह मानते हैं कि एक अच्छी कविता कर्म, विचार शैली और सौन्दर्य का सम्पूर्ण विलयन अपने में लिए होती है। विस्मयकारी यह है कि यह सब कवि के तादात्म्य और संवेग की देन है। लगता है कि कवि के माध्यम से कविता का जन्म अनुभव को भाषा के शिखर पर पहुँचाने के लिए हुआ है। अन्यथा नया अनुभव और नयी भाषा पाने का इतना धीरज भरा उद्वेग किसमें है? 'इस यात्रा में' की कविताओं में 'नाटक जारी है' की कविताओं का विकास एवं परिष्कृत रूप नहीं है। यह तो एक अलग तरह की शुरुआत है। ये कविताएँ अपने अनुग्र स्वभाव में भी संघर्ष करती दिखती हैं। इनमें भी धार है। लेकिन तलवार की नहीं पानी की और कहीं-कहीं तो केवल घास की और अन्य पत्तियों के धार से काम चलाने की कोशिश की गयी है। इस संग्रह की पहली कविता है 'यह मैं हूँ बन्दी'। कविता के प्रारम्भ में कोष्ठक में एक वाक्य है 'मिट्टी के बाहर बहते हुए पानी से मिट्टी में रह गया पानी अधिक गरम है'। यह वाक्य भीतर की गर्मी अथवा बौखलाहट की ओर संकेत करता है। ऐसी बौखलाहट जो मन के भीतर है और भीतर ही भीतर उबलती रहती है। इस कविता में छोटा भाई भीड़ में पोस्टर चिपकाता है, नारे लगाता है। पिता उस भीड़ में उद्विग्न और

अशांत स्थिति में निर्णय देते हैं–'किन्तु मैं बन्दी हूँ'। कवि कहता है कि तीनों को समेटने के लिए माँ के हाथ छोटे पड़ गये हैं। वह हमारे कमरे में नहीं घुस सकती जबकि वह हमारे घावों को छूना चाहती है, मन से सहलाना चाहती है परन्तु वह घर के आँगन एवं बरामदे में ही रह जाती है जहाँ से न मैं दिखाई देता हूँ न मेरा छोटा भाई और न ही मेरे पिता। यहाँ परिवार का पुरुष वर्ग क्रान्ति में संलग्न है और स्त्री घर की सीमाओं में आबद्ध।

'दण्डस्वरूप' कविता में भी क्रान्ति एवं संघर्ष का स्वर है। प्रारंभ में भूख का मर्मभेदी विस्तार है। भूख ऐसे लगी है जैसे गड्ढे में पेड़, पेड़ में पत्तियाँ, पत्तियों में रंग। ऐसी धँसकर लगी है जैसे जमीन के नीचे फैली हुई जड़ें और ऐसी जैसे रिकार्ड पर धँसने वाली सूई। जगूड़ी भूख को पेड़ की तरह या रिकार्ड पर सूई की तरह चुभी हुई कहकर जैसे प्रकृति और जीवन के बाजार में अपनी विस्मित और विकल आत्मा की उपस्थिति दर्ज करते हैं। अनगिनत इच्छाएं मन की परतें खोल रही हैं। काव्यनायक सोच रहा है कि :

यह जाल जिसमें मैं फँसा हुआ हूँ
माँ ने नहीं बुना
जबकि इसी ज्ञान पर
जिसमें मैं चिना हुआ हूँ
थककर अडारे हुए हैं
उम्राहत पिता
यह आकार पूर्व निर्धारित नहीं था
पूर्व निर्धारित कुछ भी नहीं था
इस भूख के अतिरिक्त या फिर
इस उछाल लेते हुए पानी के अतिरिक्त
यह मरकर फिर लगी हुई भूख
और यह उछलता हुआ पानी
हर आदमी में फिट हो गया है

(इस यात्रा में, पृ. 34-35)

कवि को इस बात का विश्वास है कि एक-न-एक दिन कमरे के भीतर की खामोशी जरूर बोलगी। जब भी कोई इन दीवारों को खोलेगा ईंट पर ईंट बजेगी। दबी हुई इच्छाएँ एक-न-एक दिन विस्फोटक रूप अवश्य लेंगी। यहाँ भूख की तीव्रता और तीक्ष्णता की अभिव्यक्ति के लिए गोदाम लूटने के भाव या अभाव से काम नहीं

लिया गया है बल्कि जीवन की पूरी राजनीति ही प्राकृतिक स्थितियों के बिम्बों से प्रकट होती है। तीसरी कविता जिसके नाम पर संग्रह का नाम रखा गया है 'इस यात्रा में'। कविता में विगत जीवन की स्मृति है जिसमें तूफान में सारा गाँव बह गया था। कवि को सन्तोष है कि सभी चीजें एक साथ नष्ट हो गयीं और एक बड़ा दुःख ही कुण्डली मारकर बैठ गया है मन के भीतर। यहाँ सहनशीलता की सरहद नहीं, व्यथा की वह पराकाष्ठा है जिसमें मनुष्य काठ हो जाता है। ऐसा काठ जिसमें चेतना हो। यह अलग बात है कि कवि को यह बात याद आती रहती है कि उसके बाइस वर्ष के जीवन में वह पाँच वर्षों तक केवल बिस्तर भिंगोता रहा और उसे दादी की कहानियों का घोड़ा याद आता रहा जो लड़कियों की गुफा की ओर से लौटने नहीं देता था। यहाँ पहाड़ का विध्वंसक रूप चित्रित है जो न जाने कितनों को निगल चुका है। जीवन की यात्रा में हम कोई बात करें या न करें लेकिन जीवन तो गुजर जायेगा ही। यहाँ हताशा की चरम सीमा तथा नैराश्य का अन्धकार है। इस यात्रा में संग्रह की प्रशंसा करते हुए मंगलेश डबराल ने लिखा है कि 'जगूड़ी के निरन्तर हलचल करते बेचैनी-भरे काव्य संसार में शायद 'इस यात्रा में' अकेला ऐसा संग्रह है जिसे अपेक्षाकृत 'शान्त' कहा जा सकता है। उसमें चलने और ठहरने के बीच की एक स्थिति है, एक हिंसक और ठिठकन है।'[18] 'न ययौ न तस्थौ' नामक कविता कालिदास के मुहावरे पर आधारित है। इस सन्दर्भ में जगूड़ी का कहना है कि 'दूर तक फैली हुई पर्वत-शृंखलाओं को जब हम देखते हैं तो लगता है कि पहाड़ चल रहे हैं, लेकिन दूसरे ही क्षण लगता है कि नहीं, ये चलने को आतुर हैं पर किसी वजह से अपनी जगह ठिठके हुए हैं, ठीक उस शैलाधिराज तनया की तरह जिसके लिए कालिदास ने कहा था : शैलाधिराज तनया न ययौ न तस्थौ। यहाँ तो स्वयं पहाड़ ही न ययौ न तस्थौ की स्थिति में लगते हैं। एक ठहरा हुआ, रुका हुआ एकरस जीवन। बहुरंगी प्रकृति के बीच एक बेरंग जीवन। नदियों और झरनों के बीच एक प्यासा जीवन।'[19] कवि को लगता है कि आज न तो परिस्थितियाँ साथ दे रही हैं न भाषा में बोले गए शब्द। इन सबसे छुटकारा पाने का एकमात्र रास्ता है–मरना। वह यह भी अनुभव करता है कि झरने का सुख उसकी शीतलता और मौत का मुख तथा उसकी भयावहता सब जगह समान होती है। भीतर की सारी इच्छाएं मिट चुकी हैं। उसके भीतर कुछ भी शेष नहीं :

मुझे चीरने के बाद कोई कुछ नहीं देख सकेगा
न ये जंगल। न ये स्मृतिचिह्न
न इस संगीतहीनता के पीछे
इच्छाओं से अलोकित तुम्हारा चेहरा

जिसने हमेशा कोई-न-कोई रंग दिया। मौसम के विपरीत
उचित-उचित अर्थोंवाली एक चुप्पी...
दूर इतने अकेले में। इस अनुर्वर प्रकाश का क्या करूँ?
मैं इस सारे विवेक का क्या करूँ जिसने
तमाम चीजों को अर्थहीन बना दिया?

(इस यात्रा में, पृ. 42-43)

अर्थहीनता की अनुभूति जीवन की सहजता से मुँह मोड़ने वाली है क्योंकि वास्तविकता का बोध उसे हो गया है (अब पूरे शहर की कलई खुल गयी है)। 'आषाढ़' छोटी कविता है जिसमें माँ की स्मृति है। कवि की रचना प्रक्रिया भी यहाँ देखी जा सकती है। इस कविता में जगूड़ी ने आषाढ़ में बोई जाने वाली फसल जो कार्तिक में पककर तैयार हो जाती है और काटी जाती है के माध्यम से अपनी बात कही है। कविता का जो बीज माँ के साथ बोया था अब बड़ा हो गया है। उसे सृजित होने के बाद देखकर कवि को माँ की याद आती है। वह माँ की स्मृति में नत मस्तक हो जाता है उसी प्रकार से जैसे फसल काटते समय पौधा हँसिया के सामने झुक जाता है। यहाँ फसल का अभिप्राय कविता है और पककर काटने का आशय सम्पूर्ण रचनाधर्मिता। झुकना यहाँ विनम्र प्रणाम है माँ की स्मृति को। लीलाधर जगूड़ी ने अपने वक्तव्यों में स्वीकार भी किया है कि कविता के बीज उनके भीतर माँ ने बोये थे। संग्रह की सबसे छोटी कविता है 'अ-मृत' अर्थात् जो मृत नहीं है :

हमेशा नहीं रहते।
पहाड़ों के छोये
पर हमेशा रहेंगे
वे दिन
जो तुमने और मैंने
एक साथ खोए।

(इस यात्रा में, पृ. 49)

'रंगों के पास एक पूरी भाषा है' कविता के प्रारम्भ में कोष्ठक में यह वाक्य है 'इन दृश्यों के पीछे वस्तुओं का जड़ समुद्र और युद्धरत लोग सिर्फ संकेत हैं'। अर्थात् यहाँ जड़ वस्तुओं का संग्रह है और जीवन जीने के लिए आवश्यक सामग्री जुटाने में युद्ध स्तर पर तल्लीन लोग केवल कहने के लिए हैं। वस्तुतः यह एक प्रेम कविता है। प्रेम का वर्णन यहाँ मानव, मानव-प्रकृति से लेकर प्रकृति तक फैला हुआ है।

यहाँ पिता जिसके साथ ही प्रेम भाव का जन्म होता है की छाया आसमान की तरह असीम है। माँ जिसकी गोद में प्रेम पलता है उसकी समता नहर में बहते शीतल जल की तरह अविरल है। कैलासी का कोमल, स्नेहिल स्पर्श मन में प्रेम का संचार करता रहता है। दुनिया के मेले में रहते हुये भी काव्यनायक 'नीली आँखों वाली प्रिया' के सानिध्य एवं उसकी उपस्थिति का अनुभव करता रहता है। वह भीड़ में है किन्तु भीड़ से अलग। यहाँ मनुष्य–प्रेम का वर्णन हर स्तर पर सफलता के साथ हुआ है। यह वर्णन प्रकृति प्रेम तक विस्तृत हो गया है। प्रेम एवं प्रकृति का सामंजस्य यहाँ सहज ही देखा जा सकता है :

जबकि मेरी यादों का
एक भी कंधा खाली नहीं है
फिर भी मैं तुम्हें इस मेले में नहीं छोडूँगा
नीली आँखों वाली प्रिया
मेला न जाने किस मिनट
भीड़ बन जायेगा
झाड़ियों में
हाँफने के लिए
पेड़ों पर टिका हुआ आसमान
जमीन पर बैठा हुआ मौसम
उदास।
मेरी तरह चुप। यहाँ से तुम तक फैला हुआ
अंधे तालाबों की तिड़की आकृतियाँ लेकर
ढलानों पर धँसकर
लेटे हुये बियावान में
घाटी की छाती के बटन खोलकर
मैं अनावृत मरूँगा
कोई मत पुकारना
इस मौसम में मरने का सुख
इतिहास नहीं होगा

(इस यात्रा में, पृ. 51-52)

'प्रेमान्तरण' कविता में प्रेयसी के शरीर के भीतर उन गलियों की खोज है जिनसे उदासी दूर होती है। काव्यनायक प्रेयसी के शरीर में उन उजाड़ गड्ढों को

ढूँढ़ रहा है जहाँ शाम को थके-हारे लोग अपनी बीड़ी सुलगाकर आपस में बातें करते एवं सुस्ताते हैं। कवि उस सौन्दर्य पर मुग्ध होता है।

'अपराध' वस्तुतः एक प्रेम कविता है। प्रेम धरती पर नहीं बल्कि पहाड़ के शिखर पर प्रेम। प्रेम की पराकाष्ठा की ओर संकेत है। इसमें एक विरोधाभास है। यहाँ प्रेम एक शानदार अपराध कर्म है। मरने के विरुद्ध जीवन की प्रक्रिया शुरू करने का भाव है। पहाड़ या शिखर पर प्रेम प्रतीकात्मक भी है। यह मनुष्य के भाग्य से जुड़ा है। वस्तुतः इन शिखरों के ललाट पर प्रेमी युगल की भाग्यलिपि छिपी हुई है। दो प्रेम करने वाले जिस भावना को अपनी जीवन्तता एवं पुण्य कर्म समझते हैं, क्या विडम्बना है कि समाज उसी को अपराध मान लेता है। इस कविता में पर्वत पर फूल उगने की प्रतीक्षा है। 'दूर' एक छोटी कविता है जिसमें कवि ने समय एवं दूरी को रेखांकित करने के साथ-साथ स्वच्छन्द जीवन के उल्लास को भी चित्रित किया है। नदी, खेतों के पास से अविरल बहती रहती है। बहते-बहते बहुत आगे निकल चुकी है। दूर बहुत दूर फिर भी हमारे सामने हमारे साथ दिखाई देती है। समय जो बीत गया है हमारे साथ अब नहीं है लेकिन हमारी सुधियों में हमारे साथ है। कविता के अन्त में जगूड़ी ने खाली पीठ दौड़ते घोड़ों का उल्लास चित्रित किया है। घोड़े किसी-न-किसी को ढोते रहते हैं चाहे कोई व्यक्ति हो, सामान अथवा बोझ। कभी जब उन्हें खाली पीठ दौड़ने का अवसर मिलता है तब उनका उल्लास देखते बनता है। अस्तबल से दूर हरे घास के मैदान की ओर जाते घोड़े मन की उड़ान का भी आभास कराते हैं। 'अभी-अभी' कविता में गाँव का वर्णन है जहाँ छोटी बहन घास की चूड़ी बुनते हुए उजली रातों की बात करती है। यहाँ फसलें दिन में नहीं पकी हैं बल्कि दिन फसलों के बीच में पक गया है। बीत गया समय अच्छा था किन्तु कवि का प्रश्न टहनियों के बीच झाँकने वाले आकाश से है।

'संभावना' कविता में यांत्रिक जीवन की असफलताओं का वर्णन है। सूचनातन्त्र इतना सतही हो गया है कि वह प्रकृति तथा आदिम जीवन से जुड़ी सूचनायें नहीं देता। यांत्रिकता हमारे अन्तरंग व्यक्तित्व की नहीं, अपितु केवल बाह्य परिवर्तनों की सूचना देने में समर्थ है। जब काव्यनायक अंगड़ाई लेता है, हलचल करता है, आलस्यमुक्त होता है तो उसके भीतर पूर्वाभास होता है कि जैसे वनस्पतियों में नये पत्ते फूटे हों। नये पत्तों का फूटना वस्तुतः एक उत्साह एवं स्निग्ध गतिशीलता का संकेत करता है। कवि को प्रकृति के खूबसूरत तत्त्वों के साथ उसके विभिन्न रंगों का स्मरण होता है किन्तु उसके पास न तो प्रकृति की कोमलता है न प्रफुल्ल परिवेश और न ही लुभावने रंग। उसने अपने ऊपर

ढेर सारा नकली रंग डाल दिया। मजे की तो बात यह हुयी कि वह सुन्दर एवं आकर्षक लगने के स्थान पर विचित्र और हास्यास्पद दिखने लगा। रंगों के बावजूद किसी चित्र का विचित्र हो जाना काव्यमय स्थिति है। हास्यास्पद स्थिति से बचने के लिए उसने सारे रंग धो डाले। रंगों के भीतर जिसने छिपने का प्रयास किया था वह कोई और नहीं बल्कि काव्यनायक स्वयं था जिसके पास अपना कोई रंग नहीं था। बिना फ्रेम का चित्र। वह अकेला नहीं था। उसके चारों ओर के लोग उस जैसे ही थे। इस कविता में एक खूबसूरत कल्पना है। यह एक प्रेम कविता भी है जिसमें प्रेम के अभाव की चर्चा है बिना प्रेम के रंगहीन जीवन में इधर-उधर से रंग भरने का असफल प्रयास है। हम वैसा बनने की सोचने लगते हैं जैसा होना कठिन है। लोग एक नकली आवरण ओढ़कर अपने को आकर्षक दिखाने की हर असफल चेष्टा करते हैं जबकि नकली जीवन में उनका असली व्यक्तित्व ही खो जाता है। इन पंक्तियों में कवि ने अपनी अनुपस्थिति के साथ अपरिचित रंगों को भरने की अनिवार्यता बताई है :

तब शायद पता हो सकेगा मुझे
उन अपरिचित वनस्पतियों में। रात
कौन-से रंग फूटे हैं। अतिथि पत्तों के साथ
वहाँ नहीं होगी मेरी जिल्द। नहीं होगा मेरा माँस
पर रंगों में शामिल
जरूर होगा मेरा अपरिचित रंग
शायद मैं नहीं होऊँगा। शायद मैं नहीं होऊँगा।

(इस यात्रा में, पृ. 61)

इस कविता में कवि अपने आप को रंगों में घुलने से बचाते हुए पूरे रंगों की प्राकृतिक छटा देखना चाहता है। जो अब स्मृति में भी नहीं है। वस्तुतः यहाँ जड़ों से जुड़े रंग की ओर संकेत है जिससे मृत्यु के बाद मुक्ति हो सकती है। यह एकान्तवादी कविता है किन्तु इसमें सामुहिकता का भी समावेश है। रंग यहाँ व्यक्तिमन की कल्पना मात्र है।

'अंधेरे में वसन्त' कविता में वसन्त की हरियाली एवं फूलों के खिलने का जिक्र न होकर उगे हुए जंगल का वर्णन है। कवि उदास है कि इस बार वसन्त में उसके लिए कोई सुन्दर पौधा नहीं उगा। वस्तुतः यह भी एक प्रेम कविता है। जीवन की विपरीत परिस्थितियों में प्रेम। काव्यनायक अनुभव करता है कि इस सृष्टि में जो कुछ उगा है वह उसके लिए नहीं बल्कि उगने के लिए उगा है। एक

शाश्वत कर्म की तरह। 'पत्तियों के नीचे' कविता में भी वसन्त की चर्चा है। फूटे हुए तिनके वसन्त के आने की सूचना देते हैं किन्तु कवि का मन नहीं अंकुरित हुआ। यहाँ कवि आशावादी है। वह सोचता है कि यदि इस वसन्त में मन का अंकुर नहीं फूटा तो अगले में अवश्य फूटेगा। वस्तुतः इस कविता में कवि अपने उन दिनों को याद कर रहा है जिसमें उसने कोई रचना नहीं की–'बे-लिखे। बीत गये दिन'।

'अन्य शब्दों में खलल थी' कविता में एक शब्द ऐसे समय में सामने आकर बैठ जाता है जब मनुष्य की इच्छा अन्धेरे को रंगों में बदलने की होने लगती है। यह कविता कवि की रचनाधर्मिता से सम्बन्धित है। वह जितने शब्दों से अपनी कविता को रचना चाहता है उतने उसके पास नहीं हैं। अपर्याप्त शब्दों को लेकर वह सोचता है कि और बहुत से शब्द उसकी कविता में आ सकते हैं। वह नये-नये शब्दों को कविता में ढालने के लिए लालायित है। यहाँ भी प्रकारान्तर से प्रेम की अभिव्यक्ति है। संयोग की स्थिति में सूर्य बर्फ से निकलता दिखाई देता है। अपने आपं में उमंगें भरना आकाश की यात्रा करना जैसा है। कवि अनुभव करता है कि अनुराग का लाल रंग पूरे शरीर में छा गया था जिसे पैर के नाखून तक में देखा जा सकता था। इस कविता में प्रसन्नता के प्रमाण भी हैं और शब्द-दर-शब्द खिलते हुए पेड़ भी। 'मैं लौट रहा हूँ' कविता में बाह्य जगत से अन्तर्जगत में लौटने की बात कही गयी है। यहाँ अपने ही भीतर लौटना है। चीजों के महानतम से गुजरते हुए, सुग्रीव सपने देखते हुए, अपनी ही हवा में विभोर और शुभागमन की खुशी में झाँझ बजाते हुए। यहाँ लौटना सार्थकता का संकेत है, सूचना है।

'अन्य-तम' का अर्थ है दूसरा एक अन्धकार। यहाँ श्लेष का प्रयोग है। यह प्रिय को केन्द्र में रखकर रची गयी कविता है। यहाँ हवा का रेलना अपने ही भीतर का स्पर्श है। चुभन है। ऋतुओं की भी राजनीति होती है। बे मौसम में दूसरा मौसम आ जाना कभी सुखकर नहीं होता। वसन्त आया तो है परन्तु नगर के शरीर पर सफेद दागों की तरह अशोभन लग रहा है। वस्तुतः यहाँ सामाजिक व्यवस्था पर प्रहार है। प्राकृतिक दृश्यों के माध्यम से राजनीतिक घटनाओं का वर्णन है। मनुष्य के अचेतन में दबी सभी इच्छायें और सपने जैसे तकिए के नीचे इकट्‌ठे हो गये साँप हैं। इस कविता में व्यवस्था पर अंधेरा फैलने का भी वर्णन है। यह अंधेरा सक्रियता की ओर ले जाने वाला है। काव्यनायक अपना मुँह ताजी पत्तियों से पोंछ रहा है और कुछ बोलकर जड़ता को दूर करने की ओर इशारा कर रहा है। उसका सम्बोधन समूचे नगर के लिए है। वह बुझी इच्छाओं को फूल की तरह खिला रहा है। कवि को अफसोस इस बात का है कि यह

सारी जगमगाहट शहर में है गाँव की स्थिति तो वैसी ही है :

लेकिन गाँव के तमाम चेहरे
सूने घोंसलों में बदल गये
जिनमें वारण्ट और अकाल
और बाढ़ के समकालीन पक्षी
हरेक पत्ती को। झाँसा देते हुए-उड़ रहे हैं
यहाँ तक कि नगर के शरीर पर
कहीं-कहीं वह उजले दागों की तरह
खिल गया
और उसके एक ही फटकारे में
बिस्तर के नीचे के सभी साँप
तकिये की जगह कठ्ठे हो गये।

(इस यात्रा में, पृ. 68)

इस कविता में गढ़वाली के दो शब्दों का खास संदर्भों में प्रयोग है। 'पपोटा' जिसका अभिप्राय है शरीर के अंगों में प्रस्फुटन के साथ ही वनस्पतियों में भी उत्साह। दूसरा शब्द है 'कठ्ठा'। इसका अर्थ इकठ्ठा है। इन दो गढ़वाली शब्दों के प्रयोग से कविता में आंचलिकता की गन्ध भी आ गयी है। 'अजनबी मेहमान' कविता में पर्चे बाँटने वाले और वोट माँगने वाले लोगों की ओर व्यंग्य है। गाँव में आये इन मेहमानों की खातिरदारी की इच्छा तो होती है लेकिन यह भी याद रहता है कि जब यहाँ कोई घटना होगी तब इनमें से कोई नहीं रहेगा। कवि सोचता है कि अजनबी मेहमानों के पास तो पर्चे हैं मेरे पास तो कुछ भी नहीं है जिसे मैं बाँट दूँ। 'स्मृति स्वरूप' कविता में घोड़ों के माध्यम से अतीत को रेखांकित किया गया है। पिता के समय घोड़ों की पीठ पर बैठकर जमीन का हिसाब होता था, जमींदारी की शान थी और अब वह खत्म हो गयी है। घोड़े उस वैभव को जानते थे लेकिन हिनहिनाने के सिवाय उनके पास कोई शब्द नहीं था। अब उन्हें अगली यात्रा पर चलना नहीं है। उनकी घिसी हुई टापों के संकल्प असमर्थ हो गये हैं :

पिछली टाँगों का रस्सा
जिन्हें अब परेशान नहीं करता
अगली यात्रा के लिए
जिनकी घिसी हुई टापों के संकल्प

कतई असमर्थ हो गये हैं
उनकी मित्रता
उस वक्त और क्या दे सकती है
एक पराजय के अलावा
यादें जब आक्रमण कर रही हों

(इस यात्रा में, पृ. 75)

घोड़े यहाँ यथार्थ में भी हैं और मन में भी। यथार्थ के घोड़े चलने में थक गये हैं और मन के घोड़े चिन्तन में। एक सुखद अतीत की स्मृतियों से जुड़ी यह कविता मन पर देर तक प्रभाव छोड़ती है। 'पेड़' कविता की शुरुआत पेड़ से नहीं नदी से है। कवि को आश्चर्य है कि नदी सबको जिलाती है, पानी सबसे अधिक धारदार है, वह पत्थर को भी काट डालता है फिर भी नदी को नागरिक नहीं माना गया है। कविता में बाढ़ है, पानी है परन्तु ये सब पेड़ को महिमामय परिभाषित करने के लिए आये हैं। इन पंक्तियों में पेड़ के प्रति कवि का भाव विनम्र प्रणाम में बदल गया है :

आराम करने के लिए या पाने के लिए
उसके पूर्वजों के मरोड़े हुए हिस्सों पर
आकर बैठना
किसी ऐसे छिले हुए आदमी पर बैठना है
जो मरते वक्त उकड़ूँ बैठा हुआ था
कुर्सी के हत्थों पर कोहनियाँ टेकते हुए
मुझे लगता है
कि कारीगर के घुटनों पर जोर पड़ रहा है
अब मुझे उठ ही जाना चाहिए

(इस यात्रा में, पृ. 77)

'पेड़' कविता का रचनाकाल 1970 है, यह अपने समय की बहुचर्चित कविता है। 'आवेग' के कविता विशेषांक में विष्णु खरे एवं चन्द्रकान्त देवताले ने इसकी विस्तृत समीक्षा की है। इस कविता का यथार्थ लीलाधर जगूड़ी के जीवन में घटी एक दुखद घटना से जुड़ा है। 1970 में एक प्राकृतिक आपदा में उनके परिवार के छः लोग मारे गये। देखते-देखते पूरा परिवार विनाश की बाढ़ में बह गया। प्रकृति का इतना क्रूर अट्टहास भला किसे प्रभावित नहीं करेगा? यद्यपि जगूड़ी यह मानते हैं कि प्राकृतिक विपत्तियों का अपना कोई

संचालक दिमाग नहीं होता। बादलों का फटना, भूस्खलन, बाढ़ और पेड़ या शिला का खिसक कर गिर जाना किसी निश्चित उद्देश्य से नहीं होता। फिर भी मन ऐसी आपदाओं से आहत होता ही है। 'पेड़' कविता में यही आहत मन अनेक नये बिम्बों के माध्यम से अभिव्यक्त है। विपत्तियाँ और प्राकृतिक आपदाएं मनुष्य को दहला देती हैं। जीवित रहता मनुष्य जीवन का अर्थ नये सिरे से समझने लगता है। एक रूपान्तरण, एक मोड़ जीवन का भी और विचारों का भी। जिजीविषा शेष है,किन्तु कवि पेड़ों से डरने लगता है। उसे लगता है कि दरवाजे से होकर जंगल ही उसके घर में घुस आया है। यह जंगल और कुछ नहीं है उसके पूर्वज हैं। कुर्सी के हत्थे पर बैठते समय कवि को लगता है कि इसे बनाने वाले कारीगर के हाथों पर वह बैठा है। कविता अनेक नये बिम्बों में विकसित होती हुई, एक सन्देश देती और एक संवाद करती सी है :

उसके आँखों में अनेक इच्छाओं के
कोमल सिर हैं
जिन्हें जब वह निकालेगा
तो बचपन की मस्ती में
हवा, रोशनी और सारे आकाश को
दूध की तरह पी जायेगा
वह कोशिश कर रहा है कि एक ही हफ्ते में
जिन्दगी को तहलके ही तरहं मचा दे
आओ, और मुझे सिर ऊँचा किये हुए
उससे ज्यादा जूझता हुआ
उससे ज्यादा आत्मनिर्भर
कोई आदमी बताओ
जो अपनी जड़ें फैलाकर
मिट्टी को खराब होने से बचा रहा हो

(इस यात्रा में, पृ. 80)

कवि पेड़ को अपना प्रेरक तत्त्व नहीं अपितु प्रेरक व्यक्तित्व मानता है। उसके बराबर इस संसार में कोई ऐसा व्यक्ति नहीं है जो अपनी जड़ों को फैलाकर मिट्टी को खराब होने से बचा रहा है।

'केवल इंतजार' कविता में केवल इन्तजार ही नहीं बल्कि एक चूक की

ओर भी इशारा है। आश्चर्य होता है कि हवा तो चल रही है परन्तु न तो पेड़ हिल रहे हैं न जंगल। आकाश में केवल धूल उड़ रही है। चारों तरफ अंधेरा है किन्तु कवि उस अंधेरे में रेत होकर जिन्दा नहीं रहना चाहता। उसे अनुभव होता है कि उसकी अस्थियों में वज्र सी ताकत है। फिर क्यों वह चमकीले सुखों के लिए अपने को बार-बार प्रदर्शित करता रहा। भ्रम इतना अधिक था कि पीठ देखकर समझ लिया कि सुख है जबकि वह चिर परिचित दुःख था। भ्रम तो यहाँ तक था कि सुख अपनी ओर आ रहा है। सम्भवतः इंतजार केवल इंतजार इसीलिए रह गया। 'रात' कविता में रात का प्रभाव चारों तरफ है। पेड़ों पर, रास्तों पर, मकानों में और काव्यनायक के मन के भीतर भी जो उजाले की राह देखता है। इस अंधेरे में दो दोस्त परिस्थितियों पर विचार करते हैं :

महसूस करते हैं बादल की लपेट
और पहाड़ों पर टूटती बिजलियाँ
कि समय से मौसम का
अघोषित युद्ध शुरू हो गया
और जिसमें तारीखें बोयी थीं
मिट्टी का वह हिस्सा -
हमेशा के लिए बंजर पड़ गया
जंगलों के कान बहरे हो गये
पेड़, झरने की आवाज नहीं सुनते
सागर ने और बादल भेजे हैं
अभी और गिरेंगी और टूटेंगी बिजलियाँ
सुबह तक।

(इस यात्रा में, पृ. 85-86)

'शक्तिहीन' छोटी कविता है। इसमें व्यक्तित्व उस पत्थर के समान है जिन पर हथौड़े नहीं चलाये जा सकते, जिनसे मूर्तियाँ बनाना एवं आकृतियाँ उभारना सम्भव नहीं। इस व्यक्तित्व की समानता उस घोड़े से की गयी है जो थक चुका है। जिसकी दौड़ने की ताकत खत्म हो गयी है और जो किसी गन्तव्य तक पहुँचा पाने में अक्षम है। छोटी सी कविता में पत्थर एवं घोड़े से शक्तिहीन जीवन की समता करके कवि ने यह साफ संकेत कर दिया है कि यह व्यक्तित्व कभी बहुत मजबूत था, इसकी चाल तेज थी और आज शक्तिहीन हो गया है। 'अपने साथ एक

वारदात' कविता में धूमिल की कविताओं में वर्णित जटिल दरिद्रता का उल्लेख है जिसमें लोग जीवन को बहुत ही कठिनाई से जी रहे हैं। 'किस्त पर गायब पजामे वाला जानवर' का दोस्त हो जाना जैसी पंक्तियाँ जगूड़ी ही लिख सकते हैं। ऐसा कोई भी व्यक्ति नहीं है जो संगीत का सुर बजा रहा हो। समाज में लोगों के बीच काफी दूरी है। एक लम्बा संघर्ष है। जगूड़ी धूमिल के बहुत करीबी मित्र रहे हैं। धूमिल की कविताओं में आया जानवर सरीखी जिन्दगी जीता मनुष्य जगूड़ी के यहाँ भी दिखाई दे जाता है।

'स्वप्नभंग' कविता में दो बैलों के माध्यम से वर्तमान जीवन की त्रासदी का वर्णन किया गया है। यहाँ बैलों को जोतने वाले मनुष्य नहीं चीते हैं अथवा चीते सदृश मनुष्य हैं। बैल सोचते हैं कि सदियों से हमें कोई जोतता आ रहा है लेकिन अब हम अपने अधिकार के प्रति सचेत हो गए हैं। तभी एक बैल की पूँछ से दूसरे के गले की घण्टी बज उठती है। बैल उठकर खड़े हो जाते हैं और अपने ही सपनों पर लघुशंका करके बहा देते हैं। संसार के आदमी अभी सो रहे थे और रात अभी शेष थी किन्तु बैलों का स्वप्न भंग हो चुका था। 'यह कविता जानवरों द्वारा देखा गया एक सपना है : देहान्तरित होने की एक घटना। आदमी के जागरण में क्रान्ति जैसी और पशुओं के जागरण में एक दूसरे संसार जैसी घटना। लेकिन मेरी कविता में यदि पशु सपना देखते हैं तो यह मेरी मनुष्य इच्छा का परिणाम है। इच्छाएँ 'पुराणों' से भी अधिक पुरानी हैं। मनुष्य द्वारा मनुष्य का शोषण और फिर उसका विरोध बीसवीं शताब्दी का 'नव-पुराण' है।' इसी प्रसंग को आगे बढ़ाते हुए कवि ने लिखा है कि 'शोषित आदमी द्वारा उत्पीड़ित पशु को मानवीय संवेदनों के बीच फड़कने का अवसर नहीं मिला। शोषित आदमी द्वारा उत्पीड़ित पशु के प्रसंग नहीं रचे गये। आदमी केवल खुद को ही शोषित और उत्पीड़ित महसूस करता रहा। पशुओं की पीड़ा के 'गवाक्ष' अनुद्घाटित ही रहे।... पशु हमारी जीविका और भोजन से किसी-न-किसी रूप में जुड़ा हुआ है। सांस्कृतिक जंगल में तो पशु की उपस्थिति और उसके संसर्ग से कहीं भी मुक्ति नहीं है। पशुओं को अगर भाषा से निकाल दिया जाये तो आधे से ज्यादा तथ्य और प्रतीक, बिम्ब और उपमाओं से हाथ धोना पड़ेगा। तब शायद अपने भीतर के पशु से ही काम चलाना पड़े और उसी पर निरन्तर हाथ फेरते रहना पड़े।'[20]

'शंखमुखी शिखरों पर' संग्रह में एक कविता है 'श्रृंखलित प्यार'। 'स्वप्नभंग' कविता की नींव में वही है। इस सन्दर्भ में जगूड़ी का यह मन्तव्य उद्धरणीय है 'यह सच है कि श्रृंखलित प्यार में भी ओबरे में (पहाड़ी मकानों की पहली मंज़िल

जिसमें पशु रहते हैं) बँधे हुए पशु हैं मगर वे अपने बारे में वहाँ कुछ नहीं सोच रहे हैं। बल्कि उनके बारे में ऊपर के कमरे वाला सोच रहा है। दूसरी मंज़िल में रहने वाला, कमरे के भीतर जो 'मैं' है वह घरेलू यादों से पीड़ित है और कामेच्छा का प्रादुर्भाव उसकी कोशिकाओं में जोर मार रहा है। लगता है कि जैसे कच्चे कगार की तरह वह ढह पड़ेगा। यहाँ बजती हुई घंटी गाय के गले में है। घंटी बजती है और ऊपर वाला 'मैं' और ज़्यादा सपने में चला जाता है।'[21] यहाँ इन दोनों कविताओं की तुलना के लिए कुछ पंक्तियाँ हैं :

ओबरे में बज रही होगी गाय के गले की घंटी
जब कोई बैल उसे छेड़ता होगा!

(कवि ने कहा : लीलाधर जगूड़ी, पृ. 14)

'स्वप्नभंग' कविता का दृश्य है :
तभी एक बैल की पूँछ से
दूसरे के गले की घंटी
बज उठी
अभी न आदमी उठे थे
न रात खत्म हुई थी

(इस यात्रा में, पृ. 92)

इन दोनों कविताओं में गाय, बैल, अंधेरा, ओबरा और घंटी समान हैं। 'शृंखलित प्यार' की इसी गाय की मृदुलता ओढ़कर 'स्वप्नभंग' के बैल सपना देख रहे हैं। 1964 का 'मैं' 1974 में आकर स्वयं बैल बन गया है। पूरे एक दशक बाद स्वप्नभंग हुआ। यहाँ बैल का अभिप्राय बैल की भाँति जुतने वाले मानव से भी है।

इस कविता के विषय में जगूड़ी ने लिखा है कि 'यह कविता मुझसे अलग हो गयी है लेकिन मैं इस कविता से अभी भी अलग नहीं हो पाया हूँ। लगता है जैसे कुछ छूट गया। पर जो कुछ छूटा है वह इसे पूरा बनाने के लिए ही छूटा है। जैसे इसके वे पिछले आकार छूट गये जो इसकी भावी शक्ल लगते थे। सरलीकरण और अमूर्तता ज्यादा झलकती है। स्वप्न जैसी'।[22] इसी सन्दर्भ में कवि ने आगे लिखा है कि 'आदमी भी अपने स्वप्न की बग़ल में, उन सपना देखते बैलों से मुझे कहीं अलग नहीं दिखाई देता। गुलाम अपने सपने में अचानक एक भाषा और युक्ति से भरपूर होकर बड़ी ताक़त में बदल गये हैं। प्रतिरोध में बदल गये हैं। हाँकने वालों के ख़िलाफ वे अपनी भूख के सबसे अधिक स्वादिष्ट प्रसंग से गुज़रते हुए अपनी शक्ति

का सपना देख रहे हैं। अपनी इच्छा का, अपने उद्देश्यों का, अपनी मुक्ति का सपना। ...भूख, स्वप्न और स्वतन्त्रता इस कविता के केन्द्र में बतौर आधार, शब्दों से जुड़े ऐसे अर्थ स्रोतों के रूप में प्रवाहित हैं, जो कथ्य को नहलाकर बिल्कुल नया बना देते हैं।'[23]

'दुर्घटनास्थल' कविता में कई दृश्य बिम्ब हैं। प्रारंभ में कवि ने मनुष्य की छाया को उसके भीतर का अन्धकार कहा है। यद्यपि परिवेशगत भयावहता ने समूचे अन्धकार को भी जलाकर नष्ट कर दिया है फिर भी वह कवि के भीतर सुरक्षित है। कवि ने इसे शब्दमुखी अन्धकार कहा है। वह शब्दमुखी अन्धकार जिसके एक-एक घाव पर लोग कीड़ों की तरह पड़े हुए हैं। कवि ने यहाँ अन्धकार और उजाले को समानान्तर माना है। वस्तुतः यह एक प्रेम कविता है। इसमें प्रेम का उन्मुक्त प्रवाह तो नहीं है परन्तु प्राकृतिक बिम्बों से संकेत हैं। ये बिम्ब विचित्र हैं। 'पेड़ों ने दल बदल दिये हैं'। दल का अर्थ यहाँ पत्ता भी है और व्यंग्य में राजनीतिक दल भी। इसी प्रकार 'फूल जम-आने की संगति के खिलाफ टहनियों पर विनम्र हो गए हैं जैसे- पागलों के कंधों पर उनके सिर'। यहाँ प्रार्थना शब्द की निःसारता देखने लायक है। कवि का मन्तव्य है :

ऐसे ही स्थान पर पहाड़ का चेहरा
अपने भीतर करके
मैं दुबारा आता हूँ- सतह पर
-जहाँ जंगल की नजर टहनियों में घुसकर झूल रही है-
अपना तमान्ध चेहरा लेकर
ताकि मनुष्य होने की यातना के शपथ
हरे जा सकें
जहाँ तक मैं समझता हूँ
कवि को
हमेशा सड़क पर रहना चाहिए।
(जो सबसे बड़ा दुर्घटनास्थल है)
और लिखना ही हो
तो एक ऐसा हादसा लिखना चाहिए
जिसमें प्रार्थना सम्बन्धी तमाम शब्द
विरोध में चले जाते हों।

(इस यात्रा में, पृ. 96-97)

'कविता 1973' में इच्छायें साँपों की तरह गुँथी पड़ी हैं। सम्बन्धों के पुल हल्के होकर हिल रहे हैं। इस कविता में भूख का उल्लेख अनेक प्रकार से किया गया है। यहाँ धरती की कठोर सतह में भूख रूपी वृक्ष की जड़ें गहराई से फैली हुई हैं। जमीन तो बहुत सख्त है किन्तु भूख का बलवान फावड़ा इसे खोद डालता है। फसलों के फूल और फल बनकर मेहनतकश मजदूर मिट्टी होकर खिलता है। इस कविता के उत्तरार्ध में नौकरशाही की सही तसवीर है। 'आत्म-विलाप' कविता में जगूड़ी ने आत्म-विलाप के साथ-साथ अपने कवि-कर्म को परिभाषित किया है। लेकिन इसके पूर्व उस नकारात्मक बदलाव का भी संकेत है जिसमें काव्यनायक ने अपना सब कुछ गँवा दिया है। बाल, नाखून, नजर, अपना गाँव,अपना सिर, अंग्रेजों का विरोध, अनुजों से सीखी हुई निशानेबाजी, पूर्वजों के सारे धार्मिक द्वन्द्व, पुराने अन्न के बुखने का स्वाद, तेल से चुपड़े बैलों की सींग और उनके बीच से उगता हुआ सूरज। जिन्दगी के हवन कुण्ड में सब कुछ खो दिया। 'सूरज की किरण झाँड़ू की सींक से अधिक सुन्दर नहीं लगी थी' यह गहन भाव का संकेत करने वाली पंक्ति है। सम्भवतः अपने अस्तित्व के लिए ही दुनिया का अस्तित्व है। इसीलिए हमें दुनिया की ज़रूरत है। काव्य नायक ने सोचा था कि वह सारी व्यवस्था को पलट डालेगा मगर भूख आदमी को कायर एवं निकृष्ट बना देती है। यह एक ऐसी आग है जो खुद को बुझाना या राख करना जानती है। कवि का यह आत्मविलाप उसकी कविता की संरचना के लिए शेष है :

अपनी छोटी और अंतिम कविता के लिए
मुझमें जो थोड़ा-सा रक्त शेष है
मैं कोशिश करूँगा
वह दौड़कर
शब्द के उस अंग को
जीवित कर दे
जो भाषा की हवा से मर गया है
और जिसके कुलबुलाते ही लगे कि ये जिन्दगी थी
अपने समय के कर्कश वार्तालाप के साथ
और लगे कि कविता केवल कविता नहीं
एक इच्छा थी
एक ऐसी इच्छा जिसमें पानी हर तरफ से

किनारे पर तो ला देता है
मगर छोड़ता नहीं है।

(इस यात्रा में, पृ. 102)

इस कविता में आये इच्छा जल को जगूड़ी ने परिभाषित करते हुए लिखा है कि 'इच्छा जल एक तरह से अपने अन्तःकरण को सदानीरा अथवा अजस्त्र बनाये रखने की आकांक्षा भी है। उद्‌गम सूखना नहीं चाहिए। आत्मविलाप एक पश्चाताप लिए हुए है कि यहाँ हम कुछ बचा न सके। जो भी हमने प्राप्त किया वह नष्ट होने के लिए एक उपलब्धि थी। विकास के लिए रोज-रोज हमने जो कुछ किया उसने तो हमें बदला हो लेकिन अभीष्ट बदलाव में जो कुछ हमने प्राप्त किया उसने भी हमें नहीं छोड़ा। उसमें का परिवर्तन कहीं-न-कहीं हममें का परिवर्तन घटित होने लगा।' ...'इच्छा जल की मृत्यु मनुष्य की मृत्यु है। इसी इच्छा पाश से बँधा हुआ मनुष्य यहाँ तक पहुँचा है कि आज सब कुछ 'इच्छा बटन' (स्विच) के नीचे आ गया है। यह दुनिया इसलिए सुन्दर है क्योंकि यहाँ संलाप करने वाला ही नहीं बार-बार आत्मविलाप करने वाला भी एक मनुष्य मौजूद रहता है जो इस इच्छा जल को अपने अनुसार या अपने को उस इच्छा जल के अनुसार चलाता रहता है। 'भवसागर' जो मुहावरा है वह इसी 'इच्छा जल' से भरा है।'[24]

'परिवार की खाड़ी में' कविता में दर्द एवं विनाश का जिक्र है। जंगली नदी का शोर और आँधी-तूफानों की विभीषिका का भी जिसमें काव्यनायक का परिवार एक खाड़ी की तरह लग रहा है और जिसमें उसका जहाज लंगर डाले खड़ा है। वह सोच चुका है कि इस बार भी कहीं नहीं जाऊँगा, अपने ही घर में रुका रहूँगा। काव्यनायक यह सोचता है कि मैं साहस से तूफानी परिस्थितियों का सामना तो कर लूँगा किन्तु आत्मा पर लगने वाली चोट और उम्मीद पर लगने वाले झटके से अपने को नहीं रोक पाऊँगा। खाड़ी में फँसे हुए परिवार का दृश्य मर्माहत करने वाला है।

संग्रह की अन्तिम कविता है 'वहाँ जरूर कोई दिशा है' जिसमें व्यवस्था के प्रति आक्रोश, विद्रोह एवं ध्वंस का वर्णन है। राजनीति का खुला व्याकरण है। यहाँ विरोध करने वाले को कुचलने का और विद्रोह करने वालों को गोलियों से भूनने तक का उल्लेख है। यथार्थ का सपाट एवं परिस्थिति का नग्न संकेत इस कविता में साफ-साफ दिखाई देता है। राजनेताओं का खुला चरित्र, झूठी बयानबाजी, नाटकीय भंगिमा में देश का उद्धार करने की शपथ जैसे तमाम मोड़

एवं पड़ाव हैं जिनसे प्रजातन्त्र का खोखलापन एवं राजनीति का नकाबपोश चेहरा आसानी से दिखाई दे जाता है। यहाँ मेहनतकश मजदूर हैं जिनका पृथ्वी पर पूरा अधिकार है।यह पृथ्वी उन्हीं की है जो इसे खोदते हैं, इसका रूप सँवारते हैं और जो कुर्सियाँ बनाकर दूसरों को बैठने के लिए सौंप देते हैं। यहाँ कुर्सी का संकेत नेताओं की कुर्सी से है। कवि काव्यनायक को भुलावे की दुनिया से निकलने की सलाह देता है। उसे आश्चर्य हो रहा है कि काव्यनायक अन्धकार को पोस्टर की तरह क्यों पढ़ रहा है जबकि उसे मालूम है कि उसकी कहीं चलनेवाली नहीं है। कवि काव्यनायक से प्रश्न करता है कि क्या तुमने कभी अन्धकार को कोयले की तरह जलते हुए और लोहे की तरह पिघलते हुए देखा है? कविता के अन्त में कवि आशावादी है। उसका प्रगतिवादी दर्शन मुखर है। वह संसार के घिनौनेपन एवं बारूदी धूएँ की दुर्गन्ध से निकलकर फसलों की नैसर्गिक सुगन्ध की ओर बढ़ने के लिए कह रहा है जो मिट्टी में गड़े हुए लोगों को छूकर आ रही है। जीवन की सच्ची दिशा वही है :

जब चारों ओर
बारूद की गन्ध छा रही हो
तो उधर चलना जरूरी हो गया
जिधर से
मिट्टी में मिले हुए नगण्य लोगों को
छूकर
अब भी फसलों की गन्ध आ रही हो।

(इस यात्रा में, पृ. 108)

इस संग्रह की कविताएँ मानवीय सरोकारों की कविताएँ हैं। यहाँ मनुष्य के सुख, दुःख, करुणा, अभाव, भूख, गरीबी, लाचारी, बेसहारापन जैसे अनेक भाव दिखाई देते हैं। मनुष्य के साथ-ही-साथ प्रकृति भी विशेषकर पहाड़ की प्रकृति यहाँ स्पष्टतः दिखाई देती है। पेड़ का अनेक सन्दर्भों में प्रयोग तथा पहाड़ का अनेक बिम्बों के माध्यम से चित्रण है। संग्रह की भूमिका जिसका शीर्षक है 'पुराने प्रसंग के प्राण' में लीलाधर जगूड़ी ने लिखा है कि 'इस यात्रा में' संग्रह के द्वारा अपनी कविताओं की एकरसता से उस समय बाहर आने का मौका मिला। निश्चय ही इन कविताओं ने मेरे लिए अनुभवों का और भाषा के बदले हुए रूप का नया दरवाज़ा खोला। यह महसूस किया कि प्रेम कविताओं से भी राजनीति की अभिव्यक्ति की जा सकती है। पेड़ हो चाहे पहाड़, परिवार हो चाहे समुद्र,

हर कोई मुझे इस तरह उकसाता था कि ज़िन्दगी को एक ही हफ्ते में तहलके की तरह मचा दो। राजनीति और मानवीय प्रेम कुछ एकमेक से हो गये थे। ये कविताएँ मुझे, मेरे सिर पर घने बालों की याद दिलाती हैं। जब अपने समय का युवापन याद करना होता है, तो अक्सर 'इस यात्रा में' शामिल हो जाता हूँ। बीती हुई (गयी बीती नहीं) पीढ़ियों का युवापन और आती पीढ़ी के युवत्व की दुनिया, मुझे दोनों में ही यात्रा करना उत्साहवर्द्धक और आनन्ददायक लगता है। इस दृष्टि से देखता हूँ तो 'इस यात्रा में' की कविताएँ अभी तक न ज़िंदगी से निरस्त हो पायी हैं न परास्त। इनमें तरह-तरह से ज़िन्दगी में शामिल होने के बीज मौजूद हैं।'[25]

7 रात अब भी मौजूद है

'रात अब भी मौजूद है' लीलाधर जगूड़ी का चौथा कविता संग्रह है। इसका प्रकाशन 1975 में हुआ था। यह संग्रह जगूड़ी ने अपने आत्मीय मित्र धूमिल की स्मृति को उनकी ही पंक्तियों के साथ 'लोहे का स्वाद/लोहार से मत पूछो/ उस घोड़े से पूछो/जिसके मुँह में लगाम है।' समर्पित किया है। इस संग्रह की बत्तीस कविताओं का रचनाकाल 1970 से 75 के बीच का है। इन कविताओं के विषय में लीलाधर जगूड़ी का मन्तव्य जान लेना आवश्यक है। यह भी जान लेना चाहिए कि 1975 के प्रथम प्रकाशन से 1985 तक इन्द्रप्रस्थ प्रकाशन द्वारा इसके पाँच संस्करण छप चुके हैं। छठवीं आवृत्ति वाणी प्रकाशन की है। इन कविताओं में कवि कविता के वर्तमान एवं भविष्य के बारे में बहुत कुछ कह पाने में समर्थ है। जगूड़ी ने स्वीकार किया है कि ''रात अब भी मौजूद है' ने अपने समय में मेरी कविता को एक नया मुहावरा दिया था, अब नयी सदी के नये वक़्त में इसकी उपस्थिति और प्रासंगिकता को पर्याप्त अन्तराल के बाद जाँचा-परखा जा सकता है। एक कविता संग्रह अपने समय में और अपने समय से बाहर आकर क्या काम कर दिखाता है–यह भी विचारणीय होना चाहिए। कविता मर रही है या बदल रही है या समाज मर रहा है अथवा बदल रहा है? भले ही अज्ञान, अन्याय, अत्याचार, असमानता, साम्प्रदायिक उन्माद की रात अब भी मौजूद है फिर भी किसी कविता की उम्र या उसके प्रभाव की जाँच यथास्थिति के बने रहने अथवा बदल जाने की दशाओं में भी पर्याप्त समाजवैज्ञानिक और मनोवैज्ञानिक तरीकों से सन्देह और निस्सन्देह के बीच की जानी चाहिए'[26] 'सन्देह और निस्सन्देह के बीच' शीर्षक सारगर्भित भूमिका जो 'रचना प्रक्रिया से जूझते हुए' पुस्तक में संग्रहीत है, संग्रह की कविताओं को समझने में सहायक

तो है ही सामाजिक एवं राजनीतिक परिवर्तनों तथा उन परिस्थितियों का भी इसमें उल्लेख है जो सातवें और आठवें दशक की कविता में घटित हुई थीं।

जगूड़ी के वक्तव्य से कुछ पंक्तियाँ लेकर तत्कालीन परिवेश एवं परिवर्तन को चिह्नित करना उचित होगा '1970 से 75' के बीच जब इस संग्रह की कविताएँ तैयार कर रहा था तब उम्मीद थी कि दस साल में हमारा देश और हमारा जीवन पूरी तरह बदल जायेगा और ये कविताएँ जल्द ही अप्रासंगिक हो जाएंगी। ज़्यादा से ज़्यादा इनमें से कुछ कविताओं की शायद कोई ऐतिहासिक स्मृति बने। पर ऐसा कुछ नहीं हुआ। '1960 से 70' के बीच हमारी पीढ़ी के लोग सोचते थे कि क्रान्ति हो जाएगी और समानता का स्वराज्य या समानता का 'साम्राज्य' (समझ में नहीं आ रहा क्या कहूँ) स्थापित हो जायेगा, उससे कोई सबक न लेने के कारण मैं '70 से 80' के दशक में भी आशावादी बना हुआ था कि कम-से-कम बीसवीं सदी के इस दशक में ज़रूर कुछ क्रांतिकारी और ऐतिहासिक परिवर्तन होंगे और मेरी ये कविताएँ सार्थक या निरर्थक होने का एक ऐतिहासिक मौका प्राप्त करेंगी। परिवर्तन हुए मगर कम्युनिस्ट वाम चिन्तन के अनुसार नहीं, बल्कि दक्षिण पंथ में जो वाम थे उनके अनुसार हुए। उन्होंने जाति को जाति ही माना, 'वर्ग' नहीं। देश में जाति और सम्प्रदायों की पहचान ज्यादा हुई गरीबी की कम।'[27]

संग्रह की पहली कविता 'बोलने से पहले' में अभिव्यक्ति का तनाव एवं सृजन-प्रक्रिया का उल्लेख है। यहाँ सरल भाषा में कुछ बोलना एक कठिन काम बताया गया है। यह उतना ही कठिन काम है जैसे कोई झटके में किसी का नाम पूछे और वह सोच में पड़ जाए कि कैसे बताएँ। यहाँ कवि का अभिप्राय सरल भाषा में अभिव्यक्ति करना सरल नहीं बल्कि बहुत कठिन काम बताना है। 'मुझे भय है' कविता में अस्तित्व रक्षा का संकट है। साथ ही चारों तरफ फैले विषाक्त वातावरण का यथार्थ भी जिसमें जीना दूभर लग रहा है। संशय एवं दोहरापन जीवन की गति है। समय एक अज्ञात भय से प्रभावित किए हुए है। स्थितियाँ यहाँ तक बिगड़ चुकी हैं कि जब मुँह खोलने पर तमाम तरह की आपत्तियाँ-विपत्तियाँ आ जायें तब किसी का विरोध सिद्धान्त रूप में करना कैसे सम्भव हो सकता है :

पृथ्वी घूम रही है
और पृथ्वी पर बाज़ घूम रहे हैं
जिस क्षण खड़ा-खड़ा सोचता हूँ मैं
अपना भय

जैसे कि जो बात मैं कह नहीं पाया
वो बात अगर मैं कह पाया
तो मुझे कई बातों का भय है।

(रात अब भी मौजूद है, पृ. 17)

पृथ्वी पर पानी के स्थान पर साँप सूखी नदियों में लहरा रहे हैं। नदी के कगार ढह रहे हैं। साँपों की इस नदी में न डूबना सम्भव है न बहना। 'भेद' कविता में एक स्वप्न कथा के माध्यम से व्यवस्था की कलई खोली गयी है। इस कविता में इस वाक्य की आवृत्ति पुलिस लाइन में पुलिस हँस रही है, पुलिस लाइन में आज क्या हो गया, पुलिस हँस रही है! पुलिस हँस रही है और इस बात को दुहराने वाला लड़का किसी की गोली का शिकार हो जाता है।

'साले, भेद खोलते हो'
अब मैं सोच रहा हूँ कि क्या सुबह हो गयी है
क्या मैं सपने से बाहर हो गया हूँ
क्या मेरा यह सोचना ठीक है
कि अपना यह सपना
किसी के आगे बखानूँ या न बखानूँ?

(रात अब भी मौजूद है, पृ. 19)

सच बोलने वाला, सच की कलई खोलने वाला आजाद देश में जीवित नहीं बच सकता। बहुत से यथार्थ हमारे सामने नग्न रूप से घटित होते रहते हैं। समझ में नहीं आता कि उन्हें बता दिया जाय या अपने भीतर ही रख लिया जाय। इस कविता का परिपक्व एवं विस्तृत रूप 'बलदेव खटिक' नामक लम्बी कविता में अभिव्यक्त हुआ है। इस बात से मुक्तिबोध का काव्यनायक भी आहत है –'हमने बताया तो सजा हमी को मिली'। 'रामलीला' आकार में छोटी कविता होकर भी छोटी नहीं है। यहाँ रामलीला राम के मर्यादा पुरुषोत्तम चरित्र का आदर्श खड़ा करने के लिए नहीं खेली गयी है बल्कि इसमें काम करने वाले पात्र निर्धन वर्ग के हैं और अपनी बहुत छोटी किन्तु अनिवार्य आवश्यकताओं को पूरा करने के लिए, चन्द रुपयों के लिए रामलीला खेलते हैं। कवि कविता के अन्त में एक सवाल खड़ा करता है कि राम ने निर्वासन का दुःख भोगा था क्या इन लोगों में निर्वासन का दुःख कम है। युद्ध तब राम-रावण में अधिक हुआ था या अब जन-जीवन में हो रहा है। आज कौन किसका शत्रु है। सबके शत्रु सब

हैं और कौन शत्रुघ्न है अर्थात् कौन छोटे भाई का चरित्र निभा रहा है। ऐसे अनेक प्रश्न एवं कई समाधान इस कविता में देखे जा सकते हैं।

'पाटा' कविता में जीवन का एक और यथार्थ है। किसान जो अनवरत खाद, बीज, हँसिया और खेत की दुनिया में रहता है। उसे प्रकृति में भी उन्हीं का आभास होता है। कवि का यह वक्तव्य– 'उदास लोगों यह वज्रपात नहीं है तो और क्या है कि हर व्यक्ति केवल उसकी ज़रूरत के खूँटे से ही बाँध दिया गया। उसके व्यक्तित्व की सारी संभावनाओं को हमेशा-हमेशा के लिए सीमित या ख़त्म कर दिया गया।'[28] कविता के उत्तरार्ध में श्वेत वस्त्रधारी नेताओं पर व्यंग्य है जो वोट लेने के लिए एक बार जमीन पर और गाँव में आ जाते हैं उसके बाद हवाई जहाज से इतनी यात्रायें करते हैं, मानो आकाश को जोत रहे हैं। कवि समूची धरती पर पाटा लगाने की सोचता है। 'स्वतन्त्र जुबान' प्रजातन्त्र की एक और लाचारी का खुलासा करने वाली कविता है। जब सबको अपनी बात कहने की छूट भारत के संविधान ने दी है तब क्यों लोग अपनी स्वतन्त्र ज़ुबान नहीं रख पा रहे हैं। किसका डर है? जब हर व्यक्ति भ्रष्टाचार के सही ठिकाने जान रहा है तब कौन सी ऐसी विवशता है जिसमें वह अंधा होने की या अनदेखी करने की आदत डाल चुका है :

वह जान-बूझकर अंधा हो गया
क्योंकि अगर सवाल उठाता है तो फँसता है
जब वह चुप बैठ गया तो दिखायी नहीं दिया
पानी में बैठे हुए पत्थर की तरह
मैं भी दबा-दबा देखता रहा
कि कौन कितने पानी में है
जब कई सवाल उसके ऊपर से
उसके सामने से गुज़र गए तो उससे रहा नहीं गया
मैं भी चाहता था कि हम दोनों उठें
और इन सवालों का जवाब दें
पर मेरे पास कोई जवाब नहीं था

(रात अब भी मौजूद है, पृ. 22-23)

यहाँ नकली जुबान के सड़ने और असली जुबान के इस्तेमाल को रोकने की बात कह कर कवि ने वर्तमान परिस्थितियों की भयावहता में अपने आपको बचाकर रखने की प्रवृत्ति का उल्लेख किया है। इसी कारण

अब मित्रों की संख्या कम, विरोधियों की संख्या अधिक हो गयी है। 'उदासी के खिलाफ' कविता में उठ खड़े होने, क्रान्ति की आवाज उठाने तथा कुचलने वालों को सही जवाब देने की ललकार है। ऐसे लोगों को कवि कुचलकर सड़क के नीचे बिछाने को कह रहा है। सड़कों की मरम्मत के लिए बहुत से मलवों की ज़रूरत है। ये मलवे मुफ़्त में मिल जायेंगे। अब एक ऐसा समय आ गया है जब प्रत्येक व्यक्ति को जागरूक होना है, चेतना है चाहे वह एक स्वाभिमानी चिड़िया ही क्यों न हो? अब वज्रपात सहना नहीं, उसका नाश करना है। 'तुम्हारा हाथ और मैं' कविता में हाथ केवल हाथ नहीं दस्तख़त भी है। इससे पहले भी 'बीसवीं सदी के उत्तरार्द्ध में 'हाथ' जो कि मनुष्य का मुख्य औज़ार रहा है, उस पर बहुत सारी महत्त्वपूर्ण कविताएं आई हैं। हाथ, औज़ार के साथ मुहावरा और चुनाव चिह्न भी बनकर आया। बीसवीं सदी के उस आम आदमी को कृत्रिम अंगों वाले आदमी में बदल दिया गया जो कहता है कि 'मुझे नहीं मालूम था कि तुम्हारा आदमी होने के लिए अपाहिज होना जरूरी है।'[29]

'कार्यकर्ता से' कविता में व्यंग्य है। इसमें जनता के कई प्रकार हैं। आँकड़े वाली जनता, समस्या वाली जनता, स्थानीय जनता और भारतीय जनता जिनको जोड़ना पार्टी कार्यकर्ताओं के लिए आसान नहीं होता। एक खूबसूरत विरोधाभास भी यहाँ मौजूद है–'उत्सव की ठण्ड में उत्तराखण्ड के जंगल का जलना'। जनता नेताओं की इस तकलीफ को नहीं समझती कि जाड़े में दरवाजे-दरवाजे जाकर वोट के लिए कहना और राज चलाना कितना कठिन है। 'व्यक्तिगत उड़ान' कविता में परिवेशजन्य निराशा है, लाचारी और साधनहीनता है। काव्यनायक का पीछा करने वाले लोग उसे आगे नहीं बढ़ने देते। वह उड़ना चाहता है लेकिन कोई साधन नहीं है। बच्चों के लिए उड़ने का गीत सुनाता है। घर, परिवार, पत्नी, बच्चे सब कुछ उसके पास है। मनुष्य का होठों से क्षितिज का अग्निपान करने की चाहत भी। वह आकाशपक्षियों के साथ उड़कर उन्हें भी बताना चाहता है कि किस पर झपट्टा मारना है, किसका मांस काटकर किस पलड़े पर रखना है। यहाँ आक्रोश का दिखावा नहीं आक्रोश का दुखद परिणाम भी सामने है :

इतने में। ऐसा सोचकर कि अब मैं उड़ सकता हूँ
(इसीलिये मुझे उड़ ही जाना चाहिए)
उसने एक ऊँची छलाँग ली और मुँडेर से उड़ पड़ा
हर मंजिल की खिड़की के सामने से होकर

हाथों को पंखों की तरह छटपटाते हुए
वह मोहल्ले के नरक में आ गिरा
जहाँ वह अपने समूचे वजन में से
दस ग्राम भी गिरनां पसन्द नहीं करता

(रात अब भी मौजूद है, पृ. 39-40)

'जनता की ज़मीन पर' उपेक्षित, तिरस्कृत और अपने भाग्यफल पर सन्तोष करके जीने वाले आदमी पर रची गयी कविता है। जिनका जीवन सुख, सुविधा से रहित है जो 'भोरई केवट' की भाँति रेल और तार की दुनिया से अनभिज्ञ हैं। जिनके हिस्से की धूप हमेशा के लिए मारी जा रही है। कवि उनसे जुड़ना चाहता है जिनको नहीं पता कि उन्हें किस अपराध की सजा मिल रही है। काव्यनायक को उन कवियों से शिकायत है जिन्होंने इन लोगों के लिए कुछ नहीं लिखा। इन्हीं सताये हुए लोगों को मुक्तिबोध ने 'मेरे लोग' कहा है और लिखा है कि 'किसी की खोज है उनको किसी व्यक्तित्व की'। 'आम आदमी 1973' आज़ाद भारत के उस आम आदमी की कहानी है जो जी तोड़ परिश्रम करता है, अपना पसीना बहाता है, खेतों में सब्जियाँ और अनाज उगाता है लेकिन खुद भूखा और नंगा रह जाता है। कवि का हृदय विदीर्ण हो उठता है यह देखकर कि जो सबको रोटी देता है वही भूखा है। वह उन सताये हुये, शोषित एवं गरीब लोगों को उठने के लिए ललकारता है। उन्हें सचेत करता है। इंसानियत का पाठ पढ़ाता है, सिर्फ़ पढ़ने के लिए नहीं बल्कि तनकर खड़े होने के लिए :

सोचो,
मेरे ख़िलाफ़ ही सोचो
चाहे तुम मेरी कविता को नष्ट कर दो
लेकिन मैं चाहता हूँ
तुम अपने निर्माणाधीन भविष्य के बारे में
उठ खड़े होओ
मैं चाहता हूँ, तुम यह बता दो
कि हौसला खत्म नहीं हुआ है
और तुम अब भी
जिसको नहीं चाहोगे नष्ट कर सकते हो
देखो,

वे चार-चार खरगोशों को पाल रहे हैं
ये तुम्हारा हल क्या जोतेंगे
और न ये उसे निकाल ही सकेंगे
(तुम्हारे कंधों पर पड़े हुए जुए से अलग)

(रात अब भी मौजूद है, पृ. 46)

'सालाना मौत' नाबालिग और नासमझ की मौत का रहस्य लिए हुए है। काव्यनायक नहीं समझ पाता कि बालिग होने के लिए कितना मरने की जरूरत है। 'डेढ़ रुपये की ताकत' में मेहनतकश आदमी का जीवन है जो अनेक प्रकार की तकलीफों को सहता है। इस कविता में चट्टान तोड़ने वाले मजदूरों को कवि ने जवान कहा है और उनके हाथों से उठने वाली सब्बलों को रायफल जबकि चट्टान तोड़ने का काम सब्बलें ही करती हैं। रायफल किसी का प्राण ले सकती है किन्तु एक कंकड़ भी नहीं तोड़ सकती। सख़्त चट्टानें सात दिन अर्थात् एक सप्ताह में पूरा सब्बल तोड़ डालती हैं और कंकरीट एक बेलचा भी। इन चट्टानों को तोड़ना ब्रह्मा का दाँत उखाड़ना जैसा है और इनके बीच सड़क बनाना उसकी जीभ बाहर निकालना। ये मजदूर डेढ़ रुपये की मजदूरी की ताकत से इन चट्टानों को अनवरत तोड़ते जा रहे हैं और तोड़कर उसका निशान तक भी मिटा दिया है। 'सूर्यहीन इच्छा' भी शोषक एवं शोषित वर्ग की जिन्दगी का बयान है। गरीब और बेसहारा आम आदमी जब अपने अधिकार के लिए दस्तक देने जाता है तो पता चलता है कि जिनसे वह कहना चाहता है वे तो अमेरिका में हैं और वह सूर्यहीन इच्छाओं के साथ वापस लौट आता है। 'एक शब्द तिनका' आम आदमी की कहानी है। कविता लम्बी है, तिनके सदृश आदमी का दर्द भी अन्तहीन है। यहाँ उदासी एवं चिन्ता तो है ही दुःख की वह प्राचीर भी है जिसमें दलित व्यक्ति अपने को मिटाकर, मारकर दूसरों के जीवन का जरूरी उपकरण बन जाता है मामूली होने की आखिरी हद होते हुए भी :

मुझे ढूँढ़ने की जरूरत नहीं –तिनका बोला
मुझे बोने की जरूरत नहीं
मुझे सींचने की जरूरत नहीं
गाँव जाते हुए मुझे निरर्थक छूती है जनता
मैं भी निरर्थक छूता हूँ आदमी के पाँव
पर वे अचानक दरांती लेकर आते हैं
और मुझे अपनी झोंपड़ी का कपड़ा बना देते हैं
मुझे अपनी झोंपड़ी का दरवाजा बना देते हैं

मुझे अपने चारों ओर दीवार बना देते हैं
फिर मैं तिनका नहीं, 'घर' बन जाता हूँ
अपनी जड़ से कटकर
मैं दूसरों के जन्म से जुड़ जाता हूँ

(रात अब भी मौजूद है, पृ. 58-59)

'वृक्षहत्या' में वृक्ष की आत्मकथा है। एक बातचीत भी है जिसके माध्यम से वृक्ष के कटने का दर्द व्यक्त किया गया है। एक कटे हुए वृक्ष की लकड़ी एक तोरण, एक मंच और एक सिंहासन के लिए काफी होती है। वृक्ष को कटा हुआ देखकर पक्षी रो रहे हैं। वे अपने घोंसले, इस साल के फूल, फल और पत्तों को कटे वृक्ष के तने में देख रहे हैं जबकि आदमी उसकी लकड़ी की उपयोगिता की बात सोचकर संतुष्ट हो रहा है। 'उपद्रव' कविता में स्वर्गारोहण पर व्यंग्य एवं नरक की सार्थकता की दुहाई है। जीवन संघर्ष में लड़ते हुए लोग मरकर स्वर्ग जाते हैं। स्वर्ग में अब जगह शेष नहीं रह गयी है इसलिए काव्यनायक नरक जाने का उपद्रव करता है। कम से कम नरक में उसे गेहूँ का खेत, पार्क एवं मकान बनाने भर जमीन तो मिलेगी ही। 'ईश्वर और आदमी की बातचीत' में व्रत करके भूखे रहने वाले आदमी की नहीं बल्कि नित्यप्रति अभाव में भूखे रहने वाले व्यक्ति की बातचीत है। कविता के अन्त में धारदार व्यंग्य है। व्यंग्य है कि ईश्वर को अब मनुष्यों की दुनिया में बचकर रहना चाहिए। इस पृथ्वी पर उसके रहने का कोई ठौर-ठिकाना नहीं है। उसका स्थान विज्ञापन से भरे कैलेण्डरों पर है। 'तुम्हारा हाथ और मैं' कविता में कवि ने बताया है कि आदमी पर तो तमाम तरह का खतरा है। जो कर्मठ था, जिसके हाथों में व्यवस्था बदलने की ताकत थी, जो एक सार्थक बहस में हिस्सा ले सकता था और तमाम अत्याचारों के खिलाफ आवाज़ उठाना जिसका धर्म था पर उसे क्या पता था कि उसकी स्थिति एक दिन ऐसी हो जायेगी कि उसकी अपनी टाँग तोड़ दी जायेगी और उसे जो टाँग दी जाएगी वह टाँग नहीं टाँग का आभास मात्र होगी जिससे वह :

अब जो टाँग तुमने मुझे बाज़ार से लाकर दी है
इसको परोसते हुए न मैं माँ को याद कर सकता हूँ
और न पिता का पुण्य-स्मरण
और न इसके नकली घुटने को
प्यार करती हुई प्रेमिका के पेट से अड़ा सकता हूँ
ज़्यादा से ज़्यादा
आतुर जंगल से इस ऋतु की पहली पत्ती तोड़कर

मैं सुई की नोक से
इस निर्जीव घुटने पर रखकर गोद सकता हूँ

(रात अब भी मौजूद है, पृ. 30-31)

'उच्चैश्रवा' कविता में राजनीति पर करारा प्रहार है। जिस समय यह कविता लिखी गयी थी पत्रिकाओं में उसका प्रकाशन खतरे के भय से नहीं हो पाया था। इसमें अनेक उत्तेजक प्रसंग एवं प्रज्ज्वलित वाक्य हैं जो वर्तमान व्यवस्था पर थूकते हैं, धिक्कारते हैं और खतरों से सावधान भी करते हैं। ऐसे में कवि खतरों की परवाह किये बिना इस सत्य का निर्भय खुलासा करता है कि उसकी लेखनी में ताकत शेष है। रचनाधर्मिता की दृष्टि से भी यह अंश पठनीय है :

आन्दोलन हो तो प्राकृतिक हो
असली हो
जिसमें 'एवं' भी हो और 'अस्तु' भी हो
अगर 'विषय' भी हो तो 'वस्तु' भी हो
जैसे 'संस्कृति में 'गाँजा' है
मैंने इतने वर्ष कविता और
गद्य को माँजा है जनाब
'शैली' बोयी कोई घास नहीं खोदी
खो
दी
खो, दी सबने अपनी पहचान

(रात अब भी मौजूद है, पृ. 73-74)

'खतरा' छोटी कविता है। इस छोटी कविता में आम आदमी के मन में गूँजने वाली चीख का स्वर है। 'लक्ष्य भ्रष्ट' तीन पंक्तियों की छोटी कविता है। एकता से दूर रहने वाला व्यक्ति लक्ष्य से भी दूर होगा। इस कविता का मूल स्वर है यथार्थ की अनेकता में अत्याचार और भ्रष्टाचार के बीच जो साम्प्रदायिक एकता देखने को मिलती है उससे संवेदना, सहानुभूति और सहिष्णुता को सर्वाधिक नुकसान पहुँचा है। राजनीति ने सफलता की सत्ता और सत्ता की सफलता का जो गठजोड़ रचा है, उससे बुनियादी काम करने वाले, ईमानदार असफल साहसियों को क्या कभी पहचाने जाने का वातावरण बन पायेगा? यह अत्यन्त सन्देहास्पद है। 'उप-स्थिति' भी अपने छोटे आकार में शब्द साम्य के

सहारे मन पर एक प्रभाव छोड़ती है। आग मन और आगमन शब्द का प्रयोग उपस्थिति की सही दिशा दर्शाने वाला है। 'मौत का कब्जा' सच्ची घटना पर आधारित कविता है। इस कविता में सुन्दर बिम्बों एवं कटाक्ष भरे उदाहरणों से आम आदमी की अहमियत और शासक वर्ग की असली स्थिति का बयान है। कवि के लिए दादी का मरना अपूरणीय क्षति है क्योंकि वे एक बैल को बचाने में मरी थीं जबकि मंत्रालय में कार्यरत मन्त्री का मरना मात्र एक दिन के अवकाश के बराबर होता है। उससे कहीं अधिक कीमती तो बैल की मौत है जो कम-से-कम पच्चीस जोड़ी जूते तो बनवा देती है। 'लड़के और सिपाही की बातचीत' कविता में मकानों की भीड़ में घर खो जाने का वर्णन है। सपना देखने के लिए नींद चाहिए और नींद के लिए कोठरी और बिछावन। सच्चाई तो यह है कि यहाँ तो मशीनें भी नहीं खाली हैं जिन पर सोकर सपना देखा जा सके।

'हत्या' कविता संग्रह की सबसे लम्बी और संग्रह के नामकरण का आधार लिए हुए है। यह कविता धूमिल की आकस्मिक मृत्यु पर केन्द्रित है। इस लम्बी कविता में धूमिल के साथ-साथ तत्कालीन स्थापित और स्थापना के लिए जूझ रहे साहित्यकार आम आदमी की तरह आते हैं। उनके नाम असली हैं। इसमें तमाम घटनायें, हत्या, कत्ल, अस्पताल की लापरवाही, अव्यवस्था, भय एवं आशंका का जीवन चारों तरफ है। हत्यारे सड़कों पर, समाज में ही नहीं बल्कि अस्पताल तक पीछा करते हैं। आजकल सारे शहर में हत्या का शोर है। कर्फ्यू लगने का साइरन बज रहा है। सभी साहित्यकार आम आदमी की तरह गुजर रहे हैं बिना एक दूसरे को देखते-ताकते :

एक गाड़ी गुजरती है लाउडस्पीकर से कर्फ़्यू लगाती
अनेक दूसरी गाड़ियाँ गुजरती हैं; सड़क पर पुलिस उतारती
अशोक वाजपेयी चले जा रहे थे
विनोद कुमार शुक्ल को निहारते
नामवर सिंह खोज रहे थे नयी संभावना
कुँवर नारायण पूछ रहे थे कृष्णनारायण कक्कड़ से
उस बीमारी का नाम जो श्रीलाल शुक्ल ने बताई थी
दस बजने की हड़बड़ी में
दूर-दूर तक नहीं दिखाई दे रहे थे अज्ञेय

(रात अब भी मौजूद है, पृ. 103-104)

'दृश्य' कविता में चूहे, बिल्ली, बाघ एवं आदमी के माध्यम से कवि ने

विसंगतियों का चित्र खींचा है। 'द्विरुक्ति' शीर्षक छोटी कविता में अमीर-गरीब के जीवन तथा दिनचर्या का अन्तर स्पष्ट किया गया है। यह दोहरी उक्ति समाज के विरोधाभास की ओर संकेत है। 'भरोसे की कविता' में युग बोध है। चारों तरफ विश्वासहीनता का वातावरण है। घर-परिवार किसके भरोसे छोड़े जायेंगे। परिवार तो छूटेगा घर के भरोसे लेकिन घर :

बार-बार उभरता है
एक डर
–परिवार को छोड़ेंगे
घर के भरोसे
लेकिन किसके भरोसे पर छोड़ेंगे घर?

(रात अब भी मौजूद है, पृ. 110)

'मुक्तियात्रा' कविता में गाँव की मुक्ति का स्वर है। यह मुक्ति राजधानी से गाँव की है। यहाँ नगरीय जीवन एवं ग्राम्य जीवन का अन्तर भी देखा जा सकता है और गाँव के प्रति निष्ठा भी। 'वस्तुबोध' छोटी कविता है। इस पर क्षणवादी जीवन दर्शन का प्रभाव है। 'अग्रगामी के लिए' संग्रह की अन्तिम कविता है। अग्रगामी अर्थात् आगे चलने वाला, भविष्य जिसके हाथ में है, उसके लिए भी रात मौजूद है, एक चेतावनी है और जीवन की दिशा भी। यहाँ क्रांति, विद्रोह और संहार की अनेक सम्भावनायें दिखाई दे रही हैं :

तुम ईंधन की तरह जल रहे हो
लेकिन आख़िर वह क्या है
जो तुम्हारे द्वारा गरम किया जा रहा है।

x x x

वहाँ लगे हुए हैं मेरे कान उनसे सुनना
फावड़े भर मिट्टी तक अभी अनेक लड़ाइयाँ होंगी

(रात अब भी मौजूद है, पृ. 115)

बची हुई पृथ्वी

'बची हुई पृथ्वी'-लीलाधर जगूड़ी का पाँचवाँ कविता संग्रह है। इस संग्रह का प्रकाशन 1977 में हुआ था। इस संग्रह को पढ़ने पर स्पष्ट हो जाता है कि इसकी कवितायें उनके कवित्व का उत्तरोत्तर विकास हैं। उनकी तमाम अच्छी कवितायें किसी अच्छी कविता की तलाश में लिखी हुई हैं। उन्हें पढ़ने के बाद

एक और बेहतर कविता की तलाश रहती है। यह संग्रह ऐसी ही कविताओं से भरा हुआ है। 'इस संकलन की कविताएँ शाब्दिक कलाबाजियों से मुक्त और जीवन के सही सन्दर्भों से जुड़ी हुई हैं। इन कविताओं में रचनाकार का प्रश्न गौण हो जाता है और कविताएँ स्वतः जीवन का कड़वा यथार्थ भोगती नजर आती हैं, प्रतीक खुद-ब-खुद बोलने लगते हैं, शब्द मस्तिष्क पर छा जाते हैं और कथ्य हृदय को सहज ही स्पर्श करने लगता है। ...इनमें मानवीय संवेदनाएँ भी हैं, विवशताओं का त्रिकोण भी है और इस नियति को अस्वीकार करती मनःस्थितियों का आक्रोश भी'।[30]

इकतालीस कविताओं के इस संग्रह में क्रमशः 'आलोचक से', 'अन्तर्देशीय', 'चिड़िया-1', 'अन्तिम शिखर पर', 'आऊँगा', 'तथाकथित महान् लोग', 'इन्तज़ार की जगह', 'तुम सुबह हो', 'कायाकल्प', 'बच्चे-1', 'मौलिकता', 'आधार', 'एक बुढ़िया का इच्छागीत', 'प्रेमप्रसंग', 'मेरी कथा', 'चिड़िया-2', 'यहाँ से शुरू हुए', 'मुझे उगाओ', 'कमरा और आदमी', 'मैं अकेला नहीं हूँ', 'उजाला', 'चिड़िया का प्रसव', 'सहयात्री', 'किसी ने मुझे देखा', 'बच्चे-2', 'कल के लिए', 'चलती रेल में', 'एकान्त के जबड़े पर', 'चालाकी की शुरुआत', 'निगाह में रखी हुई', 'शब्दोत्सव', 'उस दिन का जंगल', 'स्वप्नदण्ड', 'मातृमुख', 'आत्मकारा', 'बच्चे-3', 'विदा', 'बलदेव खटिक', 'खेल', 'बची हुई पृथ्वी पर' और 'एक दूसरा रास्ता' हैं। इस संग्रह को लीलाधर जगूड़ी ने सबसे महत्त्वपूर्ण संग्रह माना है। उनका कहना है कि 'मुझे 'बची हुई पृथ्वी' नाम का संग्रह सबसे महत्त्वपूर्ण लगता है। उससे मुझे नया रास्ता मिला, एक नयी काव्य-भाषा मिली।'[31]

संग्रह की पहली कविता 'आलोचक से' में यथार्थ कथन एवं तीखे बयान का संकेत है जिसकी आलोचना होती है किन्तु काव्यनायक उन्हें छोड़ नहीं सकता। 'अन्तर्देशीय' कविता भी युग की विडम्बनापूर्ण स्थितियों का बयान है। यह कविता इमरजेंसी की प्रतिक्रिया में प्राप्त भाषा और मुहावरे के कारण लिखी गयी है। अन्तर्देशीय पर लिखा हुआ वाक्य 'इस पत्र के भीतर कुछ न रखिए' का आशय प्रत्यक्ष दिखाई देने वाले आशय से बहुत दूर तक चला जाता है, उतनी दूर तक जितनी की आपातकाल के उस दौर में राजसत्ता नागरिक जीवन पर हावी हो चुकी थी, उसे भयभीत कर रही थी, उसे हर तरह से नियंत्रित-अनुशासित करने, उसकी नागरिक स्वतन्त्रताएँ छीनने का प्रयास कर रही थी। राजसत्ता नहीं चाहती थी कि लोग कुछ भी साझा करें, खासकर अपने विचार, अपनी निराशाएँ, अपने निजी दुख, अपनी शिकायतें, अपने पारिवारिक प्रलाप। तब मोबाइल नहीं थे और टेलीफोन भी बहुत सीमित थे, जितने थे वे साधारण

आदमी, कविता पढ़ने वाले आदमी की पहुँच से साधारणतः दूर थे। तब टेलीफोन उन्हीं के पास होता था, जिनकी कोई आर्थिक, सामाजिक हैसियत होती थी। ...ऐसे समय में अपने से दूर रहने वाले से साझा करने का एक मात्र साधन पोस्टकार्ड या अन्तर्देशीय था। ...'यह' कविता उस हालात का–जो अब फिर से बड़े संभ्रान्त ढंग से आ रही है, लायी जा रही है–बखान करती है, जब इस बात का भी भरोसा नहीं रह गया था कि किसी पत्र, किसी अन्तर्देशीय, किसी लिफाफे के अन्दर लिखी व्यक्तिगत बातों की भी कोई गोपनीयता बची है कि किसी व्यक्तिगत से व्यक्तिगत, मामूली से मामूली बात का सरकार क्या अर्थ लगा लेगी और क्या सलूक करेगी नागरिक के साथ इसका विश्वास नहीं था। बच्चा पैदा होने की खबर देना भी अपराध था क्योंकि तुरन्त यह सवाल हो जाता कि नसबन्दी क्यों नहीं कराई। कोई भी शब्द विस्फोटक हो सकता था क्योंकि वह शब्द है।'[32] हालात यहाँ तक पहुँच चुके हैं कि अन्तर्देशीय पत्र में कुछ भी लिखना खतरे से खाली नहीं है :

न अपने सम्बन्धों की छाप
न दुःख, न शिकायतें
न अगली मुलाकात का वादा
न संक्रामक बीमारियाँ
न पारिवारिक प्रलाप
न अपने हस्ताक्षर
वरना ये पत्र पकड़ा जा सकता है
इस पत्र के भीतर कुछ न रखिए

(बची हुई पृथ्वी, पृ. 12)

इस कविता के अन्त में पोस्टमैन के चेहरे की उदासी रक्तहीनता की आभा देती है। उसके थके हारे मन पर उन चिठ्ठियों का बोझ है जिसका एक बंडल उसके पास शेष रह गया है जिसे आज ही बाँट देना है क्योंकि शाम को वह उन चिठ्ठियों को वापस नहीं रख सकता। आज जब लोगों के फोन सुनने की आजादी छीनने, ई मेल हैक करने की स्थितियाँ, वेबसाइटों को बन्द करना आदि को हटाने के कारणों की तलाश हो रही है तो ऐसे में इस कविता का पुनर्पाठ जरूरी है।

इस संग्रह में चिड़ियों को ध्यान में रखकर भी कविताएं लिखी गयी हैं। 'चिड़िया-1' और 'चिड़िया-2'। यहाँ चिड़िया प्रतीक है, आम आदमी का और

एक ऐसे आदमी का जिसका जीवन संकटपूर्ण है, खतरे में है। अस्तित्व रक्षा जिसकी चिंता है। आजाद भारत की संकटकालीन परिस्थितियों में दबे-सहमे आदमी का चित्रण है। दोनों कविताओं में यह देखा जा सकता है। 'चिड़िया-1' का कवि स्वच्छन्द उड़ान भरने की कामना करता है। ऐसी चिड़िया की वह कल्पना करता है जो आदमी की नसों से लेकर घोड़े तक में उड़ान भरती है। दूसरी चिड़िया को देखती है और गुत्थमगुत्था हो जाना चाहती है। जिसमें समुद्र, पहाड़, जंगल तथा शब्दों के उगने की खामोशी समाई हुई है। जो अपने को सर्वथा नया समझती है। वस्तुतः यहाँ चिड़िया आदमी के भीतर की ललक है या कुछ इस तरह कह सकते हैं कि वह सामान्य आदमी है या वह प्राण तत्त्व है जो सबमें निवास करता है। आज वही खतरे में है। उसका अस्तित्व समाप्त हो रहा है जबकि उसके भीतर घोड़े की लपलपाती चाल है। इस तरह से जगूड़ी 'चिड़िया-1' के माध्यम से आम आदमी के भीतर छिपी ललक को उजागर करने में सफल हैं। 'चिड़िया-2' कविता में ऐसे लोगों के बारे में कवि बताना चाहता है जो हर प्रकार की राजनीतिक एवं सामाजिक गतिविधियों के बारे में जानते हैं तथा जो षड्यन्त्र, अत्याचार और कूटनीति की योजनाओं को अंजाम देते हैं। आज पूरा वातावरण दहशत से भरा है। मनुष्य निराश एवं डरा हुआ होकर भी दो आँखों में से एक में पतझड़ के 'आखिरी पत्ते का पतन तथा दूसरे में बसंत के उतावले प्रसव की सूचना' लिये हुए है। इस तरह से जगूड़ी चिड़िया के माध्यम से आम आदमी के भीतर छिपी ललक को उजागर करने में सफल हैं। तद्युगीन परिवेश का आतंक एवं प्रभाव इस कविता पर पूरा-पूरा दिखाई पड़ता है। 'आऊँगा' कविता में आना सिर्फ आने के लिए नहीं है बल्कि एक सार्थक जीवन्तता एवं स्फूर्ति के साथ आना है। कवि का मानना है कि थके-हारे व्यक्ति में अचानक जब स्फूर्ति आती है, उठ खड़े होने की ताकत आती है तब सारे सन्दर्भ बदल जाते हैं :

मैं आऊँगा
आऊँगा तो उस तरह
जैसे कि हारे हुए
थके हुए में दम आता है ।

(बची हुई पृथ्वी, पृ. 21)

आते समय कोई उत्पात नहीं आतंक नहीं। एक बड़ा उदात्त भाव। जैसे बादल पहाड़ पर आता है परन्तु इस उदात्तता को वही देख सकता है जिसकी

गर्दन स्वयं ऊँची हो गयी हो। 'तथाकथित महान् लोग' कविता में रात को कुकर्मों पर पर्दा डालने का उत्तम साधन बताया गया है। यहाँ रात का अँधेरा व्यवस्था से जुड़े लोगों के चरित्र को बेनकाब करने में समर्थ है तो उनकी ओर भी संकेत है जो कहीं नहीं छिप पाते उन्हें रात छिपा लेती है। रात में घावों का दर्द तो अनुभूत होता है किन्तु उसे देखा नहीं जा सकता। महान लोगों से कवि का तात्पर्य उनसे है जो महान पदों पर बैठे हैं और वे ऐसे लोग हैं जो रात के काले खून में तैरना चाहते हैं। ये लोग दिन भर न अपना चेहरा देख पाते हैं न पैर। पैर दिन भर जूते के भीतर रहता है जिसका स्पर्श करने वाले जूते का ही स्पर्श कर लेते हैं। ऐसे लोग रात में अपना पैर देखकर सोचते हैं कि यह तो सामान्य सा ही है तो लोग इसे दिन भर छूते क्यों हैं। पैर के प्रकारान्तर उनका चेहरा भी है जो न आफिस में वास्तविक रूप में रहता है न घर के आईने में। कवि को आश्चर्य होता है कि जो लोग दिन में सूई में डोरा भी नहीं डाल पाते हैं रात में बाल की खाल कैसे उखाड़ रहे हैं। हमें इन लोगों के बारे में नये सिरे से सोचना चाहिए कि ये लोग रात में क्या करते हैं। मुक्तिबोध ने 'अँधेरे में' कविता में जुलूस में चल रहे लोगों के चेहरे के दोहरेपन की जो बात कही है वही यहाँ भी मौजूद है।

'इन्तज़ार की जगह' कविता में मिट्टी की गन्ध एवं उसके गर्भ में दहकते कोयले का ताप प्रतीकात्मक ढंग से जीवन का यथार्थ एवं जीवन का नैसर्गिक भाव है। 'कायाकल्प' कविता में सफेद, लाल एवं काले रंगों के माध्यम से जीवन के असली-नकली रंग का उल्लेख है। हम नकली रंग में रंगकर उसके असली रंग के समान कभी नहीं हो सकते। यहाँ सन्देश यह है कि मनुष्य अपने असली रंग में रहे यही ठीक है। अपना रंग बदल कर अथवा दूसरे के रंग में रंग कर वह स्वयं अपना रंग बिगाड़ सकता है। दूसरे के रंग में न रंग सकता है और न ही उस जैसा हो सकता है। 'मौलिकता' छोटी कविता है जिसमें जड़ों से जुड़कर रहने की बात कही गयी है। नये पत्ते पुराने पेड़ों में अच्छे लगते हैं, नये में तो नये रहेंगे ही। 'आधार' स्त्री जीवन की कड़वाहट एवं सच लिए हुए है। 'एक बुढ़िया का इच्छागीत' में बचपन की शैशवजन्य कोमलता, यौवनावस्था का संघर्ष, कर्म, धर्म, उसमें जलना और यह अनुभव करना कि जीवन जलने और धधकने का नाम है। जुगनू की तरह नहीं बल्कि भट्ठी की भाँति।

इस संग्रह में बच्चों को केन्द्र में रखकर तीन कविताएँ हैं 'बच्चे-1', 'बच्चे-2' एवं 'बच्चे-3'। 'बच्चे-1' कविता का प्रारम्भ परिवेशगत प्रदूषण से है। अबोध बच्चे जीवन को एक हँसी खेल समझ कर जी रहे हैं। कवि बच्चों

को सही तरीके से सींचने के लिए कह रहा है। ये बच्चे भविष्य की नींव हैं। ये महत्त्वाकांक्षी हैं। इनके सपने हैं :

सारी तीलियों का बारूद जलाने के बाद
माचिस की डिब्बी को छेद-छेदकर
वे दरवाज़े और खिड़कियाँ बना रहे हैं
चारों ओर
अधजली तीलियाँ रोपकर
वे बाग लगा रहे हैं
नींद में डूबने के बाद
अपने-अपने घरों से निकलकर
सपने में
वे इसमें खेलेंगे

(बची हुई पृथ्वी, पृ. 33-34)

'बच्चे-2' कविता में बच्चों का जीवन सुरक्षित नहीं है। उन्हें अपने दोस्तों से खतरा है। वे ज़हाँ सो रहे हैं वहीं उन्हें घोड़े कुचल रहे हैं। उन्हें बाघ एवं साँपों से भी भय है। वस्तुतः यहाँ घोड़े, बाघ एवं साँप जैसी प्रवृत्तियों एवं वृत्तियों वाले लोगों की ओर इशारा है जिनसे बच्चों के भविष्य को खतरा है। 'बच्चे-3' में कवि गम्भीर है। बच्चा पैदा होने का मतलब एक पीढ़ी, एक आदमी का होना। ऐसे आदमी का होना जो अन्याय एवं अत्याचार के खिलाफ उठकर खड़ा होगा। ऐसे लोगों का विरोध जो नारेबाज, अवसरवादी एवं स्वार्थी हैं। मायावी एवं कपटी हैं। इस कविता में कवि ने बच्चों की प्रकृति का, बचपन पार के जवान या बूढ़े हो गये आदमी का बड़ा मार्मिक चित्र खड़ा किया है :

एक जवान या बूढ़ा आदमी
बचपना कर सकता है
लेकिन एक बच्चा वही करता है
जो उसे करना चाहिए
मसलन कि बचपना करने के लिए
पहले
बचपन के कत्ल से
गुज़रना पड़ता है
एक बच्चा 'एक आदमी' है

दूसरा बच्चा 'दूसरा आदमी'
बचपन का एक
बचपन के दूसरे से
बदला लेना चाहता है

(बची हुई पृथ्वी, पृ. 97-98)

'यहाँ से शुरू हुए' कविता में आतंक एवं भय का वातावरण व्याप्त है। बच्चों को डरने से बचाने की चिन्ता सबको लगी हुई है। 'मुझे उगाओ' कविता में खिन्न एवं उदासीन काव्यनायक अब चुप होकर बैठना नहीं चाहता बल्कि विरोध के लिए तनकर खड़ा होना चाहता है। वह पृथ्वी से प्रार्थना करता है कि मुझे अपने समान सामर्थ्यशाली एवं ऊर्जावान बनाओ ताकि मैं सामाजिक बुराइयों से जूझ सकूँ क्योंकि अब बहुत हो चुका। अब क्रान्ति होनी चाहिए। 'मैं अकेला नहीं हूँ' कविता में भी क्रान्ति की, सामूहिक क्रान्ति की बात कही गयी है। 'उजाला' एवं 'शब्दोत्सव' कविताओं में भी प्रकारान्तर से यही भाव है।

इस संग्रह में स्त्री केन्द्रित कविताएँ भी हैं। 'कल के लिए' कविता में लड़की भविष्य के सपने सँजोती है तो 'सहयात्री' कविता में मधुर स्मृति से जुड़ी स्त्री है। संग्रह की दो कविताओं में माँ की महिमामयी उपस्थिति है। 'चिड़िया का प्रसव' में माँ उस इच्छा का नाम है जो तसल्ली के बाद पैदा होती है तो 'किसी ने मुझे देखा' कविता में अपने मन की समूची श्रद्धा और सद्‌भावना माँ के प्रति समर्पित की गयी है। यहाँ माँ केवल जन्म देने वाली संस्था या जच्चा-बच्चा केन्द्र नहीं है बल्कि एक स्त्री है :

क्या माँ केवल गर्भाशय है
तीस साल पीछे छूटा हुआ गर्भाशय?
क्या वह केवल रोटी, कपड़ा और मकान है?
नहीं;
माँ तीस साल पहले
पिता के चुम्बनों को धारण करती
पुरुषों की असमर्थता को
हद की तरह फाँदती
एक स्त्री भी है

X X X

माँ उस चीख का नाम है

जो आँसुओं के कीचड़ को
ज़मीन की तरह सख़्त बना देती है

(बची हुई पृथ्वी, पृ. 65-66)

जगूड़ी की कविताओं को पढ़ते हुये यह महसूस होता है कि हर कविता चाहे वह छोटी हो या बड़ी एक दूसरे से बेहतर है। यानी बेहतर की तलाश करने वाले को निराश होना पड़ेगा। वे तुलनात्मक ढंग से एक दूसरे से बेहतर तो नहीं हैं पर अपनी-अपनी जगह अच्छी हैं फिर भी इतनी सारी कविताओं को एक तरफ करने पर 'बलदेव खटिक' कविता 'बची हुई पृथ्वी' नामक किताब में अलग हो जाती है। वह संग्रह की सबसे बड़ी कविता है और सबसे बेहतर भी है। 'बदलेव खटिक' को जब पढ़ा जायेगा तब धूमिल की 'मोचीराम' कविता को बार-बार याद करने पर यही कहना पड़ेगा कि 'बलदेव खटिक', 'मोचीराम' की उत्तर कविता है और उत्तम कविता है। कविता का प्रारम्भ कौतूहल एवं कलात्मकता से परिपूर्ण है।

रात; चिथड़ा खाती गाय के जबड़े में
धीरे-धीरे गायब हो रही थी
यह उसका अन्तिम छोर था
जिस पर एक बटन चमक रहा था
तभी हमारे गाँव के आकाश में
अचानक लोगों ने एक दरार देखी
सड़क से गाँव पर रोशनी फेंकती
यह पुलिस की गाड़ी थी

(बची हुई पृथ्वी, पृ. 101)

अंधेरे के भीतर के उजाले में कुछ हाथ, पाँव एवं कुछ आँखे चमकती दिखीं। गाड़ी में बैठे लोग रँगतू के घर की ओर दौड़े। उनकी चाल से पता चल रहा था कि गाँव की चाल खराब हो गयी है। गाँव के गरीब जनता के कुत्ते जो अजनबी पोशाकों के दुश्मन हैं, भौंक रहे थे। पुलिस वाले रँगतू के घर जाते हैं जो कल राशन लूटने में शरीक था, उनके पास उसके नाम का वारंट था। उसके परिवार ने रात भरपेट अन्न खाया था। ऐसे रँगतू को पुलिस वालों ने बूटों की ठोकर से जगाया और बचे अनाज के साथ उसे शहर ले गये। ऐसे शहर में जहाँ आदमी के लिए जीवित अवस्था में जेल और मरने पर पोस्टमार्टम की समुचित

व्यवस्था है। घर के भीतर से रँगतू की निर्वस्त्र औरत जिसने अपने बच्चों को अपने शरीर पर पहनावे की भाँति चिपकाया था, बाहर नहीं आ सकी। जीवन में पहली बार रँगतू फ्री गाड़ी में चढ़ कर चल रहा था और अंधेरे में बैठे अपने बीबी-बच्चों के लिए सोच रहा था। उसकी सोच के लिए कवि शब्द तलाशता है : शब्द जो कि दाल और भात हैं...रोटी और साग हैं...या केवल रोटी पर रखे नमक के कण हैं। ऐसे शब्द कहाँ से लाये जायें जो लार बनाते हैं, जो हलफ़नामा बन सकें और तरफदारी कर सकें। कवि बड़ी गम्भीरता से रँगतू के मनोभावों का चित्रण करता है :

पुलिस की गाड़ी में उसकी शब्दहीन आत्मा
एक नंगे पेड़ की तरह है
जिस पर थाने पहुँचने से पहले
कई हज़ार घमौरियाँ फूट पड़ेंगी
कई हज़ार लाल घमौरियों में बन्द पत्ते
निशान की तरह बाहर उभर आयेंगे
भाषा अचानक सारे शरीर में फल पड़ेगी
और कई हज़ार जीभों से बोलता हुआ
वह बरी हो जायेगा

(बची हुई पृथ्वी, पृ. 104)

वास्तव में रँगतू अकेले आदमी का दर्द है और अकेला आदमी अपराधी होता है। थाने पहुँचकर रँगतू कैद करने वाली गाड़ी से ऐसे उतरा जैसे कोई बड़ा आदमी उतरता है। वह सिपाहियों की तरह कूद कर उतरा। जिस सिपाही ने रँगतू के जेल का आर्डर बनवाया था उसके माँ की बीमारी का तार उसे मिलता है परन्तु उसे तत्काल छुट्टी न मिलकर तीन दिन बाद मिलती है। तब तक उसकी जेब में पड़ा हुआ तार उसे निरन्तर यह अनुभव कराता रहता है कि वह तार, तार नहीं बल्कि उसकी माँ की छटपटाती हुई आत्मा है जिससे वह विचलित होता रहता है। वह गाँव जाकर देखता है कि माँ अभी झड़ पड़ने वाली पानी की बूँद की तरह इन्तज़ार कर रही थी। वह इधर-उधर दिमाग दौड़ाने के बाद दौड़कर थाने जाता है, माँ को शहर ले जाकर इलाज कराने के लिए गाड़ी माँगने और बताता है कि मैं आम आदमी नहीं, पुलिस का ही आदमी हूँ। उसे जबाव मिलता है कि पुलिस की गाड़ी केवल अपराधियों को पकड़ने के लिए है। तुम्हारी माँ के नाम कोई वारण्ट नहीं है जो हम गाड़ी भेज दें। हमारी गाड़ी मरने वालों

को पकड़ने के लिए नहीं है। मरना हमारी निगाह में अपराध नहीं है। शाम को जब दवा की शीशी और गोलियाँ लेकर वह लौटता है तो पाता है कि माँ मर चुकी है। अभावों की आजाद कहानी में मुक्ति के स्वरूप पर वह विचार करता है। माँ की अन्तिम क्रिया करके वह वापस बिजनौर थाने पर पुनः ड्यूटी करता है जिसका सिर मुड़ा है–जिसकी माँ बिना दवाई के मर गयी। वह बन्दूक की गोलियों से कौवों को मारता है और फरार हो जाता है। अब वह सन्तरी नहीं बलदेव खटिक है। माँ, माँ चिल्लाते गाँव में आकर सबसे पागलों की तरह बात करता है और भागता हुआ रँगतू की झोपड़ी में चला जाता है जो अब खाली है।

अचानक लोग फिर देखते हैं कि गाँव के आकाश में चमकती रोशनी और पुलिस की गाड़ी है। कुत्तों का भौंकना फिर शुरू हो जाता है। गाड़ी से बीड़ी पीते सिपाही फिर उतरते हैं। अपराधी की तरह रँगतू की झोपड़ी से पागल सिपाही (बलदेव खटिक) को पकड़ा और बाँधकर ले गये परन्तु उसके सरकारी कपड़े उतारकर क्योंकि सरकार पागल नहीं होती, अपराधी नहीं होती। वह अब पागल हो गया है, उसके बाल और नाखून बढ़ गये हैं। अब वह एक कोठरी में बन्द कैदी है। उसकी जगह बाहर एक सिपाही सिर पर टोपी, हाथ में बन्दूक लिए पहरा दे रहा है। देखना यह है कि यह पागल कब होता है। ऐसी परिस्थितियाँ आजाद देश में बन रही हैं कि अच्छा ख़ासा आदमी पागल हो रहा है और 1974 की राजनीति में इसके लिए कोई शब्द नहीं है। कविता के अन्त में धारदार व्यंग्य है। कवि लोगों को राय देता है कि ऐसे पागल जब फायर करेंगे तो कौवे नहीं शोषक आदमी मरेंगे। मृतक के खिलाफ उठते हुए, भूख के खिलाफ जागते हुए, गरीबी के खिलाफ सिर उठाते हुए 'बलदेव खटिक' कविता में न चिड़िया है, न प्रेम प्रसंग, न तथाकथित महान लोग, न कायाकल्प वगैरह। इसे संयोग ही कहिए कि कविता की एक बड़ी जमात में केवल जगूड़ी नहीं धूमिल, त्रिलोचन, कुमार विकल और सैकड़ों नये-पुराने नामों के बीच में 'बलदेव खटिक' को 'नगयी मेहरा' और 'मोचीराम' के साथ तीसरा या तीन कविता में दर्जा मिल गया। बेहतर कविता तुलना के भीतर से नहीं निकलती। समय के विषय में किये जाने वाले रचनात्मक हस्तक्षेप का प्रतिफल होती है। इस संकलन की सभी कविताएँ बिना किसी क्रम के एक दूसरे की स्पर्धा में हैं लेकिन 'बलदेव खटिक' कविता के इतिहास में विजय प्रतीक है। संग्रह की कविताओं में कवि अन्धेरे और सन्नाटे से घिरी अपनी 'बची हुई पृथ्वी' पर इसलिए उगने को अधीर प्रतीत होता है कि उसके अन्दर जूझने का हौसला भी है।

घबराये हुए शब्द

लीलाधर जगूड़ी का एक महत्त्वपूर्ण कविता संग्रह सन् 1981 से 1998 के अन्तराल में तीन बार प्रकाशित हुआ। इस संग्रह का नाम है 'घबराये हुए शब्द'। घबराहट की स्थिति तो तब उत्पन्न होती है जब हम किसी यथार्थ को शायद अज्ञात भय के कारण जल्दी-जल्दी कहने लगते हैं। आज की दुनिया में आदमी, आदमी से डरने लगा है मगर फूल, फूल से नहीं डरते। वे बाघ से भी नहीं डरते। उनका डर अपने चारों ओर चलने वाली तेज, क्रुद्ध और बिगड़ैल हवा से है। उन्हें हवा छूती है और वे प्राणों का एक बड़ा हिस्सा उसे दे देते हैं, खुशबू के रूप में। फूलों की खूशबू के लिए। जगूड़ी का मानना है कि वस्तुतः फूलों का डर ही है जो खुशबू के रूप में बाहर आता है लेकिन मनुष्य के पास इतनी फुर्सत नहीं है कि वह एक साथ फूलों के बारे में और अपने बारे में सोचे और जाने। 'घबराये हुए शब्द' कविता संग्रह की भूमिका में कविता के कथ्य पर उन्होंने विस्तार से चर्चा की है। 'उन खेतों की फसल भी मेरे लिए अब कविता ही है जिन पर मकान बन गये हैं मगर जिनमें वे नहीं रह सकते जिनके पास मकान नहीं हैं। उन पेड़ों का वसन्त भी मेरे लिए कविता के ही मार्फ़त आयेगा जो खिड़की-दरवाजों, रेल के डिब्बों और बस की बॉडी बनाने के काम आ गये। जहाँ अब प्लास्टिक के सामान की दूकानें खुल गयी हैं, वहाँ जो बागीचा था उसके फूल व फल भी अब मेरे लिए अपनी कविता में ही महकेंगे, पकेंगे; जिन्हें सब ओर पीठ किये हुए वे लोग सूँघते व देखते हैं जिनकी न क़ब्रें हैं न चितायें। मरने से पहले न जिनके घर हैं न देश। अपने आमरण जन्म में जिन्होंने अपने लिए अपने जीवन की कम-से-कम भाषा आपस में ही तलाश ली। उन्हीं की कमाई हुई वह कम-से-कम भाषा ही मेरे पास है और उसी से मुझे अधिक-से-अधिक बात कहनी है।'

इस संग्रह की कविताएँ इतिहास और यथार्थ की सच्चाई का बयान करने वाली हैं। इनका सृजन इसीलिए हुआ है। इतिहास पुराना घटित हो चुका जीवन है परन्तु यथार्थ उससे भी पुराना है। एक सच्चाई अतीत में भी मूल्यवान थी, आज भी है और कल भी उपयोगी रहेगी। संग्रह में कविताएँ छोटी (क्षणिकाएँ) भी हैं और विस्तृत आकार वाली भी। संग्रह के फ्लैप पर जगूड़ी को समकालीन हिन्दी कविता में एक काव्य शैली के रूप में स्थापित किया गया है तथा कविताओं के सामाजिक सरोकार को सामने रखा गया है। साथ ही इस संग्रह की कविताओं पर, कविताओं के इतिहास पर, वर्तमान पर तथा भाषा की सांस्कृतिक चेतना पर लिखा गया है। 'जगूड़ी की इन ताज़ा कविताओं का

सम्पर्क जताता है कि यथार्थ मनुष्य से भी प्राचीन है और कवि उसे हर बार अपने समय और स्थान की चेतना में सही दूरी रखकर अनावृत करता है। अपने ज़माने की संचार भाषा को संकल्प से जोड़ने के बावजूद ये कविताएँ 'बताती' कम और 'पूछती' ज्यादा हैं। इन कविताओं ने वैयक्तिक संवेदना में भाषा को सांस्कृतिक चेतना के अधिक योग्य बनाया है।' इस संग्रह में कुल सैंतीस कविताएँ हैं, 'हद', 'गुमशुदा की तलाश', 'बच्चा और राजनीति', 'हैसियत', 'तो', 'आश्वासन', 'पुनःप्रवेश' 'पेड़ की आज़ादी', 'ठण्ड से डरकर', 'प्यार से बातचीत', 'अकेला', 'झटका', 'ज़रूरत है', 'सिक्के', 'लड़ाई', 'उद्घाटन', 'विरोधी', 'डुग-डुगी', 'एक पूरी ऋतु', 'से', 'परम्परा', 'सम्बन्ध', 'प्यार में', 'प्रार्थना', 'सखी- सहेली', 'तकरार', 'पृथ्वी का स्वागत', 'हमारे शरीर', 'प्यार में', 'रोजाना', 'जूते और चेहरे की बातचीत', 'अ-दृश्य', 'बूढ़ा पहाड़' 'छोटी नदी', 'अब उसकी बारी है', 'एक दिन', 'एक अहम बात' और 'क्या किसी को फुर्सत है'। इन कविताओं में कुछ छोटे आकार की हैं तो कुछ का आकार बड़ा है। सभी तरह की कविताओं के मिश्रण से संग्रहीत इस किताब में सामाजिक जीवन के गहरे प्रसंग हैं जिन्हें कवि घबराये हुए शब्दों में व्यक्त करना चाहता है। 'हद' कविता में समाज में व्याप्त विश्वासहीनता की स्थिति की वह चरम सीमा वर्णित है जिसमें कानों पर भी भरोसा नहीं रह गया है। 'गुमशुदा की तलाश' में शहर में घूम रहे अत्याचारियों का वर्णन है जो खुले आम ट्रेन में घूम रहे हैं और शहर में उनका आना-जाना बना हुआ है :

हो सकता है आप से मिलते ही
भौंचक आदमी के चेहरे से
वह मिलता-जुलता हो जाय
हो सकता है डपटकर मिलनेवाले शब्द से
वह घबराया हुआ शब्द हो जाय
सुबह की ट्रेन से हो सकता है
वह आपके शहर में आया हो
खोजते हुए कृपया यह सावधानी बरतें
–वह इतना न डरे कि गूँगा हो जाय।

(घबराये हुए शब्द, पृ. 11)

जगूड़ी की कविता में घबराये हुए शब्द आते हैं और अपने बचाव की बात करते हैं। उन्हें पता नहीं है कि उनका विकल्प खोज लिया गया है या उन्हें सदैव

के लिए मिटा दिया गया है। ऐसा भी हो सकता है कि इन शब्दों के बिना काम चलाया जा रहा हो। समाज में चारों ओर ऐसे शब्द फैले हैं जो समुद्र से भी गहरे हैं परन्तु जो शब्द भाषा की नैतिकता में शामिल नहीं हैं न सुबह के थे न शाम के न रोज के थे। बादल, फेन, पनगोला न ओस की बूँदें। वे ऐसे शब्द थे, जो संगठन के साथ नहीं थे। घबराये हुए थे और अपने बचाव के लिए चिन्तित थे। दरअसल जगूड़ी शब्दों के लिए सूचना दे रहे हैं। टिप्पणी कर रहे हैं कि ज्यों ही वह मिलेगा भाषा में खुद-ब-खुद घंटी बज उठेगी। कविता में सही शब्द का बैठ जाना संयोग से होता है। चमत्कार से होता है। जब सही शब्दों का सिलसिला बन जाता है तो कवि अपने आप बड़ा हो जाता है। कबीर का सुखिया सब संसार है और तुलसी का कंकण किंकिणी नूपुर धुनि सुनि दोनों में सही शब्द का रचनात्मक आगम-निर्गम होना हुआ है। दुःखी को सुखी कहना, खाने और रोने से जोड़ना अपने आप में निर्गुण दर्शन है। इसी तरह एक दूसरा प्रसंग ईश्वर से जुड़ी 'प्रार्थना' कविता में है। शायद बिना गीत-संगीत और लय की सरस्वती वन्दना के बाद यह दूसरी वन्दना लिखी गयी है। निराला अपनी वन्दना में देश की आजादी की बात करते हैं। अज्ञान या विद्या को दूर करने के लिए कोई अनुनय नहीं करते। जगूड़ी 'प्रार्थना' कविता में फलों को सम्बोधित करते हैं। उनका कहना है कि जब तुम्हें महँगा बेचा जाने लगे तो तुम अपना अस्तित्व खतम कर दो। इतना खराब कर दो कि कोई देखते ही अथवा छूते ही तुम्हें लेने की बात छोड़ दे। फल का यहाँ सारगर्भित प्रयोग है। पूंजी और अर्थ-व्यवस्था पर प्रहार है। छोटी सी कविता में भावों की व्यंजना मुखर है : 'फलो! जब तुम महँगे बेचे जाओ/ तो तुरन्त सड़ जाया करो/ छूते ही या देखते ही।'

इस संग्रह में जगूड़ी ने कई छोटी परन्तु छोटी नहीं कवितायें एक साथ रखी हैं। शीर्षक से ही स्पष्ट है कि 'शब्द घबराये हुए हैं' और घबराये शब्द कवि के पास आने में सहमते हैं। 'आश्वासन' नामक कविता में ईश्वर से प्रार्थना की गयी है। हे ईश्वर! तू इस संसार में जरूर रहेगा किन्तु मेरे डर से तुम्हारा होना जुड़ा होगा। मैं डर कर तुझे अमरत्व प्रदान करता रहूँगा। साल के 365 में से दस दिन मनुष्य के हैं शेष सब तेरे हैं। मुझे यह भी सिखाया गया था कि प्रत्येक मनुष्य के हृदय में तुम्हारा निवास है। यदि तुम प्रत्येक हृदय में रहते हो तो सभी मनुष्य डरे हुए क्यों हैं? कोई निश्चिन्त क्यों नहीं है। सबके अपने प्राणों का खतरा बना हुआ है। यह सच है कि इस दुनिया में मनुष्य का जीवन आशंकाओं से भर गया है। जो आज है कल रहेगा ही, कोई 'आश्वासन' नहीं। लेकिन आज का बुद्धिजीवी भी ईश्वर की आराधना करेगा इस भय से मुक्त होने के लिए कि

उसके प्राण संकट में हैं और ईश्वर ही उसे बचा सकता है, अर्थात् ईश्वर की पूरी कल्पना भयभीत मनुष्य की शरणस्थली है।

जगूड़ी अपने तर्कों के कारण एक समर्थ कवि हैं। तर्कशीलता के कारण मार्क्सवादी इलाके में पहचान बनाये हुए हैं। छोटी-छोटी कविताओं के कारण यह संग्रह विशेष रूप से उल्लेखनीय है। सबसे छोटी कविता है 'से'। तीन छोटी पंक्तियों की यह कविता 'से' से अर्थवान हुई है। बच्चा सोता है/ हिलाने से/ राजा जागता है। बस इतनी ही बातें हैं कविता में परन्तु कवि को राजा और बच्चे के सोने और जागने में तालमेल भी बैठाना है और सोना, जागना जैसी विरोधी क्रियाएँ भी दर्शानी हैं। कंधे पर या गोद में हिलाते हुए बच्चे को माँ सुलाती है। राजा या शासक को प्रजा हिलाकर झकझोर कर चीख-पुकारकर, कर्त्तव्यबोध के लिए प्रेरित करती है। अज्ञेय की 'सोन मछली' कविता की जीवन-दृष्टि इस कविता में भी मुखर है। 'सम्बन्ध' कविता में जगूड़ी सम्बन्धों के खोखलेपन की बात करते हैं। काम से अवसर पर सम्बन्ध जुड़ता है और अवसर या स्वार्थ पूरा होते ही सम्बन्ध समाप्त हो जाता है या कर दिया जाता है। पेड़ों ने आकाश को अपनाया। चिड़ियों ने ऊँचे पेड़ों और आकाश दोनों को अपनाया। ठहरने और उड़ने के लिए लेकिन अपनाव का स्तर और भाव कैसा है? चिड़ियों का बसेरा बदलता रहता है। उसी बसेरे के साथ आकाश भी क्या। बहुत कुछ वैसे ही जैसे ट्रेन पकड़ने और ट्रेन से उतरते समय स्टेशन की अहमियत होती है और उसके बाद उसे कौन पूछता है? स्वार्थपरता और अवसरवादिता के लिए 'स्टेशन' से बढ़कर और क्या उदाहरण हो सकता है। स्टेशन का चित्रण करके जगूड़ी प्लेटफार्म पर उतर आते हैं। 'अ-दृश्य' कविता में। अभी ट्रेन आने में विलम्ब है। उसके आने की सूचना की प्रतीक्षा करके थकता मुसाफिर लेट गया है :

कुछ मुसाफ़िर लेटे हैं शरीर में
जैसे आत्मा अपने जूते छोड़कर चली गयी हो
जिस तरह पैर जूते में
उसी तरह पड़ी है यह आत्मा शरीर में
न जिसे भीगने से, तपने से
न जिसे छीजने से, ढहने से
और न जिसे समय से बचा सकता हूँ

(घबराये हुए शब्द, पृ. 63)

जूते और शरीर का उपमान चौंकाने वाला नहीं, सारगर्भित है। आत्मा वही है जिसके लिए गीता में उपदेश दिया गया है। 'हद' कविता का कवि इसलिए आहत है कि कोई उसकी बात का यकीन नहीं करता। शपथ खाने पर भी लोग बयान को झूठा और संदिग्ध मानते हैं। कानून और अपराधी दोनों को यकीन नहीं है। मौत की 'हद' तक पहुँचने के बाद भी अपने को निर्दोष बताना कठिन है। 'हैसियत' कविता का दर्द भी कम नहीं है। जीवन से ऊबकर, घबराकर, थक कर काव्यनायक ने मौत को तीन चार प्यारे-प्यारे नामों से पुकारा। मगर वह नहीं आई। अचानक मौत ने जिन्दगी को पुकारा तीन-चार प्यारे-प्यारे नामों से और पुकारते ही लाशों का अंबार खड़ा हो गया था। कहने का तात्पर्य यह है कि पुकारने पर मौत नहीं आती। मौत की पुकार पर ज़िन्दगी थोक भाव में नष्ट हो जाती है। यही आदमी की हैसियत है :

उसने तीन-चार प्यारे-प्यारे नामों से
मौत को पुकारा
मगर मौत नहीं आयी
उसके बाद अचानक मौत ने
ज़िन्दगी को
तीन-चार प्यारे-प्यारे नामों से पुकारा
बस इतने में वहाँ
हज़ारों लाशें बिछ चुकी थीं।

(घबराए हुये शब्द, पृ. 16)

जीवन और मृत्यु के बीच मरते हुए जीने वाले मनुष्यों के लिए जगूड़ी के मन में अपार जगह है। वे रोज़मर्रा की जरूरत की चीजों के लिए लालायित लोगों को देखते हैं। एक छोटी कविता है 'तो'। इसमें सोना नहीं मिलने की खबर कवि को तनिक भी प्रभावित नहीं करती क्योंकि सोना उसके जरूरत की या उपयोग की वस्तुओं में था ही नहीं। जिस वर्ग का वह प्रतिनिधित्व करता है वहाँ नमक सोने से ज्यादा कीमती है। नमक न मिलने पर वह रो सकता है क्योंकि उसे रोटी सूखी खानी पड़ेगी। इस कविता के सोना और नमक दोनों प्रतीक हैं –वर्ग विशेष के। एक वर्ग को सोने के न मिलने पर चिन्ता होती है जबकि एक गरीब वर्ग नमक न मिलने पर रो पड़ता है। आजादी के बाद का यह वह समाज है जिसमें समानता के सारे फार्मूले विफल हो रहे हैं। सम्भवतः इसी कारण हर एक व्यक्ति अकेलापन महसूस कर रहा है। जब जीवित रखने वाली वस्तुओं की उपस्थिति नगण्य हो तब

कौन किसी की सहायता करेगा? कौन किसका साथ देगा? सब अकेले-अकेले अपने जीवन के रास्ते पर संघर्ष करते चल रहे हैं।

'अकेला' कविता में कवि एक महीने के तीस दिन, एक सप्ताह के सात दिन, एक महीने के चार सप्ताह, एक साल के बारह महीने और छः ऋतुओं तथा अनेक वर्षों में आदमी को केवल अकेला मानता है। अकेले आदमी को जीवन के बहुत से काम पूरे करने हैं। अकेलेपन की नियति समकालीन कविता का प्रमुख स्वर रहा है। समाज में लोग काफिले बनाकर चलते हैं परन्तु काफिलों के बीच में आदमी बिल्कुल ही अकेला होता है। कई बार उसका मन भी साथ नहीं देता। इसी तरह 'झटका' कविता को लें। आदमी का अकेलापन ही उसका सबसे अच्छा मित्र है। कवि बाल के बराबर ताकत को महत्त्वपूर्ण मानता है–घोड़े के बाल बराबर भी ताकत बहुत है। जैसे एक ब्रश बहुत कुछ साफ कर देता है। आज के आदमी को आदमी की ताकत नहीं विटामिन 'सी' की ताकत चाहिए। आदमी को प्यार नहीं टॉनिक का बल चाहिए। उसे जरूरत है तुरन्त के फायदे की। फायदा देने वाले लोगों की। कोरे सम्बन्धों की नहीं। क्योंकि उसका आत्मबल दुर्बल है। कमजोर है। उसमें धैर्य का अभाव है। प्रतीक्षा उससे हो नहीं सकती। जगूड़ी की कविता में मनुष्य स्वार्थी है। तुरन्त के लाभ के लिए सम्बन्ध बनाता-बिगाड़ता है। उसकी खुशी क्षणिक है। 'एक अहम बात' कविता में कवि खुशी को अपनी जेब में पाता है। जब चाहे छू ले, देख ले, खर्च कर डाले मगर खुशी का यह समय बहुत छोटा होगा, केवल उतनी ही देर के लिए जितनी देर तक तितली फूल पर बैठती है और उड़ जाती है। खुशी का क्षण चाहे जितना छोटा हो वह भी 'एक अहम बात' है। यहाँ क्षणवादी जीवनदृष्टि एवं अस्तित्ववादी दर्शन का प्रभाव दिखाई देता है। 'विरोधी' कविता का कवि इस बात से सहमत नहीं है कि जो लोग साथ-साथ रहते हैं वे एक अच्छे दोस्त हो सकते हैं। एक ही ऊँचाई पर रहने वाले जैसे बादल, इन्द्र धनुष और ओले, हिरन और चीता सभी अलग-अलग हैं। एक ही चेहरे पर चुम्बन और घूसा दोनों पड़ते हैं। सवाल एक स्थान का नहीं है। एक स्थान पर रह कर सौमनस्य बनाने का है।

'घबराये हुए शब्द' संग्रह में छोटी कविताओं के अतिरिक्त कुछ मध्यम और कुछ बड़े आकार की भी कवितायें हैं। 'डुग-डुगी' ऐसी ही कविता है जिसमें वस्तुओं की भाँति लोगों के बिकने की बात कही गयी है। कवि का व्यंग्य मुखर है। जिन्दगी सिर्फ अपनी बोली लगाने का मौका देती है। वे लोग जो मूल्यों को बेचकर जीते हैं क्या उनका चेहरा देखा जा सकता है। क्या उन्हें नाम से जाना

जा सकता है। इस दुनिया में कितने लोग हैं जिन्हें अपने काम से जाना जा सकता है? :

कानून का कहना है कि–
जब किसी को उसके काम से जानता हूँ
तब वारंट बन जाता हूँ
लेकिन जब नाम से जानता हूँ
तब काम को भूल जाता हूँ
मेरा इसी में बन जाता है
यहाँ कितने लोग हैं जो इस कानून को जानते हों
या पहचानते और पसन्द करते हों मगर बताते न हों ?
जो बिक चुके वे हैरान हैं तो सिर्फ़ इसलिए
कि हाथ अपनी क़ीमत तक न लगी।

(घबराये हुए शब्द, पृ. 42)

कम कीमत पर बिकने और पछताने वाला मनुष्य आज की कविता का मुख्य नायक बना है। ईमान, धर्म, कर्म सब कुछ पैसों के ढेर में भहरा गया है। आदमी और आदमीयत के बिकने-खरीदने का दर्द जगूड़ी के भीतर कुण्डली मारकर बैठ गया है। इसीलिए 'जरूरत है' कविता में कवि ऐसी ताकत की बात करता है जिसे लेकर कमजोर से कमजोर आदमी भी जीत जाय। कवि को ऐसी ताकत की जरूरत है जो बैंक के एकाउण्ट और घर के फर्नीचर से तय न होती हो, जिसमें ठण्डे चूल्हे जलाने की ताकत हो, कुरूप की अच्छाई तथा सुन्दर लोगों की कुरूपता सामने लाने की क्षमता हो। ऐसी ताकत वाले कहीं मिल जायें तो सम्पर्क करें। कुछ ऐसी ही क्षमता और आसक्ति की बात 'प्यार में' कविता में दुहराई गयी है कि एक दिन में किसी व्यक्ति की आत्मा कितनी बार मरती है कितनी बार उसमें सज्जनता का और कितनी बार कुत्तेपन का भाव जागता है। कवि इस कठोर सत्य को उद्घाटित करता है कि कुत्ता आदमी की आँखों में नीचता का भाव पढ़ता है। कवि पुनः कहता है कि 'विशद वर्णन करो और बताओ कि तुम्हारी आत्मा में कितनी बार परमात्म तत्त्व जागृत होता है और कितनी बार कुत्तेपन का भाव। स्वयं के भीतर जब कभी इन्सानियत और कुत्तेपन का अनुभव हो तो उसका भी उल्लेख करो।' वह मनुष्य से अपने भीतर के संकुचित दायरे से बाहर निकलने के लिए कहता है। क़ब्र में गड़े मुर्दे की तरह रहने में नहीं, सूरज की तरह बाहर चमकने में जीवन की सार्थकता है। कवि

जानना चाहता है कि आखिर हमको किसने बड़ा किया, माँ-बाप ने, ईश्वर ने या राज्य ने। किसी एक पर निशान लगाओ। अन्त में कवि इस सच को भी सामने करता है कि उसे इन्सानियत से बहुत प्यार है। वह सारे प्रश्न इसलिए पूछ रहा है क्योंकि 'प्यार में प्रत्येक प्रश्न अनिवार्य है' :

जलवायु, आकाश और धरती में से
हमारी भूख, जिज्ञासा और ज़िन्दगी में से
हृदय ने, फेफड़ों ने, मन ने इन्द्रियों के झुण्ड में से
हमको अकेले किसने बड़ा किया?
जान लेने ने या जान देने ने
दिमाग़ ने, यादों ने, परम्परा ने, संस्कृति ने
हथियारों ने, युद्ध ने
मौन ने, भाषा ने
हमारे शरीर में से चीज़ों के मन तक
जान-बूझकर हमको किसने बड़ा किया?
प्यार में प्रत्येक प्रश्न अनिवार्य है।

(घबराये हुए शब्द, पृ. 50)

इस संग्रह में एक लम्बी कविता है 'जूते और चेहरे की बातचीत'। रोचक ढंग से दोनों की बातचीत के माध्यम से समाज में व्याप्त विसंगतियों का जिक्र किया गया है। दोनों अपने-अपने पक्ष में तर्क देते हैं। चेहरे के पास तर्क है कि मेरे पास कान हैं, आँखें हैं, दुनिया में सबसे वाचाल, सबसे अच्छी और रसीली जीभ है, मुँह है। मैं स्वयं चेहरा हूँ। जूते तो केवल मोहरा हैं, मरी हुई खाल की एक निर्जीव आकृति हैं जो दूसरों के पैरों से गति पकड़ते हैं। समाज में मेरी अलग पहचान है। मुझे छिपाया जाता है, बेनकाब किया जाता है। मेरा असली और नकली दोनों रूप समाज में स्वीकृत है। जूते के पास भी अपना तर्क है। अनाड़ी से अनाड़ी पैरों की नाड़ी मुझमें धड़कती है। भले ही खाली लगे परन्तु मेरा भी दिमाग है जिसमें पाँच उंगलियों वाला पैर रहता है। चलता कोई और है लेकिन घिसता मैं हूँ, हर उस जीवित की तरह जो बनता और नष्ट होता है। मैं हर रास्ते पर काँटों, पत्थर, शीशे और आग को कुचलते, चुनौती देता चलता हूँ। मैं आदमी की इज्जत बढ़ाता हूँ। मेरा भी एक स्थान है। हाथ में उठा लिया गया तो खैर नहीं। हँसी-मजाक मेरे साथ भी खूब होता है। मैं शुभ अवसरों पर छिपाया जाता हूँ। मैं स्याही से चमकता हूँ जबकि चेहरे पर स्याही पोतने पर वह दिखाई नहीं देता किन्तु कालिख से मेरा श्रृंगार होता

है। इस तरह से जगूड़ी ने जूते और चेहरे के बीच वार्तालाप करके एक बहुत बड़े सच का उद्‌घाटन किया है :

जो चेहरे को सिर्फ़ चेहरे के नाम से जानता है
जो उसी से झेंपता और उसी से दमकता है
उसे भी आड़ में मैं ही ले जाता हूँ
चाहे काँच हों, काँटे हों, कीलें हों, आग हो
हर मोर्चे पर मैं ही काम आता हूँ
कुछ हैं जो चेहरा पेपरवेट के नीचे
और दुनिया मेरे नीचे रखकर चलते हैं
आदमी नंगा हो तभी नहीं बल्कि पैर नंगा हो
तब भी इज़्ज़त उतर जाती है
मेरा भी एक स्थान है
हाथ में उठा लिया गया तो खैर नहीं
वैसे चाहे मसखरी करते हों या सबूत पकड़ते हों
मैं भी छिपाया जाता हूँ

(घबराये हुए शब्द, पृ. 61-62)

जगूड़ी की कविता में प्रकृति और परिवेश दोनों अपने-अपने रंग में आये हैं। 'पहाड़ बूढ़ा' है तो 'नदी छोटी'। 'पेड़ की आजादी' कवि को प्यारी है। 'ठंढ से डरकर' कविता में शिकारियों के हाथ जब बन्दूक तक नहीं पहुँच पाते तो जंगल में चूजे मर जाते हैं। बड़े-बड़े पहलवान ठंढ से काँपकर नहाते नहीं। ठंढ से न्यायाधीश, अपराधी, गुण्डे सभी डरते हैं, पुलिस भी कम दौड़ लगाती है। ड्राइवर इंजन के नीचे बोरा जलाकर अपनी जान बचाता है। बलिया का अध्यापक पहाड़ से ट्रान्सफर माँगता है। आदमी की साँस हवा में जम जाती है अर्थात् ठंढ के प्रभाव से बड़े-बड़े लोग अपना कर्तव्यबोध भूल जाते हैं लेकिन लाला दुखीराम को एक काम मिल जाता है, वे इस ठिठुरती ठंढ में भी स्वेटर का व्यवसाय करके मालामाल हो जाते हैं। पूँजीपतियों की झोली पर इस भीषण ठंढ का प्रभाव नहीं पड़ने पाता। 'एक पूरी ऋतु' कविता में कवि ने उन पेड़ों की ओर हमारा ध्यान खींचा है जो सौ फीट तक छाया, हजार फीट तक हरियाली, फेफड़ों तक हवा और कोसों तक वसन्त देते हैं लेकिन इन पेड़ों को सींचने वाला कोई नहीं है। इन्हें एक पूरी ऋतु चाहिए। प्यासी ऋतु नहीं बल्कि पानी की एक पूरी ऋतु। 'पृथ्वी का स्वागत' करते जगूड़ी उसकी समूची गरिमा और महिमा से हमें परिचित कराते हैं :

मुख से ज्वालामुखी, दिल से अँधेरी
कोख से उपजाऊ, देह से बियाबान
अपने ही कम्प से बार-बार हिली हुई
आकाश जिसकी हर गली में मुड़ता है
और उसी के सहारे घबराते, चौंकते, जीतते-हारते लोग
एक से दूसरे कोने में
एक से दूसरे सिरे तक
आते-जाते हैं

(घबराये हुए शब्द, पृ. 54-55)

पृथ्वी रत्नगर्भा है। लोग परेशान हैं कि इसके पास कितना सोना है। कितने हीरे इसका हृदय काटते रहते हैं। घर, गाँव, मदरसे, पुस्तकालय, विधान भवन और धन-दौलत की खानें, पशु-पक्षी, पेड़ और बगीचे सब हमारे हैं। हम सबका उपयोग करते हैं। इसे न भूख है न प्यास। जो बार-बार खोदी, बोई और काटी जा रही है। यह न खुश है न उदास। शान्त मन से चलती चली जा रही है। ऐसी पृथ्वी का कवि स्वागत करता है। 'पेड़ की आजादी' कविता में जगूड़ी पेड़ से वार्तालाप करते हैं। वे उससे पूछते हैं कि तुम पत्ते चाहते हो या फूल या सीधे फल? तना चाहते हो टहनियाँ या सिर्फ जड़ें या कुछ भी नहीं, केवल जमीन चाहते हो? पेड़ ने कहा मुझे यह सब कुछ नहीं चाहिये। पत्तों से शरीर का बोझ बढ़ता है। फूल फल सब मेरे लिए आफत हैं। तना और टहनियाँ सब काटे जाते हैं। जमीन की जरूरत मुझे नहीं बीज को पड़ती है। कवि ने पूछा यदि तुमको कुछ नहीं चाहिए तो पेड़ के रूप में तुम्हारा अस्तित्व कैसे रहेगा? अपने को बचाये-बनाये रखने के लिए तुम्हें कुछ तो चुनना होगा। पेड़ ने कहा आप मुझे कुछ दे रहे हैं या मुझसे कुछ ले रहे हैं। मैं ऐसी चीजों में रहना चाहता हूँ जो कभी पैदा नहीं होतीं। ऐसा करके मैं मौसम की चोट से बचा रहूँगा। दुनिया के अन्य लोगों की तरह मेरे भीतर भी अतृप्तियाँ फलेंगी। तुम मुझे जो देते हो वे सारे विकल्प मुझमें हैं। कुछ लेकर आप मुझे जो स्वतन्त्रता देंगे उससे उतना ही मैं अधूरा होता जाऊँगा। कवि ने पुनः कहा हम तुम्हें पेड़ होने का उदाहरण बनाना चाहते हैं। तुम्हारी उपयोगिता बढ़ाना चाहते हैं। पेड़ ने कहा परन्तु मैं उस रास्ते का मुसाफिर हूँ जो एक जगह खड़े होकर बढ़ जाता है। ऐसा मुसाफिर कि जिसका ब्याह चिड़ियाँ एक जंगल से दूसरे जंगल के साथ करा देती हैं। बीट के माध्यम से। पेड़ बनने की प्रक्रिया में न तना बनना आसान है,

न टहनियाँ, न फूल, न फल, न पत्ता बनना सरल है और न ही अपनी जड़ों के लिए जमीन को पटाना आसान है। कविता के अन्त में जगूड़ी अपने मन में छिपे हुए द्वन्द्व को खुलकर सामने रख देते हैं : सवाल केवल पेड़ होने का नहीं वह तो एक नाम है जैसे कि आजादी नाम में क्या रखा है? पेड़ प्रत्युत्तर देता है आखिर मैं एक पेड़ हूँ आपकी विचारधारा नहीं जो बदल जाती है। मेरी भी एक व्यवस्था है, एक संगठन है। क्या आपका कोई संगठन है? क्या आप अपनी अर्थव्यवस्था को मुक्त कर सकते हो? अपने संगठन को आजादी दे सकते हो? इस तरह से पेड़ की स्थिति जगूड़ी ने मनुष्य की स्थिति से बेहतर बतायी है। मनुष्य को उनसे संगठन हेतु सीख लेनी चाहिए।

'छोटी-नदी' में जगूड़ी ने बूढ़े पहाड़ से निकलने वाली नदी की धारा की पचास शाखाओं की चर्चा की है जिनसे कवि का परिचय है, जो कवि को पहचानती हैं। बड़ी और छोटी नदी का फर्क यह है कि बड़ी नदी में लोग पर्व पर नहाते हैं। पूजा-आचमन करते हैं जबकि छोटी नदी से खेत सींचा जाता है। जीवन भी सिंचता है। नदी का मानवीकरण करते हुए जगूड़ी अनुभव करते हैं कि 'नदी और मैंने जीवन में कठोर श्रम किया है। मैंने यदि जूते घिसे हैं तो नदी ने पत्थर। दोनों जिन्दगी की रेत में जीते रहे।' फिर भी स्मृतियों में नदी आज भी जीवित है। चैत, वैशाख के घाम में वह पिघलती बर्फ से अचानक बड़ी हो जाती है जैसे कोई छोटी लड़की अपने नये झगुले में बड़ी दिखती हो। नदी को याद करके कवि ने लिखा है :

पत्थरों की कोख से टपकती वह बाँझ की बेटी
जो रत्ती-भर भी बिना बने नहीं रहती
दो बूँद बनने पर जो बहने लगती है
आगे चलकर जिसमें मैं खूब नहाया हूँ
ओ बूढ़े समुद्र! तुम्हारे घर में एक मेरी नहाई हुई नदी है
जिसके किनारे
बिना बादलों की मेरी अनेक सुबहें हुई हैं

x x x

पहाड़ अगर पिता है तो उसकी बड़ी बेटियाँ
सारे मुल्क के साथ ब्याह दी गयी हैं
जबकि छोटी बेटियों का रास्ता
पिता के चेहरे की एक-एक झुर्री से होकर है

(घबराये हुए शब्द, पृ. 67-68)

'क्या किसी को फुर्सत है?' कविता में कवि अनुभव करता है कि जीवन की व्यस्तता के बीच लोगों का फूलों के प्रति और स्वयं अपने प्रति भी लगाव कम होता जा रहा है। वह इस बात से चिन्तित है कि आज का मनुष्य न अपने प्रति ईमानदार है न प्रकृति के प्रति। क्या कारण है कि वह दोनों से उदासीन है। कवि को यह पीड़ा सताती है कि क्या आज कोई व्यक्ति फूलों की मुस्कान देखता है।

कवि का अपनी कविता के बारे में यह वक्तव्य कोरी बयानबाजी नहीं है बल्कि संग्रह की कवितायें इसका सबूत हैं। 'लड़ाई' कविता में कवि बच्चों के लिए अधिक चिन्तित है जो देश के भविष्य हैं। बच्चों के लिए गड्ढे खोदे जाते हैं जैसे हम पेड़ लगाने के लिए खोदते हैं। कवि ऐसे लोगों को भी जानता है जो बूट पहनते हैं। वे एक बार मरे हुए जानवरों को याद नहीं करते जबकि बन्दूक उन्हें हमेशा याद रहती है। उनके लिए प्रत्येक घर एक खंदक है और जमीन क़ब्रगाह। इसीलिए वह कविता के बारे में अपना बयान देता है। यह बयान उसका अपना है जिसमें खास नहीं आम आदमी की बात कवि करता है। ये आम लोग ही कवि के अपने हैं। मुक्तिबोध भी आम लोगों को 'मेरे लोग' मानते हैं। उन्होंने भी केवल शोषण को सबसे बड़ी समस्या माना था। उसी का समाधान वे खोजना भी चाहते थे। उनका सपना था कि मेरे सभी लोग सुखी, सुन्दर और शोषण मुक्त कब होंगे? जगूड़ी भी हर उस आदमी का बयान कहते हैं जो बन्दूकों के गोदाम से अनाज की ख़्वाहिश रखता है :

मेरी कविता
हर उस आँख की दरख़्वास्त है
जिसमें आँसू हैं
ये जो हरी घास के टीले हैं
ये जो दरवाजों से सटे हुए
हवा के झोंके हैं
ये अब थोड़े दिनों की दास्तान हैं।

(घबराये हुए शब्द, पृ. 36-37)

ऐसी दास्तान जिसके पास शब्द घबराये हुए आते हैं, कुछ कहते हैं और कुछ अनकही रहने देते हैं–अगली कविता के लिए, जिनकी परिणति अगले संग्रह में हुई है।

भय भी शक्ति देता है

लीलाधर जगूड़ी का यह सातवाँ कविता-संग्रह है जिसका प्रकाशन राजकमल,

नयी दिल्ली से हुआ है। सन् 1991 एवं 1994 में क्रमशः इसके दो संस्करण आये। इस संग्रह में कोई भूमिका नहीं है। समर्पण है जो पृष्ठभूमि का भी काम करता है। 'पिता पंडित कमला प्रसाद जगूड़ी को जिनके कारण इस दुनिया में होने का भाग्य मिला। बचपन में मरने से बचा और जिनसे जाना कि संसार से सच्ची विरक्ति असम्भव है।' इस संग्रह की उनहत्तर कविताएँ छः उप-शीर्षकों में विभाजित हैं। 'बुरे वक़्त की कविता', 'मन्दिर लेन', 'उन दिनों की कथा', 'दूसरे शरीर की खोज', अन्तरराष्ट्रीय बाज़ार' और 'हाथी और पहाड़'। इन कविताओं में जीवन का वैविध्य है। यहाँ केवल सत्ता एवं व्यवस्था का विरोध ही नहीं है अपितु समूची सामाजिक, आर्थिक और सांस्कृतिक घटनाओं पर भी कवि की दृष्टि गयी है। इस संग्रह की कविताओं के विषय में जगूड़ी ने लिखा है 'संग्रह की कविताएँ पचास तरह से पिटे हुए मन की कविताएँ हैं। हत्या और आतंक से भरे हुए समय और समाज में मनुष्य की संवेदना को बचाने की जद्दोजहद में इन कविताओं का अनुभव पैदा हुआ है। हर जगह एक भयंकर क्षति की शुरुआत होती है। विपत्ति और क्षति में जो भौचक्कापन होता है (जो वाल्ट डिजनी की कार्टून फिल्मों के चरित्रों में अक्सर दिखता है) उसे पता नहीं आप क्या कहेंगे, कम से कम उसे धैर्य, संयम और संयत आचरण कहना उस भाव के अनुरूप नहीं होगा। उस भौचक्केपन में घबराहट के साथ-साथ कुछ कर गुजरने का साहस भी एक साथ फूटता हुआ दिखाई देता है। इसी को मैं कहता हूँ कि भय भी शक्ति देता है।'[33]

इस संग्रह में छोटी और बड़ी दोनों आकार वाली कविताएँ हैं। 'बुरे वक़्त की कविता' शीर्षक खण्ड में 'अब इतने दिनों बाद', 'बयासी का वसन्त', 'गिरी हुई चीज़', 'हत्यारा', 'अवदान', 'जितना मुझे मालूम था', 'परिवारवाही', 'रोज़ एक कम', 'मरने से पहले' और 'एक डरी हुई आत्मा' शीर्षक कविताएँ हैं। 'बुरे वक़्त की कविता' में जगूड़ी ने 'अच्छी कविता मैं तुम तक नहीं पहुँच सकता' लिखकर समाज के निर्मम यथार्थ की अभिव्यक्ति के माध्यम से कवि-कर्म की विवशता दिखाई है। यहाँ अभाव, महँगाई, चिंता सब कुछ है। 'चक्कर आना', 'नीला-पीला दिखना', 'खून तक नहीं दिखता है लाल', 'रात मुझे नींद के बाहर खड़ा कर देती है' और 'परिवार की सारी गरदनें कटी हुई दिखती हैं' जैसे मुहावरे प्रयुक्त हैं। मुहावरेदार ये पंक्तियाँ कवि-जीवन की लाचारी और बेबसी को दर्शाती हैं। कवि सोचने लगता है कि इन सच्चाइयों का वर्णन करने वाली कविता लिखकर कलावादी सोच का विरोध करूँ? उसका प्रश्न परिस्थितियों से सीधे-सीधे नहीं अपितु कविता के माध्यम से है :

अच्छी कविता क्या-क्या चीज़ें तुम्हें वाक़ई पसंद हैं
मात्र कुछ घटनाएँ या सिर्फ़ कुछ वाक्य या केवल शब्द ही
मैं तुम्हारे बारे में बहुत नहीं सोच सकता
मुझे दवाओं के पैसे चुकाने हैं दूध का हिसाब करना है
क्या तुम्हें ज़िंदा और स्वस्थ और फ़क़त कामयाब
आदमी ही पसन्द हैं
बीमारी और उधारी से घिरे हुए लोग नहीं
जो दुःस्वप्नों में भी शब्दों को संगठित करते हैं

(भय भी शक्ति देता है, पृ. 11-12)

'जितना मुझे मालूम था' कविता में लूट, मार, क़त्ल और बलात्कार के साथ रेडियो पर जोरों से बज रहा गाना है जिसमें सारी चीखें-पुकारें दब गयी हैं। इस खण्ड की कविताओं में परिवार को बचाने की चिंता, सम्बन्धों का खोखलापन और अनिष्टों से भरे जंगल हैं। 'मन्दिर लेन' की चर्चा लम्बी कविताओं में की गयी है। 'उन दिनों की कथा' में भी 'पहले कहीं कोई काम तो पा जाऊँ' कहकर जीवन की विवशता का चित्रण है। 'घर के डर में' आदमियों से डरने का उल्लेख है। जंगल एवं जंगली जानवरों से नहीं। 'एक दिन सुबह-सुबह' कविता में दर्शनशास्त्र से एम.ए. पास भिखारी का दैन्य है जो कवि को मित्रों से सावधान करता है और यह भी बताता है कि जीवन अनिश्चित है। निश्चित तो केवल मृत्यु है। कवि ठिठक जाता है और सोचने लगता है कि मुझे 'जाना था इक्कीसवीं सदी की ओर मैं मुड़कर कहाँ चला आया'? 'सपने में पाठ्य पुस्तक' कविता में बच्चों के सपनों के माध्यम से युग बोध की कई दशायें वर्णित हैं। 'धुरी' कविता में मनुष्य की परिभाषा है–'पशुओं में मनुष्य बहुत बड़ा पापी है ख़तरा है आततायी है।'

इस संग्रह की कविताओं में प्रतिक्रियाओं एवं मनःस्थितियों का अनेक प्रकार से प्रस्तुतीकरण है। 'खिलौने' कविता के बच्चे खिलौनों को लात मारकर अपना आक्रोश जताते हैं। 'उसकी खुशी' कविता में कवि की कामना है कि 'फल और रोटियों की कमी न रहे'। 'स्वाद' छोटी कविता है। इसमें स्वाद के माध्यम से अमीरों का जीवन एवं गरीबों का जीवनयापन बताया गया है। 'इक्कीसवीं सदी का एक विज्ञापन' तथा 'अन्तरराष्ट्रीय बाज़ार' शीर्षक कविताएँ भूमण्डलीकरण के प्रभाव, आधुनिक बोध से जनित सोच को सामने करती हैं। 'बयासी का वसन्त' और 'हत्यारा' जैसी कविताएँ नृशंसता की चरम परिणति हैं। खून-

खराबे के शोर से इन कविताओं का ताना-बाना बना है।

संग्रह में कुछ अलग तरह की कविताएँ भी हैं जो मन को उद्विग्न, अशान्त एवं अवसादग्रस्त न करके शान्त होकर विचरने को कहती हैं। ये 'लोकगीत', 'हाथी और पहाड़', 'काखड़', और 'सपने में दादी' शीर्षक कविताएँ हैं। जगूड़ी यह मानते हैं कि लोकगीतों में एक ख़ास तरह की मासूमियत थी जो लगभग ख़त्म हो गयी है। गाँव का परिवेश, खाने-कमाने के साधन, खेती-बाड़ी के तरीके, शादी-ब्याह, यहाँ तक कि प्रेम करने के तरीके भी बदल गये हैं। तीज-त्यौहार सब कुछ बदल गया। 'जब से पानी का नल आया तब से पनघट भी समाप्त हो गया है। नदियाँ बहुत पास होकर भी दूर हो गयी हैं। जीवन में जो ख़ास फक्कड़पन था वह ख़त्म हो गया है। लोकगीत की सारी ज़मीन बदल गयी है'। जगूड़ी अपनी इसी विचारधारा को 'लोकगीत' कविता में लिखते हैं :

एक ही झकोले में फेंक गए धीमे और मंद जीवन के शिकार
हज़ारों – हज़ार लोग
कभी-कभी एक गमछे से झाड़ी-पोंछी अपनी ज़िंदगी में
पैदा कर ओढ़ते-बिछाते हैं एक गाना
जिसका सिरहाना-पैंताना पता नहीं चलता
लोकगीत तो क्या उसका आख़िरी खिकोला भी नहीं बचा पाये हम
जिस तरह लोकगीत एक गाना बनकर मरा
ग़नीमत है उस तरह नहीं मरा वह धीमा और मन्द जीवन

(भय भी शक्ति देता है, पृ. 114-115)

'सपने में दादी' कविता में भी लोक-जीवन है। कवि कहता है कि अब तो बहुत कुछ बदल गया है। दादी क्यों पुराने जमाने की वस्तुओं और जीवन-शैली को जी रही हैं। बरसों पहले मरी हुई दादी का सपने में पोते के साथ वार्तालाप होता है। सपने में लकड़ियाँ बीनती दादी से पूछता है :

मैंने कहा अब घर में गैस है बिजली है
चीड़ की छेंतियाँ क्यों बटोर रही हो
इनका कसैला धुआँ साँसों को कड़वा फेफड़ों को ख़राब कर देगा
चेहरे को मैला और कपड़ों को धुमैला कर देगा

x x x

दादा कैसे हैं मैं पूछता हूँ दादी से
–तुम्हारा दादा चाँदनी रातों में पहाड़ पर भूग बोता है

रात-भर अगोले गढ़ता और अगछेनियाँ बीनता है।

x x x

–दादी ! तुम्हारी वे फ्योंली-जैसी परियाँ कैसी हैं?
–उन्हीं के लिए तो लकड़ियाँ बीन रही हूँ

(भय भी शक्ति देता है, पृ. 133)

इस संग्रह की कविताओं का वैविध्य भरा संसार अत्यधिक रोचक है। यहाँ भय डराकर पीछे करने वाला नहीं बल्कि आगे बढ़कर जूझने वाला है। हर कविता का कथ्य और बनावट अलग है। ये कविताएँ भयभीत करने वाली नहीं बल्कि भय के विरुद्ध तनकर खड़े होने के लिए प्रेरित करती हैं। संग्रह की बहुत सी कविताएँ अर्थतन्त्र की आधुनिकता, शहरीकरण, बाजारीकरण और भूमण्डलीकरण की सूचना देती हैं, जबकि ये सभी तब चर्चित नहीं हुए थे। 'पनघट पर भगीरथ' कविता में गाँव की आदतें नगर में आकर 'लानत बरपाती हैं'। नगर में बसने आये गाँव के भगीरथ को शहर में कसोरे में उगाया गया पीपल और रंगीन प्याले में चीड़ दिखते हैं। उसे अपना गाँव याद आता है :

याद आता है उसे पनघट पर मिलन का गीत
फटे हुए नल सी छरछराती हैं देहाती यादें
झुग्गी में गाता है भगीरथ सुना हुआ गाना
–पिय तुम पनघट पर आना।

(भय भी शक्ति देता है, पृ. 121)

अनुभव के आकाश में चाँद

लीलाधर जगूड़ी का साहित्य अकादमी पुरस्कार से अलंकृत कविता संग्रह 'अनुभव के आकाश में चाँद' का प्रथम संस्करण 1994 में तथा दूसरा संस्करण 2003 में आया। यह संग्रह तीन महत्त्वपूर्ण समकालीन कवियों को समर्पित है : अरुण कमल, राजेश जोशी और वीरेन डंगवाल। ये सभी कविताएँ उनकी उत्तम कविताएँ हैं किन्तु चुनी हुई कविताएँ नहीं हैं। उनके रचनाकाल के उत्कर्ष के पड़ाव की कविताएँ हैं। इनमें पर्याप्त खुलापन एवं विस्तार है और रचनात्मकता की ऊँचाई है। कवि यह मानता है कि 'यह आकाश यहाँ ऊँचाई के साथ-साथ गहराई की ओर भी संकेत करता है। मैंने कविता में कितनी एकरसता फैलाई है, इस पर दूसरे लोग ही निर्णय दे सकते हैं।'[34] इसमें चौहत्तर कविताएँ इन शीर्षकों में हैं 'एक दिन में करोड़ों बरस', 'इतिहास से भी पहले', 'कई बार',

'इस जीवन में', 'यह भी एक युग है', 'कोई नहीं जानता', 'बाज़ार में', 'वसन्त आया', 'ख़बरें', 'गुंडा समय', 'यही कहने आया था मैं', 'न होने का होना', 'फिर वही शून्य', 'सुबह का फ़ोटू', 'दिल्ली में हैं तो क्या हुआ', 'पहले और बाद में', 'कुछ शिखर', 'समय के संस्थान में मौसम', 'पहले एक चाँद ज़रूरी है', 'मेरी प्रजाति की नग्नता', 'तुम रोबो नहीं हो', 'कमी की इतनी पहचान', 'महँगाई का अगीत', 'धनुषकोटि हिमालय', 'प्रारब्ध', 'पाषाणकालीन भतीजा', 'याद की याद', 'विराट चिड़िया', 'चुल्लू की आत्मकथा', 'शाश्वत आकाश','नरक', 'विरुद्ध','कविता नहीं है यह', 'ईश्वर का प्रश्न', 'ऑपरेशन टेबुल पर दुनिया की याद', 'अस्पताल में', 'लाखों साल पीछे : हज़ारों साल आगे', 'वैसी सुरक्षा', 'मूर्ति और मूर्त्त', 'कूड़मग़ज़ धरती', 'जो समय है', 'भाव एक : ताव चार', 'फ़ोटू में आत्मा', 'धन्यवाद', 'आख़िरी के आख़िर में', 'कोई एक जीवित है','विद्या दो','कितनी आग है चारों ओर','वैसा जो घर','अपनी कविता में समय','स्त्री और पुरुष','वह शतरूपा', 'तितली की प्रतीक्षा', 'इस दुनिया में आने के लिए', 'प्रेम व्यापार', 'फिर दिखेंगी', 'हम नहीं', 'तितलियाँ', 'तुम अब स्मृति हो', 'एक प्रतीकहीन कविता', 'छिपाने के लिए कोई तारा', 'उपभोग का गीत', 'प्रकृति है इसमें मुक़ाबले के लिए', 'मरने का खेल', 'सिल्ला और चिल्ला गाँव', 'हम जायेंगे', 'मुस-भेखड़ा', 'मेरे अन्तस्तल में', 'बीज', 'नहीं चाहिए', 'अनुभव के आकाश में चाँद', 'बुराइयों से घिरे समय में', 'बचपन की बरसात' और अन्तिम कविता है 'मैं खुद को'। संग्रह की इन कविताओं में विषय एवं बनावट की दृष्टि से एकरूपता नहीं है। मानव-जीवन के, मानव-मन के, प्रकृति के तथा मानव-प्रकृति के अनेक उद्‌गार हैं। जैसे इस संग्रह में एक कविता है 'तितली की प्रतीक्षा'। इसमें कवि ने हाथ के तोते और मन के घोड़े के माध्यम से मनोभावों की सार्थक अभिव्यक्ति की है :

मेरे तोते मेरे हाथों से दूर
मेरे घोड़े मेरे मन से भी दूर चले गये हैं
ऐसे में मुझे एक तितली की प्रतीक्षा है
जिसकी चंचलता थोड़ी देर के लिए ही सही
स्थिर कर दे मुझे मेरी तल्लीनता में।

(अनुभव के आकाश में चाँद, पृ. 103)

तितलियों के प्रतीक्षारत जगूड़ी 'तितलियाँ' कविता लिखते हैं। वे तितलियों को भूतपूर्व फूल कहते हैं जिनके ब्याह नहीं होते न उनकी कोई ससुराल होती

है लेकिन उनसे बहुत सारी तितलियाँ जन्म लेती हैं। उनका केवल मायका होता है और वे मायके में ही माँ बन जाती हैं। खुशबू के रेले में एक तितली दूसरी तितली को खोज लेती है। जगूड़ी ने तितली को मात्र तितली नहीं बल्कि उड़ती हुई धरती कहा है। वस्तुतः उन्होंने तितली को एक मुहावरे के रूप में इस्तेमाल किया है उसी प्रकार जैसे 'गोदान' में मालती को तितली कहा गया है। इसी सिलसिले में जगूड़ी की एक कविता है 'फिर दिखेंगी'। इसमें छन्द में डोलती पत्ती फूल के पीछे पहले जन्म लेती है आने वाले फल को ढँकने के लिए। फलों के पकते ही ये पत्तियाँ पीली और उदास दिखने लगती हैं। वस्तुतः यहाँ युवावस्था में प्रवेश करने वाली स्त्री की ओर संकेत है और सम्पूर्ण सर्जनात्मकता का सिलसिला है। बीज से फूल, फूल से फल और फल से पुनः बीज। लेकिन पत्ती सदैव दिखती रहेगी फूल के पीछे। इसी बात को 'विराट चिड़िया' शीर्षक कविता में आगे बढ़ाया गया है। पूरी दुनिया को अपार पंखों वाली चिड़िया के रूप में देखते हुए कहा गया है कि यह बड़ी चिड़िया है जिसकी चोंच में सूरज छिपा है, यह समुद्र पी रही है और ग्रहों को चुग रही है। रात को दिन और दिन को रात से उगते हुए देख रही है :

चोंच में सूरज पकड़े एक पृथ्वी अस्त हो रही है
चोंच में ओस पकड़े एक पृथ्वी उदित हो रही है
सब खिंचे हुए हैं इसकी ओर
कि यह ताक रही है किसकी ओर
यों चारों दिशा में उड़ती चिड़िया
एक कीड़े को देखकर हो रही है विभोर
ढूँढ़ती है किसको करती है किसकी परिक्रमा
सृष्टि की सबसे पुरानी कहानी उदरस्थ किये हुए
समुद्रों तालाबों और नदियों को दिये हुए
घाट-घाट का पानी
मगर सिर्फ़ ओस ही ओस दिखती है भोर के चारों ओर।

(अनुभव के आकाश में चाँद, पृ. 60)

वास्तविकता यह है कि जगूड़ी एक विशेष तरह के रचनात्मक बिखराव के कवि हैं। वे बातों को स्टार्ट करते हैं फिर डिस्टार्ट करते हैं। 'चुल्लू की आत्मकथा' में आत्मा पर ठेस लगने की बात दोहराते हैं। तमाम सुन्दर भाव, फूल-पत्ती और हरियाली की आत्मा उसमें सड़ रही है। कवि निरन्तर यह अनुभव करता है कि

मैं न झील, न ताल, न तलैया, न बादल, न समुद्र में हूँ बल्कि एक गढ़ैया में चुल्लू भर पानी में अपनी आत्मा लिए सड़क के बीचो बीच खड़ा हूँ लेकिन मेरे भीतर आसमान का खुलापन है जिसमें सूरज, सितारे और चाँद चमकते हैं। चील, कौवे और तीतर जिसमें दिखाई देते हैं लेकिन जिसमें से काव्य नायक चुपचाप भाप बनकर बाहर निकलना चाहता है। यहाँ जगूड़ी आम आदमी के मनोबल, उसके चिन्तन का फैलाव और सीमाओं का संकोच द्योतित कर रहे हैं जिसका जीवन सुविधा एवं साधन के अभाव में धीरे-धीरे छीजता और खोता जा रहा है। 'विरुद्ध' कविता में कवि ईश्वर के विरुद्ध लिखना चाहता है लेकिन वह ईश्वर से शक्ति माँग रहा है कविता लिखने के लिए, दूसरों के बारे में नहीं अपने बारे में। कविता की ये पंक्तियाँ बहुत प्रभावित करने वाली हैं जिनमें कवि सबल एवं सक्षम लोगों को समर्थन देता है :

ईश्वर तुम्हारा यह ध्येय भी
सशक्त के पक्ष में ही जाता है
क्योंकि पहले वह इक्के-दुक्के मारता था
अब वह झुंड के झुंड मारेगा
ईश्वर चाहे वह किसी तरीके से हो
मृत्यु नामक तुम्हारा अंतिम न्याय
और मुक्ति नामक मरणोपरांत जीवन
यह न्याय
वह जीवन
दिखायी देता है मुझे बच्चों में

(अनुभव के आकाश में चाँद, पृ. 65)

'कविता नहीं है यह' कविता में कवि बड़ी ईमानदारी से यह स्वीकार करता है कि उसकी कविता, कविता नहीं है बल्कि करोड़ों लोगों की भूख का बयान है। ऐसी भूख का जो आज की नहीं बल्कि पीढ़ियों से चली आ रही है। जिसने मनुष्य के सभी ख़्यालों को भूखा बना दिया है, चारों तरफ अँधेरा और निराशा है। ईश्वर के प्रति आस्था भी धुंधली होती जा रही है। इस संग्रह में ईश्वर को केन्द्र में रखकर कई कविताएँ लिखी गयी हैं। एक बड़ी स्वाभाविक जिज्ञासा एवं वेदना का भाव लिए 'ईश्वर का प्रश्न' कविता का कवि निवेदन करता है कि हे प्रभु! तुम सदियों से यहाँ नहीं हो जबकि तुम्हारी उपस्थिति यहाँ सबसे अधिक आवश्यक थी। यहाँ 'ऑपरेशन टेबुल पर दुनिया की याद' है। दुनिया को अलग-अलग तरीके से जानने, समझने और परखने की चेष्टा की

गयी है। यह दुनिया सामान्य नहीं है बल्कि अनेक अर्थों वाली, आकारों वाली, अनेक स्थानों, संस्थानों, धर्म स्थानों के साथ-साथ आधुनिक संसाधनों से युक्त है। जैसे समुद्र से बाहर एक कदम, क्षितिज के पार एक क्षितिज, उत्तरकाशी का जंगल, गंगोत्री की घाटियों में उड़ता हुआ जहाज, विशाखापत्तनम् का बन्दरगाह तो दिखते ही हैं साथ ही ऑपरेशन थिएटर की खिड़की के उस पार दिखता है पाकड़ का पेड़, अस्पताल, जेल, भीड़ भरा बाज़ार, उसमें आते-जाते लोग जैसे रोगी, अपराधी तथा काम-धन्धों की तलाश में गाँव से शहर में आए हुए सब लोग दिखाई देते हैं। पूरी कविता अनेक भाव बिम्बों को खड़ा करती है :

दुनिया माने हरिजन धर्मांतरण
दुनिया माने हिंदू मुसलमान
दुनिया माने मन्दिर मस्जिद
दुनिया माने धर्म और विचारधाराएँ
दुनिया माने पूरब और पश्चिम
वरना दुनिया माने क्या?
दुनिया माने पेट्रोल, मारुति कार, नयी दिल्ली
दुनिया माने सातवाँ निर्गुट शिखर सम्मेलन?
दुनिया माने शरणार्थी
दुनिया माने तिब्बत और जनगण मन में सिंध
दुनिया माने लक्ष्मीधर मालवीय की जापान से आती हुई चिट्ठी
दुनिया माने पहाड़ समुद्र और रेगिस्तान
ध्वंस और बियाबान
वरना दुनिया माने क्या ?

(अनुभव के आकाश में चाँद, पृ. 71)

'अस्पताल में' कविता तीन खण्डों में लिखी गयी है। इनमें अलग-अलग ढंग से ईश्वर की उपस्थिति तथा चिकित्सकों की भूमिका दिखाई गयी है। कविता के प्रथम खण्ड में, किडनी या गॉलब्लैडर चीरते समय डॉक्टर से कवि प्रश्न करता है कि क्या तुमने ईश्वर को वहाँ उपस्थित पाया? कहीं ऐसा तो नहीं है कि तुम्हारे हाथ में चाकू देखकर वह पलायन कर गया और जाते-जाते जल्दीबाजी में मेरे भीतर अपने आयुध, अपने वस्त्र, आभूषण, धनुष-बाण, पुराने पीताम्बर, भोजपत्र, शंख, चक्र, गदा, पद्म, त्रिशूल या डमरू छोड़ गया? या अभेद कवच कुछ मत्स्याकार कुंडल, लकड़ी, लोहे या सोने के पदत्राण?

कविता के दूसरे खण्ड में कवि का प्रश्न डॉक्टर से पुनः होता है। वह जानना चाहता है कि तुमने तो ईश्वर के ठेकेदारों, संतों, महात्माओं को ही नहीं बल्कि गर्भिणी स्त्रियों, किसानों, मजदूरों, सिपाहियों और कैदियों सबका इलाज किया है। क्या इनमें दिखाई दिया है तुम्हें ईश्वर? क्या मेरे रोग, बीमारियों, सड़-गल रहे अंगों और दिल-दिमाग को देखते समय तुम्हें ईश्वर याद रहता है?

डाक्टर! तुमने संतों नेताओं प्रवक्ताओं गर्भिणियों
किसानों मजदूरों सिपाहियों और क़ैदियों को
चीरा है सिला है संभाला है
अन्तर्तम में हाथ डाले हैं
किसमें दिखायी दिया है तुमको सबसे ज़्यादा ईश्वर?
खून में? दिल में? आँखों में? विलक्षण दिमाग में?
लंबे में नाटे में ईमानदार में पाखंडी में?
तगड़े हाथ-पाँवों में? नाक-नक़्श में?
किसमें दिखायी देता है सबसे ज़्यादा ईश्वर?
अपने नाम की बीमारी फैलाये हुए
हज़ारों साल के ईश्वर को तुमने कैसे देखा?

(अनुभव के आकाश में चाँद, पृ. 73)

कविता के तीसरे भाग में लम्बी बेहोशी और मन की खिन्नता का बोध कराया गया है। यहाँ भाषा का प्रवाह भी कम नहीं है। चमकते दिन को सात घण्टे की लम्बी अँधेरी खोह कहना, नदी में डूबकर बेहोशी के तल से चिपकने के साथ-साथ अभिन्न मित्रों की उपस्थिति भी ध्यान देने योग्य है। कुँवर नारायण का मददगार चेहरा, श्री लाल शुक्ल का ऊर्जस्वित गद्य की तरह प्रवेश, नरेश सक्सेना की बेचैनी और एक शान्त वाक्य से राजेश शर्मा का हँसना कवि के लिए मित्रों से खाली होती दुनिया की बहुमूल्य धरोहर हैं। आज कवि का अशक्त शरीर सहायता माँग रहा है परन्तु उसमें उम्मीदें हैं कल के लिए।

'लाखों साल पीछे : हज़ारों साल आगे' कविता में अतीत की लम्बी परम्परा का संकेत है। इस परम्परा की जड़ें लाखों साल पुरानी हैं और उसकी फुनगियाँ हज़ारों वर्ष आगे बढ़कर भविष्य को नाप रही हैं। वर्तमान में कवि अपने को तीन तरह का पाता है। 'था, हूँ, होऊँगा मैं'। जगूड़ी के इस संग्रह में मूर्तियों को आधार बनाकर दो उत्तम कविताएँ हैं। 'वैसी सुरक्षा' तथा 'मूर्ति और मूर्त्त'। पहली कविता में कवि ने मूर्तियों को भूख, प्यास की झंझट और शौचक्रिया के

दबाव से मुक्त मानकर यह सन्तोष व्यक्त किया है कि मूर्तियाँ मनुष्य की तुलना में अधिक सुरक्षित हैं। फिर वह सोचने लगता है कि क्या मैं भी मूर्ति बनकर सुरक्षित रह सकता हूँ? उसे ध्यान आता है कि मूर्तियाँ तो बेजान होती हैं यदि उनकी आवश्यकताएँ नहीं होतीं तो इच्छायें एवं सपने भी नहीं होते होंगे और मैं मूर्ति बनकर अपने सपनों से दूर तथा अपनी इच्छाओं से रहित होकर असुरक्षित हो जाऊँगा।

कवि निरन्तर चिन्तनशील एवं बौद्धिकता के तरल प्रवाह में डूबा रहता है। 'मूर्ति और मूर्त्त' कविता में वह पुनः सोचने लगता है कि मूर्तियाँ बहुत अच्छी होती हैं। उस समय और अच्छी लगने लगती हैं जब उनमें कोई विकार नहीं आता : भूख, क्रोध या घृणा का। वे अति उदार होती हैं। उन्हें कुछ खिलाया जाता है तब भी नहीं खातीं; जो चढ़ाया जाता है उसे ग्रहण नहीं करतीं। कवि सोचने लगता है कि मूर्ति का अलौकिकत्व तभी तक बना रह सकता है जब तक वे खुद ग्रहण नहीं करतीं। जिस दिन वे खाने लगेंगी उस दिन वे आम आदमी की भाँति राशन की दुकान का एक सदस्य मात्र रह जायेंगी। कवि यह नहीं चाहता कि कोई मनुष्य मूर्ति बने। वह तो चाहता है कि मनुष्य मूर्ति नहीं मूर्त्त बना रहे :

मूर्तियाँ सभी मूर्तियाँ नहीं होतीं
कुछ अमूर्तियाँ भी होती हैं
मूर्ति अमूर्त्त के विरुद्ध
और अमूर्ति मूर्त्त के विरुद्ध होती हैं
फिर भी मुझे मनुष्य के मूर्ति हो जाने में डर लगता है
मूर्त्त होने में नहीं।

(अनुभव के आकाश में चाँद, पृ. 80)

'कूड़मग़ज़ धरती' में व्यंग्य के माध्यम से कवि ने उन लोगों की वृत्तियों की ओर इशारा किया है जो अतीत के पन्नों तथा ध्वंसावशेषों से कुछ खोजकर सामने लाते हैं और उसी में अपनी कार्यकुशलता तथा अपनी वाहवाही लूटते हैं। धरती की खुदाई करके कुछ हथियार, कुछ खंडित बर्तन, किसी पेड़ की ठूँठ और पाँच फुट लम्बा जूता जैसी चीजें निकालकर लोगों को चमत्कृत किया जायेगा और खोजा जाएगा वह 'विलक्षण मानव-कंकाल जिसे यह जूता पहनाया जा सके'। इसी प्रकार से कवि इतिहासवेत्ताओं एवं पुरातत्त्वविदों की खोखली गतिविधियों, व्यर्थ की व्यस्तताओं तथा अतीत का सुनहला राग दोहराने की नीति पर प्रहार करता है। जिस जल्दबाज़ आदमी की जीभ चाय पीने में जल जाती है वह भी कहता है कि मैं

इतिहास बना रहा हूँ। कवि को अफ़सोस इस बात पर है कि कूड़े के ढेर से तमाम वस्तुएँ निकाली जा सकेंगी परन्तु मुहल्ले के नुक्कड़ से उठने वाला संगीत का स्वर संचित नहीं किया जा सकता। यह धरती, कल का कूड़ा, इतिहास में और आज का इतिहास कूड़े में संचित कर देगी।

'धन्यवाद' कविता में भिखारी का चित्रण निराला के 'भिक्षुक' की याद दिलाता है। भिखारी दिन में सड़कों पर दिखाई देते हैं परन्तु रात में कहाँ रहते है? यह तो निश्चित है कि भिखारी छिपे एवं गुप्त स्थानों की तुलना में खुले एवं आमस्थानों पर रहते हैं ताकि अधिक से अधिक लोग उनको देख सकें। कवि ने अन्त में लिखा है कि भिखारियों के कारण दान देने एवं दया दिखाने का भाव इस पृथ्वी पर शेष है। इसके लिए धन्यवाद किसे दिया जाय? भिखारियों को अथवा उन लोगों को जो मानवता के पुजारी हैं। कवि को लगता है कि भिखारियों को ही धन्यवाद देना चाहिए क्योंकि वे दबाव डालकर लोगों में दान एवं दया का भाव भरते हैं। इस संग्रह में एक कविता है 'विद्या दो'। भिखारियों के अवश और लाचार जीवन पर आधारित इस कविता में जगूड़ी ईश्वर से यह प्रार्थना करते हैं कि यदि तुम भिखारी को कोई विद्या नहीं दोगे तो वह खुद कोई विद्या रोटी के लिए नहीं पूरे भोजन के लिए चुन लेगा। इस प्रकार से गलत कार्य करने की प्रेरणा के दोषी तुम होगे, वह भिखारी नहीं जिसे कभी बासी-रूखी रोटी के अतिरिक्त कुछ मिला ही नहीं। 'वैसा जो घर' कविता में कवि ने अपनी व्यापक दृष्टि का परिचय कराया है। घर ऐसा हो जिसकी खिड़कियाँ, दरवाज़े, जीवन एवं जगत से जुड़े सभी स्थानों पर खुलते हों। अस्पताल, स्कूल, कचहरी, श्मशान, मन्दिर, बाज़ार और नदी सब कुछ दिखता हो। ऐसा घर न हो जिसमें वीराना समुद्र और जंगल अड़ोसी-पड़ोसी की तरह रहते हों। ऐसा घर हो जो चारों तरफ से खुला-खुला हो जिसके समान कोई दूसरा घर हो ही न। 'स्त्री और पुरुष' कविता में गृहस्थ जीवन का चित्रण है। पति-पत्नी पूरी उम्र गँवा देते हैं गृहस्थी जुटाने में। मृत्यु के बाद ही उन्हें शांति मिलती है। 'वह शतरूपा' स्त्री केन्द्रित है। यह कविता कवि के जीवन में अनेक परिवर्तन लाने वाली होती है। जीवन से जुड़ने के सभी उपक्रम वही जुटाती है। 'प्रेम व्यापार' कविता में सारे सुख सपने में भोगने की बात कही गयी है। कवि सोचता है कि यदि प्रेयसी ने स्वप्न में भी कह दिया कि मुझे घुमाओ तब मैं क्या करूँगा? अथवा उसने कह दिया कि मृगछाल ला दो तो मैं क्या करूँगा? 'आख़िरी के आख़िर में' कविता में चिंतित लोगों के चेहरे पर उभर आये रौनक के भाव को कवि खोजना चाहता है तो 'कोई एक जीवित है' कविता में आततायी के भय की ओर संकेत है। वह

किसी एक व्यक्ति के जीवित रहने पर भी सोचता है कि हज़ारों लोग जीवित हैं। 'तुम अब स्मृति हो' कविता एक शोक गीत है। पत्नी की मृत्यु के बाद खाली हुआ घर, उदास पौधे और बन्द बर्तन से खुशबू का गायब होना उदास मन की अभिव्यक्ति है। 'एक प्रतीकहीन कविता' में प्रकृति का सुन्दर चित्रण है। कवि कहता है कि सुन्दर है 'झरने का अधःपतन', 'ऊँची-लहरोंवाला नदी का नीचा सिर','आसमान के सामने पहाड़ की अकड़', 'सूरज के सामने जंगल के मन का घना अंधेरा','दूर तक गुँथी हुई झाड़ियों का अनुत्थान'और बहुत सुन्दर है 'पूरे दृश्य के बाद की अभी तक अदृश्य झलक'। 'छिपाने के लिए कोई तारा' कविता में भी प्रकृति के सुन्दर दृश्य हैं। इसमें मनोभावों की अभिव्यक्ति करने के लिए प्रकृति का सहारा लिया गया है :

किसी तारे पर अपनी दुनिया को छिपाकर रखने के लिए
समुद्र से थोड़ा दूर
नदी के थोड़ा पास
जहाँ से शिखर ओझल न होते हों
जहाँ घास और झाड़-झंखाड़ में
अपना आधा शरीर छिपाये पेड़ हों
जहाँ घर भी दूर से जंगल दिखता हो
पेड़ हों पेड़ ऐसे
जिनके छत्र से आकाश
तब तक न दिखता हो जब तक हवा न चले
चले तो दिख जाये शैतान बच्चे की तरह
पैर सिकोड़कर हरी मेज़ के नीचे छिपा हुआ
नीला टोपा मुँह पर रखे
सोने का नाटक करता हुआ

(अनुभव के आकाश में चाँद, पृ. 118-119)

'सिल्ला और चिल्ला गाँव' शीर्षक कविता में दो गाँवों की कहानी है। सिल्ला ठण्डा गाँव है और चिल्ला गरम। सिल्ला गाँव में दोपहर को सूर्योदय होता है क्योंकि वह पूरब पहाड़ के पश्चिमी ढाल पर बसा है और चिल्ला गाँव पश्चिमी पहाड़ के पूरबी ढाल पर है। इसलिए यहाँ सबसे पहले धूप निकलती है। सिल्ला गाँव में ठंढ और ठिठुरन होती है जबकि चिल्ला गाँव में गर्मी रहती है। चिल्ला गाँव के लोग सिल्ला गाँव के लोगों को सुस्त और देर से जागने वाला

कहते हैं। चिल्ला गाँव का सूरज तीन बजे डूब जाता है जबकि सिल्ला गाँव में पाँच-छः बजे तक धूप रहती है। कविता के अन्त में जगूड़ी ने सिल्ला एवं चिल्ला गाँव की सुबह एवं शाम को भाई-बहन की तरह लड़ने वाली तथा एक दूसरे को दूर से देखने वाली कहा है। फिर भी दोनों में प्रेम एवं सौहार्द का भाव है :

सिल्ला और चिल्ला गाँव आमने-सामने हैं
जब सिल्ला गाँव में रात पड़नी शुरू होती है तब चिल्ला के लोग
खाना खा चुके होते हैं
जब सिल्लावाले रात का खाना खाते हैं
तब चिल्लावाले सो चुके होते हैं
लेकिन पहाड़ों को और सूरज को वे
अलग-अलग तरह से देखते हैं
सिल्ला गाँव की सुबह और चिल्ला गाँव की शाम
दो भाइयों की तरह लड़ती हैं आपस में
दो बहनों की तरह दूर से देखती रहती हैं एक-दूसरे को।

(अनुभव के आकाश में चाँद, पृ. 127-128)

'हम जायेंगे' कविता में चारों तरफ जमती बर्फ़ के बाद भी जीवन की गतिशीलता बनी हुई है। कवि सोचता है कि जीवन क्रम से बीतता जायेगा, बच्चे बड़े हो जायेंगे और बछड़े बैल। यहाँ कोई नहीं बचेगा सिर्फ़ बचा रहेगा सहस्त्रबाहु समय, चौरंगा मौसम और 'पुराने मकानों में दुरंगे नये लोग'। 'अनुभव के आकाश में चाँद' कविता में कवि ने लिखा है कि पहाड़ पर चाँद और चाँद पर पहाड़ दोनों ही आकाश का चेहरा बनाते हैं। सबके अनुभव का चेहरा अलग-अलग होता है। कभी पहाड़ जैसा तो कभी आकाश जैसा। आकाश में पहाड़ भी आते हैं और चाँद भी। आकाश के पहाड़ की बात करते-करते कवि घर के आकाश में उतर आता है और अनुभव करता है कि हम तो एक बार भी चाँद पर नहीं गये। पूर्णमासी को भी कहीं घूमने नहीं गये परिवार के साथ। अपने घर के आकाश में एक बार भी उदित नहीं हुए। फिर भी हमें चाहिए अपने पहाड़ों पर चाँद, अपनी छतों पर चाँद :

खिड़कियों पर चाँद। गलियों में चाँद
ग़रीब देश की तरह
उधार की रोशनी से चमकता हुआ चाँद
हमारे आकाश में हमेशा आता रहा

पहाड़ों पर हमेशा आता रहा
छतों पर हमेशा आता रहा
चाँद हमारे बिना रह सकता है हम चाँद के बिना नहीं
हम हैं कि एक बार भी नहीं गये चाँद पर
और इधर तो हम छत पर भी नहीं गये।

(अनुभव के आकाश में चाँद, पृ. 138)

कविता के अन्त में जीवन की व्यस्तता के बीच प्रकृति के प्रति उदासीनता का भाव अभिव्यक्त है। चाँद पर जाना तो दूर की बात थी, हम तो छत पर भी नहीं गये चाँद को देखने के लिए। संग्रह की कविता 'नहीं चाहिए' में कवि अतियों की सीमा से पलायन करना चाहता है तो 'मैं खुद को' कविता में अपने आप को गतिशील बनाये रखने का भाव है। 'बचपन की बरसात' कविता में बालपन की स्वाभाविक अभिव्यक्ति है। कुएँ में घर होगा, न डूबने का डर होगा की लोकोक्ति और साँय-साँय करती हवा, डाँय-डाँय करती की पुनरुक्ति के साथ-साथ समूची कविता मनोभावों को बाढ़ की विभीषिका एवं अतिवर्षा के बाद के जीवन से जोड़ती है। जो लोग बाढ़ में बच जायेंगे उनसे बचने का रहस्य पूछा जायेगा। तब वे बतायेंगे कि कुएँ में घर होगा तो डूबने का डर नहीं होगा :

कुएँ में घर होगा, न डूबने का डर होगा
जो उतरायेंगे नहीं वो कुछ पायेंगे नहीं
जो उतरायेंगे
कम्बल, लोटा, बाल्टी में से कुछ
आटा, माचिस, साबुन और मोमबत्ती में से कुछ
भूखे की आस है भिगोकर खाने के लिए
बाढ़ लायेगी डबलरोटी
हरे पेड़ काले बादल। तुड़े-मुड़े झुँझलाये झोंके
घुमड़े बेगूसराय। बरसे मुगलसराय
ज़ोर हवा ने मारा। उल्टे छाते। मुख पर पड़े थपेड़े
उल्टी-पुल्टी कंधों पर बौछार
बरखा बहार। दिन रात मूसलाधार

(अनुभव के आकाश में चाँद, पृ. 142)

इस प्रकार इस संग्रह की कविताएँ जीवन के विविध भावों, प्रकृति के

अनेक रंगों को तो सामने करती ही हैं; पहाड़ के पहाड़पन को भी सामने करने में सफल हैं। 'अनुभव के आकाश में चाँद' की कविताएँ हमें 'हिन्दी कविता का एक नया व्यक्तित्व दिखाती हैं। इसकी वजह कथ्य के अलावा इनके उस शिल्प की विविधता में भी है जो अत्यन्त संवेदनशील भाषा और जोखिम उठाती प्रयोगशीलता से भरी हुई है। दरअसल यह संग्रह कवि के इस विश्वास का भी उदाहरण है कि जीवन के हरेक अनुभव को भाषा का अनुभव बनना चाहिए। जीवन के बाज़ार में आत्मा की तरह विस्मित और विकल ये कविताएँ इस सच को रेखांकित करती चलती हैं कि सिक्के का दूसरा पहलू कहीं ज्यादा महत्त्वपूर्ण है। दृश्य के अदृश्य को दिखाने में जगूड़ी की इन कविताओं की तात्त्विक मुखरता और इनका आत्मनिष्ठ एकान्त अपने साथ हमें संलग्न ही नहीं करते बल्कि अपने में अन्तर्निहित भी करते हैं।'[35] कवि का अनुभव ही आकाश है और उसकी कविताएँ ही चाँद।

महाकाव्य के बिना

'महाकाव्य के बिना' लीलाधर जगूड़ी की लम्बी कविताओं का संग्रह है। ये कविताएँ कवि के लम्बे -अनुभव संसार की देन हैं। जहाँ तक इस संग्रह के शीर्षक का प्रश्न है जगूड़ी ने यह साबित करने का प्रयत्न किया है कि संस्कृत के महाकाव्यों की परिपाटी पर महाकाव्य रचे बिना भी कविता बहुत समर्थ एवं सफल है। उनका मानना है कि सन् साठ के बाद आज तक जो लम्बी कविताएँ लिखी गयी हैं उनका यदि एक अच्छा चयन और विश्लेषण किया जाये तो कला और समाज के बदलते सम्बन्धों की पड़ताल और उसके निरूपण के लिए अपने समय का नया समाजशास्त्र भी बनता चला जायेगा, जो शायद आजादी के बाद के भारत के यथार्थ और उसके मनोविज्ञान को समझने में ऐतिहासिक दृष्टि से सहायक होगा। इस संग्रह की लम्बी कविताएँ विभिन्न पत्र-पत्रिकाओं में प्रकाशित हुई हैं। 'व्यक्तिगत उड़ान','एक शब्द तिनका', 'हत्या', 'बलदेव खटिक' और 'मन्दिर लेन' कविताएँ 'आलोचना' में प्रकाशित हुई थीं तो शेष कविताएँ 'आवेग','पूर्वग्रह','समकालीन भारतीय साहित्य', 'नया प्रतीक' और 'साक्षात्कार' पत्रिकाओं में प्रकाशित हुई थीं।

तेरह लम्बी कविताओं का संग्रह 'महाकाव्य के बिना' पढ़कर लगता है कि लम्बी कविताओं को जिस उच्चासन पर पहुँचाने का काम निराला, मुक्तिबोध एवं धूमिल ने किया था; जगूड़ी उसी की एक कड़ी हैं। इन कविताओं का मूलभाव एक बिम्ब भी खड़ा करता है और यथार्थ से सामना भी। इन लम्बी कविताओं में से कुछ का उल्लेख एवं विश्लेषण 'लम्बी कविताओं की महाकाव्यात्मक गाथा' शीर्षक

अध्याय में किया गया है। यहाँ केवल उनकी झलक मात्र है। वैसे जगूड़ी की लम्बी कविताएँ स्वतन्त्र रूप से मूल्यांकित एवं विश्लेषित करने योग्य हैं। इन पर अलग से विस्तार में लेखन एवं विवेचन निकट भविष्य में मेरा प्रयास होगा। संग्रह की पहली कविता 'अनुस्मृति' सत्ताइस खण्डों में लिखी गयी है जिसमें कवि पहली बार स्मृति के पुल पर चढ़कर, विपुल मात्रा में किसी-न-किसी साकार पर चोट करना चाहता है। उसे लगता है कि :

फिर से हम होते जाते हैं
और जाते हैं उन्हीं झरनों की ओर
जो तब से लेकर आज तक
हमारे पास से बहते चले जा रहे हैं
हम इस संसार में
इस चट्टान की छाया
इस चट्टान की चेतना हैं
हमारे बिन यह संसार और यह चट्टान
दोनों जड़ हैं।

(महाकाव्य के बिना, पृ. 48)

'व्यक्तिगत उड़ान' कविता में जीवन का दैन्य इस तरह फैला है कि कवि स्त्री-पुरुष एवं बच्चे को एक साथ कविता में लाकर खड़ा करना चाहता है। यह एक ऐसे कथानायक की कहानी है जो कोठरी में तिनके और घास इकट्ठा करने के बाद भी घोंसला नहीं बना सका। 'बच्चा और राजनीति' कविता में बच्चों की बातें सपनों के माध्यम से कही गयी हैं। जो कभी प्यार नहीं करते यदि वे प्यार करते हैं तो बच्चे डर जाते हैं। 'एक शब्द तिनका' में तिनके की उपयोगिता बताई गयी है। वह कहीं भी उग सकता है। उसके लिए कोई उर्वरक भूमि होना आवश्यक नहीं है। उसमें साहस है, संयम है। वह अपनी समृद्धि में, अपनी खुशहाली में, अपनी ही नस्ल के आस-पास रहना चाहता है और नीचे-से-नीचे उतर कर अपनी जड़ें फैलाना चाहता है :

अपनी समृद्धि में; अपनी खुशहाली में
मैं अपनी ही नस्ल के आस-पास होना चाहता हूँ
मैं उससे भी नीचे उतारना चाहता हूँ अपनी जड़ें
जहाँ तक पहुँचकर
मेरी ऊँचाई एक मटमैले फूल में नहीं बदल जाती

क्योंकि मैं महसूस करता हूँ अपने सूखे हुए शरीर में
रात-दिन
किसी फल की नागरिक आहट

(महाकाव्य के बिना, पृ. 62)

'पेड़' कविता में प्रतीकात्मक ढंग से यह बताया गया है कि पेड़ की जड़ें जमीन में गहराई से डूब गयी हैं। उसकी जड़ों से दो-चार जड़ें और भी उलझ गयी हैं; फिर भी वह सबको लेकर हिल रहा है और सार्वजनिक अन्धकार में उसके तजुर्बे हरे-भरे हैं।

'हत्या' कविता का प्रारंभ ही सूचना प्रसारित करने वाला है। 'वह जो एक आदमी इस कोठरी में रहता है सड़क पर निकलते ही उसे 'जनता' हो जाने का खतरा है।' असली अपराधी का नाम लेने के लिए कविता सिर्फ उतनी ही देर तक सुरक्षित है, जितनी देरी कसाई को बोटी से कीमा बनाने में लगती है। 'उच्चैश्रवा' कविता में तरह-तरह के लाभों के लिए की जाने वाली उठा-पटक पर आक्षेप है :

'प्लान' भरे भविष्य में, जिस जनता को
हमने रोटी पर टाँग रक्खा है
ताकि वह हमारे 'मक्खन और केक' पर
हमला न करे

(महाकाव्य के बिना, पृ. 106)

'हाथी और पहाड़' कविता में जगूड़ी ने रोचक ढंग से बताया है कि हाथी पहाड़ पर नहीं पाये जाते। यदि हिन्दुस्तान से पहाड़ हटा दिए जायें तो उसके पास क्या बचेगा। 'पेड़ की आज़ादी' में पेड़ से वार्तालाप है :

पेड़ ने कहा- पत्ते न हों
तो बोझ कुछ कम हो
फूल न हों तो यह भी आफ़त मिटे
न हों फल तो कई तरह से
मेरी जान बच जाये
तना न हो तो काटा न जाऊँ
टहनियाँ न हों तो झुकना न पड़े
रही ज़मीन की ज़रूरत?
वह मुझे नहीं बीज को पड़ती है

और अगर इन सबकी जड़ ही मिट जाये
तो कितना अच्छा हो

(महाकाव्य के बिना, पृ. 113)

इस कविता में पेड़ के माध्यम से कवि ने मिश्रित अर्थ व्यवस्था के गुण-दोषों पर संवाद शैली में विचार किया है। यहाँ पेड़ सक्रिय एवं विकसनशील व्यवस्था का प्रतीक है। स्वतन्त्रता प्राप्ति के पश्चात् देश के आर्थिक विकास के लिए एक ओर कृषि एवं कुटीर उद्योगों को बढ़ावा देने की बातें की जा रही थीं तो दूसरी ओर औद्योगिक क्रान्ति लाने का संकल्प था। इन दो विरोधी घटकों के द्वन्द्व को कवि ने इस कविता में कलात्मक ढंग से अभिव्यक्त किया है। पेड़ अपनी अस्मिता और आज़ादी को बचाने की बात कहता है :

आख़िर मैं पेड़ हूँ आपका कोई विचार नहीं
जो शाम तक बदल जाऊँ
मुझे समय लगता है
मैं आबो-हवा हूँ
मेरी भी एक अर्थव्यवस्था है
मैं भी एक संकठन हूँ
क्या आप अपनी अर्थव्यवस्था को
मुक्त कर सकते हो?
और क्या आप किसी संगठन को
आज़ादी दे सकते हो?

(महाकाव्य के बिना, पृ. 116-117)

'बलदेव खटिक' कविता में प्रशासन पर व्यंग्य, पुलिस के अत्याचार के साथ-साथ आज़ाद देश में व्याप्त शोषण एवं गरीबी का चरमोत्कर्ष है। एक कहानी है जो जीवन के बहुत बड़े सच के निकट ले जाती है। रँगतू एक अकेले आदमी का दर्द है और वह अकेला आदमी अपराधी होता है। यह कहकर कवि ने वर्ग विशेष की दशा की ओर संकेत किया है। 'चालाकी की शुरुआत' में पप्पू एवं बबलू की बात-चीत के माध्यम से जगूड़ी ने अवसरवादी एवं स्वार्थी वृत्ति का वर्णन किया है। तिलचब्बन एवं गोबरपत्थन सोचते हैं कि दोनों बच्चे बड़े बेफ़िकर हैं। इनकी मस्ती की उम्र है किन्तु बबलू और पप्पू तो एक दूसरे से यह भी पूछते हैं कि 'क्या यह सड़क हमारी घरवाली है न?' 'दूसरे शरीर की खोज' में बैल के माध्यम से जगूड़ी ने जीवन की विवशता का चित्र खींचा है। बैल

अपना बीज नहीं बोता। बोना भी नहीं चाहता। वह नहीं चाहता कि वह बैल का बैल ही रह जाए। जबकि वह समूची पृथ्वी को बो सकता है। अन्तिम लम्बी कविता है 'मन्दिर लेन'। तीन भागों में लिखी गयी इस कविता में जगूड़ी ने मन्दिर लेन को समाज का पयार्य माना है जिसमें चलते हुए, रहते हुए तरह-तरह के विद्रूप दृश्य और परिस्थितियाँ दिखाई देती हैं। अत्याचार, भ्रष्टाचार, शोषण एवं उत्पीड़न के साथ-ही-साथ अन्याय व वर्चस्व कायम है। कविता में न्याय-व्यवस्था एवं दण्ड-व्यवस्था पर अनेक प्रश्नचिह्न खड़े किये गये हैं। मरे हुए आदमी की शिनाख़्त करना कठिन है क्योंकि मरने से पहले उसके अंग काट लिए जाते हैं। मरता कोई और है लाश किसी और की लाई जाती है। इस 'मन्दिर लेन' में सब कुछ बिकने के लिए आता है :

जी हाँ, यही है मन्दिर लेन यहाँ सब कुछ बिकते आता है
पूजा के फूल धर्म-कर्म पाप-पुण्य
भगवान के लायक़ महँगी मिठाइयाँ
नाले पारवाले बाग़ के बनवासी गेंदे और जंगली गुलाब

x x x

निरपराध के अपराध और चोर के दान से
कमज़ोर को ताक़त मिल जाने के नक़ली भान से
जाने किस तत्त्व का यहाँ कितना राजनीतिक उत्थान हो जाये
फ़िलहाल इस शहर के दो ध्रुव हैं
एक परमेश्वर नाई दूसरा प्यारेलाल भाई।

(महाकाव्य के बिना, पृ. 152)

ईश्वर की अध्यक्षता में

लीलाधर जगूड़ी का यह कविता-संग्रह उन्नीस सौ निन्यानबे में राजकमल प्रकाशन, नयी दिल्ली से प्रकाशित हुआ था। इस संग्रह में सत्तावन कविताएँ संग्रहीत हैं। इन कविताओं के विषय में पुस्तक के फ्लैप पर लिखा गया है कि 'समय और समकाल, भौतिक और आधिभौतिक, प्रकृति और बाज़ार, मिथक और टेक्नोलॉजी, दृश्य और अदृश्य, पृथ्वी और उसमें मौजूद कीड़े तक का अस्तित्व उनकी कविता में परस्पर आते-जाते, हस्तक्षेप करते, खलबली मचाते, उलट-पुलट करते एक ऐसे विस्मयकारी लोक की रचना करते हैं जिसे देखकर पहला आश्चर्य तो यही होता है कि कहाँ कितने स्तरों पर कैसा जीवन सम्भव है, उसमें कितने ही आयाम हैं और कभी-कभी तो

एक ही जीवन कई नये-नये रूपों की, नयी-नयी अभिव्यक्तियों की माँग करता दिखता है। अनेक बार एक अनुभव एक से अधिक अनुभवों की शक्ल में आता है और जगूड़ी की कोशिशें यह बतलाती हैं कि अनुभवों की ही तरह भाषा भी एक अनन्त उपस्थिति है। इसीलिए ईश्वर की अध्यक्षता में ही ईश्वरविहीनता तक सब कुछ घटित हो रहा है। यहाँ अकल्पनीय मोड़ हैं, अनजानी उलझनें हैं, अछूती आकस्मिकताएँ हैं। कवि का ईश्वर हालाँकि एक प्रश्नचिह्न की तरह है, पर वह हजारों-लाखों वर्ष पुरानी रचनाशीलता से लेकर आने वाले प्रयत्नों तक फैला हुआ है।'

इस संग्रह की प्रमुख कविताएँ हैं 'मेरा ईश्वर', 'सरस्वती-1', 'सरस्वती-2', 'विज्ञापन सुन्दरी', 'भूल में चूक', 'बस अब और कितना', 'न्याय पाने के लिए', 'असंख्य अकेले', 'इतना लयबद्ध नहीं था यह वर्ष', 'ग्यारहवीं दिशा में सातवीं ऋतु', 'कृपया अपना भी सन्दर्भ लें', 'यथार्थ का तुलनात्मक विवरण', 'परिवर्तन', 'हर रोज़ एक रोज़ के लिए', 'क्रीड़ा प्रसंग', 'घर की ऐतिहासिक याद', 'रद्दी शैली में मुक्ति', 'क्या तौल रहा हूँ मैं', 'मुझे जो शक है', 'लखनऊ में लखनऊ', 'अच्छा कवि और अच्छी कविता', 'ईश्वर की अध्यक्षता में', 'यह मैंने क्या किया', 'इस समय', 'वातावरण', 'बी.ए. पास रिक्शे वाले की कविता', 'प्रश्न' और 'हरे पत्ते का पीला गीत' हैं। इस संग्रह में ईश्वर विषयक कई कविताएँ हैं। यहाँ ईश्वर परम्परागत ईश्वर नहीं है। कवि स्वयं से यह सवाल करता है कि 'अपने को अधिक गुलाम बनाने के लिए, भगवान ही हमारा सर्वोच्च मालिक क्यों हो'? कवि के मन में ईश्वर को लेकर द्वन्द्व की स्थिति बनी रहती है। इस धरती पर पहले मनुष्य आया या ईश्वर :

मनुष्य ने कहा हे ईश्वर ! ईश्वर ने कहा हे मनुष्य !
पहले किसने किसको पुकारा
अगर मनुष्य ने तो ज़ाहिर है मनुष्य ने ही पहले
ईश्वर को भी संभावित हथियार की तरह पहचाना
और अगर ईश्वर ने पहले पुकारा
तो सवाल उठता है कि इस निकृष्ट मनुष्य की उसे ज़रूरत क्या थी?

(ईश्वर की अध्यक्षता में, पृ. 93)

'ध्यानभंग' और 'प्रश्न' कविता में भी ईश्वर के अस्तित्व का नकार झलकता है। 'अगर मैं ईश्वर और खुद को एक करके देखूँ, तो मुझे अपने रूप में एक असमर्थ और बीमार आदमी दिखाई देता है ईश्वर भी'। 'प्रश्न' कविता में 'क्यों

मरना पड़ता है, क्यों जन्म लेना पड़ता है भगवान को भी'? जैसी बातें ईश्वर की निःसारता सिद्ध करती हैं।

इस संग्रह में कवि और कविता से सम्बन्धित कई प्रसंग हैं। 'यह मैंने क्या किया' कविता में राजनीति के समावेश और कवि के राजनेता होने पर व्यंग्य है। 'अच्छा कवि और अच्छी कविता' में कवि का मानना है कि अच्छे कवि एवं अच्छी कविता का होना संयोग से होता है। अच्छी कविता तमाम ख़राब कविताओं के बीच अलग से दिख जाती है। जगूड़ी की यह अवधारणा है :

अच्छे से अच्छा कवि मर जाता है अच्छी कविता को जीवित छोड़कर
अच्छी कविता जीवित रखती है अपने कवि को
अच्छी कविता ख़राब-से-ख़राब कवि को भी मरने नहीं देती।

(ईश्वर की अध्यक्षता में, पृ. 89)

एक कविता है 'सदी बदलने का विभ्रम'। इसमें जगूड़ी यह मानते हैं कि इक्कीसवीं सदी भी बीसवीं सदी की तरह ही होगी। कोई बहुत बड़ा परिवर्तन या विकास नहीं होने वाला है :

खिचड़ी राजनीति, पटरा सिद्धान्त
और कचरा वृत्तान्त भी साथ चल रहे हैं
इक्कीसवीं सदी की पहली भोर भी
सिद्धान्तशून्यता के घूरे पर ही उगने जा रही है

(ईश्वर की अध्यक्षता में, पृ. 78)

'विज्ञापन सुन्दरी' कविता में विज्ञापन देने वाली स्त्रियों की लाचारी कई प्रकार से बतायी गयी है। 'यह तो बाज़ार है जिसे अपने विज्ञापन के लिए विश्वसुन्दरी की ज़रूरत है।' यहाँ व्यंग्य है सौन्दर्य प्रतियोगिताओं के आयोजन पर। स्त्री-जीवन की सच्चाई का बयान इन पंक्तियों में है :

कहाँ हैं वे कोठरियाँ जिनमें दर्जनों दर्ज़ी स्त्रियाँ
सौन्दर्य परिधानों पर सौ-सौ सिलाइयाँ डालने के बाद भी
अपने जीवन की एक धज्जी नहीं सिल पातीं।

(ईश्वर की अध्यक्षता में, पृ. 21)

'सेमिनार' कविता में प्रकृति के निकट रहने-जीने की बात कही गयी है। 'इस समय' कविता में कवि का कहना है कि 'बुरे शब्दों से ही अच्छा काम लेना है मुझे' क्योंकि 'आज के समय में पवित्र सम्बन्धों और शालीन शब्दों का जादू

ख़त्म हो गया है।' संग्रह की 'सरस्वती-1' कविता में सरस्वती केवल धन कमाने का साधन हो गयी हैं। कवि यह सच सामने करता है कि सरस्वतीविहीन लोग जब धन कमाने के पीछे पड़ जाते हैं तो राजनीति और धर्म दोनों अपराध में बदल जाते हैं। 'सरस्वती-2' का कवि यह मान लेने को तैयार है कि 'लिखी हुई सरस्वती अख़बार जैसी तुड़ी-मुड़ी दिखती हैं।' 'मुझे अक्सर मिलती हैं लिफ़ाफा बनी हुई सरस्वती।' अपने एक साक्षात्कार में लीलाधर जगूड़ी ने सरस्वती के सम्बन्ध में अपनी अवधारणा स्पष्ट की है। उन्होंने कहा है कि 'सरस्वती की निर्यात मनुष्यों ने कुछ खेत, कारखानों, रोजी-रोटी के युद्ध क्षेत्रों से हटाकर उसकी जगह पूजाघरों में सुनिश्चित कर दी...जब युद्ध छिड़े तो सरस्वती विहीन लोगों ने तहखाने बनाये। हर किसी की सूझबूझ और टेक्नोलॉजी को सरस्वती का दर्जा हासिल होना अभी भारतीय समाज में बाकी है। यहाँ किताबी कीड़ों के परिश्रमहीन और शोधहीन जीवन को विद्या का वरदान मान लिया गया है। इन सरस्वती चिह्नों से हमें बाहर आना पड़ेगा।'[36]

लीलाधर जगूड़ी ने सरस्वती का सम्बन्ध सामान्य ज्ञान से नहीं अपितु सर्जनात्मक क्षमता से जोड़ते हुए लिखा है कि 'सरस्वती का सम्बन्ध असामान्य और असाधारण रचनात्मकता से है। ...सरस्वती एक विचार, एक उद्यम, एक उत्पादन, एक उपार्जन और अपने में अपना सृजन, अपना निबन्धन भी है। एक प्रज्ञा भी हमेशा दूसरी प्रज्ञा की तरह नहीं हुई है।'[37] आज के परिवेश में सरस्वती के स्वरूप को बताने वाली ये दोनों कविताएँ युगबोध को सामने करती हैं। 'उनके साथ हो गयी लगती हो जिन्होंने शब्दों को निरर्थक बना दिया'। 'हमारे समय की सरस्वती के हाथों में न पुस्तक है न वीणा है'। यह भ्रान्ति फैला दी गयी कि लक्ष्मी और सरस्वती में बैर है :

अनपढ़ों की तादाद में सरस्वतियों की तादाद ज़्यादा क्यों?
लक्ष्मी ही सबसे ज़्यादा ग़रीबी क्यों भुगत रही हैं?
सरस्वती तो खेती-पाती, राशन-बासन में लुप्त पड़ी है
वह किसान के घर भी ठीक से नहीं आ पायी
जिसे नया कवि निराला लाना चाहता था

(ईश्वर की अध्यक्षता में, पृ. 17)

'असंख्य अकेले' कविता में अकेलेपन को जगूड़ी ने अलग तरह से परिभाषित ही नहीं किया है बल्कि उसकी स्थितियों के विषय में भी बताया है। इस सच के साथ कि भीड़ में सभी साथ चलते हैं परन्तु कोई किसी के साथ नहीं चलता फिर

भी हम अकेलापन नहीं जीते हैं। इस कविता में कवि ने दो प्रतीक लिये हैं पहला झाड़ू है जिसमें गन्दी होती हुई अनेक सीकें हैं तथा दूसरा झाड़ू लगी अकेली सड़क है परन्तु अनेक पदचापों से दुकेली हो जाती है। सुबह न जाने कितनी गलियों से निकल कर लोग टहलने आते हैं अकेले ही। अकेले टहलते हुए भी वे भीड़ या अन्य लोगों से जुड़ जाते हैं। बिना बातचीत के मौन मैत्री हो जाती है। इतना ही नहीं सड़क के दोनों ओर फल इत्यादि बेचने वाले भी लोगों से जुड़ जाते हैं :

हर अकेले के अकेले सफ़र में बर्फ पर रंदा मारते हुए शरबत वाले
नीबू पानी वाले आवाज़ देते हैं
चिल्लाकर नज़र बाँध लेते हैं अमरूद
पपीते की अकेली फाँक से प्लेट भर जाती है
ताज़ा ककड़ियों के हरे चमत्कार के सामने
कोई भी अकेला नहीं रह जाता

(ईश्वर की अध्यक्षता में, पृ. 34)

'बी.ए. पास रिक्शे वाले की कविता' बेरोजगारी एवं गरीबी का वृत्तान्त है। 'धक्का प्रधान सक्रियता' में कवि ने धक्के के माध्यम से अनेक प्रसंग उठाये हैं। धक्का खाना मुहावरा यहाँ अनेकार्थी हो गया है किन्तु मूल भाव यह है कि 'जो भी इंतज़ार में है उसे सक्रिय करने के लिए एक धक्का लग जाये।' 'परिवर्तन' कविता में 'विश्व बैंक का पृथ्वी के जन्म में कोई हाथ नहीं है'। 'पर इस पृथ्वी का विश्व बैंक के जन्म में बहुत बड़ा हाथ है।' 'वियोग में' कविता जीवन की व्यस्तता, पुरानी चीजों से लगाव, प्रेम और यान्त्रिक जीवनचर्या में मशीनों का उपयोग तथा पुराने काग़जों में मिला प्रेम पत्र है। सबका विश्लेषण करने के उपरान्त कवि प्रेम पत्र को दुबारा आद्योपांत पढ़ता है जिसमें 'किशोर दिनों की अनेक शैलियाँ छिपी हुई थीं।' 'तब वियोग में दाढ़ी नहीं बनायी जाती थी'। अब का वियोगी दाढ़ी बनाने के लिए बिजली का इन्तज़ार किया करता है।

'लखनऊ में लखनऊ' कविता में बड़े शहरों की महँगाई एवं छोटे शहरों की तुलनात्मक ढंग से कम महँगाई पर विचार है। अब शहरों की चर्चा उसकी ऐतिहासिक इमारतों से नहीं चीजों के दाम से होती है। 'लखनऊ में दिल्ली होगी तो बुरा होगा दिल्ली में भले ही लखनऊ हो जाये'। 'कथा ही काव्य है' कविता में जीवन के दोहरेपन पर कवि ने विचार किया है। जीवन में जो कुछ जाना उसमें घोर अनजाना है :

निरवधि अविश्वास के भरोसे
झूठे-सच्चे सम्बन्धों की बची-खुची
साँस पर साँस से जाना
जटिलता किसे कहते हैं
और सरलता का दुख क्या होता है

(ईश्वर की अध्यक्षता में, पृ. 35-36)

इस संग्रह की कविताएँ आधुनिक जीवन-बोध, बाज़ारीकरण, ईश्वर की उपस्थिति पर प्रश्नचिह्न और समाज में बदलते सम्बन्ध की तसवीर हैं। इसकी भूमिका में जगूड़ी ने इन कविताओं की पृष्ठभूमि पर लिखा है 'लगता है कि सिद्धान्तों ने, तर्कों ने और विचारों ने लगभग हमारा साथ छोड़ दिया है। लगता है कि हमने पूँजी की ताक़त को ही सबसे बड़ी नैतिक शक्ति भी मान लिया है। मनुष्य को एक संसाधन मानने के अलावा हमने सामाजिक ज्ञान का कोई नया प्रयोग नहीं किया।'

ख़बर का मुँह विज्ञापन से ढका है

लीलाधर जगूड़ी का यह कविता-संग्रह अलग तरह के अनुभवों एवं संशयों से उपजा है जिसमें इक्कीसवीं सदी की काव्य-प्रवृत्तियाँ साफ दिखाई देती हैं। सन् 2008 में वाणी प्रकाशन से प्रकाशित चौंतीस कविताओं के इस संग्रह में कवि ने लीक तोड़ने का भरपूर सफल प्रयास किया है। 'बाजार और अर्थशास्त्र तथा बाजार और समाजशास्त्र के बीच लीलाधर जगूड़ी कविताओं की सीधी और कहीं-कहीं सांकेतिक आवाजाही, सब कवियों से भिन्न तरह की है। प्रेम में प्रवेश को वे प्रेम में निवेश मानते हैं। जगूड़ी की आज की कविताओं को मुक्तिबोध, धूमिल अथवा अज्ञेय और रघुवीर सहाय की कविताओं जैसा नहीं समझा और व्याख्यायित किया जा सकता। उनकी कविताओं का संसार और उस संसार की चिंताएं बिल्कुल अलग तरह की हैं। उनकी कविताओं से ही उनके अन्तरराष्ट्रीय बाजार की व्याख्या के सूत्र निकाले जा सकते हैं। आज उन्हीं के यहाँ अपनी सरस्वती की अन्दरूनी खबर ली जा रही है। लीलाधर जगूड़ी इक्कीसवीं सदी की हिन्दी कविता का एक आधुनिक मोड़ हैं। उनमें हर बार एक नयी छलांग, एक नया आत्मोल्लंघन दिखाई देता है।'[38] यह लम्बा अनुच्छेद अंश संग्रह की कविताओं की प्रकृति पर पूरा-पूरा प्रकाश डालता है। संग्रह की कविता 'ख़बर का मुँह विज्ञापन से ढका है' में विज्ञापन को महानायक कह कर संबोधित किया गया है :

किसी राष्ट्राध्यक्ष का परवर्ती
वह दूरवर्ती लेकिन लक्ष्य में लिये जा चुके एक भौगोलिक
ऐतिहासिक और सांस्कृतिक देश की ओर से इस तरह बोलता है
जैसे जमीनी, आसमानी और समुद्री राष्ट्रीयताएँ उसकी अपनी सुविधाएँ हैं
जो दुविधाएँ हैं उनमें से एक यह है कि हथियारों के साये में
मातृभूमि के साथ नैतिक सम्बन्ध कैसे रह सकते हैं?

(ख़बर का मुँह विज्ञापन से ढका है, पृ. 102)

यदि हथियार सस्ते होंगे तो सर्वसुलभ हो जायेंगे। हत्यारों की संख्या को बढ़ायेंगे। कवि का यह कहना है कि 'असाधारण कुटिल कारगर हथियार' महँगे होने चाहिए। कवि व्यंग्यपूर्ण मुद्रा में विज्ञापन के स्रोतों का शुक्रगुजार है जो समाज को कई प्रकार से सुरक्षित करता है। वह विश्वचिन्ता से हमें जोड़ता है :

विश्वचिन्ता के बीच में
पेचिश से परास्त लोगों की खबरें आती हैं। उसके बाद पेटेंट की हुई
दवाओं के उछाले की खबरें, उसके बाद वीभत्स नरबलियों की। उसके
बाद फैशन शो और उसके बाद सारे रंगों को धो-पोंछ कर
रिनों और पाउडर टिनों का विज्ञापन
कितने धवल कमल खिलेंगे इस कीच में।

(ख़बर का मुँह विज्ञापन से ढका है, पृ. 105)

जगूड़ी की कविता में युगबोध की जो चिंताएँ दिखाई देती हैं वे विरल हैं। किसी भी बात को अभिव्यक्ति देना उनके लिए सामान्य नहीं कौशलपूर्ण कर्म रहा है। आसान नहीं बल्कि दायित्वपूर्ण कठिन कर्म। कवि की चिन्ता इस बात में सर्वाधिक झलकती है कि हम मानवता के सबसे हिंसक दौर में पहुँच गये हैं। कवि ने तो यहाँ तक देखा है :

हत्यारे के पास सिर्फ एक क़लम निकली, 'पेन पिस्तौल'
जो लिखने के नहीं बोलती बन्द करने के काम आती है

(ख़बर का मुँह विज्ञापन से ढका है, पृ. 104)

संग्रह की चौंतीस कविताओं में प्रमुख हैं 'अपनी सरस्वती की अन्दरूनी ख़बर', 'कवि की कठिनाई', 'पलटवार', 'चीजें भी सोचने लग गयी हैं', 'वह सीढ़ी खुद बनानी होती है', 'छूटे हुए को साथ लेने का गीत', 'निरर्थकता के बीच कविता', 'चाँद पर चित्रकार', 'गूँगे का शब्द कोश', 'एक और नामकरण',

'जुर्माना', 'टुनकीबाई', 'गरीब वेश्या की मौत', 'सौ गलियों वाला बाज़ार' तथा 'ख़बर का मुँह विज्ञापन से ढका है'। जगूड़ी की कविता में सरस्वती की भूमिका अलग तरह की है। यहाँ धनवानों एवं मूर्खों की सरस्वती अलग-अलग हैं :

क्योंकि जब-जब इन कोरी लक्ष्मी वाले बुद्धिमानों की मूर्खता ने
दुनिया को ख़तरे में डाला
तब-तब मूर्खों की सरस्वती ने नया रास्ता निकाला है

(ख़बर का मुँह विज्ञापन से ढका है, पृ. 7)

जगूड़ी ने अपनी बहुत-सी कविताओं में शिल्प के विर्षय में ख़ासकर भाषा के विषय में लिखा है। वे 'कवि की कठिनाई' का अनुभव ही नहीं करते बल्कि लिखते भी हैं। वे भाषाओं को अलग-अलग पेड़ों की तरह मानते हैं जिनका अपना-अपना हरापन है। कवि को उन लोगों से शिकायत है जो पेड़ों को काटकर उनका किटप्लाई एवं बुरादा बना डालते हैं। वे 'फूलों की खेती में उदासी' देखने वाले कवि हैं। उन्हें यह बताने में कोई संकोच नहीं है कि अब झरने-मरने और मुरझाने वाले फूल नहीं खिलते। वे इतने सख़्त हो गये हैं कि फूलों की झड़ी से लाठीचार्ज किया जा सकता है। ये फूल विदेशों (चाइना) से आये हैं। इन्हें गेहूँ, अरहर और धान जैसी फसलों से अधिक यूरिया चाहिए। कवि का यह तर्क अकाट्य है कि आज भी जीने-मरने में समर्पण भाव पुष्प शृंगार और पुष्प संहार के बिना नहीं हो सकता।

जगूड़ी की कविता में 'गूँगे का शब्दकोश' है। वे यह मानते हैं कि समाज में अनेक अपराध गरीबी के कारण होते हैं और गूँगे से संवाद करते हुए काव्य भाषा का नया ज्ञान अर्जित करते हैं। जगूड़ी गूँगों से बोलना और नेत्रहीनों से देखना सीखने वाले कवि हैं। वे पारम्परिक शब्दों की ही नहीं आधुनिक शब्दों की भी बात करते हैं। उनकी कविता गाँव में गाँव और शहर में शहर की ही बात नहीं करती बल्कि शहर में घुस आए गाँव के वापस गाँव न जाने की चिन्ता करती है। वे गाँव से शहर आये लोगों को सतर्क करते हैं :

यह इलाका उत्पादकों का नहीं, सबसे बड़े उपभोक्ताओं का है
चाहे जितनी दूर पैदा होती हों चीजें पर बिकती इसी इलाके में हैं
बिकना ही पैदावार का बेहतर नतीजा है।
यहाँ हर घर में साढ़े तीन हजार की झाड़ू चलती है

(ख़बर का मुँह विज्ञापन से ढका है, पृ. 75)

संग्रह की कविताएँ आज के जीवन का भरापूरा परिदृश्य बनाती हैं। वे

'मातृभूमि' कविता में खण्ड-खण्ड बँटी मातृभूमि की नहीं बल्कि व्यक्ति एवं उसके उत्पाद के आधार पर बँटी मातृभूमि की सत्यता रचते हैं। भाषाओं, संस्कारों और धर्मों में बँटी हुई मातृभूमियों के विषय में बताने की कवि में क्षमता ही नहीं बचती। विषमता और वैविध्य भरा जीवन यहाँ दिखाई देता है :

पेट्रोल पम्प वाली मातृभूमि से जब वर्कशाप वाली मातृभूमि टकराती है
तो युद्ध हो जाता है
एक सप्लायर के लिए माँग और पूर्ति ही मातृभूमि रह जाती है
धकाधक उत्पादन और फटा-फट बिक्री और जय माता दी
टिम्बर व्यापारी के लिए सीधे-सादे सलोतर पेड़ ठकाठक मातृभूमि
हो जाते हैं

(ख़बर का मुँह विज्ञापन से ढका है, पृ. 56-57)

टिम्बर व्यापारी सीधे-सीधे पेड़ों को तो आसानी से काट लेते हैं लेकिन टेढ़े-मेढ़े पेड़ों पर उन्हें गुस्सा आता है। वे दुश्मन समझकर उन्हें नहीं काटते। कवि को सन्तोष है कि दुश्मन समझ कर ही वे कुछ विकलांग पेड़ छोड़ जाते हैं। पर्यावरण का सन्तुलन इन्हीं पेड़ों से बना हुआ है। व्यंग्य की धार से अपनी बात को तराशने वाले जगूड़ी विरल शब्द-शिल्पी हैं। उनकी कविता 'सपने का सपना' में सपनों के माध्यम से जीवन की उलझनों का विस्तार है। वे 'साठ पार करते हुए' जो कुछ अनुभव करते हैं उसका वृत्तान्त गढ़ते हैं। साठ का होना अचानक तो नहीं हो गया। उसमें जुड़े हैं बहुत से दिन और अनगिनत रातें। न जानें क्यों कवि किताबों की दुनिया में जाकर जीवन की दुनिया में लौट आता है। वह नहीं समझ पाता कि पतझर को याद करे या वसन्त को, वर्षा को या ग्रीष्म को या फिर बिना कोट, मफ़लर एवं बिना जूते में बिताई गयी सर्दियों को। ये सब कुछ जीवन में बेतरतीब फैले हैं जो साठ का बनाते हैं। जगूड़ी स्वयं को ही पूर्वज मानते हैं और अपना पूर्वज होने का संस्मरण रचते हैं। व्यवस्था की पोल खोलने के लिए उनके पास कई हथियार हैं :

मैंने सदियों बहुत प्रसव कराए हैं
मेरे अन्दर की उस दाई ने गोपनीयता का
अच्छा-खासा खर्चीला बाज़ार तैयार कर लिया है
जिस स्वस्थ भविष्य की घोषणा नहीं की जा सकती थी
उसके कई रोग पकड़ में आ गये हैं

(ख़बर का मुँह विज्ञापन से ढका है, पृ. 68)

हिंसा के इस भयावह समय में 'पलटवार' कविता का उल्लेख आवश्यक है जिसमें हत्यारा अपने ही हथियार से मारा जाता है।

इस संग्रह में 'सौ गलियों वाला बाजार' कविता है जो दस अनुच्छेदों में है। यहाँ जगूड़ी अपने को अन्तरराष्ट्रीय बाजार में खड़ा पाते हैं। कबीर भी लुकाठी लेकर बाजार में गये थे किन्तु जगूड़ी के पास कैमरा है जो पतनोन्मुख जीवन के कण-कण को और उनकी बारीकियों को दर्शाता है। उद्योग, व्यापार और विज्ञापन से सामाजिक जीवन कितना आच्छादित हो चुका है उसका ज्वलन्त रूप है यह कविता। विज्ञापन फिल्म बनाने वाली टीम की अयोग्यता भी सूखे समाज में लहरें पैदा कर देती है। वे किसी वस्तु की गुणवत्ता का बख़ान नहीं करते बल्कि बख़ान से गुणवत्ता का प्रचार करते हैं :

उनका लक्ष्य सुदृढ़ आत्मनिर्भर सुन्दर स्त्री बनाना नहीं था
वे छन्द, लय, संगीत और चित्रकला को कम्प्यूटर के हवाले करते हुए
किसी कन्या को कामिनी बना देते थे
उनका लक्ष्य सौन्दर्य से सामान बेचवाना था
वे स्त्री की नहीं किसी 'ब्रांड' की पहचान बना रहे थे
पूरे ब्रह्मांड में
शरीर को दरी की तरह बिछाते हुए जिसे विश्वसुन्दरी बेचती थी
ग़रीब खरीददार के मन में महँगी खरीददारी की
खुंदक पैदा करने के लिए

(ख़बर का मुँह विज्ञापन से ढका है, पृ. 91-92)

'सौ गलियों वाले बाजार' को खड़ा करने वाले इस संग्रह में 'टुनकीबाई' स्टेशन पर नीम की दातून बेचती है। ट्रेन में नीम के पेटेन्ट होने की चर्चा अधिक होती है, दातून खरीदने की कम। 'गरीब वेश्या की मौत' से आहत कवि एक विचित्र सामाजिक विडम्बना का संकेत करता है कि दुर्भाग्य की तरह मजबूत और मेहनत की मौत की तरह मरी हुई वह स्त्री सड़क पर पड़ी थी जिसके मरने के बाद भी कुछ लोग लावारिस लाश के नाम पर कुछ कमाना चाहते थे। 'दुनिया का सबसे बड़ा रचनात्मक झूठ' रचने वाले कवि ने 'फूलों की खेती की उदासी' देखी है। 'प्राचीन संस्कृति को अन्तिम बुके' समर्पित करने वाले जगूड़ी 'निरर्थकता के बीच कविता' में यह जानकर आश्चर्यचकित होते हैं कि 'समाज और जीवन खराब है क्या इसीलिए स्वाभाविक है कि कविता भी खराब हो?"

इस संग्रह की कविताओं में अनेक बार कवि ने विपत्तियों के पुल पर

यात्रा की है। उसे लगता है कि न तो जीवन आसान है न ही कविता। वे हर बात को नये तरीके से कहने के लिए अपने को तैयार करते हैं। ऐसी दशा में उनकी कविताओं की समीक्षा एवं विश्लेषण भी पारंपरिक परिपाटी से नहीं हो सकता। 'परिदृश्य में उपस्थित कवियों के बीच लीलाधर जगूड़ी को एक ऐसे कवि के रूप में देखा जाता रहा है जो केवल हृदय से नहीं समस्त बौद्धिक इन्द्रियों से कविताएँ लिखता है। उन्हें देखकर ही यह उक्ति चरितार्थ होती है : कविर्मनीषी परिभू स्वयंभू। जगूड़ी ने अपने अनुभवों को बहुत आँजा और माँजा है'।[39] संग्रह की कविताएँ इस कथन की साक्षी हैं।

कवि ने कहा : लीलाधर जगूड़ी की चुनी हुई कविताएँ

किताबघर प्रकाशन, नयी दिल्ली द्वारा वर्ष 2008 में 'कवि ने कहा' सिरीज के अन्तर्गत लीलाधर जगूड़ी की चुनी हुई कविताओं का संकलन प्रकाशित हुआ। इस संकलन के आने से जगूड़ी की कविता के पाठकों को उनके सभी संग्रहों की चुनिन्दा कविताओं को एक साथ एक पुस्तक में पढ़ने की सुविधा मिली है। यह संकलन चयनित कविताओं का है। कविताओं के चुनाव के आधार हैं, कसौटियाँ हैं। लेखक की रुचियाँ हैं। लीलाधर जगूड़ी ने इस पुस्तक की भूमिका को 'ग्यारहवीं दिशा में सातवीं ऋतु' शीर्षक से लिखा है। दिशाएँ दस होती हैं और ऋतुएँ छः। यहाँ दिशा एवं ऋतु का अभिप्राय उनका अपना है। उन्होंने लिखा है कि 'अपने रचना संसार के जो ग्यारह कविता मोड़ मैं बना पाया हूँ उनमें से यहाँ सिर्फ़ सात मोड़ पीछे तक ही मैं देख और चुन पाया हूँ। अगर इस संग्रह को कोई नाम मुझे देना हो तो इसका नाम होगा– 'ग्यारहवीं दिशा में सातवीं ऋतु'। यहाँ 'शंखमुखी शिखरों पर', 'नाटक जारी है', 'इस यात्रा में', 'रात अब भी मौजूद हैं', 'बची हुई पृथ्वी', 'घबराये हुए शब्द' और 'भय भी शक्ति देता है'; इन सात संग्रहों में से कुछ कविताएँ इसलिए चुनी हैं कि ये परस्पर भी अपने समय और परिवेश में गुँथी हुई महसूस होती हैं। 1960 से 1990 तक के 30 वर्षीय रचनाकाल में तरह-तरह का जीवन मुझे जीना पड़ा है, देश-दुनिया को बदलते देखा है, इस बीच हिन्दी ने मेरे अनुभवों के साथ जो यात्रा की है; उसकी भी एक थीम इनमें मुझे दिखती है। जैसे ये ख़ुद में अपना बीज हों जिन्हें आगे अभी और उगना है'।

इसी संग्रह की भूमिका में जगूड़ी ने अपने चयन के आधार को स्पष्ट करते हुए लिखा है कि 'कोई अपने लिए क्या और क्यों चुनता है, इसके सामाजिक और व्यक्तिगत कारण हो सकते हैं लेकिन अपने में से अपने को चुनने के लिए

ज्ञानात्मक समीक्षा दृष्टि और संयम आवश्यक है जिसका अभाव इस मौके पर भी मुझे काफी परेशान किये रहा। क्या अपनी ये चुनी हुई कविताएँ ही मेरा सम्यक् अभीष्ट हैं? शायद हाँ, शायद नहीं। क्योंकि इस चयन को इस चयन में से अभी पाठकों द्वारा भी चुना जाना है। चुने हुए में से चुनना और बढ़िया विचारपरक हो सकेगा।'

जगूड़ी की इन कविताओं में परम्परा के विकास में आधुनिकता और आधुनिकता के विकास में परम्परा का कितना हाथ है, यह जानने के लिए 'मुक्तियात्रा' कविता का यहाँ उल्लेख आवश्यक है। 'रात अब भी मौजूद है' संग्रह की यह कविता इस संकलन को विशेष बनाती है। समग्र रूप में यह 'मुक्तियात्रा' गाँव से शहर, शहर में गाँव तथा शहरीकरण से गाँव को बचाने की यात्रा है। आधुनिक बोध एवं गँवई जीवन दोनों यहाँ हैं :

ड्राइवर!
हम हैं तुम्हारे गाँव के लोग
जागो
ड्राइवर!
देखो, चीजों में अब भी स्वाद है
हमारे पास रोटी और साग है
खाओगे?
कुएँ का जल है; पियोगे?
–कहाँ जाना है?
ड्राइवर!
हमें राजधानी से अपना गाँव
छुड़ाकर लाना है।

(कवि ने कहा : लीलाधर जगूड़ी, पृ. 72)

इस संग्रह की बहुत अधिक उपयोगिता है। केवल इसलिए नहीं कि इसमें जगूड़ी की उत्तम कविताएँ एक साथ मिल गईं बल्कि इसलिए कि उनके प्रथम कविता संग्रह 'शंखमुखी शिखरों पर' जो अब अप्राप्त है, की चौदह कविताएँ सुलभ हो गईं। 'मुक्तियात्रा' का गाँव 'यादों का गाँव' नहीं रह गया है :

गंगा उलटी नहीं बह सकती,
मेरा स्पर्श तुम तक नहीं पहुँच सकता!

x x x

कमरे में जाते ही बाँची होगी तुमने मेरी पुरानी चिट्ठी
सिहर उठा होगा यादों का गाँव।

(कवि ने कहा : लीलाधर जगूड़ी, पृ. 15)

लीलाधर जगूड़ी के प्रथम कविता संग्रह 'शंखमुखी शिखरों पर' में 'यादों का गाँव' है जिसमें सामाजिक मूल्य थे। लोगों में आपसी सौहार्द था। उनके चौथे कविता संग्रह 'रात अब भी मौजूद है' की कविता 'मुक्तियात्रा' तक आते-आते गाँव की वो स्मृतियाँ शहरीकरण में उलझ गईं। कवि अपने यादों के उसी गाँव को वापस लाना चाहता है। ये कविताएँ कवि के अनुभूत परिवर्तन को परिलक्षित करती हैं।

जितने लोग उतने प्रेम

उम्र का 70वाँ पड़ाव पार करने के बाद लीलाधर जगूड़ी के 53 वर्ष के काव्यानुभव की फलश्रुति है उनका यह बारहवाँ कविता संग्रह 'जितने लोग उतने प्रेम'। लगभग नब्बे कविताओं के इस संग्रह में कवि का यह प्रयास रहा है कि प्रेम को बंधी-बंधाई अवधारणाओं तक ही सीमित न रहने दिया जाय। इनमें 'सारा जगत व्यापार यहाँ तक कि घृणा, लगाव, बाज़ार और परिवार सहित गले पड़े फूल भी अपना नाम और काम भूलकर, शत्रु से मुकाबला करने की तरह एक नये प्रेम की तैयारी करते दिखते हैं। अधःपतन की उज्ज्वलता पहली बार महसूस करते हुए नये जूते पहने आत्मा भी यहाँ दुविधा में टहलती दिखती है। दुख, ग़रीबी और आज़ाद विवशता के रस से पैदा भाषा भी अपने वैचारिक जीवन को जान-बूझकर खिंचाये गए फोटो की अदृश्य कथा में ढूँढ़ रही है। जितनी घटनाएँ और जितने लोग इन कविताओं में आ सके हैं उतनों का पछतावा और प्रेम अपने सुबकने की ध्वनि को भी एक पदार्थ की तरह देखते हुए दिखाई देते हैं। तब भी नीरस जीवन में सरस कवि की दुख-प्रफुल्ल कविता अपने शब्दों का प्रेम में निवेश करने का दुस्साहस बनाए रखने के लिए जूझ रही है।'

'उस रास्ते से मत जाइए...' शीर्षक भूमिका के इस अंश से संग्रह में आयी कविताओं की विषय-वस्तु स्पष्ट हो जाती है। वैविध्य भरा संसार इन कविताओं में देखा जा सकता है। कवि इस दुनिया में जीकर, रहकर एक और दुनिया ढूँढ़ने के बहाने खोजता रहता है। उसे बहुत कुछ मिला। इसमें प्रेम से सम्बन्धित कई कविताएँ हैं जिनमें प्रमुख हैं 'प्रेम की स्थानीयता', 'प्रेम', 'सर्वतापी', 'प्रेम

और समय प्रबन्धन', 'ओ मेरी वृद्ध प्रिये', 'प्रेम को प्रेम तक', 'प्रेम में निवेश', 'प्रेम में दखल', 'प्रेम में', 'प्रेम के फेरे' और 'प्रेम किया मैंने'। इन कविताओं में आया प्रेम-भाव पर्याप्त विस्तार एवं वैविध्य भरा है। इन कविताओं में बंधी-बँधाई अवधारणाएँ टूटी भी हैं और छूटी भी। यहाँ भूमण्डलीकरण की तुलना में स्थानीयता को वरीयता दी गयी है। 'प्रेम' कविता में प्रेम को रोग एवं भोग दोनों बताया गया है। कवि ने प्रेम करने वालों को एकमुखी प्रेम करने से सावधान किया है। 'सर्वतापी' कविता में प्रेम की प्राचीनता बताते हुए उसमें हुए खून खराबे की चर्चा की गयी है। लेकिन कवि का यह भी मानना है कि प्रेम धरती पर कभी भी समाप्त नहीं होगा बल्कि उसकी उपस्थिति भव्यतम रूप में होगी :

समुद्र सा अगाध, हिमालय सा ऊँचा
शहर की किसी घनी बस्ती के असुविधाजनक कमरे से
एक दिन बाहर आयेगा प्रेम
और तीनों लोकों तक फैली हवा में फैल जाएगा।

(जितने लोग उतने प्रेम, पृ. 22)

उनकी कविता प्रेम करने के साथ-साथ प्रेम निर्वाह की भी बात करती है। प्रेम दिखावे की नहीं दिल में समेटने की वस्तु है। प्रेम में सेक्स का होना भी आवश्यक नहीं है। सोच-विचार करके प्रेम नहीं किया जा सकता। किन्तु यहाँ प्रेम की कई किस्में हैं। 'प्रेम का दखल' कविता की पंक्तियाँ हैं :

इतना कम और इतना अलग-अलग किस्म का प्रेम है यहाँ
जिस प्रेम में सोचना ही सोचना बचा हो
उस प्रेम का क्या करूँ – सोचता हूँ।

(जितने लोग उतने प्रेम, पृ. 40)

जगूड़ी मानते हैं कि प्रेम में मिठास के साथ-साथ कड़वाहट का होना भी आवश्यक है। उनकी कविता में प्रेम जाम में फँसता है। वह समूची पृथ्वी बनना चाहता है जिस पर पैदल चला जा सके। कवि सोचने लगता है कि आकाशगंगा पार करके आये हुए प्रेम को कौन सी धरती दूँ। उनकी कविता में प्रेम, सेक्स और विवाह का द्वन्द्व दिखाई देता है। यहाँ 'प्रेम के फेरे' हैं। प्रेम के बावजूद विवाह और विवाह के बावजूद प्रेम है :

लग रहा है कि मैं आजीवन प्रेम के
फेरे ले रहा हूँ
वाचाल आँखों के टुकुरपन में

फिर से खिल रही है एक मुस्कान
मुसीबत में से अंकुरा रहा है कोई प्रेम।

(जितने लोग उतने प्रेम, पृ. 85)

इस संग्रह में स्त्री केन्द्रित कविताएँ भी हैं। स्त्री के विविध रूप हैं। यहाँ 'सार्वजनिक औरत' है। 'राजस्थानी लुहारिन' है। नृत्य करके अथक परिश्रम से जीने वाली इस स्त्री के प्रति कवि के मन में सहानुभूति है :

तुम्हारी लूगड़ी से पुराने दिन छेद बनाकर रिस जाते हैं
सुनाई देती हैं तुम्हारे घन की वजनदार चोटें
तुमने ज़िंदगी का सारा लोहा पीट डाला
लहराती फसलों में दिखता है अल्हड़ तुम्हारा नाच
चलना तुम्हारा फिरना अपने पैरों

x x x

और नाच के भीतर अवाक् एक दूसरा नाच।

(जितने लोग उतने प्रेम, पृ. 55)

'पुरुषोत्तम की जनानी' कविता में एक विवश स्त्री की दशा है जो पेड़ से फाँसी लगा लेती है। कवि नहीं समझ पाता कि पेड़ और पुरुषोत्तम की जनानी के बीच मरने और जीने का रिश्ता कैसे बना? यहाँ 'माँओं के बेटे हैं' जो अपनी माँ के विषय में नहीं सोचते जबकि माएँ मरते दम तक उनकी चिंता करती हैं। 'आखिरी मुलाकात' कविता में कवि का अतीत है। संस्मरणों में लिखी गयी कविता का मर्म द्रवित करता है किन्तु व्यंग्य की धार भी यहाँ है :

उन्होंने यह कहकर मुझे शरमिन्दा कर दिया
कि जिस पेट में इतना बड़ा बेटा टिक सकता है
उसमें छोटी-छोटी बातें कैसे टिक सकती हैं?

(जितने लोग उतने प्रेम, पृ. 103)

'जहाँ स्त्रियाँ होती हैं' कविता में कवि ने स्त्रियों का होना इसलिए आवश्यक बताया है कि उनके बिना कुछ हो ही नहीं सकता। यहाँ तक कि मौत भी। कवि 'मुख्य सड़क के कुछ मोड़' पर खड़ा होकर सोचता है :

बच्चों के बहाने परिवार की स्त्रियों को याद करता हूँ
जिनका पुण्य हमारे साथ चलता है, घने पेड़ों की छाया की तरह

जिन्होंने अपना भविष्य समझ कर हमें कपड़े पहनने सिखाए थे
जिन्होंने जमीन से ज़्यादा पेड़, कहानियों में लगाये थे

(जितने लोग उतने प्रेम, पृ. 98)

यहाँ 'दुविधा में आत्मा' है जो रोटी खाकर आत्मनिर्भर, कपड़े पहनकर व्यवस्थित तथा जूते पहनकर निर्भय होकर चलने लगती है। 'नए जूते' कविता में कवि ने पैर को ही जूता माना है। उसे फाइबर का बना हुआ जूता अधिक उपयोगी लगता है क्योंकि उसे बनाने के लिए जानवरों को नहीं मारना होता। कुछ पंक्तियाँ हैं :

आदमी तो अब भी चमड़ी का तलबगार है
जूतों ने कई चमड़ियाँ और जन्म बदलकर अपने को सुधार लिया है
पैरों का सौभाग्य कि त्वचा से भी सुन्दर और कीमती हो गये हैं जूते

x x x

उनका मानव प्रेम तो देखिए कि वे पैरों के बिना चल ही नहीं पाते

(जितने लोग उतने प्रेम, पृ. 57-58)

जूतों का मानव प्रेम 'गले पड़े फूल' कविता में भी दिखाई देता है। फूलों की माला उनके गले में भी डाल दी जाती है जो 'गले उतरवाने वाले' होते हैं। व्यंग्य की उत्कृष्ट उपस्थिति इस संग्रह की कविताओं में दिखाई देती है। आवरण से ढका हुआ व्यंग्य थोड़ा ठिठक कर सोचने के लिए विवश करता है। जगूड़ी का व्यंग्य समाज एवं राजनीति दोनों पर साथ-साथ है :

राजनीति और विचारधारा
दोनों को कमाऊ बनाया जा सकता है
कलंक लगाया जा सकता है पर धोया नहीं जा सकता
कानून में धारा तो है पर पानी नहीं है।

(जितने लोग उतने प्रेम, पृ. 44)

धर्म एवं ईश्वर पर भी इस संग्रह की कई कविताओं में प्रहार किया गया है। 'जन्म-जन्मान्तरों से' और 'वैतरणी पर पुल' ऐसी ही कविताएँ हैं। मनुष्य होने के धर्म को पृथ्वी सहित बचाने की चिंता तथा कैदियों की तरह मृतक की जमानत करवाने की बात इनमें है। 'अड़ोस-पड़ोस' कविता पड़ोसी धर्म का साकार रूप है। यहाँ नये पुराने छाते हैं। 'आते हुए वसन्त के लक्षण' हैं। 'टी.वी. समागम' का उत्सव है। सब कुछ है परन्तु कवि की चिन्ता बनी हुई है :

खाना-सोना एक साथ
जागना हरेक का अलग-अलग हुआ जा रहा है
अपने-अपने दर्द और अपनी-अपनी हाजत के अनुसार।

(जितने लोग उतने प्रेम, पृ. 176)

इस संग्रह की कविताएँ कविता के शिल्प और प्रेम के रूप को रूढ़ि नहीं बनने देतीं। उक्ति वैचित्र्य और कथन विशेषता के कारण इन कविताओं में उद्धरणीयता का गुण प्रचुर मात्रा में है। ये कविताएँ 21वीं सदी की कविता को नयी दिशा देंगी क्योंकि इनमें समाहित है :

ठिठुरे-ठर-ठरे पेड़ों में चमकता है
चट्टानों के नीचे से खींचा हुआ पानी

(जितने लोग उतने प्रेम, पृ. 71-72)

जगूड़ी यह मानते हैं कि 'कविता का जन्म ही कथा कहने के लिए और भाषा में जीवन नाट्य रचने के लिए हुआ है'। वे कविता जैसी कविता नहीं जीवन जैसी कविता रचने के पक्षधर रचनाकार हैं। संग्रह की कविताओं में यह सब कुछ बिखरा हुआ किन्तु व्यवस्थित रूप में है।

रचना प्रक्रिया से जूझते हुए

लीलाधर जगूड़ी साठोत्तरी कविता के ऐसे कवि हैं जिन्होंने कविता लिखने के साथ-साथ गद्य लेखन में भी पहचान बनाई। उन्होंने स्वतन्त्र रूप से कहानी उपन्यास तो नहीं लिखा किन्तु पर्वतीय क्षेत्रों में प्रौढ़ों के लिए 'हमारे आखर' (प्रवेशिका) तथा 'कहानी के आखर' पाठ्य-पुस्तकें लिखीं जो साक्षरता मिशन के लिए थीं। उनकी कविता-रचनाओं की भूमिका में गद्य की उत्तम उपस्थिति दिखती है। पत्र-पत्रिकाओं में प्रकाशित लेखों में काव्य विषयक अवधारणा, कवि-कर्म, काव्य-परम्परा, मंचीय कविता, कविता का शिल्प और अभिव्यक्ति सम्बन्धी विचार उनके गद्य लेखन की कसौटी हैं। संस्कृत भाषा का ज्ञान उनके गद्य में दिखाई देता है। उन्होंने गद्य की विधाओं को परिभाषित किया है। उनका मानना है कि 'शाब्दिक अभिव्यक्ति के रचनात्मक प्रति संसार में सबसे पहले कविता का जन्म हुआ। उस समय यह अनोखी घटना थी कि बोलने यानी कि गद्य के अलावा भाषा का कोई और पैटर्न भी बनाया जा सकता है। भारतीय मायथोलॉजी में वाल्मीकि ने पहले कवि का काम किया। ...यहाँ मैं कवि और कविता इन दो शब्दों के अर्थ का निर्माण करते हुए एक निजी खुलासा करना

चाहता हूँ। निर्माण इसलिए कि शास्त्रोक्त प्रमाण नहीं है मेरे पास। कहने को– 'कथन विशेष' (कवि) बनाने वाले 'कवि' होते हैं। तब से कवियों की विशेषोक्ति आज तक कविता का आकर्षण बनी चली आ रही है। अब 'कविता' की भी निर्मिति को अर्थ के स्तर पर जान लिया जाए, तो न कोई हर्ज़ होगा, न नुकसान। कथन+विशेष+की तार्किकता अर्थात् 'कविता'। तार्किकता में एक दर्शन भी है और बहस भी।'[40]

सन् 2015 में वाणी प्रकाशन से उनका लेख संकलन 'रचना प्रक्रिया से जूझते हुए' प्रकाशित हुआ। इस पुस्तक के 20 लेखों में उनकी कई पुस्तकों की भूमिकाओं के साथ-साथ अन्य स्वतन्त्र लेख हैं। जिनमें प्रमुख हैं 'कविता के आसपास', 'स्वप्नभंग का स्वप्न', 'पुराने प्रसंगों के प्राण', 'मैं लिखता क्यों हूँ', 'बोली का आना और भाषा बन जाना', 'समय : महाकाव्य के बिना', 'सगीत और कविता के अन्तःसम्बन्ध' तथा 'वैश्विक विवशता और स्थानीय विविधताओं के बीच कविता'। पुस्तक के अन्त में 'रचना प्रक्रिया से जूझते हुए' कवि के उद्गार हैं। अपनी रचना प्रक्रिया पर कोई बयान न देने वाले जगूड़ी ने लिखा है कि 'असल में रचना प्रक्रिया तो किसी रचना में किसी पाठक को ढूँढ़नी चाहिए ताकि अगर वह दिखाई दे तो दूसरों को भी दिखा सके। लेकिन लोग रचनाकार से ही इसकी प्रक्रिया जानना चाहते हैं। यह तो ऐसे ही हुआ जैसे किसी सुन्दर, गुणी और प्रतिभावान सन्तान के माँ-बाप से कोई पूछे कि इस सन्तान की, आपकी रचना प्रक्रिया क्या थी? किसी रचना को उस तरह जैसे हम अपने शरीर और मन को जानते हैं, जानना बहुत मुश्किल है।'[41]

जगूड़ी जैसे निपुण कवि के लिए रचना प्रक्रिया पर बात करना सरलतापूर्ण कार्य नहीं है। सम्भवतः इसलिए कि लोग इसे समझ नहीं पाये हैं। रचना प्रक्रिया को पकड़ना और उस पर बात करना उन्हें हास्यास्पद सा लगता है। जगूड़ी रचना प्रक्रिया को गतिशील कर्म मानते हैं। हर रचना की प्रक्रिया अलग होती है। उनका रचना प्रक्रिया सम्बन्धी दृष्टिकोण पारम्परिक ढर्रे सा नहीं है। उनका मानना है कि 'अपनी रचना प्रक्रिया के साथ हमें ऐसी सामाजिक परिस्थितियों के लिए लड़ना और स्वप्न चित्रित करना है जिसमें किसी तरह की ग़रीबी के लिए कोई स्थान न हो, न आर्थिक विपन्नता रहे न जातीय भेद-भाव, न ज्ञान का दारिद्र्य रहे न जानकारी का अभाव, न अवसर की कमी रहे न ईर्ष्या का भाव, न पिछड़ने की कुंठा रहे। इसमें रचनाकार भी शामिल हैं।'[42] लीलाधर जगूड़ी हर रचना को किसी अनुभव की पुनर्रचना मानते हैं, प्रतिलिपि नहीं। 'अनुभव भी चाहे तो यह अनुभव कर सकता है कि किस रचनाकार ने उसे कैसे

रचा। अनुभव का रचनात्मक अवतरण जिस समय पहली बार रचनाकार के मन में कौंधता है, उस समय उसका बीज हाथ आ जाता है। वह क्षण, सचमुच उस घटित होने वाली रचना के लिए और रचनाकार, दोनों के लिए अद्भुत व अविस्मरणीय होता है जिसे मुक्तिबोध भी रचना का पहला क्षण कहते हैं। उस समय कवि या लेखक ऐसी सक्रिय प्रयोगशाला में बदल जाता है जहाँ वह अनुभव अपने अनुभूतिमय रूपाकार को ढालना शुरू कर देता है। यह सब कुछ घटित हो जाने के बाद होता है। अनुभव का मतलब ही है अनु-भव। 'अनु' माने बाद में और 'भव' माने होना। बाद में होना। ...इसलिए रचना प्रक्रिया का मामला मुझे अनुभव को, अनुभव करने का लगता है।'[43]

इस पुस्तक में जगूड़ी ने कविता पर मंडराने वाले खतरों तथा उससे सम्बन्धित भ्रान्तियों का भी निराकरण किया है। उनका मानना है कि हमेशा से बौद्धिकीकरण को कविता के लिए ख़तरा बताया जाता रहा है लेकिन यह भी सच है कि बिना अतिरिक्त बौद्धिक आनन्द के कविता में रसोद्रेक हो नहीं पाता। उन्होंने कविता के ख़तरे पर अपनी सोच लिखी है कि 'कहने वाला या तो सबसे बड़ा कविता प्रेमी है या कहने वाला कविता को उसके कालधर्म और युगीन सौन्दर्य के साथ उसे समझने में कठिनाई महसूस कर रहा है। बजाय इसके कि एक अच्छी कविता की रचना की जाय, यह कह देना सबसे आसान है कि कविता ख़तरे में है। ख़राब कविताओं के बीच में से एक अच्छी और सम्भावनाशील कविता को उठाकर सबसे परिचित कराया जाये, बजाय इसके कि उसकी मृत्यु की घोषणा की जाये। दरअसल, कविता की मृत्यु में कवि होने की सम्भावनाओं की भी मृत्यु छिपी हुई है। कुछ लोगों को लगता है कि आज अगर कविता मर भी जाती है तो पुराने समय में हमारे पास बहुत कविता है, ज़रूरत पड़ी तो वहाँ से कविता ले लेंगे। अब साहित्य की दूसरी कमाऊ विधाओं से खा-कमा लिया जाये। कविता कम बिकती है और घाटे का सौदा है, इसलिए कविता अगर ख़तरे में पड़कर ख़त्म भी हो जाती है तो हो जाने दो। मित्रों यह वैसी ही बात होगी जैसी कोई कहे कि जड़ अगर सूख गयी तो कोई बात नहीं पेड़ तो हरा है। कविता के बिना साहित्य का यह पेड़ कितने दिन हरा रह पाएगा?'[44] जगूड़ी यह मानते हैं कि साहित्य के संसार में काव्य एक तत्त्व है, मात्र विधा नहीं, उसके बिना भाषा का सारा संसार नीरस और निर्जीव हो जायेगा।

रचना के साथ-साथ जगूड़ी ने आलोचना के गुण-धर्म एवं आलोचक के दायित्व पर भी विचार किया है। उनके अनुसार 'रचना' एक भौतिकवादी शब्द है। कविता के लिए कहा गया है कि वह मनुष्य-आत्मा की मातृ-भाषा है। ...आलोचना

कहीं न कहीं रचना के बाद का जनमा हुआ शब्द है। यह अनुगामी शब्द है। आलोचना में प्रशंसा और पछतावा (जिसे सुविधा के लिए कुछेकों ने निन्दा कहना भी शुरू कर दिया है) शुरू से ही शामिल हैं। अगर मैं यह कहूँ तो सम्भवतः ग़लत नहीं होगा कि आलोचना में समालोचना शामिल है और निन्दा में केवल दोष-दर्शन। यह भी नहीं भूला जाना चाहिए कि जिस तरह 'सामिष' (मांस भोजन) के विपरीत आगे चलकर 'निरामिष' शब्द पैदा हुआ उसी तरह प्रशंसा के विरुद्ध 'निन्दा' शब्द पैदा हुआ है। 'निन्दति' शब्द में बोलकर दुर्गुणों का बखान करना शामिल है, यानी कि निन्दा भी अभिव्यक्ति का एक अधिकार है – बशर्ते कि वह यथार्थ पर आधारित हो। 'शिशुपाल वध' में दी गयी गालियों की तरह निन्दा के लिए भी एक अलग किस्म का रचनात्मक प्रयत्न करना पड़ता है। इसका श्रेय भी कवि को जाता है और नाम है–महाकवि माघ। रचना की व्याख्या और रचना का भाष्य दृष्टि और अर्थ का विस्तार करता है। इसलिए आलोचना भी एक रचना है। रचना के बाहरी और भीतरी द्वन्द्व को आख्यायित करती है–आलोचना।'[45]

आज हिन्दी आलोचना की स्थिति यह है कि आलोचक सरलता के पीछे हाथ धोकर पड़े हैं। वे सरलता की जटिलता और जटिलता की सरलता में न प्रवेश कर पाते हैं, न उसका आनन्द उठा पाते हैं क्योंकि वे कानूनी धाराओं की तरह कुछ रटे-रटाये, छपे-छपाये निष्कर्ष पर रचना को ठोंक देते हैं।

लीलाधर जगूड़ी अच्छे कवियों की भाँति अच्छे आलोचकों और अच्छे पाठकों का होना भी उत्तम साहित्य के लिए अपरिहार्य मानते हैं। उनका कहना है कि 'अच्छा कवि पैदा होना ही नहीं अच्छा पाठक पैदा करना भी हमारी इच्छाओं में शामिल हो जाना चाहिए। पाठक को उसके काव्य संस्कार की जड़ता या जकड़बन्दी के बारे में रचनाकारों द्वारा बताया जाना चाहिए। मैं संस्कारबद्ध और अल्पज्ञ पाठक को निर्णायक नहीं मानता। जो अपने को निरन्तर संस्कारित नहीं कर रहा है, वह चाहे रचनाकार हो चाहे पाठक, दोनों ही नयी रचनाधर्मिता' के विरुद्ध हो जाएंगे।' कुछ आलोचकों एवं पाठकों ने कविता को केवल शिल्प मान लिया है। जगूड़ी की इस टिप्पणी से शिल्प प्रधान कविता के कई भ्रम टूटते हैं। 'कविता को शिल्प से नहीं भाषा के नवाचार और कथन की भंगिमा और अर्थ गौरव से पहचाना जाना चाहिए। देखना चाहिए कि भाषा की विपुल उपस्थिति के बावजूद कविता बनी कि नहीं बनी? पहले का जाना सुना कहीं फिर से तो नहीं कहा जा रहा है? ...अच्छी कविता और अच्छे साहित्य को पुरस्कार मिले या न मिले, लेकिन उसे अच्छा आलोचक मिलना सौभाग्य की बात है।'[46]

अपने लेखन में जगूड़ी ने बोलियों के प्रभाव तथा उससे भाषा की निर्मिति

पर भी विशेष ध्यान दिया है। भाषा और बोली के प्रति उनका लगाव भी यहाँ देखा जा सकता है। 'बोली का आना और भाषा बन जाना' शीर्षक लेख में जगूड़ी ने लोगों के इस भ्रम का निवारण किया है कि हम जो बोलते हैं वही सर्वश्रेष्ठ बोली है। 'कोई भी भाषा पहले 'बोली' थी। बोली अर्थात् ध्वन्यात्मक संवाद। ध्वनि जब लिपि में बदली तब वह 'भाषा' बनी।'[47] इसी प्रकार हिन्दी भाषा की उपयोगिता पर उन्होंने लिखा है कि 'हिन्दी, उत्पादनों को बाज़ार देती है। हिन्दी जनतन्त्र की भाषा है और इसके बोलने वालों की संख्या भारत से लेकर विश्व के अन्य देशों में भी फैली हुई है। हिन्दी ने भारत की लगभग 38 बोलियों और 14 बड़ी भाषाओं से अपनी शक्ति पायी है। वह घुमक्कड़ों, फक्कड़ों और साधुओं के सत्संग से सँवरी है। वह महापुरुषों की वाणी होकर नहीं जन-सामान्य की भाषा बनकर फैली है। इसीलिए वह महात्मा गांधी की भाषा बन पायी ...हिन्दी अब हमारे घर की सदस्य है, मेहमान नहीं।'[48]

'संगीत और कविता के अन्तःसम्बन्ध' लेख में जगूड़ी ने संगीत एवं कविता के साम्य तथा वैषम्य दोनों पर विचार किया है। उन्होंने तुलनात्मक ढंग से विश्लेषण करते हुए लिखा है कि 'संगीत ताल पर चलता है जबकि कविता अपने पाठ की चाल पर चलती है। संगीत शब्द विहीन हो सकता है मगर ध्वनि विहीन नहीं हो सकता। कविता शब्दों की मितव्ययिता को भी शब्द विहीन नहीं रहने देती। ...संगीत निःशब्द हो सकता है पर निर्ध्वनि नहीं। सन्नाटे की भी वहाँ एक ध्वनि होती है।' कविता में अन्तर्निहित संगीत को स्पष्ट करते हुए जगूड़ी ने लिखा है कि 'कविता में संगीत, शब्द संयोजन और बीजार्थ प्रयोजन से बजता है। ...कविता के शब्द का उच्चारण ही उसका गायन है।'[49]

इस पुस्तक में जगूड़ी के कई कविता संग्रहों की भूमिका भी संग्रहीत हैं। इन भूमिकाओं में संग्रह की कविताओं का मुख्य स्वर समाहित है। 'पेट और प्रजातन्त्र के बीच' उनके बहुचर्चित कविता संग्रह 'नाटक जारी है' की भूमिका है। इसमें उन्होंने तत्कालीन परिदृश्य का चित्रण करते हुए लिखा है कि 'आज़ादी के बाद की हड़ताली चेतना को ही लोग क्रान्ति के नाम से जानने लगे। पढ़े-लिखे और अनपढ़ दोनों की बेरोजगारी आत्महत्या को बढ़ावा दे रही थी। कांग्रेस पार्टी का विरोध इतनी तीव्रता से बढ़ने लगा कि डॉ. लोहिया की समाजवादी पार्टी और वामपन्थी कहलाने वाली तरह-तरह से बँटी हुई कम्युनिस्ट पार्टियों के प्रति लोगों का रुझान बढ़ता जा रहा था। सारे देश को अपने झंडे के नीचे लाने की इच्छा रखने वाले कम्युनिस्ट स्वयं कभी एक नहीं हो पाये।'[50]

सन् साठ के बाद की कविता का पुनर्मूल्यांकन होना चाहिए ऐसा जगूड़ी का मन्तव्य है। उस समय के परिदृश्य का चित्र खींचते हुए उन्होंने लिखा है। 'गरीबी की गिरफ़्त में बढ़ती आशंकाएँ और निराशा के तूफानी विस्तार, पूरी पीढ़ी को दिशाहीनता का शिकार बना रहे थे। आज़ादी के संग्राम में महात्मा गाँधी की भूमिका की यह पीढ़ी गवाह नहीं थी लेकिन आज़ादी के बाद विनोबा भावे के भूदान आन्दोलन की प्रतिक्रिया में नक्सलवाड़ी से प्रारम्भ हुए भूमि बाँटों की तर्ज पर 'भूमि हथियाओ आन्दोलन' का राजनीतिक उत्पीड़न वे देख रहे थे। भूमिहीनों को एक टुकड़ा भूमि उपलब्ध कराने का मतलब था उन्हें देश की ज़मीन से जोड़ना। इस दृष्टि से साठ के बाद के साहित्य का अध्ययन अभी तक नहीं हुआ है। साठ के बाद की कविता नेहरू, लोहिया और रजनीश के बीच के द्वन्द्व की भी एक यात्रा है।'[51]

'डरावनी भविष्यवाणियों के बीच कविता' तथा 'वैश्विक विवशता और स्थानीय विविधताओं के बीच कविता' की स्थिति देखने वाले कवि जगूड़ी अपने आपको अनुभव और भाषा का आज़ाद गुलाम मानते हैं। इस पुस्तक के माध्यम से उनकी रचनाकार विषयक अनेक आत्मस्वीकृतियाँ सामने आई हैं। उन्होंने इस सत्य को कई बार दोहराया है कि 'ख़ुद को कवि होने का प्रमाण पत्र नहीं दे रहा हूँ लेकिन मैं ख़ुद को कविता से अलग भी नहीं कर सकता। न मैं बिना किसी भाषा के कविता की कल्पना कर सकता हूँ। मैं दृश्यों और आन्तरिक अनुभवों को भी भाषा में सोचता हूँ। ... अगला जन्म अगर होता है तो मैं उसमें भी कवि होना चाहूँगा।'[52]

'रचना प्रक्रिया से जूझते हुए' जगूड़ी की काव्य विषयक विविध मान्यताओं के साथ-साथ उनके जीवन एवं कवि कर्म के अनेक नये प्रसंगों को सामने करने वाली कृति है। उनकी कविताओं की समझ इस संग्रह से पुष्ट और स्पष्ट होती है।

मेरे साक्षात्कार

लीलाधर जगूड़ी समकालीन कविता के सशक्त कवि हैं। उनके सभी कविता-संग्रह उत्कृष्ट प्रकाशनों से प्रकाशित हैं। समय-समय पर पाठक अपनी आलोचकीय रुझान से प्रेरित होकर जगूड़ी के रचनाकार मन को जानने-समझने का प्रयास भी करते रहे। उनसे लिए गए तमाम साक्षात्कार साहित्यिक पत्र-पत्रिकाओं में प्रकाशित होते रहे हैं। उन पर चर्चा भी होती रही। जगूड़ी के साक्षात्कारों का एक संग्रह 'मेरे साक्षात्कार' शीर्षक से 2003 में किताबघर प्रकाशन, नयी दिल्ली से प्रकाशित हुआ है जिसमें इक्कीस साक्षात्कार संग्रहीत हैं। ये साक्षात्कार

क्रमशः 'बाजारविहीन समाज की कल्पना असम्भव' (मीनूरानी दुबे; नवभारत टाइम्स, लखनऊ, 17.10.1992), 'सदी के अन्त में कविता' (विजय कुमार; 'उद्‌भावना', अक्टूबर,1997 (संयुक्तांक), 'हर विपत्ति ने मेरे जीवन में नया द्वार खोला है' (मोहन थपलियाल; 'संडे ऑब्जर्वर', नवंबर, 1992), 'कविता कला बनकर न रह जाए' (ग़ज़ाल ज़ैगम; 'स्वतन्त्र भारत', अगस्त, 1993), 'खराब कविता भी संवेदना नष्ट करने का काम करती है' (कृष्ण कुमार मिश्र; साक्षात्कार, जुलाई, 1993), 'कविता और रोटी एक-दूसरे के विकल्प नहीं हैं' (अतुल शर्मा; पल प्रतिपल, जून, 1993), 'नयी पीढ़ी को पढ़े बिना पुराना लेखक नया नहीं लिख सकता' (कृष्ण कुमार मिश्र; 'नया सबेरा', मुंबई, 23 मार्च, 1993), 'कविता एक प्रतिसंसार है' (अकिंचन; 'दैनिक हिन्दुस्तान', नयी दिल्ली, जनवरी, 1997), 'नए शिल्प और नए बिम्बों की तलाश' (रमेश कुड़ियाल; 'अवकाश', देहरादून, अक्टूबर, 1995), 'जीवन और समाज की समझ' (तुलसी रमण; 'जनसत्ता', चंडीगढ़, 25 मार्च, 1994), 'आलोचना भी रचनाकार का स्वधर्म है' (कृष्ण कुमार मिश्र; 'अक्षरा', 1994), 'एक जीना जगजाहिर एक जीना चुपचाप' (मिथिलेश श्रीवास्तव; 'दैनिक हिन्दुस्तान', नयी दिल्ली, 15.03.1998), 'मनु, मार्क्स और महात्मा : नया वैचारिक एजेण्डा' (हेमंत शर्मा; 'जनसत्ता', नयी दिल्ली, 05.01.1998), 'इक्कीसवीं सदी में कविता की ज्यादा जरूरत होगी' (योगेश मिश्र और महेश पाण्डेय; 'सहारा', 31 दिसम्बर, 1997), 'कविता का पुनर्जीवन ही कवि का पुनर्जन्म है' (जोगेन्द्र सिंह; 'गगनांचल', अप्रैल-जून, 1998), 'हिन्दी और दूसरी भाषाओं की आपसदारी' (अनूप सेठी; 'परस्पर', वर्ष 1999-2000), 'मनुष्य होने का एक बेहतर और वृहत्तर रूप' (ओम निश्चल; 'वागर्थ', नवंबर, 2000), 'मैं आज भी अपने को 'बिगनर' महसूस करता हूँ' (मोहन थपलियाल; पहल-62), 'सूचना प्रौद्योगिकी में कविता का कायाकल्प' (गणेशचंद्र राही; प्रगतिशील आकल्प, मुंबई, जन-मार्च, 2002), 'कविता भी अपने आप में 'मीडिया' है' (डॉ. नवीनचंद्र लोहनी; 'अमर उजाला', 2 दिसम्बर, 2001), 'अलग किस्म का सोचना और खास किस्म का बोलना है कविता' (प्रेम साहिल; पंजाबी साहित्य की पत्रिका 'अक्खर') हैं। इनके अतिरिक्त दो और साक्षात्कार 'कवि न होता तो जीवन अधूरा और निरर्थक होता' (मुकेश नौटियाल; अन्यथा, अंक 8) और 'मैं हर पीढ़ी में शामिल होता हूँ' (प्रमोद कौंसवाल; आता ही होगा कोई नया मोड़–लीलाधर जगूड़ी : जीवन और कविता, वाणी प्रकाशन, 2015) प्रकाशित हैं।

इन साक्षात्कारों में जगूड़ी का व्यक्तिगत जीवन, रचनात्मक जीवन

तथा जगत की तमाम सच्चाइयाँ ही नहीं हैं बल्कि काव्य-सौन्दर्य एवं कविता की कसौटी पर भी विस्तृत चर्चा है। कविता में जगूड़ी का जो रूप स्पष्ट नहीं हो पाया है वह इन दुर्लभ साक्षात्कारों में सुस्पष्ट हो उठा है। विशेषकर विजय कुमार, मोहन थपलियाल, कृष्ण कुमार मिश्र, जोगेन्द्र सिंह एवं ओम निश्चल के साक्षात्कारों से जगूड़ी के कवित्त्व को समझने में अधिकाधिक सहायता मिलती है। ओम निश्चल ने जगूड़ी की कविता-गृहस्थी से तमाम बहुमूल्य वस्तुएँ चुनकर पाठकों की समझ को मजबूत बनाया है और उनकी कविताओं का ग्राफ तैयार किया है कि किस प्रकार क्रमशः उनकी कविता में तार्किकता एवं काव्यात्मकता का प्रवेश होता गया। कविताएँ कुछ-कुछ गणितीय खेल में तब्दील होती गईं जिन्हें पाठकों एवं आलोचकों ने अनुभव भी किया।

लीलाधर जगूड़ी अनवरत रचनारत हैं। उनकी कविताएँ विभिन्न पत्र-पत्रिकाओं में प्रकाशित हो रही हैं। कविता रचने के अतिरिक्त उन्होंने कुछ अन्य विधाओं में भी रचनाएँ की हैं। 'हमारे आखर' (1980) पर्वतीय क्षेत्र में प्रौढ़ों के लिए तथा 'कहानी के आखर' पाठ्य पुस्तकें हैं। राजस्थान के कवियों के संकलन 'लगभग जीवन' का संपादन किया है। 'पाँच बेटे' (1984) नाटक पर बनी टेली फिल्म को प्रथम पुरस्कार प्राप्त हुआ। उनकी कविताओं के अनुवाद मराठी, पंजाबी, मलयालम, बांग्ला, उड़िया, उर्दू आदि भारतीय भाषाओं में तथा रूसी, अंग्रेजी, जर्मन, जापानी और पोलिश आदि विदेशी भाषाओं में हुए हैं।

उनके दो उत्तम लेख क्रमशः 'क्या कविता ख़तरे में है' और 'अभिव्यक्ति की चौपड़' के साथ-साथ चौबीस कविताएँ 'आता ही होगा कोई नया मोड़ – लीलाधर जगूड़ी : जीवन और कविता' पुस्तक में संग्रहीत हैं। जगूड़ी अनवरत स्वतन्त्र लेखन कर रहे हैं। उनका कवि यथार्थ के बहुत पास है। जीवन के बिल्कुल निकट है। जिसमें कोई भुलावा नहीं बल्कि आत्मस्वीकार है। वे 'सीढ़ी' कविता में जीवन, रचना-कर्म एवं समाज सबको संबोधित करते हैं :

कुछ लोग ऊँचाई पा लेने के बाद सीढ़ियाँ हटा देते हैं
ताकि लोग इस भ्रम में रहें कि वे ख़ुद यहाँ तक पहुँचे हैं
बहुत-सी सीढ़ियों में से बचपन भी जीवन की महत्त्वपूर्ण सीढ़ी है
तुम एक-एक कर सारी सीढ़ियों को याद रखना
अपनी आदत की सीढ़ी सहित

(आता ही होगा कोई नया मोड़, लीलाधर जगूड़ी : कविताएँ, पृ. 273)

लीलाधर जगूड़ी के उत्कृष्ट काव्य लेखन के लिए उन्हें क्रमशः रघुवीर सहाय सम्मान, भारतीय भाषा परिषद, कोलकाता, उ.प्र. हिन्दी संस्थान के नामित पुरस्कार सहित अन्य सम्मान, 'अनुभव के आकाश में चाँद' के लिए 1997 में साहित्य अकादमी पुरस्कार तथा 2004 में 'पद्मश्री' से अलंकृत किया गया। भारत की केन्द्रीय साहित्य अकादमी द्वारा 'राइटर्स एण्ड रेजिडेन्स फेलोशिप' से सम्मानित किया गया है। आजकल आप केन्द्रीय साहित्य अकादमी की सामान्य सभा के सदस्य हैं और स्वतन्त्र लेखन कर रहे हैं।

सन्दर्भ

1. लीलाधर जगूड़ी, रचना प्रक्रिया से जूझते हुए, संस्करण २०१५, वाणी प्रकाशन, नयी दिल्ली, पृ. 114
2. लीलाधर जगूड़ी, कविता, संवेदना की आदिम पाठशाला है, पर्वतराग, (सं.) गुरमीत बेदी, अंक-7, पृ. 72-73
3. लीलाधर जगूड़ी, मेरे साक्षात्कार, संस्करण 2003, किताबघर प्रकाशन, नयी दिल्ली, पृ. 81
4. लीलाधर जगूड़ी, कवि न होता तो जीवन अधूरा और निरर्थक होता, अन्यथा, (सं.) कृष्ण किशोर, अंक-8 दिसम्बर-मार्च, पृ. 155
5. लीलाधर जगूड़ी, मेरे साक्षात्कार, संस्करण 2003, किताबघर प्रकाशन, नयी दिल्ली, पृ. 101
6. लीलाधर जगूड़ी, कवि न होता तो जीवन अधूरा और निरर्थक होता, अन्यथा, (सं.) कृष्ण किशोर, अंक-8, दिसम्बर-मार्च, पृ. 155
7. लीलाधर जगूड़ी, मेरे साक्षात्कार, संस्करण 2003, किताबघर प्रकाशन, नयी दिल्ली, पृ. 96
8. वही, पृ. 96
9. वही, पृ. 65
10. वही, पृ. 92-93
11. लीलाधर जगूड़ी, रचना प्रक्रिया से जूझते हुए, संस्करण 2015, वाणी प्रकाशन, नयी दिल्ली, पृ. 35
12. ओम निश्चल, अनुभव के आकाश में कविता, पर्वतराग, (सं.) गुरमीत बेदी, अंक-7, पृ. 33
13. लीलाधर जगूड़ी, रचना प्रक्रिया से जूझते हुए, संस्करण 2015, वाणी प्रकाशन, नयी दिल्ली, पृ. 24
14. वही, पृ. 24-25
15. लीलाधर जगूड़ी, मेरे साक्षात्कार, संस्करण 2003, किताबघर प्रकाशन, नयी दिल्ली, पृ. 38-39

16. लीलाधर जगूड़ी, रचना प्रक्रिया से जूझते हुए, संस्करण 2015, वाणी प्रकाशन, नयी दिल्ली, पृ. 26
17. लीलाधर जगूड़ी, इस यात्रा में, संस्करण 2009, राजकमल प्रकाशन, नयी दिल्ली, पृ. 8-9
18. मंगलेश डबराल, बस्ते की तरह लदी हुई धरती, आता ही होगा कोई नया मोड़-लीलाधर जगूड़ी : जीवन और कविता, (सं.) प्रमोद कौंसवाल, संस्करण 2015, वाणी प्रकाशन, नयी दिल्ली, पृ. 39
19. लीलाधर जगूड़ी, मेरे साक्षात्कार, संस्करण 2003, किताबघर प्रकाशन, नयी दिल्ली, पृ. 115
20. लीलाधर जगूड़ी, रचना प्रक्रिया से जूझते हुए, संस्करण 2015, वाणी प्रकाशन, नयी दिल्ली, पृ. 33
21. वही, पृ. 34
22. वही, पृ. 29-30
23. वही, पृ. 32
24. लीलाधर जगूड़ी, हर नया कवि पुराने कवि से जन्म लेता है, पर्वतराग, (सं.) गुरमीत बेदी, अंक-7, पृ. 65
25. लीलाधर जगूड़ी, इस यात्रा में, संस्करण 2009, राजकमल प्रकाशन, नयी दिल्ली, पृ. 23
26. लीलाधर जगूड़ी, रचना प्रक्रिया से जूझते हुए, संस्करण 2015, वाणी प्रकाशन, नयी दिल्ली, पृ. 78
27. वही, पृ. 73
28. वही, पृ. 76
29. वही, पृ. 76
30. लीलाधर जगूड़ी, बची हुई पृथ्वी, संस्करण 1977, राजकमल प्रकाशन, नयी दिल्ली, फ्लैप से
31. लीलाधर जगूड़ी, मेरे साक्षात्कार, संस्करण 2003, किताबघर प्रकाशन, नयी दिल्ली, पृ. 97
32. विष्णु नागर, 35 साल पुराना एक अन्तर्देशीय, पर्वतराग, (सं.) गुरमीत बेदी, अंक-7, पृ. 22-32
33. लीलाधर जगूड़ी, मेरे साक्षात्कार, संस्करण 2003, किताबघर प्रकाशन, नयी दिल्ली, पृ. 39
34. वही, पृ. 74
35. लीलाधर जगूड़ी, अनुभव के आकाश में चाँद, संस्करण 1994, राजकमल प्रकाशन, नयी दिल्ली, फ्लैप से
36. लीलाधर जगूड़ी, हर रचनाकार की पहली चेष्टा समकालीन होने की होती है, पर्वतराग, (सं.) गुरमीत बेदी, अंक-7, पृ. 78

37. वही, पृ. 78
38. ओम निश्चल, अनुभव के आकाश में कविता, पर्वतराग, (सं.) गुरमीत बेदी, अंक-7, पृ. 35
39. ओम निश्चल, अनुभव का नया सामाजिक अन्वय, पूर्वग्रह, (सं.) प्रभाकर श्रोत्रिय, अंक-126, पृ. 119-125
40. लीलाधर जगूड़ी, अभिव्यक्ति की चौपड़, अहा! ज़िन्दगी, (स.) आलोक श्रीवास्तव, अगस्त 2015, पृ. 55
41. लीलाधर जगूड़ी, रचना प्रक्रिया से जूझते हुए, संस्करण 2015, वाणी प्रकाशन, नयी दिल्ली, पृ. 132
42. वही, पृ. 136
43. वही, पृ. 133
44. वही, पृ. 121
45. वही, पृ. 40-41
46. वही, पृ. 122
47. वही, पृ. 68
48. वही, पृ. 69, 72
49. वही, पृ. 88, 91
50. वही, पृ. 22
51. वही, पृ. 50
52. वही, पृ. 114-115

तृतीय अध्याय

कविता के उद्‌गम स्थल

लीलाधर जगूड़ी साठोत्तरी कविता के सशक्त कवि हैं। सन् साठ का समय आजादी के बाद के मोहभंग का एक ऐसा मोड़ है जिसने केवल राजनीति की दिशा-दशा ही नहीं बदली, साहित्यिक विधाओं के कथ्य और संरचना को भी बहुत दूर तक प्रभावित किया। इस काल के सभी कवियों ने काव्य-लेखन के साथ-साथ अपनी काव्य विषयक मान्यताएँ भी दीं। सामाजिक परिवर्तन के कारण उनकी कविता में जो कुछ भी नया घटित हो रहा था उसे अपने वक्तव्यों के माध्यम से समझाया। मोहभंग के चरम काल में कवियों ने जिस प्रकार का जीवन देखा और जिया वही उनकी कविता का आधार बना। जगूड़ी ने लिखा है '1960 के बाद की कविता की भाषा अपने अनुभव की छिलाई करती दिखती है। वह अलंकृत नहीं करती बल्कि नंगा कर देती है। यह भी कि मेरी कविता का विषय वह युवा मन था जो आजादी के बाद की स्थितियों से टूट चुका था और अपने को कहीं भी मिसफिट पाता था। जगूड़ी मानते हैं कि इस समय कविता कतई कविता जैसी नहीं रहना चाहती थी। वस्तुतः जगूड़ी की कविता कविता जैसी कविता गढ़ने की सरल बेसब्री की नहीं कठिन बेचैनी की कविता है।'[1] यह महज संयोग तो नहीं है कि साठोत्तरी के तमाम कवियों में चाहे वे अकविता के कवि हों या अकविता विरोधी या नक्सलवाद से प्रभावित कवि सभी की कविता की भाषा शब्द बहुल है। वाचालता उसका लगभग अनिवार्य गुण या अवगुण है। कभी-कभी तो अराजकता की हद तक यह प्रवृत्ति देखी जा सकती है।

जहाँ तक लीलाधर जगूड़ी की कविता के वैभव की बात है वह उसी काल खण्ड से प्रभावित है जब साठोत्तरी के विभिन्न काव्यान्दोलन चर्चा में थे। पचास या पचपन वर्ष की अनथक-शाश्वत काव्य-यात्रा में उन्होंने 13 उत्कृष्ट कविता-संग्रह, साक्षात्कारों का संकलन और रचना प्रक्रिया पर अपने सुललित काव्यमय

गद्य-ग्रन्थ रचे। इसके साथ ही साथ सभी प्रतिष्ठित साहित्यिक पत्रिकाओं-पत्रों में उनकी कविताओं तथा काव्य विषयक मान्यताओं का प्रकाशन होता रहा है। उनमें जिन विषयों को उन्होंने चयनित किया उस पर बात होनी चाहिए। उनके प्रत्येक कविता संग्रह की शुरुआत एकदम अलग दृष्टि की आलोचना की माँग करती है। उन्होंने समय, समाज, व्यवस्था, धर्म, राजनीति और पर्यावरण पर जो लेख लिखे हैं उनका भी संग्रह भविष्य में आयेगा क्योंकि उनसे उनकी कविताएँ अधिक-से-अधिक खुलेंगी। समकालीनता से दीर्घकालीनता में जाने का अद्भुत गुण उनकी कविताओं में मौजूद है। उस वक्त की राजनैतिक, आर्थिक और सामाजिक हलचलों, अन्तर्ध्वनियों का ही काव्यात्मक विस्फोट है। 'जगूड़ी की तमाम कविताएँ किसी अच्छी कविता की तलाश में लिखी गयी हैं। वे अच्छी हैं इसीलिए अनन्त संभावनाओं की ओर पाठक को उत्सुक करती हैं। उन्हें पढ़ने के बाद एक और बेहतर कविता की तलाश रहती है।'[2]

सन् साठ के आस पास एक हलचल शुरू हुई जो नयी कविता अर्थात् रघुवीर सहाय और सर्वेश्वर दयाल सक्सेना जैसे कई निरन्तर प्रशस्त और नया, नये होते हुए कवियों को झटक कर अकविता का मुद्दा और आन्दोलन को लेकर सामने आई। बंगला के मलयराय चौधरी और हिन्दी के राजकमल चौधरी की कविताओं के कविता विरोधी अक्षर चिह्नित होने लगे। बनारस में दो विरोधी गीन्सबर्ग और आरलास्की की जिन्दगी और बनारस के बौड़मपन के बीच कोई तारतम्य बना। इन कवियों के अतिरिक्त बनारस, इलाहाबाद और तमाम हिन्दी-बंगला इलाके में कविता, नयी कविता हीरे के समान चमकने लगी। एक तरफ हिप्पी आवारगी और दूसरी ओर चीन से आयातित नक्सली मुक्ति से सम्बन्धित विचारधारा कविता पर हावी होने लगी। छोटी-छोटी पत्रिका दरअसल लघु पत्रिकाएँ, कुछ पैम्पलेट और भी कई तरह के शिष्टाचार, सदाचार विरोधी कल्पन-विकल्पन प्रारम्भ हो गये। इस पूरी जमात में सुदामा पांडे 'धूमिल' बनारस के कई ठीहों-ठिकानों पर अपने जुमले के लिए प्रसिद्ध होने लगे। इस अराजक स्थिति में लोगों को लगा कि कविता बदल रही है। मुहावरे जड़ पकड़ रहे हैं, कुछ हो रहा है। राजकमल चौधरी अपनी खास जिन्दगी के कारण बीमारी में 'मुक्ति प्रसंग' के कवि के रूप में सामने आये। धूमिल अनिवार्य कवि के रूप में पढ़े जाने लगे। श्रीराम शुक्ल, केसरी प्रसाद चौरसिया, मोना गुलाटी जैसे सैकड़ों युवा कवि कविता की दुनिया में ऊफान-तूफान की तरह आये-गये। राजकमल चौधरी और धूमिल की मौत इस पूरी हलचल का तीसरा झटका थी। इसी झटके में लीलाधर जगूड़ी, धूमिल मन्वन्तर के एक विशिष्ट कवि के रूप में

परिचित होने लगे। उनका कविता संग्रह 'नाटक जारी है' धूमिल की मौत के कुछ वर्ष पहले प्रकाशित हो चुका था।

सन् 1972 का समय था। इसे संयोग ही कहेंगे कि धूमिल के साथ जिन नये कवियों के नाम उभर कर सामने आये उनमें जगूड़ी प्रमुख थे। 13 सितम्बर, सन् 1970 की एक भीषण प्राकृतिक दुर्घटना में जगूड़ी परिवार के छह लोगों की मौत हुई थी। वे हर तरह से उजड़ चुके थे। पारिवारिक दुर्घटना, धूमिल एवं राजकमल चौधरी का स्वर्गवास जैसे तमाम असम्बद्ध प्रसंगों से लीलाधर जगूड़ी के कवित्व का उद्गम हुआ। अगर शब्दों की दुनिया में तूफानी स्थितियाँ न होतीं तो जगूड़ी को पहचानने में समय लगता। जिस तरह धूमिल की कविता में पाठ और प्रचार से आलोचना की दुनिया में ऐसे मुहावरे बने जिनसे धूमिल के साथ-साथ लीलाधर जगूड़ी की तिर्यक गुफा, रेगिस्तान, पहाड़, पेड़ और कविता के बन्द दरवाजे से कुछ ऐसी आवाजें उभरीं कि आलोचना की दुनिया में मुक्तिबोध का आलोचन-विलोचन शुरू हुआ। मुक्तिबोध में सपाट कुछ नहीं है। वे नितान्त अकल्पनीय, विचित्र और विलक्षण हैं। यही विलक्षणता जगूड़ी की कविता की सबसे बड़ी ताकत है। वे यहाँ से वहाँ नहीं दौड़ते, कहाँ से कहाँ को सम्बद्ध कर देते हैं। 'मन्दिर लेन' जैसी लम्बी व्यंग्य प्रधान कविता में कवि हरिजन उत्पीड़न और हत्यारों के जरिये मुखबिर गंगू चमार के पागलपन के बारे में बतलाता हुआ उस पर्दे को उठा देता है जिसके पीछे भ्रष्ट व्यवस्था एवं पुलिस तन्त्र का मनमाना तांडव है। जगूड़ी जीना और जीवन की कला सिखाने वाले रचनाकार हैं क्योंकि कौन कैसे मरेगा यह मौत पर छोड़ देना चाहिए। देखना चाहिए कि कौन कैसे जीता है। जीना बड़ी चीज है। 'मन्दिर लेन' कविता का विश्लेषण लम्बी कविताओं के प्रकरण में किया गया है। यहाँ तो केवल यही कहना है कि जगूड़ी व्यवस्था के खोखलेपन की तह उखाड़ने वाले रचनाकार हैं। उनकी लाचारी व्यंग्य की तेज धार बनाने वाली कविता गढ़वाती है :

एक कवि । दो कवि । तीन कवि
क्या उबार लेंगे
लेकिन इस देश का हर बच्चा नेता है
इतने नेता जब चाहें तब
इस देश को नक्शे से उतार लेंगे
अपनी कापी पर
और फिर भूल जायेंगे

(नाटक जारी है, पृ. 130)

इस काव्यांश में कवि ने बच्चों को जो देश के भविष्य हैं उन्हें परिवर्तन का सबसे बड़ा स्रोत माना है। फिर उसे यह भी चिन्ता है कि बच्चे भी कहीं पहले के नेताओं की तरह देश के नक्शे को अपनी काँपियों में उतार कर फिर भूल तो नहीं जायेंगे। अर्थात् सारी योजनाएँ केवल कागजों पर रह जायेंगी और देश वैसे ही पिछड़ा हुआ जहाँ का तहाँ रह जायेगा। जगूड़ी जब यह देखते हैं कि भारत लोकतन्त्रीय परम्परा को वहन करने वाला एशिया का सर्वप्रथम देश है तो वे सोचते हैं लोकतन्त्र अर्थात् लोगों का शासन या व्यवस्था पर यह क्या? यहाँ तो जो व्यक्ति प्रतिनिधि होकर कुर्सी पर बैठता है वह केवल अपने भीतर के स्वार्थ में ही लोक को संमाहित कर लेता है। 'नाटक जारी है' कविता-संग्रह तो ऐसी भावभूमि की कविताओं से भरा हुआ है, शायद इसलिए कि वह मोहभंग का काल था। जब मोहभंग की तस्वीर पहली बार बनती है तब रंग अधिक भर जाता है। आक्रोश, उबाल और व्यंजना के दंश को यदि देखना हो तो इस संग्रह को बार-बार पढ़ा जाना चाहिए। कुछ काव्यांश हैं :

हलो; अगर बहुत कुछ गड़बड़ हो गया है
और कुछ पता नहीं चल रहा है
तो वहाँ एक शब्द रख दो – देश
एक न्याय। एक कल्याण
फिर मुट्ठीभर लोगों की आय
और उसके बाद शेष लोगों का अपव्यय, अपव्यय....।

x x x

तुम्हारे पास बन्दूक नहीं है?
तो एक शब्द है – समन्वय – इसे दागो

x x x

स्तिफा क्यों देते हो
गलने दो मस्ती से। जब तक गल रही है

(नाटक जारी है, पृ. 90, 91, 93)

क्या विडम्बना है कि देश की रक्षा के लिए एक पूरा प्रशासन एक समूचा तन्त्र काम कर रहा है जिसे 'पुलिस' कहा जाता है। उसका स्वरूप जगूड़ी की कई कविताओं में अलग-अलग प्रसंगों में चित्रित है। 'बलदेव खटिक', 'मन्दिर लेन', 'हत्या', 'पलटवार' जैसी अनेक कविताएँ नेताओं की साठ-गाँठ और हत्यारों की स्वच्छन्दवृत्ति, उनके फलते-फूलते कारोबार का बेहतर नमूना हैं।

'हत्या' कविता का हत्यारा पीछा करता हुआ अस्पताल तक पहुँच जाये यह जानकर कि जिसको मैंने गोली मारी वह जिन्दा कैसे रह गया। वह देखभाल करने वालों का बहाना बनाकर आये और कनपटी पर गोली मार दे। काव्यनायक का प्रहार सीधे-सीधे सिस्टम पर है। यह जानते हुए कि खुलेआम हत्या की जा चुकी है डाक्टर पोस्टमार्टम करेंगे और यह जानने की कोशिश करेंगे कि कहीं इसे जहर तो नहीं दिया गया है, किसी ने इसका गला तो नहीं घोंट दिया। काव्यनायक सोचता है पोस्टमार्टम में प्रशिक्षित डाक्टर कुछ-न-कुछ तो निकाल ही लेंगे। किन्तु क्या उन्हें मेरी जिन्दगी की सच्चाई का भी पता लग पायेगा :

मेरे दिमाग में चुभी हुई कील
क्या मेरे ख़ून में से डाक्टरों के हाथ लग सकेगी
यह कोठरी? यह असुरक्षा?
तब वे कहेंगे हत्यारा कोई नहीं था हत्यारा ज़हर था
हत्यारी गोली थी हत्यारी ताकत नहीं थी
हत्यारा चाकू था
यह सह नहीं सका वरना बच जाता
इसकी असमर्थता ही इसकी अयोग्यता थी
आख़िर कितना निपुण था हत्यारा

(रात अब भी मौजूद है, पृ. 99)

इस कविता में सुबह से पहले काफी कुछ आपराधिक घटनाओं को जल्दी-जल्दी पूरा करने की व्यंजक उपस्थिति है। हत्यारे को ही एक दिन गोली मार दी जाती है। यह क्या चारों ओर हड़कम्प हो गया। पुलिस आ गई। कोई जनता अब अन्दर नहीं जा सकती। काव्यनायक सफाई देता है ये सब जनता नहीं रोगी हैं, बीमार हैं, सब मलहम लगाने आये हैं नारा लगाने। हम सब गोली (दवा की) लेने आये हैं गोली मारने नहीं आये हैं। इंसपेक्टर हंटर ठोंककर चिल्लाता है नहीं यहाँ कोई बीमार नहीं, सब जनता है। हमारे लिए जनता ही सबसे बड़ा रोग है। भीतर मत जाओ हो सकता है कोई रोगी ही हत्यारा हो :

आजकल बीमारी, बीमार को कम मार रही है
बीमार; बीमार को ज़्यादा मार रहे हैं
अब एक ही फार्मूले से खुश रहा जा सकता है
'हर मरने वाला बीमार; हर जीने वाला तन्दुरुस्त'

बीमार बीमार देखने लगे एक दूसरे का बीमार चेहरा
चेहरा जो धीरे-धीरे फरार हो रहा था

(रात अब भी मौजूद है, पृ. 101)

व्यवस्था की चीरफाड़ तो शुरू से जगूड़ी का प्रिय विषय रहा है। 'वे आरम्भ से ही एक प्रतिबद्ध सामाजिक कवि के रूप में हमारे सामने आते हैं। शुरू में उनकी कविताएँ सत्ता विरोध ज्यादा करती थीं। पर इधर की कविताओं में एक गुणात्मक परिवर्तन यह आया है कि अब कवि ने सत्ता के विरोध के बजाय व्यवस्था के पूरे तन्त्र को बेनकाब किया है, जिसमें पुलिस तन्त्र के भयानक अत्याचार प्रमुख हैं।'[3] पुलिस के संहार के बाद की स्थितियों का तीव्र प्रतिकार इन पंक्तियों में दिखाई देता है :

जहाँ जहाँ गोलियाँ दागी गईं क्या वहाँ-वहाँ फूल दाग दूँ
घावों पर क़सीदे काढ़ दूँ
चुराये गये बच्चों के लिए लिख दूँ कि उनके चेहरे फूलों-जैसे थे
लापता लोगों के लिए कह दूँ कि वे कहीं मौज मार रहे हैं
यह नहीं कहूँगा कि उनकी याद में आप मौन धारण करें
बल्कि कहूँगा कि बस ज़रा याद करें
याद करें कि किन मरे हुओं को मरे हुए
किन खोये हुओं को खोए हुए आज कितनवाँ बरस हो गया
कुछ को तो एक हफ़्ता भी नहीं हुआ है अभी

(भय भी शक्ति देता है, पृ. 14)

'नाटक जारी है' से आरम्भ हुईं जगूड़ी की व्यवस्था-प्रहार कविताएँ शनैः शनैः और गहन होती गईं। 'ख़बर का मुँह विज्ञापन से ढका है' संग्रह की एक कविता है 'पलटवार'। सत्तर के दशक में हिंसा के जैसे अमानवीय चेहरे बन रहे थे उन पर रघुवीर सहाय ने 'हँसो हँसो जल्दी हँसो' और 'आत्महत्या के विरुद्ध' जैसी उत्तम कविताएँ लिखीं जो आज भी बेजोड़ हैं। सभ्य आदमियों के जंगल में एक कुख्यात हत्यारा अपनी ही गोली या हथियार से मारा जाता है। 'पलटवार' अर्थात् जिसमें वार पलट जाय की यह घटना कई महत्त्वपूर्ण तथ्य रखती है। हत्यारे का मारा जाना, सभ्य आदमी का बच जाना और एक इनामी अपराधी की मौत पुलिस विभाग को सदमा दे जाती है। मृतक की शिनाख़्त को ही वे संदिग्ध बता देते हैं। अन्यथा खटाई में पड़ जाते पुरस्कार, प्रमोशन, प्रतिष्ठा सब कुछ। कविता में अपराधियों की शरणस्थली राजनीति पर संकेत नहीं बल्कि हथौड़ा चलाया गया है :

आत्मरक्षा ने शरीफ आदमी को हत्यारे की भूमिका में डाल दिया
लांछन कि वह भी हत्यारा हुआ
'हाँ' जितनी अनिश्चित 'ना' जितनी संदिग्ध
तोहमतों से घिरा वह छिपता फिरा तीन रोज पहले जिसे मरा हुआ होना था
आत्मरक्षा में बने अपराधी ने अभी सिद्ध करना है अपने को निरपराध
स्थल पर पकड़े गये शरीफ को न पुलिस पर ऐतबार न न्याय पर भरोसा
नतीजा कि वह छिपने चला गया एक राजनीतिक दल में
जो राज करने की इच्छा से जनसेवक मार्का हत्यारों ने बनाया था

(ख़बर का मुँह विज्ञापन से ढका है, पृ. 16)

कवि इन हत्यारों के पालकों पर सवाल खड़ा नहीं करता बल्कि निर्णय लेता है। लोगों को जागरूक करता है। उठने के लिए कहता है। अब बहुत हो गया। बहुत समय निकल गया। पीढ़ियाँ गुजर गईं, जो तब थे अब नहीं हैं, सब कुछ अदल-बदल हो गया रह गया केवल शासकों का स्वच्छन्द जीवन और पूंजीपतियों का अखण्ड वैभव राज। सहसा उसे 'पाटा' दिखता है और वह बोल पड़ता है कविता में 'कि सारी धरती पर पाटा लगा दूँ।' सभी बराबर हो जाएँ :

आकाश!
कुछ लोग तुम्हें हवाई जहाज़ से जोत रहे हैं
रोज़ इतने हवाई जहाज़ों से उड़ते हुए
ये कौन लोग हैं?
इनमें हमारे गाँव का
हमारे रिश्ते का
हमारी जान पहचान का
एक भी आदमी नहीं है

(रात अब भी मौजूद है, पृ. 21)

जगूड़ी की कविताएँ केवल समस्याओं का घटाटोप नहीं बुनतीं बल्कि उनका समाधान भी तलाशती हैं। उनमें आशा का भाव है। वे लोगों को संगठित होने की बात कहते हैं। ऐसे संगठन को बनाने के आकांक्षी हैं जो सभी भ्रष्टाचारों का निर्मूल-नाश कर दे। इसके लिए कवि को ताकत की जरूरत महसूस होती है। ऐसी ताकत जो पहलवानी एवं गुण्डेपन से मुक्त हो। जो कमजोर आदमी को मजबूत बनाती हो :

ज़रूरत है
एक ऐसी ताक़त की

जिसके लिए
आदमी को आदमी से
घृणा न करनी पड़े

(घबराये हुए शब्द, पृ. 31-32)

कमजोर आदमी कौन है? सम्भवतः जो निरुपाय और अकेला है। जिसमें एकजुट होकर विरोध करने की क्षमता न हो। कवि उन्हें हर प्रकार से प्रेरित करता है। उठने, सोचने और सामर्थ्य बताने को :

सोचो,
मेरे ख़िलाफ़ ही सोचो
चाहे तुम मेरी कविता को नष्ट कर दो
लेकिन मैं चाहता हूँ
तुम अपने निर्माणाधीन भविष्य के बारे में
उठ खड़े होओ
मैं चाहता हूँ, तुम यह बता दो
कि हौसला खत्म नहीं हुआ है

(रात अब भी मौजूद है, पृ. 46)

लीलाधर जगूड़ी का सामाजिक बोध यह जान लेता है कि अकेले व्यक्ति का विद्रोह-भाव, उसका आक्रोश निरर्थक है। शोषक-वर्ग के तिकड़मों से, निर्मम अत्याचारों से संघर्ष करने के लिए एकजुट शक्ति की आवश्यकता है :

क्या कोई छेद खिड़की नहीं हो सकता
कि उजाला भीतर आ सके?
क्या कोई छेद दरवाज़ा नहीं हो सकता
कि अँधेरा बाहर जा सके?
अब मैं अकेला नहीं हूँ
तुम्हारे अन्धे प्रहार के इन्तज़ार में
– विस्फोट के लिए जो ज़रूरी है।

(बची हुई पृथ्वी, पृ. 57)

कवि हिंसा, लड़ाई और युद्ध के बीच सामान्य-जन की श्रम-शक्ति से सम्बद्ध होता है। उसे बराबर यह एहसास बना रहता है कि घर एक बहुत बड़ा खंदक है और जमीन एक बहुत बड़ी क़ब्र का नाम है। इसलिए कवि उन सभी से

अपनी सहनुभूति रखता है :

इसलिए लोगो
मेरी कविता हर उस इन्सान का बयान है
जो बन्दूकों के गोदाम से
अनाज की ख़्वाहिश रखता है
मेरी कविता
हर उस आँख की दरख़्वास्त है
जिसमें आँसू हैं

(घबराये हुए शब्द, पृ. 36)

लीलाधर जगूड़ी की कविता में बदलाव उनके 'बची हुई पृथ्वी' संग्रह के साथ ही मिलने लगता है। वे कविता में सत्ता और व्यवस्था का उग्र विरोध करने की जगह अपनी पूरी सामाजिक, आर्थिक, सांस्कृतिक संरचना की गहन छानबीन करते हैं। उन कारणों की भी खोज करते हैं जो अव्यवस्था को पनपाते हैं। फलतः उनकी कविता उग्र और आक्रामक होने की बजाय कम बोलने वाली और ज्यादा कहने वाली साबित हुई। उन्होंने कविता की दुनिया में उन हदों तक जाने की कोशिश की है जिसको पाने के लिए हर समर्थ कवि भरसक प्रयत्न करता है। कविता की बंधी-बंधाई परिपाटी को तोड़कर कविता की आत्मा में प्रवेश करने की कोशिश में जगूड़ी को पर्याप्त सफलता भी मिली है। औसत अच्छी कविता के विरुद्ध जिस काव्यात्मक दुरूहता का विकल्प जगूड़ी ने चुना है वह अपने समय के प्रति कठोर जिज्ञासा का परिणाम है। हिन्दी के प्रगतिशील कवियों ने अपनी कविताओं में इस कठोर जिज्ञासा भाव से भरे प्रश्नों से मुठभेड़ की है। उनकी कविता में आज के समय, समाज और राजनीति से टकराने का संकल्प बार-बार दुहराया गया है। जगूड़ी कविता लिखते हैं और जब अनुभव करते हैं कि समय ठीक नहीं है तो 'बुरे वक्त की कविता' लिख देते हैं जिसमें कविता के सामने आने वाली चुनौतियों का वर्णन है। साथ ही भद्र और कुलीन वर्ग की पाखण्डी मुद्राओं पर तीव्र व्यंग्य भरा उपहास भी है। व्यंग्य की यह तीखी धार जगूड़ी की कविता की बहुत परिचित एवं चर्चित शक्ति है :

नैतिकता। ब्रह्मचर्य
उपकार। सेवा-सुश्रूषा
सहिष्णुता, उदारता और विश्वास
हज़ारों साल से चला आ रहा है इनका आग्रह

क्यों नहीं आ जाते जीवन में
अब इतने दिनों बाद ये अनायास?

(भय भी शक्ति देता है, पृ. 13)

'मन्दिर लेन' कविता में भी धर्म के ठेकेदारों की धज्जियाँ उड़ाई गयी हैं किस प्रकार हत्या, बलात्कार, लूट को इसी जगह अंजाम दिया जाता है। जगूड़ी की यह कविता आपराधिक जगहों की क्रूरता पर दृष्टिपात करती है जिसको हमारा भक्त समाज मूर्तियों से ढके हुए है। जगूड़ी ईश्वर के अस्तित्व की शिनाख़्त के बहाने कोई भक्तिरस की कविता नहीं लिखते, जिसमें आध्यात्मिक अर्थ ढूँढे जायँ। वे ईश्वर को ही 'आश्वासन' देने लगते हैं :

हे ईश्वर!
कुछ दिन आदमी के बाक़ी सब दिन तेरे
यह सिखाया गया था मुझे
कि हृदय है तेरा घर
पर इसमें क्यों भरे हुए हैं
इतने सारे डर?
कि कोई भी मेरी जान निकाल सकता है
हे ईश्वर! तू चिन्ता न कर
तू तो रहेगा ही रहेगा
क्योंकि मेरे डर तुझको बनाये रहेंगे अमर।

(घबराये हुए शब्द, पृ. 18)

पाप और पुण्य, धर्म और अधर्म, मन्दिर, पूजा, प्रसाद, कर्मकाण्ड की तो सभी प्रगतिवादियों ने खिल्ली उड़ाई है। उन्हें सब कुछ दिखावा लगता है। दान, पूजा-पाठ ये सब धनवानों के लिए हैं। गरीब तो कर्म को पूजता है। मन्दिरों की अथाह धनराशि, सोना, चाँदी आखिर कहाँ से आती है? कवि की आस्था ऐसे ईश्वर में नहीं है :

मन्दिर के लग-भग में घुसा हुआ ईश्वर
बीस रुपये तक वाला ईश्वर
मुझ से नहीं खरीदा जा सकेगा

(नाटक जारी है, पृ. 40)

अमीर के लिए मन्दिर के द्वार सीधे खुलते हैं। उन्हें पास से दर्शन मिलता

है। मेवे का प्रसाद, चादर सब कुछ पुरोहित दे देता है क्योंकि उन्होंने मोटी रकम चढ़ाई है। जगूड़ी धर्म एवं ईश्वर दोनों को मानव से जोड़कर देखते हैं। वे धर्म की अनगिनत कमियों को देखते हैं। उन्हें धर्म पाखण्ड अधिक लगता है। जगूड़ी का मानना है कि हमारे पास करने को बहुत कुछ है। सोचने के लिए भी कई समसामयिक विषय हैं जो मानवता को नष्ट किये जा रहे हैं :

धर्म की खोज में शुरू हुई इस दुनिया को धर्मों की तमाम खामियों में सोचो
सोचो कि मनुष्य होने के धर्म को
इस पृथ्वी सहित कैसे बचाया जा सकता है;
खूबियों को जिन्होंने झूठा करार दिया
उन संस्थाबद्ध धर्मों और ठेकाबद्ध आतंकों के बारे में सोचो
कोई और तरह का विस्फोटक ढूँढ़ो जो धर्म न हो

(जितने लोग उतने प्रेम, पृ. 130)

इतना सब कुछ होने पर भी वे 'ईश्वर की अध्यक्षता में' कविता संग्रह लिखते हैं और अपनी बात का स्पष्टीकरण करते हैं। 'मनुष्य ने जहाँ भाषा और विज्ञान का आविष्कार किया, वहाँ एक दुर्लभ आविष्कार और किया है जिसका नाम ईश्वर है। ईश्वर मनुष्य होने का एक बेहतर और वृहत्तर रूप है। यह बेहतर मनुष्य जो साहित्य की चिन्ता के केन्द्र में बताया जाता है, मुझे हमेशा उस ईश्वर की तरह दिखाई देता है जो कहीं-न-कहीं अपने समय और अपने समाज की समस्याओं के बीच से निकला हुआ एक बेहतर मनुष्य हो।'[4]

क्या हमारी समस्याएँ ही उसके होने का आधार हैं?
या मनुष्यों की तरह भगवान को भी वैविध्य पसंद है?
अगर ऐसा है तो भगवान!
तेरा मनुष्य होना बहुत पसन्द आया मुझे।

(ईश्वर की अध्यक्षता में, पृ. 113)

उनकी एक कविता है 'ईश्वर और आदमी की बातचीत'। इस कविता का ईश्वर मनुष्य से कहता है कि यह मेरी मूर्ति है लोग इसे पूजने आते हैं तुम्हें भी क्या कुछ मांगना है? क्या तुमने व्रत किया है? प्रवचनों के माध्यम से लोग धन कमा रहे हैं। व्यवसायी वर्ग कैलेण्डर पर ईश्वर को तथा बगल में नीचे अपने उत्पाद छपवाकर धन कमा रहे हैं :

तुम किताबों से उठकर
बार-बार यहाँ क्यों चले आते हो
हमने तुम्हें कलेण्डरों पर दे दिया है
जाओ, जूते और घड़ियों के ऊपर रहो

(रात अब भी मौजूद है, पृ. 68)

जगूड़ी 'नरक' और 'विरुद्ध' जैसी कविताएँ लिखते हैं। सम्भवतः उस ईश्वर की कल्पना को खंडित करने के लिए जिसे कर्मकाण्डों से जकड़ दिया गया है। जो पण्डों-पुरोहितों के अनुसार चलाया जाता है। जो नरक की विस्तृत व्याख्या से लोगों को भयभीत करते हैं। उन पर जगूड़ी का प्रहार है और उन्हीं के बताये ईश्वर के विरुद्ध वे कविता लिखते हैं जिसका फैसला सशक्त के पक्ष में हमेशा होता है :

ईश्वर चाहे वह किसी तरीके से हो
मृत्यु नामक तुम्हारा अंतिम न्याय
और मुक्ति नामक मरणोपरान्त जीवन
यह न्याय
वह जीवन
दिखाई देता है मुझे बच्चों में

(अनुभव के आकाश में चाँद, पृ. 65)

जगूड़ी मृत्युपरान्त की यात्रा पर व्यंग्य करते हैं। गोदान को वे जमानत मानते हैं जो वकीलों के नहीं, पुरोहितों के माध्यम से करवानी पड़ती है। उन्होंने 'वैतरणी का पुल' कविता में नरक के दुःखों की चर्चा की है। मरने के बाद भी चैन नहीं। मृतक को बहुत चलना पड़ता है। भयानक रास्ते में विषैली नदी तमाम हिंसक जन्तुओं से भरी हुई। जिसने गोदान करा लिया था उन्हें तो गाय की पूँछ का सहारा मिल गया। कवि को आश्चर्य लगता है कि आज भी पुरोहित बछिया का ही दान मांगते हैं। अगर बछिया की जगह स्वचालित नाव दान में मिल जाये तो कैसा रहेगा? लेकिन वे अभी इतने टेक्निकल नहीं हुए हैं :

गाय के सहारे नदी पार करने की तकनीक
पिछड़ेपन को वहाँ भी छिपने नहीं देती
अफ़सोस कि मन्वन्तरों के बाद भी वैतरणी पर पुल नहीं बन सका
क्या यमलोक में डेरी और सेतु निर्माण एक ही मंत्रालय के अधीन हैं?

x x x

पुरोहित अब इतना हित और करें कि शरीर त्यागते ही
वैतरणी पर पुल बनाने के लिए बिना दक्षिणा श्रमदान करें

(जितने लोग उतने प्रेम, पृ. 132-133)

कवि के मन में ईश्वर, धर्म और कर्मकाण्डों के लिए इतना आक्रोश सम्भवतः इसलिए है कि जिस देश में असंख्य लोग भूखों मरते हों, पेड़ों के नीचे रात गुजारते हों वहाँ धन का इतना बड़ा अपव्यय। मानववादी धर्म को मानने वाले कवि में गरीबों के प्रति विशेष भाव है। व्यंग्य के माध्यम से 'पप्र पवि पगो' नामक कविता में कवि पूछता है कि किसी ऐसी वस्तु के बारे में बताओ जो सबसे सुन्दर हो, तब काव्यनायक जवाब देता है :

तब बताया उसने उघाड़कर
जो वैसे बताने लायक़ न होता
सबसे सुन्दर दुनिया में
अपने से चिपका हुआ एक सुन्दर हिस्सा
परम प्रकट परम विकट परम गोपनीय
पापी पेट ।

(भय भी शक्ति देता है, पृ. 142)

जगूड़ी 'अनुभव के आकाश में चाँद' देखते हैं। वहाँ उन्हें जो ईश्वर दिखाई देता है उससे प्रश्न करते हैं। वे कहते हैं कि तुम शब्द, वाक्य, विराम चिह्न, सम्बोधन, न्याय, न्यायशास्त्री, फूल, फल, गर्मी, जाड़ा, अन्न, गोबर, आश्चर्य, विस्मय आखिर क्या हो। तुम चतुरानन हो या पंचानन, तुम इंद्रियों के द्वारा क्यों नहीं गृहीत होते जबकि इंद्रियाँ जगत के सारे व्यापारों से अवगत कराती हैं। कवि की दुविधा, चिन्ता एवं व्यंग्य तीनों एक साथ है :

जन्म हो कि मृत्यु
या तुम बीच की उलझन में निरा संभोग हो

x x x

हे ईश्वर तुम सदियों से यहाँ क्यों नहीं हो
जहाँ तुम्हारी सबसे ज़्यादा और प्रत्यक्ष ज़रूरत है।

(अनुभव के आकाश में चाँद, पृ. 68-69)

साठोत्तर काल के मनुष्य की नियति को लीलाधर जगूड़ी ने अपनी कविताओं में अनेक प्रकार वर्णित किया है। गरीब की आस्था ईश्वर में होती है। वह भूखे

रहकर उनको अनन्य भाव से पूजता है। कण-कण में व्याप्त ईश्वर उनकी गरीबी दूर क्यों नहीं करता। सरकार की पंचवर्षीय योजनाएँ बनती रहती हैं जो केवल वादों, भाषणों एवं फाइलों में बँधकर रह जाती हैं। कवि का कहना है कि गरीबों को भोजन न प्रभु कृपा से मिलेगा न सरकार से। भोजन की व्यवस्था केवल अपने प्रयासों से ही हो सकेगी। 'ईश्वर और आदमी की बातचीत' कविता में कवि ने इन्हीं तथ्यों का खुलासा किया है। धर्म के ठेकेदार ईश्वर की मूर्तियाँ बेचकर मालामाल हो रहे हैं। गरीब आदमी हर तरह से छला जाता है। कवि का व्यंग्य है :

संयोग से जो पाँचवीं योजना में नहीं
वह तुम कैसे दे सकते हो?
जबकि मेरा कोई व्रत नहीं; फिर भी मैं भूखा हूँ

(रात अब भी मौजूद है, पृ. 68)

कवि एक ओर गरीबों की दशा का चित्रण करते हुए अमीरों की ओर देखता है तो दूसरी ओर उन परिस्थितियों को भी सामने रखता है जो गरीबी का कारण बनती हैं। पूंजी का असमान वितरण ही नहीं पूंजीपति के पास अधिक से अधिक पूंजी का होना भी कवि को खटकता है। 'नाटक जारी है' कविता संग्रह की अधिकांश कविताएँ इसी आर्थिक भेद को केन्द्र में रखकर लिखी गयी हैं। 'घर सँभालते हुए' शीर्षक कविता में जनता को सावधान करते हुए उन्होंने लिखा है :

हमारे पीछे एक और आकाश है। मैं उसे नहीं बता पा रहा हूँ
जिसमें हर पेड़ को जड़ तक तपा देने की साजिश हो रही है

(नाटक जारी है, पृ. 79)

शोषकों ने आर्थिक विषमता की खाई इतनी गहरी कर दी है कि उसे पाटना आसान नहीं लगता। अपनी कविता में जगूड़ी इस आर्थिक विषमता को मिटाने के लिए तत्पर हैं। कवि की सहानुभूति उस पिता से है जिसके आठ बच्चे हैं जिसके सिरहाने केवल एक दीवार का सहारा मात्र है। कवि के लिए अब चुप बैठना कठिन है :

छराक के वेग को अंधेरे कमरे में मारकर
मुझे बहुत कुछ करना है
गाँव का बैल हाँकने वाला चेहरा
फसल को पूँजी बनाने वाले से मिलाना है
झाऊ को नस्ल के बहाने मदद से टुकारना है
खाऊ को हिलाते-हिलाते उखाड़ना है–जड़ से

(नाटक जारी है, पृ. 39)

यहाँ झाऊ और खाऊ दो वर्गों के प्रतीक हैं। एक जिसका चेहरा गरीबी ने झुलस दिया और दूसरा वह जिसकी जड़ आर्थिक रूप से जम गयी है। कवि ने दोनों को अपनी कविता का नायक बनाया है। 'मेरी प्रजाति की नग्नता' कविता में गरीब आदमी को चोरी-चकारी न करने, भूखा रहने पर भी चंगा रहने और जहाँ तक हो सके मानव-मूल्यों के लिए लड़ते रहने को प्रेरित किया है। कवि गरीब की परिभाषा गढ़ता है नंगा-भूखा, अचोर और गरीब। एक कविता में लिखा है :

ग़रीबी में ईमानदार रहने का आदर्श और अमीरी में
बहुधंधी अन्यायी होने के कीर्तिमान
लोककथा बहुत लम्बी है और बहुत तरह की भी
बस एक-आध कथा भरोसा दिलाती है कि ग़रीब कभी
चोर भी हो सकता है। और चोर कभी डाकू भी
डाकेज़नी के चलते किसी दिन हत्यारा भी
और हत्यारा होकर वह कभी भी ताकत हो सकता है
और ताकतवर होने पर वह बात कर सकता है
अन्याय करते हुए अन्याय मिटाने की

(अनुभव के आकाश में चाँद, पृ. 45-46)

यही विरोधाभास जगूड़ी की कविता को बड़ा बनाता है। 'पुनः प्रवेश' कविता में औरत के माध्यम से गरीबी का चित्रण है। एक औरत अचानक वृद्धा हो जाती है जब उसके सपने चूर-चूर हो जाते हैं। 'रामलीला' कविता के मंगतू और प्रभातू के माध्यम से कवि ने गरीबी में जीने वाले वर्ग का बीड़ी एवं चाय का जुगाड़ बताया है। सम्भवतः रोटी और दाल जुटे होंगे पहले से ही। कहने का तात्पर्य यह है कि जगूड़ी गरीब आदमी की जरूरतों में बीड़ी एवं चाय को शामिल करते हैं क्योंकि इन्हीं से ताकत लेकर वे मेहनत कर पाते हैं। भरत सोचते हैं कि कितने दिनों से नंगे पाँव चल रहा हूँ पता नहीं चप्पल का भी जुगाड़ हो पायेगा या नहीं। कवि इन सब दृश्यों से आहत हो जाता है :

कहाँ है ज़्यादा कष्ट!
कहाँ है ज्यादा निर्वासन
रामायण में या जीवन में?
कहाँ लड़ा जा रहा है युद्ध?
कौन है शत्रु और कौन है शत्रुघ्न?

(रात अब भी मौजूद है, पृ. 20)

कवि बार-बार आम आदमी को सतर्क बनाते हुए कह रहा है कि इन धनवान लोगों ने तुम्हें गुलाम बना लिया है। तुम्हें ही नहीं बल्कि तुम्हारी सन्तानों को भी ऐसे ही गुलाम बनाकर रखेंगे। तुम्हारी कमाई पर ये कुबेर का खजाना अपने घर रखे हुए हैं। अपनी बात को जगूड़ी 'छोटी नदी' कविता के माध्यम से स्पष्ट करते हैं। बड़ी नदी केवल तीर्थ तथा पर्व से जुड़ी होती है। उससे खेत नहीं सींचे जा सकते, उससे केवल पहाड़ के लोग आचमन करते हैं। बरसात के मौसम में छोटी और बड़ी दोनों नदियों का जलस्तर बढ़ जाता है तब बड़ी नदी ताकतवर आदमी का प्रतीक बन जाती है :

बरसात में बड़ी जब विकराल हो जाती है
तो किनारों को पसन्द नहीं करती
हर ताक़तवर की तरह
वह भी अपने आधार को काटने लगती है।

(घबराये हुए शब्द, पृ. 66)

ताक़तवर अर्थात् अमीर लोग जब गर्वोन्नत हो उठते हैं तब गरीबों को कुचल डालते हैं। 'आम आदमी 1973' इस दृष्टि से पठनीय है। कवि आम आदमी के निर्माणाधीन भविष्य के लिए चिन्तित है जो पूर्णतः शोषित है। कवि का कहना है कि 'सिद्धान्त और व्यवहार' मात्र शब्द नहीं हैं बल्कि शासन के चरित्र की गुफाएँ हैं जिसमें पसीना बहाने वालों की कमाई खाई जा रही है। इसे रोका नहीं जा सकता क्योंकि इन शासकों की कोई नैतिकता नहीं है। कविता की पंक्तियाँ हैं :

क्या उन्होंने कभी हरे रंग का कोई कपड़ा
इसलिए पहना कि वह सब्जियों वाला रंग है
क्या उन्होंने कोई लाल कपड़ा
इसलिए पहना कि वह मिर्चियों वाला रंग है
वे केवल खा रहे हैं। वे केवल पहन रहे हैं
बिना यह जाने हुए
कि बाज़ार में थान के थान कपड़े हैं
और तुम नंगे हो

(रात अब भी मौजूद है, पृ. 45)

जगूड़ी की एक कविता है 'जनता की जमीन पर'। इसमें एक शब्द आया है अन्तःपुर। अन्तःपुर में रानियाँ रहा करती थीं जो महल के मध्य में हुआ करता था और जिसमें आम आदमी का प्रवेश वर्जित था। इस कविता का

अन्तःपुर भी ऐसा ही है जहाँ राजा-रानी (सम्भ्रान्त लोग) रहते हैं। कवि अन्तःपुर के लिए सोचता रहता है कि एक दिन वह समाप्त हो जायेगा। अमीर एवं गरीब बराबर हो जायेंगे। सभी सड़कें अन्तःपुर में चली जायेंगी अर्थात् आम आदमी का प्रवेश सम्भवतः वहाँ हो जायेगा किन्तु ऐसा कुछ भी नहीं होता है। क्योंकि अन्तःपुर में जाने के लिए एक बड़ी दीवार बनाकर उसे और बड़ा किया जा रहा है। उसे क्षितिजाकार बनाने की योजना है। ऐसे में कवि की घोषणा है :

हमेशा के लिए मारी जा रही है
जिनके हिस्से की धूप
मैं उनके साथ रहना चाहता हूँ
जिनके आकाश में ईंटें बज रही हैं
उनके साथ मैं एक जानकारी की तरह
रहना चाहता हूँ
जिन्हें नहीं मालूम वे यहाँ क्यों हैं
अन्तःपुर में बहुत जरूरी है
उनका हस्तक्षेप।

(रात अब भी मौजूद है, पृ. 42)

जगूड़ी कविता में जीवन रचते हैं। वे अपनी कविता को कला से नहीं सजाते। वे कविता के लिए कला सीखने वाले कवि नहीं हैं बल्कि कविता कला बनकर न रह जाये इसकी उन्हें चिंता रहती है। वे सच का बयान करने के लिए केवल शब्दों की तलाश करते हैं जिससे अपनी संवेदना को जन-जन तक पहुँचा सकने में सफल हो जायें :

जिसमें जितनी ताक़त होगी उतना वह हर ज़माने में ज़िन्दा हो लेगा
जनखे हर ज़माने में होते हैं
उभयलिंगी क्यों परेशान हैं वे तो काफ़ी चल रहे हैं
और पवित्रता से कह दो वह छिनाल न बने
वह किस-किससे निपटेगी जब सभी पवित्र बनना चाहते हैं

(घबराये हुए शब्द, पृ. 74)

यहाँ जिन गैर साहित्यिक शब्दों का प्रयोग किया गया है उनसे कवि का व्यंग्य भाव मुखर होता है। 'जनखा' और 'छिनाल' शब्दों का विशेष सन्दर्भों में प्रयोग किया गया है। इसी के विपरीत वे लिखते हैं 'अग्रगामी के लिए' कविता जिसमें वर्गभेद की नयी परिभाषा नहीं गढ़ते सही तसवीर बनाते हैं :

फ़सल के बीच निरर्थक घास में भी
सौन्दर्य होता है उसे मत देखना
वह उखाड़ने के लिए है
तुम देखना कि मिटे हुए लोग
अब कब तक दिखना बन्द हो जाएँगे?

x x x

सुन लेना फटे हुए परिवारों के बीच
बिना धागे की सुई का गिरना

(रात अब भी मौजूद है, पृ. 113-114)

ऐसी गरीबी जिसमें सुई में पिरोने भर धागा न हो का अनुभव कर रचने वाले जगूड़ी 'बी.ए. पास रिक्शे वाले की कविता' लिखते हैं। श्रम, पूँजी और विनिमय के बीच जो गमछे पर आधी करवट लेने की जगह खोजता है वह भी उस जगह जहाँ शहर भर का कूड़ा करकट फेंका जाता है। वहाँ वह घर बनाने का सपना देखता है और संशयग्रस्त होकर सोचता भी रहता है कि आने वाले समय में सड़न एवं दुर्गन्ध के बीच यह छोटी जगह जब घर हो जायेगी तब हो सकता है कि कोई यह कहने के लिए आ जाये कि यह तो मेरी है। नहीं-नहीं यह तो अंधेर हो जायेगा फिर भी उसके सपने जारी रहते हैं :

एक चूल्हा हासिल करने के लिए
बिछौने तक आने की जीवन यात्रा में
मेरा रोज़ एक जलूस निकलना है
मुझे सारा शहर ढोना है इस ख़ुशी में
कि रपटे पर यह कोना मेरा है
छत की जगह फैलानी है मुझे एक रंगीन पॉलीथीन

(ईश्वर की अध्यक्षता में, पृ. 107)

लीलाधर जगूड़ी के वृहद् काव्याकाश में विषयों का वैविध्य दिखाई देता है। वे मानव, मानव-प्रकृति, प्रकृति, समाज एवं सामाजिक समस्याओं पर अपनी समर्थ-कविताएँ लिखते हैं। उनकी कविता में मानव सम्बन्धों–पिता, माता, पत्नी, बच्चे, मित्र सबकी उपस्थिति विशेष सन्दर्भों में है। अपनी एक कविता में वे कहते हैं कि स्त्रियाँ न होतीं तो आधी भाषा न होती और पूरा जीवन न होता। अपने एक साक्षात्कार में उन्होंने कहा है 'जीवन स्त्री या कि स्त्रियों के बिना अधूरा है। जन्म से लेकर पुनर्जन्म तक स्त्रियों ने अपने कर्म सौन्दर्य से ऐसे-ऐसे शब्दों और संज्ञाओं का निर्माण किया है कि

पुल्लिंग की यात्रा स्त्रीलिंग के बिना जीवन में और व्याकरण में, दोनों जगह अधूरी है। मनुष्य चाहे वह स्त्री हो या पुरुष, सभी के कर्मों ने और प्रकृति के परिवर्तनशील स्वभाव ने हर युग में भाषा की स्थिति (पैटर्न) को बदला है। नयी जीवन शैली और नये उत्पादन भी अपनी अभिव्यक्ति के लिए नयी-नयी प्रतीतियों के साथ नये शब्द ले आते हैं और यह भी स्त्री-पुरुष का एक संयुक्त उद्यम है। अद्वितीय सहकार है। बिना स्त्री के पौराणिक देवताओं की उत्पत्ति बहुत बड़ी फैंटेसी लगती है। मैंने मनुष्य समाज के सन्दर्भ में स्त्रियों की बात कही है। स्त्री, पुरुष का आधा सौभाग्य है।'[5]

जगूड़ी की कविता में स्त्री जीवन के विविध बिम्ब हैं। औरत होती लड़की की फटी एड़ियाँ और उसकी स्थिति की तसवीर है। श्रम और कुपोषण ने जिसका यौवन छीन लिया है :

दुनिया में कोई अपनी दुनिया न पाकर
जो लगभग औरत होते ही बुढ़ा जायेगी
वह मौसम का एक अदृश्य धागा रच रही है
अपनी फटी एड़ियाँ सीने के लिए
वह इनसे पहचानी जायेगी।

(घबराये हुए शब्द, पृ. 19-20)

उनकी कविता में लड़कियों के जीवन से सम्बन्धित प्रसंगों में वैविध्य है। कभी उन्हें लड़की के जन्म होने पर खुशी होती है तो कभी उन्हें लड़का एवं लड़की होने के भेद मर्माहत भी करते हैं। 'मेरे अन्तस्तल में' कविता में लड़की का जन्म अच्छे वक्त का संकेत देता है। वह अच्छी व्यक्ति हुआ करती है :

रंग पैदा होते हैं राग पैदा होने के साथ
दिशाएँ खुलती हैं और सम्बन्ध बढ़ जाते हैं नदियों के पार
पहाड़ छोटे हो जाते हैं। मौसम प्यारे। रंग जाते हैं घर-द्वार
वह एक टुकड़ा रोटी और एक टुकड़ा आकाश दोनों होती है

(अनुभव के आकाश में चाँद, पृ. 133)

उनकी कविता में 'वाद्य ले जाती हुई लड़कियाँ' हैं जो सन्नाटे को चीरती हैं। कवि ने लड़कियों को ढोलक और हारमोनियम जैसे वाद्यों के समान बताया है। उनकी एक कविता है 'कष्ट साध्य'। इस कविता में जगूड़ी ने कर्मठ एवं श्रमशीला स्त्री को सुन्दर बताया है। जो सुन्दर होती हैं वे किसी धुन में रहती हैं, नशे में रहती हैं। उन्हें देखकर नहीं लगता कि वे सरल हैं। कवि को इन्हीं कष्टसाध्य श्रमिक स्त्रियों का सौन्दर्य लुभाता है :

दुनिया में बार-बार फूटता है कष्टसाध्य सौन्दर्य
लुभाता है एक स्त्री की तरह
सौन्दर्य माँगता है बड़ी से बड़ी मेहनत
मेहनत करते हुए सुन्दर तो वह दिखती ही है
पर जब आराम कर रही होती है तो कहीं ज़्यादा सुंदर दिखती है।

(भय भी शक्ति देता है, पृ. 89)

इसी प्रकार वे 'स्त्री प्रत्यय' कविता में स्त्री के गृहस्थ जीवन की विवशता का चित्रण करते हैं। वह पति के साथ सूनी सड़क पार करना चाहती है। पति जब आगे बढ़ जाता है तो वह उसे बुलाती है सम्भवतः साथ चलने के लिए। पति के क्रोध का भाव वह सड़क पर आकर भी नहीं छोड़ पाती है। तीस वर्ष जिसकी शादी को हो गये हैं वह स्त्री पति से पूछती है कि 'सड़क पार कर लूँ'। स्त्री एवं पुरुष को केन्द्र में रखकर जगूड़ी की बहुत सी कविताएँ हैं। जो स्त्री-पुरुष सम्बन्धों के अनेक रूप नये-नये प्रसंगों में हमारे सामने ले आती हैं। उनकी एक कविता का नाम है 'स्त्री और पुरुष'। इसमें लड़का एवं लड़की दोनों का धीरे-धीरे बड़ा होना, वयस्क होना, विवाहित होना फिर मिल बाँटकर घर-गृहस्थी को जोड़ना, सजाना, सँवारना उनकी सोच बन जाती है :

बढ़िया ज़िंदगी। बढ़िया घर
बढ़िया लॉन। बढ़िया दालान
बढ़िया संस्थान
बढ़िया बढ़िया की एक बढ़िया सी पंक्ति बना दें
बढ़िया अस्पताल
और एकदम चमाचम श्मशान
घास ढँके फूलों लदे लंबे एकन्त
स्त्री और पुरुष
मृत्यु के बाद ही हो पाते हैं शान्त।

(अनुभव के आकाश में चाँद, पृ. 100)

उनकी कविता के स्त्री चरित्र आधुनिक भी हैं पारंपरिक भी। एक कविता की स्त्री यदि पति से पूछकर सड़क पार करती है तो एक दूसरी कविता की स्त्री जो कि सुन्दर है उसका भी अपना दुःख है। उनकी एक कविता है 'सुन्दर स्त्री के दुख'। इस कविता की नायिका मध्यवर्गीय परिवार की है जो सुन्दर है, शौकीन है। टी.वी. और सिनेमा देखकर अपना पहनावा, अपना काम काज सँवारती है।

वह फैशन पत्रिका के दृष्टिकोण वाला ब्लाउज स्वयं सिल डालती है। और प्रसन्न होकर पति को दिखाती है। पति ने कहा–इतना नंगा ब्लाउज। दिमाग तो ठीक है ना! और प्यार में उसके पूरे कपड़े उतार दिये। वह स्त्री सुन्दर ब्लाउज वाला फोटो अपने एलबम में लगा देती है। एक दिन पति के मित्र बुलन्दशहर से आते हैं और ब्लाउज वाला फोटो देख करके कहते हैं भाभी जी, आपको तो फिल्मों में हिरोइन होना चाहिए था और यहीं से शुरू हो जाता है 'सुन्दर स्त्री का दुख' :

सुन्दर स्त्री का विवाह के पाँच वर्ष बाद
एक और दुख शुरू हो गया जल्दी पत्नी हो चुके होने का
सुन्दर स्त्री के दुखों का कोई अन्त नहीं
कितने दिन वह आखिर अपने को माँ बनने से रोके रहेगी

(जितने लोग उतने प्रेम, पृ. 92)

लोकगीत की तर्ज़ पर उनकी एक कविता है 'एक बुढ़िया का इच्छागीत' जिसमें बचपन से लेकर लम्बी उम्र तक की स्त्री के जीवन का अनुभव-गान है। 'सपने में दादी' में कवि की दादी से बातचीत है। इस कविता में दादी पर्यावरण पर चिन्ता करती दिखाई देती हैं। बचपन में परियों की कहानी सुनाने वाली दादी कहती हैं :

जब तक जंगल हरे हैं परियाँ नहीं मरेंगी
अगर तुम जंगल को घरों, शहरों और नगरों में बुला लो
तो तुम जिस स्त्री को देखोगे वही परी नज़र आएगी
परियाँ जंगली नहीं होतीं वे घरेलू स्त्रियाँ होती हैं।

(भय भी शक्ति देता है, पृ. 134)

'मातृमुख' कविता एक उत्तम शोकगीत है जिसमें माँ की स्मृति में कविता रचने का उपक्रम है जिसके कारण वह इस संसार में आया है। 'किसी ने मुझे देखा' कविता में कवि माँ को अनेक प्रतिमानों से सम्बोधित करता है–भूख, जरूरत, अमरता, गर्भाशय, रोटी, कपड़ा, मकान या फिर पिता के चुम्बनों को धारण करने वाली स्त्री। वह एक सफल जन्मदात्री या जच्चा-बच्चा केन्द्र का कमरा नहीं है बल्कि उसकी एक सही तसवीर है :

माँ उस चीख का नाम है
जो आँसुओं के कीचड़ को
ज़मीन की तरह सख़्त बना देती है

(बची हुई पृथ्वी, पृ. 66)

'इस दुनिया में आने के लिए' कवि स्त्री-पुरुष को निमित्त मानते हुए कृतज्ञ है। उसी ने हमारे शरीर को ढाला एवं शक्ति से समृद्ध किया। हमें सब कुछ सिखाया जो एक मानव के लिए आवश्यक था। कवि उस माँ के लिए नतमस्तक है :

हमें कृतज्ञ होना चाहिए उस गुंफन का
जिसने जन्म दिया जीवन दिया स्मृति दी
समझ दी कल्पना दी भाषा दी
जिसने आत्मा को कान दिये आँखें दीं

(अनुभव के आकाश में चाँद, पृ. 104)

एक और कविता का उल्लेख आवश्यक है 'जहाँ स्त्रियाँ होती हैं'। इस कविता में कवि ने सृष्टि का मूल स्त्री को माना है और जीवन जी चुकने के बाद मौत भी स्त्री है। कवि की भावना इन पंक्तियों में अभिव्यक्त है :

स्त्रियाँ हैं तभी जन्मदिन हैं
स्त्रियों का न होना जन्म का न होना है
जन्म और जीवन का न होना मृत्यु का न होना है
जो पैदा नहीं हो सकती उस अमरता का क्या करें
स्त्रियों का न होना ही अमर नरक है
जहाँ स्त्रियाँ होती हैं वहीं पुनर्जन्म होते हैं।

(जितने लोग उतने प्रेम, पृ. 161)

'वह शतरूपा' कविता भी उस स्त्री के विषय में है जो काव्यनायक के एक ही जीवन को कई बार बदल देती है और अन्ततोगत्वा सृष्टि के मूल से बाँध देती है। कुल मिलाकर जगूड़ी के काव्य में स्त्री के विविध रूप हैं, प्रसंग हैं। वह आधी आबादी है। पुरुष के लिए जरूरी प्रेरणा है।

जगूड़ी के काव्य-संसार में बच्चों पर बहुत सी कविताएँ अनेक प्रसंगों में हैं। प्रायः उनके सभी संग्रह बच्चों की कविताओं से समृद्ध हुए हैं। 'बच्चों के शब्द' कविता में घर के भीतर का अशान्त वातावरण, शिष्टाचार का खोना, संस्कारहीनता का वर्चस्व सब कुछ है। घर की स्त्री की चिन्ता है कि इन बच्चों को सुसंस्कारित कैसे किया जाये :

घर में आज उफ़्फ़ है हाय है ओह है
ग़ज़ब है। आबरू का ख़तरा है
बच्चों को कैसे बचाएँ इसका तूफ़ान है

X X X

समय दो, संस्कार दो
लेकिन दोनों ही नहीं हैं तुम्हारे पास
X X X
बच्चे यह क्या ले आए दूसरे बच्चों से खेल में
दो-तीन शब्द ऐसे कि सारा घर हिला हुआ है

(भय भी शक्ति देता है, पृ. 73)

'सपने में पाठ्य पुस्तक' शीर्षक से दो कविताएँ हैं जिनमें 'सपने में पाठ्य पुस्तक-1' में किताब पर झुका हुआ बच्चा सो जाता है। उसके सपने में तरह-तरह के दृश्य आते हैं। यह उसके खेलने की उम्र है। उसे सपने में एक फुटबाल मिल जाती है। वह फुटबाल खेलते समय पाठ्य पुस्तक भूल जाता है। फिर थोड़ी दूर पर उसे एक पत्ती उड़ती दिखती है। फिर सपने में वह अपने को एक पौधे के रूप में पाता है किन्तु पेड़ होने से पहले वह अपनी किताब ढूँढने लगता है जो सपने में बहुत दूर चली गयी है :

फुटबॉल के बहाने
बिना तेल बिजली और आणविक ऊर्जा के
आकाश में चली जाती है लड़के की एक किक
वह अपनी किक से प्रभावित होता है
कि कितनी दूर चली गयी है पाठ्य पुस्तक

(भय भी शक्ति देता है, पृ. 52)

दूसरी कविता में बच्चा सपने में अपने ननिहाल पहुँच जाता है जहाँ कर्ज से तंग मामा रहते हैं। वह पहाड़ पर तथा बादलों पर पहुँच जाता है। वह देखता है कि चाँद पर चाँद जैसा कुछ नहीं है। उसे लगता है सपने केवल लुभावने होते हैं :

रात में जंगल के सिर पर दिखा था जहाँ पर चाँद
सुबह थी अधर में लटकी ओस की कई अकेली बूँदें
भीगी धरती पर खुली पाठ्य पुस्तक सोया हुआ बच्चा
और बुझी हुई लालटेन।

(भय भी शक्ति देता है, पृ. 55)

इस कविता में प्रतीकों के माध्यम से बोझिल शिक्षा व्यवस्था तथा पर्यावरण की चिंता व्यक्त है। 'बच्चा और राजनीति' कविता में बच्चे का सपना ही है। कवि को लगता है कि सोये हुए बच्चों के चेहरों पर सरलता नहीं बल्कि रहस्य

की परतें हैं। सुख एवं शांति की जगह संशय एवं अवसाद का वातावरण छा गया है चारों तरफ। अब तो बच्चे भी निश्चिन्त नहीं हैं। सपने में भी बच्चे प्यार के लिए तरस जाते हैं :

जो कभी प्यार नहीं करते
वे अगर कभी सपने में प्यार करते हैं
बच्चे तो बच्चे ऐसे में फरिश्ते भी डरते हैं
वे सपने में किसी दूसरे की ओर से प्यार कर रहे थे
वे सपने में बच्चों को प्यार करके बहला नहीं रहे थे
दहला रहे थे।

(घबराये हुए शब्द, पृ. 15)

जगूड़ी के कविता संग्रह 'बची हुई पृथ्वी' में तीन कविताएँ बच्चों पर हैं। 'बच्चे-1' में बच्चे कूड़े के बगल में पैदा होकर संसार की मामूली चीजों यहाँ तक कि घृणाओं में भी अपने काम की चीज खोज रहे हैं। उनके पास कुछ नहीं है सिवाय माचिस की खाली डिब्बी से बनाया हुआ घर। इस घर में वे चारों ओर खिड़कियाँ एवं दरवाजे बना रहे हैं। नींद में डूबने के बाद उनके सपने में यही घर होगा जिसमें वे बहुत कुछ सीखेंगे, जागते में जो नहीं सीख पाये। कवि को विश्वास है कि आने वाला दिन इन्हीं बच्चों का होगा। 'बच्चे-2' कविता के बच्चे नींद में अपराध कर रहे हैं। सोये हुए बच्चों को घोड़े कुचल रहे हैं, बाघ उठाना चाहते हैं, साँप पीछा कर रहे हैं। सोये हुए बच्चे हाँफ रहे हैं। जगूड़ी बच्चों की नींद की बेचैनी के माध्यम से यह बताना चाहते हैं कि जागते हुए ये बच्चे जिनमें कुछ बाल श्रमिक होंगे तो कुछ कूड़ा-कचरा बीनने वाले, इनको जिन सम्पन्न लोगों से भय लगा रहता है वे ही सपने में घोड़ा, बाघ एवं साँप बनकर पीछा करते हैं, डराते हैं। कवि की भावना इन पंक्तियों में है :

मैं उनकी नींद में घुसना चाहता हूँ
वे क्यों चिल्ला रहे हैं?
उन्हें बिना जगाये
मैं उनके सपने में जाना चाहता हूँ
जिससे देख सकूँ
कि उन्हें
डण्डा लेकर पीट तो नहीं रहा हूँ?

(बची हुई पृथ्वी, पृ. 68)

'बच्चे-3' कविता का प्रारम्भ ही होता है इस निराशा से कि एक पैदा हुआ बच्चा फिर एक आदमी के खतरे में जाने की शुरुआत है। कवि ने इस कविता में मानव-सोच को उद्घाटित किया है। एक बच्चा बड़ा होकर जब आदमी बनता है तो वह बच्चों को बेवकूफ समझने और कहने लगता है :

एक बच्चा 'एक आदमी' है
दूसरा बच्चा 'दूसरा आदमी'
बचपन का एक
बचपन के दूसरे से
बदला लेना चाहता है

X X X

याने जब वे बचपन को
खत्म करके लौटे
को काफी खूनी हो चुके थे

(बची हुई पृथ्वी, पृ. 98)

जगूड़ी जब बच्चों के दुःख, अभाव, निराशा, अन्धकारमय भविष्य को देखते हैं तो उन्हें सम्भ्रान्त परिवार, धनाढ्य लोग, बड़े-बड़े पूँजीपतियों के बच्चे भी दिखाई देने लगते हैं। अर्थ के आधार पर बँटे हुए समाज में बचपन तो सबसे पहले बँटता है। अमीरों के बच्चे तमाम तरह की सुविधाओं में अपने दिमाग का प्रयोग किये बिना पल-बढ़ रहे हैं जबकि गरीबों के बच्चों का यह हाल है :

हमारे बच्चे तो तरकीबें लड़ाते हैं
तिकड़में भिड़ाते हैं
पूरा दिमाग फ़ेल कर डालते हैं और फेफड़े कमज़ोर
तिस पर भी अपने कई सौ अपयश
हम उन्हें विरासत में दे जाते हैं
और तुर्रा यह कि परम्परा से मत कटो
जुटा देते हैं उन्हें पृथ्वी के बराबर पापड़ बेलने में

(भय भी शक्ति देता है, पृ. 71-72)

जगूड़ी की कविता मानव-सम्बन्धों की कविता है। जहाँ मानव की हर उस आयु पर उनकी लेखनी चली है जो जीवन-क्रम में घटित होती है। उनका अनुभव इस संसार का बहुत कड़वा अनुभव है। 'मरने से पहले' कविता में वे लिखते हैं कि सारे सम्बन्धों को खंगालते-खंगालते मैं मरने से पहले बिल्कुल

अकेला हो गया हूँ। वे माता-पिता से पूछते हैं कि आपने जीवन भर दुःख सहा किन्तु उन दुःखों के बारे में नहीं बताया। अब हम जब माता-पिता हो गये हैं तब उन दुःखों का अनुभव कर रहे हैं। वे 'एक डरी हुई आत्मा' पर कविता लिखते हैं जिसमें उन्हें चारों तरफ संशय ही संशय दिखाई देता है किन्तु कवि इस निष्कर्ष पर पहुँचता है कि 'सुख के बीज फैलाते हैं दुख के झाँकड़'। वे 'परिवारवाही' कविता लिखते हैं। परिवारवाही अर्थात् परिवार का भरण-पोषण करने वाला। उन्हें लगता है कि जीवन अभावों और समस्याओं का समुद्र है। उनके पास बूँद भर खुशी है, जीवन है और जीवनोपयोगी सामग्री भी :

मैं एक परिवारवाही आदमी हूँ
मुझ पर हज़ार आफ़तें लदी हैं
बूँद तुम कब नदी बनोगी। कब समुद्र बनोगी
तुम कितना बोझ उठा सकोगी। मुझे पार होना है एक जहाज की तरह।

(भय भी शक्ति देता है, पृ. 23)

यहाँ बूँद, नदी, समुद्र और जहाज सामाजिक, आर्थिक एवं वैयक्तिक जीवन के तनावों के प्रतीक हैं। जगूड़ी की कविता में प्रतीकों का सफल प्रयोग है। लीलाधर जगूड़ी के काव्य-जगत में मानव एवं प्रकृति दोनों पर कविताएँ हैं। पेड़, पहाड़, नदी, चिड़िया, पशु, आकाश, चाँद, तारे, रात, जुगनू, पतंगे सभी कुछ का समावेश है। उनके पहले कविता संग्रह 'शंखमुखी शिखरों पर' की कविताएँ प्रकृति से बातचीत करती हैं। किन्तु यह सच है कि वे प्रकृति वर्णन करने के लिए कविता नहीं लिखते। उनकी कविता में प्रकृति के ये समस्त उपादान अनेक प्रारूपों एवं प्रसंगों में आये हैं। वे अपनी कविता से सम्बन्धित वक्तव्यों में इन सब पर छोटी-बड़ी टिप्पणियाँ भी देते हैं। जगूड़ी पहाड़ के कवि हैं ऐसा इसलिए कहा जाता है कि वे पहाड़ पर जन्मे हैं। वे इस तर्क के आसपास अपनी बहुत सी बातें रखते हैं। 'पहाड़ तो जीवन-भर मेरा पीछा नहीं छोड़ेंगे और पहाड़ों के बीच पैदा हुआ हूँ तो कुछ विशेष लगाव पहाड़ों से होना स्वाभाविक है फिर भी मैं अपने को पहाड़ का कवि नहीं मानता, बल्कि मैं इस पृथ्वी के कवि के अलावा कुछ हूँ तो हिन्दी का कवि हूँ। अब यह तो इस हिन्दी की ही ताकत समझी जायेगी कि वह पहाड़ की भी बोली है और समुद्र के किनारे बसे शहरों की भी। हिन्दी का जो विराट स्वरूप पिछले सौ सालों में उभरकर सामने आया है उसने अपने भीतर आंचलिकता को समेटते हुए हिन्दी का एक नया ठाट बनाया है जिसमें गैर हिंदीभाषी भारतीय प्रदेशों की हिंदी भी अपनी भंगिमा

सहजता से स्थापित करती चलती है।'[6]

जगूड़ी के कविता-संग्रह 'नाटक जारी है' की पहाड़ विषयक कविताएँ इतनी चर्चित हैं कि कवि के नाम के जितनी ही उनकी प्रसिद्धि एवं पहचान है जैसे :

पहाड़ों के बीच के पाख
कितने दोगले हैं कि पेड़ कहीं गिरता है
और गूँज कहीं उठती है

(नाटक जारी है, पृ. 12)

'अ-मृत', 'इस यात्रा में' कविता-संग्रह की एक प्रसिद्ध कविता है जो आकार में छोटी होकर भी समुद्र सी गहराई समाये हुए है। प्रकृति और जीवन का सुन्दर तारतम्य यहाँ देखा जा सकता है :

हमेशा नहीं रहते
पहाड़ों के छोये
पर हमेशा रहेंगे
वे दिन
जो तुमने और मैंने
एक साथ खोए।

(इस यात्रा में, पृ. 49)

पहाड़ सम्बन्धी दो-चार कविताएँ उनके प्रायः सभी संग्रहों में पायी जाती हैं। 'हाथी और पहाड़' कविता छः खण्डों में है। 'निरुत्तर पहाड़' और 'बूढ़ा पहाड़' जैसी कविताओं में पहाड़ों के जीवन और पहाड़ के विविध रूप मिलते हैं। कवि का मानना है कि पहाड़ों की उपयोगिता पर कोई कितना भी प्रश्नचिह्न लगाए उनका होना महत्त्वपूर्ण घटक है :

भले ही बड़ौदावालों के लिए पहाड़ हाथी जैसे हों
मेरठवालों के लिए राख के ढेर
भले ही बोझ हों लखनऊ के लिए
पर यदि हटा दिए जाएँ पहाड़
तो क्या हिन्दुस्तान के सिर पर अल्मोनियम का पतीला रखेंगे।

(भय भी शक्ति देता है, पृ. 126)

उनकी एक कविता है 'वातावरण'। इस कविता में पहाड़ शब्द का प्रयोग

सत्ताधारियों, पूंजीपतियों या समृद्ध लोगों के लिए किया गया है। जो अपने धन के दबाव से समाज में दबदबा बनाये हुए हैं। जैसे यह दबदबा एक पीढ़ी का नहीं बल्कि कई पीढ़ियों का हो और एक कुर्सी पर जिसका शिलान्यास हो गया हो :

पहाड़ ख़ुद आरामकुर्सी पर बैठा दिखता था
जैसे आरामकुर्सी पर बैठे व्यक्ति का शिलान्यास हो
जिसकी हर चोटी से उड़कर गिद्ध मँडराते रहते
जिससे कि कानून-व्यवस्था चुस्त-दुरुस्त
और भयमुक्त दिख सके

(ईश्वर की अध्यक्षता में, पृ. 100)

'बूढ़ा पहाड़' कविता में पहाड़ पिता है तो नदियाँ उसकी छोटी-छोटी बेटियाँ। 'अनुभव के आकाश में चाँद' संग्रह में एक कविता है 'पहले एक चाँद जरूरी है'। इसमें पहाड़ की चोटी पर आकाश दिखता है तो 'अनुभव के आकाश में चाँद' कविता में चाँद पर पहाड़ और पहाड़ पर चाँद है। इस कविता के विषय में जगूड़ी की टिप्पणी है ''चाँद पर जो पहाड़ हैं उनको पूर्णमासी की रात में एक मैदानी शहर में अचानक बिजली चले जाने के बाद याद किया गया है। अगर इन कविताओं को आप ठीक से देखेंगे तो इनके भीतर पहाड़ की दहाड़ आपको शेर की आवाज में तो नहीं सुनाई देगी, लेकिन बाघ की चपेट में आने वाले एक छोटे हिरन काखड़ की करुण आवाज में पहाड़ की रुलाई जरूर सुनाई देगी। 'काखड़' कविता में मैं 'काखड़' की जगह स्वयं को देखता आया हूँ।'[7]

पहाड़ से सम्बन्धित जगूड़ी का एक अन्य बयान है जिसमें उन्होंने पहाड़ पर चढ़ने की प्राथमिकता बताई है जहाँ से उन्हें समुद्र, रेगिस्तान और मैदान सब दिखाई देंगे। हो सकता है यहीं से समुद्र की ओर जाने की प्रेरणा मिले जिसके किनारों या तटों की खोज करूँ। 'पहाड़ का एक ही 'पाख' नहीं होता। मैं किसी लीक या पगडंडी का चुनाव नहीं करना चाहूँगा, क्योंकि इसमें बने बनाये रास्ते का भ्रम और शायद किसी एक ठिकाने का भी धोखा शामिल हो। ...वैसे भी पहाड़ समुद्र की जड़ में भी हैं। वे समुद्र को धारण किये रहते हैं, बर्फ के रूप में, नदियों और झरनों के रूप में और इससे भी बढ़कर पहाड़ अन्तःसलिला हैं'।[8] पहाड़ों को अन्तःसलिला इसलिए भी कहा गया है क्योंकि वे नदियों के जन्मदाता हैं। नदियाँ भी उनकी कविता में वर्णित हैं इस टिप्पणी के साथ कि 'नदियाँ कहीं भी नागरिक नहीं होतीं; नदियाँ मैदानों से गुजरती, खेतों को सींचती, अपने साथ कूड़ा-करकट सबको समेटती चलती रहती हैं। पहाड़ से समुद्र की संधि

रेखा बनकर। जगूड़ी की कविताएँ उन नदियों के समान हैं जो बहुत गहरी हैं, तेज बहती हैं, समय की साक्षी हैं। पेड़ों पर जगूड़ी ने बहुत सी कविताएँ लिखी हैं जो उत्तम नहीं, सर्वोत्तम कही जा सकती हैं।

उनकी कविता में पेड़ों की उपस्थिति अनेक प्रकार के बिम्ब रचती हैं। यहाँ पेड़ों की भुतही शिलाएँ हैं। वह एक जगह स्थिर होकर अपना योगदान करता है। कवि ऐसे पेड़ों की कामना करता है जो बहुत सघन हों और जिनके ऊपर का आकाश देखना आसान न हो। कवि को अनुभव होता है कि क्या कारण है कि बढ़ती हुई घास आपस में मिल जाती है किन्तु पेड़ बड़े होते हैं तो अकेले हो जाते हैं। जगूड़ी की एक प्रसिद्ध कविता है 'पेड़ का आत्मसाक्षात्कार' जिसमें उन्होंने पेड़ के बहाने अपनी रचनाधर्मिता को भी चित्रित किया है :

एक बीज बनाता हूँ
चौगुना-सौगुना बनने के चक्कर में एक विराट रूप
रचने की सोचता हूँ
इसी कारोबार में कभी मुँह दिखाकर कभी मुँह छिपाकर
फलता-फूलता असन्तुलित और खोखला हो जाता हूँ
कुल्हाड़ियों को बेंट और सभ्यता को लाठियों की भेंट से मेरा कोई वास्ता नहीं

(भय भी शक्ति देता है, पृ. 80-81)

पेड़ पर जगूड़ी का अपना वक्तव्य बहुत महत्त्वपूर्ण है 'मैंने पेड़ों पर सबसे ज्यादा (सम्भवतः नेरुदा के बाद) कविताएँ लिखी हैं। मेरी कविता में तारुण्य अगर है तो शायद इसी तरु की वजह से होगा। मुझे आश्चर्य होता है कि आरण्यक संस्कृति के बावजूद तरुण होने और तरुणाई का सम्बन्ध कभी तरु से नहीं जोड़ा गया। जबकि तरुण और तरुणाई इन दोनों शब्दों की जड़ें तरु के साथ बहुत गहराई में छिपकर ऊँचाई में लहराने के साथ यात्रा करती हैं। आवेग भरी जड़ें और वेग भरी शाखाएं'।[9] तरु से तरुणाई की प्रेरणा लेने वाले जगूड़ी पेड़ की दुनिया में अपनी और अपनी दुनिया में पेड़ की कामना करते हैं :

अगर मैं अपनी दुनिया का एक पेड़ होऊँ वहाँ
तो अपने फल पर चिड़िया बिठा लूँ
किसी तारे पर पेड़ की छत्र छाया में
अगर मैं अपनी दुनिया का एक पत्थर होऊँ वहाँ
तो अपने पर काई उगा लूँ

(अनुभव के आकाश में चाँद, पृ. 119)

पेड़ों पर कविता रचने वाले कवि की दृष्टि से चिड़िया कैसे छूट सकती है। उनकी कविताओं में 'विराट चिड़िया', 'चिड़िया-1', 'चिड़िया-2', 'चिड़िया का प्रसव' श्रेष्ठ हैं। उनके संग्रहों में चिड़ियों के उपमान, प्रतीक तथा आत्मकथ्य देखे जा सकते हैं। उनकी एक छोटी कविता है 'सम्बन्ध'। इसमें पेड़ों को सम्बोधित करते हुए कवि चिड़ियों के चरित्र पर व्यंग्य करता है। उसका प्रश्न है :

ऊँचे पेड़ !
तुमने आकाश को
और चिड़ियों ने तुम दोनों को
अपनाया
क्या वे तुम पर वैसे ही नहीं उतरतीं
जैसे स्टेशन पर लोग?

(घबराये हुए शब्द, पृ. 48)

'चिड़िया का प्रसव' कविता की चिड़िया में स्वावलम्बन तथा स्वाभिमान है। वह प्रसव पूर्व अपना घोंसला बनाती है। वह उस चिड़िया के साथ रहना चाहती है जो आईने के भीतर से चोंच लड़ाती है। चिड़िया चोंच से आईने की दीवार को तोड़ना चाहती है जो दो वर्गों में समाज को बाँट रही है। जगूड़ी सम्पूर्ण काव्य-शक्ति के साथ इन पंक्तियों में चिड़िया की शक्ति, सामर्थ्य तथा साहस की परिभाषा गढ़ते हैं और यह भी कि भूख के स्तर सभी के लिए बराबर हैं। चाहे चिड़िया हो या हाथी :

चींटी जिसे ले गई
हाथी
वो कण नहीं उठा सका
पानी जितना चिड़िया ने पिया
नदी कभी समुद्र तक नहीं पहुँचा सकी
एक चिड़िया की भूख
एक चींटी की भूख
एक हाथी की भूख;
भूख चाहे किसी की हो
– मार एक है

(बची हुई पृथ्वी, पृ. 60-61)

चिड़ियों पर कविता लिखने वाले कवि की दुनिया में तितलियाँ भी हैं और जुगनू भी। 'तितली की प्रतीक्षा' कविता में कवि तोते और घोड़े की तुलना में

तितली की प्रतीक्षा करना अधिक पसन्द करता है क्योंकि तितलियाँ थोड़े समय के लिए ही सही तल्लीन हो जाती हैं अपने एकान्त में। एक रचनाकार के लिए तल्लीनता एवं एकान्त दोनों आवश्यक हैं। उनकी एक कविता में तितली स्त्रियों की प्रतीक भी है। उन स्त्रियों की जिन्हें समाज केवल 'मँडराने' वाले चरित्र से पहचानता है। कवि के भाव हैं :

खुशबुओं के रेले में एक तितली
ढूँढती है दूसरी तितली को
अपने शरीर में पैदा हुई लकीर के सहारे
तितली एक उड़ती हुई धरती है
सारी कक्षा में कुछ संकेत कुछ रंग
कुछ पराग कण घूम रहे हैं
हवा के बुलबुलों को तितली बना देने के लिए

(अनुभव के आकाश में चाँद, पृ. 113)

वसन्त के ऊपर भी कई कविताएँ हैं। 'वसन्त', 'बयासी का वसन्त', 'वसन्त आया', 'आते हुए वसन्त के लक्षण', 'हेमन्त शिशिर वसंत' तथा 'वसन्त की आग'। इन कविताओं में वसंत का आना सांकेतिक है। प्रतीकात्मक है। 'बयासी का वसन्त' कविता में तत्कालीन राजनीतिक परिवेश का यथार्थ है। वसन्त आया जरूर है किन्तु प्राकृतिक सुषमा से भरा हुआ नहीं बल्कि लाशों के बीच आया है। कवि वसन्त की अगवानी में कविता लिखकर युगबोध का निदर्शन करता है :

जहाँ जहाँ गोलियाँ दागी गईं क्या वहाँ वहाँ फूल दाग़ दूँ
घावों पर क़सीदे काढ़ दूँ
चुराए गए बच्चों के लिए लिख दूँ कि उनके चेहरे फूलों-जैसे थे
लापता लोगों के लिए कह दूँ कि वे कहीं मौज मार रहे हैं

(भय भी शक्ति देता है, पृ. 14)

इस कविता की पृष्ठभूमि में सन् 1982 का आपरेशन ब्लू स्टार काण्ड है जिसमें भिंडरावाले ने अलग खालिस्तान की माँग की थी तत्कालीन प्रधानमंत्री श्रीमती इन्दिरा गाँधी से। उन्होंने इनकार कर दिया था। सिक्ख युवकों को स्वर्ण मन्दिर परिसर के नीचे आतंकवादी बनाने का प्रशिक्षण दिया जा रहा था। सेना ने इस मन्दिर का घेराव करके युवकों को बाहर निकाला। खून-खराबा, मार-पीट सब कुछ हुआ। यह सिक्ख-हिन्दू दंगा था जिसके दूरगामी परिणाम भी देश

ने 1984 में देखे। ऐसे खून-खराबे के दिनों में आने वाले वसन्त का स्वरूप इस प्रकार था :

धाँय से वसंत आया । खून से नहाया
ताजा लाशें लाया
एक पर एक को तहाया
कोई नहीं कि जिसके सर था

(अनुभव के आकाश में चाँद, पृ. 22)

लीलाधर जगूड़ी का काव्य-वैभव अछोर एवं असीम है। उसे शब्दों में बाँधना कठिन है। उनके काव्य विषय का विस्तार वहाँ तक है जहाँ तक मानव-जीवन है :

मनुष्य को कविता तक पहुँचना है
और उसके बाद वहाँ तक भी
जहाँ तक कविता पहुँचाना चाहती है मनुष्य को।

(भय भी शक्ति देता है, पृ. 70)

सन्दर्भ

1. राजेश जोशी, जिसमें कविता जैसी कविता गढ़ने की सरल बेसब्री न हो, पर्वतराग, सं. गुरमीत बेदी, वर्ष-4, अंक-7, पृ. 17
2. डॉ. बृजबाला सिंह, भगवत रावत : अपने समय का चरितार्थ, प्रथम सं. 2006, प्रकाशन संस्थान, नयी दिल्ली, पृ. 283
3. अरविन्द त्रिपाठी, कवियों की पृथ्वी, आधार प्रकाशन, पंचकूला, हरियाणा, प्रथम संस्करण 2004, पृ. 144
4. लीलाधर जगूड़ी, मेरे साक्षात्कार, किताबघर प्रकाशन, नयी दिल्ली, प्रथम संस्करण 2003, पृ. 109
5. लीलाधर जगूड़ी, हर नया कवि पुराने कवि से जन्म लेता है, पर्वतराग, सं. गुरमीत बेदी, वर्ष-4, अंक-7, पृ. 65
6. लीलाधर जगूड़ी, मेरे साक्षत्कार, किताबघर प्रकाशन, नयी दिल्ली, प्रथम संस्करण 2003, पृ. 115
7. वही, पृ. 116
8. वही, पृ. 130
9. लीलाधर जगूड़ी, हर नया कवि पुराने कवि से जन्म लेता है, पर्वतराग, सं. गुरमीत बेदी, वर्ष-4, अंक-7, पृ. 68

चतुर्थ अध्याय

चेतना के शिल्प

लीलाधर जगूड़ी समकालीन कविता के ऐसे विरल कवि हैं जिन्होंने अभिव्यंजना कौशल में नया-नया आविष्कार किया। अपनी रचना प्रक्रिया पर बहुत कुछ लिखा गद्य में और कविता में भी। उनकी दृष्टि में 'लिखना एक नयी दुनिया बनाना है, जिसके बनने-मिटने में लेखक का बनना-मिटना भी शामिल रहता है। लेखन केवल टंकन ही नहीं अंकन भी है। शब्द केवल लिपि ही नहीं ध्वनि भी हैं। शब्द कई काम एक साथ करते हैं - लिपि के रूप में चित्र, भाषा के रूप में विचार और सम्प्रेषण के रूप में अर्थ विस्तार।'[1] सन् साठ का काल जिस समय जगूड़ी ने कविता लिखना प्रारम्भ किया था, आजादी के बाद का मोहभंग का काल था जिससे राजनीतिक, सामाजिक, आर्थिक जीवन में ही परिवर्तन नहीं हुआ बल्कि साहित्यिक विधाओं के कथ्य एवं शिल्प में भी पर्याप्त अन्तर आया जो बहुत स्वाभाविक था। अकविता अर्थात् जो कविता नहीं कह कर कविता का लेखन प्रारम्भ हुआ। देश की वर्तमान स्थिति को वर्णित करने के लिए कवियों ने जिन शब्दों का प्रयोग किया वह उनकी गिरी हुई मानसिकता की नहीं बल्कि देश की दशा का प्रतिफलन है। अकविता का जो वातावरण बना उससे मुक्त होकर रचना नामुमकिन थी। 'नाटक जारी है' का शिल्प इसका सबसे सुन्दर उदाहरण है।

इस समय जगूड़ी ने जो कुछ अनुभव किया उसे कविताओं और वक्तव्यों के माध्यम से व्यक्त किया है। 'तब जो कुछ महसूस होता था वह कविता के रूढ़ और स्थापित स्वरूप जैसा नहीं था। वह अनायकत्व से भरा अकविता का ऐसा समय था जब सोचने के तरीके में ही आधारभूत विचलन पैदा हो गया था। जो है और जो जैसा है वैसा उसे अपनी अभिव्यक्ति में नहीं रहने देना है।' 'नाटक जारी है' की इन पंक्तियों को देखा जा सकता है :

- पैरों की आत्मीयता के करीब से जूते की तरह उतारा हुआ अब संकट सिर्फ शैलियाँ बदल रहा है।
- भाषा के जमे हुए पानी में सुराख बनाते हुए। मैं सोचता हूँ यह तिप-तिप नदी कैसे होगी?
- जो कुछ मार सकूँ इस आपा-धापी में वह सबसे बड़ा हाथ है। जो कुछ पहनकर उतार सकूँ वह सबसे बड़ा खोल है।
- आप जो दुनिया को धीरे-धीरे छोटा होते हुए देख रहे हो इसी का नाम जटिलता है।
- पहाड़ों के पाख कितने दोगले हो गये हैं कि पेड़ कहीं गिरता है और गूँज कहीं उठती है।
- पेट और प्रजातन्त्र के बीच आदमी दरार की तरह खड़ा है और बवंडर हर दरवाज़े पर, पर्दे की तरह पड़ा है।

  ऐसे में काम करनेवाला व्यक्ति कुशलता या कुशलक्षेम का प्रतीक नहीं है।'[2]

'नाटक जारी है' के बाद उनके जो भी संग्रह आये उनमें भी उस वक्त की राजनैतिक, आर्थिक और सामाजिक हलचलों, अन्तर्ध्वनियों का ही काव्यात्मक विस्फोट है। जगूड़ी की कविता के बड़े समीक्षक ओम निश्चल का यह मानना है कि 'उनकी कविताएँ एक बार में ही पूरा नहीं खुलतीं। जितना हम उन्हें समझने का दावा करते हैं, उतना ही अबोध वे हमें घोषित करती हैं। यों तो हर अच्छी कविता की विशेषता यही है कि वह बार-बार पढ़ी जाकर भी नयी की नयी बनी रहे। उसकी भाषा-संवेदना हर बार ताज़ा लगे। जगूड़ी की कविताओं में यह खूबी है। वे अपने प्रतीकों, बिम्बों, उपमानों, उत्प्रेक्षाओं को मैला और बासी नहीं होने देते। यही वजह है कि पेड़ और बच्चे के प्रतीक और बिम्ब से रची उनकी अनेक कविताएँ ऊब का निर्माण नहीं करती हैं। ...वे जीवन से ही नहीं, पौराणिक सन्दर्भों तक से आधुनिक चेतना को खँगालते हैं और राजनीति, धर्म, साहित्य, अर्थतन्त्र और बाज़ार के जीवन पर पड़ने वाले प्रभावों को एक कवि की तरह आँकते हैं।'[3]

जगूड़ी की कविता का भाषा के आधार पर विश्लेषण करने पर उसमें बहुत सी नवीनताएँ दिखाई देती हैं। जगूड़ी भाषा-प्रयोग के सजग कवि हैं। समकालीन या आधुनिक कवियों की रचना शैली विशेषकर बिना बौद्धिक अभ्यास के भाषा का प्रयोग उन्हें निराश करता है। भाषा के आधार पर श्रेष्ठ कविताएँ कवियों को पहचान दिलाती हैं। आज का कवि इस बात से बेसुध होकर लिख रहा है।

'किस तरह के रचनाकार्य में हम तल्लीन हैं? समकालीन या आधुनिक? कविता और साहित्य की अन्य विधाओं की रचनात्मकता कतई भाषा आधारित है। भाषा पर हमारा क्या काम है? भाषा की बनती-बिगड़ती और संवरती रंगतों को हम कितना जानते हैं? समाज द्वारा रची हुई भाषा को हमने कहाँ-कहाँ पर कितना और रचा है? ऐसे कुछ उदाहरण हैं समकालीन रचनाकारों के पास? यदि ऐसा है तो नया अनुभव पर अर्थ वाले अद्यतन रचे हुए शब्दों का एक छोटा ही सही कोष हमारे पास होना चाहिए। भाषा के नये रसायन को हम समझ नहीं पा रहे हैं, कहीं इसी बिन्दु से अपराधबोध नहीं उपज रहा? भाषा उतनी ही पर्याप्त नहीं है जितनी वह बरती जा चुकी है। भाषा जितनी चालू है उसमें से और क्या-क्या किस तरह बनाया जा सकता है। किस तरह बनाने की बात ही शायद शिल्प का निर्धारण कर सके। ...जिस भाषा में नयी सामाजिक परिस्थितियाँ दिखती हैं उसी में अछूते शब्द अनुभवों का तत्व दर्शन करने चले आते हैं।'[4]

लीलाधर जगूड़ी सम्भवतः साठोत्तरी कविता के पहले ऐसे कवि हैं जिन्होंने अपनी काव्य सम्बन्धी अवधारणा, शिल्प की बारीकी और काव्य-लेखन की चुनौतियों पर बहुत कुछ लिखा है। इससे उनकी कविता की सम्प्रेषणधर्मिता बढ़ती है। पाठकों और आलोचकों के आरोप हैं कि वे कठिन कविताएँ लिखते हैं जिसे आसानी से नहीं समझा जा सकता। जगूड़ी ने इस सम्बन्ध में टिप्पणी नहीं की है बल्कि पूरा बयान दिया है। 'मेरी कविता में जटिलता कुछ लोगों को इसलिए भी दिखाई दे सकती है क्योंकि मेरे अनुभव कम जाने हुए और कभी-कभी एकदम नये अनुभव हैं। उन अनुभवों की भाषिक संरचना भी अपने समय की कविता में प्रयोग हो रही शब्दावली से कतई बाहर की है। इसलिए मेरी कविता की भाषा को समझने के लिए समझी और पहचानी हुई काव्य-भाषा से बाहर आने की जरूरत है। जाहिर है कि जो ऐसा जोखिम उठायेगा वह कविता के विश्लेषण के लिए भी एक नयी भाषा रचेगा। यह जीवन और जगत् का विराट नाटक मात्र लीला-भाव कहकर आज नहीं समझा जा सकता। आज भाषा भी स्वयं एक राजनीतिक शक्ति और बरगलाने वाली अनर्थकारी ड्रामेबाजी की ताकत रखती है और उसे केवल सृजनशीलता के अर्थ में ही हमेशा देखना उसकी अन्य प्रयोजनशीलताओं से आँख मूँद लेना होगा।'[5]

उनकी कविताओं के द्वारा उनके शिल्प को समझने-जानने के क्रम में सर्वप्रथम साठोत्तर कालीन भाषा का परिदृश्य सामने लाना श्रेयस्कर होगा क्योंकि वह जगूड़ी की कविता का प्रारम्भिक दौर है। 'नाटक जारी है' की कविताएँ इसका सर्वोत्तम प्रमाण हैं :

अच्छा लगता है पत्तों का अवश झरना?
अंधेरे में क्वाँरी कोखों का भरना?
रोशनी की नयी-नयी टहनियों पर
स्याह पंछी का बैठना?
अच्छा लगता है
एक मरे हुए साँप को लेकर बीन का बजना?

(नाटक जारी है, पृ. 10)

सँपेरा जीवित साँपों के साथ बीन बजाकर अपनी आजीविका चलाता है। न वह प्रसन्नता से साँप नचाता है और न ही साँप खुशी से हर समय नाचते हैं। यहाँ मरा हुआ साँप वह शासक है जो सत्ता में न होकर भी लोगों में आतंक का छद्म फैलाए हुए रहता है। लोग उसकी हाँ में हाँ मिलाते रहते हैं या यह भी कि भ्रष्ट शासक के सम्पूर्ण चरित्र को जान लेने के बाद भी कुछ न कर पाने की असहाय स्थिति में होते हैं। कुछ इसी प्रकार की भाषा में नेताओं का सही चेहरा और जनता की तसवीर है :

आदमियों के जंगलों में छिपे हुए भेड़िये
पिछले पंजों से मिट्टी खोद रहे हैं
और हिलती फिर रही हैं
लोमड़ी कुंठाओं की रोयेंदार पूँछें

(नाटक जारी है, पृ. 11)

'इस यात्रा में' संग्रह तक आते-आते जगूड़ी का शिल्प विन्यास पहले की तुलना में बदला हुआ दिखाई देता है। वे स्वयं स्वीकार करते हैं कि 'ये कविताएँ न उन कविताओं का परिष्कृत रूप हैं न विकसित रूप, यह तो एक अलग ही शुरुआत है। ये कविताएँ अपने अनुग्र स्वभाव में भी संघर्ष करती दिखती हैं। इनमें भी धार है लेकिन तलवार की नहीं पानी की और कहीं-कहीं तो केवल घास की और अन्य पत्तियों के धार से काम चलाने की कोशिश की गयी है।'[6] 'प्रेमान्तरण' कविता की पंक्तियाँ हैं :

मैं तुम्हारे शरीर में
वे सार्वजनिक उजाड़ ढूँढ़ रहा हूँ
जहाँ शाम के खाली हिस्से को सहलाते हुए
लोग
पैर के अँगूठे से छोटे-छोटे गड्ढे खोदते हैं

और बीड़ी की राख से भरते हुए
उनमें बातें लगाते हैं।

(इस यात्रा में, पृ. 56)

एक कविता है 'केवल इन्तजार'। इसका कवि आत्मग्लानि एवं कुंठा से बहुत ऊपर जाकर अपने लिए साहस जुटाता है। वह किसी अच्छे समय के आने का इन्तजार करने में समय गंवाने के लिए तैयार नहीं है। आत्मविश्वास एवं साहस का मेल यहाँ है :

मैं भी नहीं चाहता इस अँधेरे में
इस तरह रेत होते हुए जिन्दा रहे जाना
अपनी समूची हड्डियों के साथ उपस्थित हूँ
क्या इनमें वज्र की योग्यताएँ हैं?
यह इन्तज़ार नहीं बल्कि चूक है
जिसमें मैं निरन्तर ढह रहा हूँ

(इस यात्रा में, पृ. 84)

इस कथन में अवश लाचारी तो है ही अस्तित्वबोध की छटपटाहट भी कम नहीं है। तुलनात्मक ढंग से काव्यनायक अपने को कम नहीं मानता। लेकिन ऐसा क्या है जिससे वह आभामंडल में स्वयं शामिल होता है या गिर जाता है या गिरा दिया जाता है। कुछ न कर पाने से उपजा आक्रोश इन पंक्तियों को सामान्य कविता नहीं रहने देता। हड्डियों के साथ उपस्थित होना सम्पूर्ण समाज पर, जो कि अर्थ के आधार पर दो तरह का दिखाई देता है, प्रहार है रेत से पहाड़ ढहाने की कोशिश की तरह। उनकी एक कविता है 'पेड़'। इसमें भाव की सघनता तो है ही भाषा की कसौटी भी यहाँ खरी उतरती है :

जो पत्थरों के दिमाग को
अपने लिए उपजाऊ बना रहा है
जो अपनी खाल को कोट की तरह पहने हुए है
मुझे उससे मिलते हुए यह नहीं भूलना चाहिए
कि आधा तो मैं अपने ही कमरे की
खूँटियों पर टँगा हुआ हूँ

(इस यात्रा में, पृ. 77)

जगूड़ी का शब्द-चयन कई बार जन-प्रचलित होकर भी उनका अर्थ जन

सामान्य की पहुँच से परे हो जाता है। सामान्य शब्दों से विशिष्ट रचने की अद्भुत कला है उनमें। वे कला-पारखी रचनाकार हैं। 'कला और नैतिकता, जीवन-दृष्टि और जीवन-मूल्यों से बनी हुई अवधारणाएँ हैं। अच्छे-बुरे की समझ नैतिकता से ही नहीं, कला से भी आती है। बल्कि कला की समझ ही अच्छे-बुरे की समझ पैदा करती है। कला ही मनुष्य को नैतिक बनाती है। आज के बड़े से बड़े उद्योग और बड़े से बड़े स्थापत्य के पीछे मानवीय रिश्तों की ऊष्मा और जागते हुए सपने देखने की कला का बहुत बड़ा हाथ है। चाहे माता-पिता का प्यार हो, चाहे उनकी ममता और उनके अनुशासन की छाया हो, सारे पारिवारिक सम्बन्ध बचपन से ही हमारे जीवन जीने की कला का निर्माण करते हैं।... हम अपनी मानवीय नैतिकताओं को भी इन्हीं कलाओं के सहारे बचाते हैं। कला बहुत बड़ी ताकत है।'[7] उनकी एक कविता है 'चालाकी की शुरुआत'। इसमें ऐसे दो बच्चे हैं जो बचपन से ही अवसरवादिता एवं लेन-देन का स्वभाव सीखते हैं–बबलू और पप्पू। इन दोनों की बातचीत में भाषा के लोक रंग और लोक कथा का स्पर्श तो है ही नहीं जबकि झटके से पढ़ने में ऐसा ही दिखेगा भाषा के कारण। किन्तु जगूड़ी सामान्य शब्दों के माध्यम से यहाँ जटिल विडम्बना की प्रस्तुति करते हैं :

'तुम ठीक समझ रहे हो
वहाँ बिल्ली चिड़िया को देख रही है
और चिड़िया एक भुनगे को
और उनके बीच एक फूल
राजकुमार का सिर है
तोड़ दूँ ?
फाटक पर सन्तरी का सिर है
जैसे ठूँठ पर कौवा
उड़ाओगे ?'

(बची हुई पृथ्वी, पृ. 77)

भाषा प्रयोग की अनन्त संभावनायें उनकी कविता में दिखाई देती हैं जिनका विश्लेषण करना और बताना या गिनाना उनकी कविता की तरह जटिल कार्य है। किसी भी रचनाकार को समझने के लिए एक सोच गढ़नी होती है। जगूड़ी जैसे कवि के कौशल के लिए तो ऐसा ही करना पड़ेगा। आजकल सपाटबयानी के प्रति कवियों का आग्रह बढ़ रहा है। लीलाधर जगूड़ी भी सपाटबयानी के कवि माने जा सकते हैं। उनका यह मानना है कि सपाटबयानी किसी को थोथा कवि भी बना सकती है और

किसी को कुछ ज्यादा ही अर्थवान। इसके आदर्श उदाहरण अज्ञेय, रघुवीर सहाय, सर्वेश्वर दयाल सक्सेना और श्रीकान्त वर्मा हैं। एक सपाटबयानी वह भी है जिससे भवानी प्रसाद मिश्र अपनी कविता तैयार करते हैं। अलग तरह का खिंचाव लिए हुए। एक सपाटबयानी विजयदेव नारायण साही की है। चन्द्रकांत देवताले, विष्णु खरे, भगवत रावत की सपाटबयानी एकदम अलग तरह की है जो विष्णु चन्द्र शर्मा के विद्रोही स्वर के एकदम निकट जाती है। हिन्दी में सरलता का आग्रह और दुराग्रह होता रहता है। कवि भाव की सरलता नहीं भाषा की सरलता की ओर चले जाते हैं। यह कविता के लिए उचित नहीं है। सपाटबयानी का एक सुन्दर उदाहरण 'पेड़ की आजादी' कविता में है :

न तना बनना सरल है
न टहनियों की तरह निकल आना
न फूल, न फल, न पत्ता बनना सरल है
न अपनी जड़ों के लिए ज़मीन को पटाना
कुछ भी सरल नहीं है
सवाल केवल पेड़ होने का नहीं
वह तो सिर्फ़ एक नाम है
जैसे कि–आज़ादी
नाम में क्या रक्खा है ?

(घबराये हुए शब्द, पृ. 24)

यहाँ पेड़ की आजादी और उसका उगने का संघर्ष तो है ही साथ में मिली हुई आजादी के नाममात्र होने पर व्यंग्य है। कवि यह बताना चाहता है कि आजकल शब्द एवं सम्बन्धित कर्म में कितने पहाड़ उग आये हैं। कितनी खाइयाँ खुद गयी हैं।

स्थान-स्थान पर जगूड़ी ने अपनी भाषा तथा कथ्य-चारुता पर बहुत कुछ लिखकर अपने भाषिक रहस्य को समझाया भी है। उनका मानना है कि 'कहानी और निबन्ध का रिश्ता आसानी से नहीं प्रतिभा से विकसित किया जा सकता है। यह कहना बहुत सरल और जल्दबाज़ी है कि कविता जैसे वाक्य तो कहानी में भरे पड़े रहते हैं, इसलिए अलग से कविता की क्या ज़रूरत है। कविता में कथ्य की टीस और चुभन संश्लिष्ट तरीके से यथास्थान होते हुए भी गहराई से महसूस होती है। यूं देखा जाये तो साहित्य में सबका उपादान तो भाषा है, पर यह नहीं भूलना चाहिए कि घास की भाषा भी अलग-अलग रंग-ढंग और गुणों से संकलित होती है। सारा हरा, घास नहीं होता। घासें भी अलग-अलग क़िस्म की होती हैं, जिस तरह

कि हरा भी हज़ार तरह का होता है।[8] भाषा के लिए सदैव सजगता बरतने और सजग रहने की सलाह देने वाले इस कवि की कविता में बहुरंगी भाषा है। हर भाव की एक अलग भाषा। जैसे 'सिल्ला और चिल्ला गाँव' शीर्षक कविता लिखते समय सरल भाषा है पर उतनी भी नहीं कि पूरी की पूरी सरल हो :

हम सिल्ला और चिल्ला गाँव के रहनेवाले हैं
कुछ काम हम करते हैं कुछ करते हैं पहाड़
उत्तर और दक्षिण के पहाड़ हमें बाहर देखने नहीं देते
वह चील हमसे ज़्यादा जानकार है जो इन पहाड़ों के पार से
हमारी घाटी में आती है

(अनुभव के आकाश में चाँद, पृ. 126)

उनकी कविता की भाषा में बोल-चाल के शब्दों का बाहुल्य भी देखा जा सकता है। ये शब्द मात्र प्रयोग के लिए नहीं बल्कि भाषा की सबल अभिव्यक्ति के लिए प्रयुक्त हैं। 'चालाकी की शुरुआत', बच्चे पर लिखी गईं तीन कविताएँ– 'बच्चे-1', 'बच्चे-2', 'बच्चे-3', 'काखड़' और 'सपने में दादी' जैसी बहुत सी कविताएँ हैं जो आमजन की बोलचाल में लिखी गयी हैं :

दादी कहती है कल पानी बरसेगा शाम से ही
बोल रहा है बिचारा काखड़
जाड़ों में बारिश याने सीधा हिमपात
और जंगली जानवर चले आएँगे बस्ती में
चाँदनी में शौच कराती है दादी अपने नाती को
जल्दी कर वरना बाघ आता होगा
बच्चे को सुनाई दी स्कूल की घंटी
यह पानी का लोटा लुढ़का

(भय भी शक्ति देता है, पृ. 131)

किंवदन्तियाँ, अभाव, अनिश्चय, आशंका के साथ-साथ पानी के लोटे का लुढ़कना कहीं से भी सामान्य अर्थ बोध नहीं बल्कि विशिष्ट सोच की माँग करने वाले प्रसंग हैं। यह जगूड़ी की कविता का केन्द्रीय भाव है। उन्हें लोगों से मिलना भाता है और जनसामान्य की भाषा में निजता, संवेदनशीलता और मौलिकता दिखाई देती है। लीलाधर जगूड़ी का लोक जीवन उनकी कविता का लोक है जो बहुत व्यापक है और जिसकी चर्चा पिछले अध्याय में की जा चुकी है। यहाँ तो कवि की वाणी में सिर्फ इतना कहना पर्याप्त है :

यहाँ की यहाँ, वहाँ की वहाँ
जहाँ की तहाँ, ज्यों की त्यों पड़ी है एक से एक चीज़
इतनी कम भाषा से काम न चलाता
अब तो कम-से-कम में जिनगी निभानी है।

(ईश्वर की अध्यक्षता में, पृ. 117)

साठोत्तरी कविताओं का समय संशय, ऊहापोह, मोहभंग एवं भयग्रस्तता का था। यही कारण है कि उस समय की कविता में ये सभी विशेषताएँ मिलती हैं। 'नाटक जारी है' संग्रह तो ऐसी ही कविताओं से भरा है। इस संग्रह की भूमिका में तत्कालीन परिवेश और उससे प्रभावित कविता लिखने की स्थिति के विषय में जगूड़ी ने लिखा है 'उन दिनों लगता था कि अभावग्रस्त व्यक्ति के जीवन को ही दुष्कर्म की तरह परे ढकेल दिया गया था। जिनके पास इफरात से है दुष्कर्म वे भी कर रहे होते हैं। छठे और सातवें दशक की कविता ने इन्हीं दो दुष्कर्मों की सीमा पर खड़े व्यक्ति को अभिव्यक्त किया है। मैं उन दिनों हर स्थिति के लिए खुद को जिम्मेदार मान रहा था–यहाँ तक कि अपने जन्म के लिए भी। जबकि पूरे देश और पूरी दुनिया के लिए अपने को ही संकट मान लेना बड़े निराशावाद को जन्म दे सकता था। फिर भी साठ के बाद की कविता ने नगण्य और इस व्यवस्था में अनुपस्थित तथा असम्मिलित लोगों का आशा गीत गाया है। नकार और निषेध के बाद उसने जीवन की स्वीकृति का अपना एक रास्ता बनाया है।'[9] उनकी कविता से यह बात स्पष्ट हो जायेगी :

चीज़ों की व्यवस्था में
तुम्हारा इस तरह ग़ायब हो जाना
मेरे लिखने की भाषा है
हर बार तुम्हें खोजने की कोशिश में
लापता हो जाता हूँ
और संशय की भाषा में बड़बड़ता हूँ
जो न क्रान्ति होता है
न नज़रिया। न विचार

(नाटक जारी है, पृ. 60)

'नाटक जारी है' संग्रह की कविताओं के विषय में जगूड़ी की टिप्पणी है कि 'एक बेरोज़गार युवा होते व्यक्ति की कविताएँ हैं, जो भाषा और आशय से प्रथम दृष्ट्या ही उग्र, अस्थिर और बेचैन दिखती हैं। काव्य परम्पराओं को तोड़कर

अपनी एक निज परम्परा कायम करने की हड़बड़ी, इसमें अनायास आ गयी लगती है। सारी कल्पनाओं और खुराफ़ातों के केन्द्र में एक युवा मन बार-बार खुद को ही रखकर सोचता है। व्यक्ति ही खुद को समुदाय के रूप में भी सोचने लगता है, यही वजह है कि समुदाय भी वहाँ एक व्यक्ति के रूप में ही दिखाई देने लगता है। व्यक्ति ही समूह है और समूह व्यक्ति की धारणा से पैदा हुआ प्रतीत होता है।'[10] कविता में यह प्रसंग है :

जमाने को अंटी में फंसाकर
परिवार के बीच
पदयात्रा करते हुए
किसी के चेहरे पर कोई निश्चय नहीं है
इस नाटक में सहकारी आदमी
उजाड़ता है देश
और धंधा मिलता है

(नाटक जारी है, पृ. 138)

'अन्तर्देशीय' कविता में संशयग्रस्तता का सर्वोत्तम रूप है। इसी प्रकार 'बच्चा और राजनीति', 'चेहरे और जूते की बातचीत', 'बची हुई पृथ्वी' के साथ-साथ अनेक कविताएँ संशयग्रस्त मानव की तस्वीर खड़ी करती हैं। अपनी कविताओं में जगूड़ी दमन, बर्बरता, संहार और स्मृतिहीनता के बेहद सूक्ष्म संदर्भों को ढूँढते हुए कई बार उम्मीद के कुछ कोने तलाशते नजर आते हैं। या कम-से-कम इन्हें तलाश करने की छटपटाहट को सामने लाते हैं। जाहिर है किसी भी संवेदनशील कवि के लिए यह एक सरल आशावाद वाली सतही उम्मीद नहीं होती। यह एक खास तरह की उम्मीद होती है। 'यदि हम यह मानें कि जगूड़ी का संसार एक विकल, घबराया हुआ, छीजता-बिखरता, तापग्रस्त संसार है जिसमें आसन्न संकट भाषा और भाव मुद्राओं पर दबाव डाले हुए है तो ऐसा समझना ठीक नहीं होगा। जगूड़ी के यहाँ मनोजगत के भावों को झेलने का अवकाश नहीं है। भीतरी बेकली उनकी अभिव्यक्ति को तोड़ती-फोड़ती नहीं। भाषा में आवेग उनके यहाँ लगभग नहीं है। वे एक खास 'कन्डीशन्ड' दूरी से बात कहने वाले कवि हैं।'[11]

उनकी कविताओं में नाटकीय विधान है। कविता पढ़ते समय लगता है हम संवाद सुन रहे हैं, पात्र सामने खड़ा है। कविता की एकरसता को दूर करने और पाठक को बाँधे रखने में नाटकीय विधान बहुत सक्षम होता है। जगूड़ी की

कविता में निर्मम यथार्थ की अभिव्यक्ति है। तत्कालीन सभी परिस्थितियों का चित्रण है जिससे आम जीवन प्रभावित हुआ है। जीवन मूल्यों में गिरावट आयी है और बेचारा आम आदमी ही मारा गया है। नाटकीयता जगूड़ी की कविता में सुखद एवं दुखद दोनों ही सन्दर्भों में पाई जाती है। 'जूते और चेहरे की बातचीत' में नाटकीय कौशल इस प्रकार है :

मेरा भी एक स्थान है
हाथ में उठा लिया गया तो ख़ैर नहीं
वैसे चाहे मसखरी करते हों या सबूत पकड़ते हों
मैं भी छिपाया जाता हूँ
चन्दन या मुकुट
सिर पर टोपी या ख़िजाब जो भी लगा लें
पर जब ख़राब वक़्त आता है तो मैं ही लगाया जाता हूँ

(घबराये हुए शब्द, पृ. 62)

जगूड़ी की लम्बी कविताओं में नाटकीय कौशल भरा हुआ है। 'बलदेव खटिक', 'मन्दिर लेन', 'पलटवार' और पेड़ से सम्बन्धित कविताओं के साथ-साथ जब वे बच्चों पर लिखते हैं तो उन्हें 'दन्तुरित मुस्कान' नहीं दिखाई देती। उन्हें गायब होता हुआ बचपन दिखाई देता है और वे यह सवाल उठाते हैं :

लेकिन जो लोग उस लड़ाई के मार्फ़त
बड़े हो चुके
मैदान के बीचो-बीच
उनसे पूछता हूँ –
कि घरों को भी खंदक में क्यों बदल रहे हो?
जानते हो यह उस बच्चे के
खेल का मैदान है
जो आज भी दुनिया की
सबसे पहली लड़ाई लड़ता है

(घबराये हुए शब्द, पृ. 35)

साठोत्तरी कविता के कवियों में सम्भवतः जगूड़ी अकेले कवि हैं जिन्होंने तत्कालीन सामाजिक, राजनीतिक, धार्मिक परिस्थितियों का सटीक चित्रण किया है। उस चित्रण के लिए अपना शिल्प गढ़ा है। शिल्पहीनता प्रधान उस समय में जगूड़ी ने शिल्प पर अभ्यास किया। वे अपनी शिल्प विषयक मान्यताएँ

भी रखते-स्थापित करते हैं। 'भाषा के माध्यम से अज्ञात और अदृश्य में झाँकने की विरल कोशिश है कविता। अभिव्यक्त भी होना है और अनभिव्यक्त को भी समझना है। कहे हुए को समझना है और अब तक नहीं कहे हुए को कहना है। कितना कहना है और कितना छुपाना है, यह काव्याभिव्यक्ति का आत्मसंघर्ष है।'[12] यह कहना और छुपाना ही जगूड़ी के काव्य की अपनी गढ़ी हुई परिपाटी है जिससे उनकी कविता अन्य कवियों से अलग दिखाई देती है :

बोले–वह जो बाइण्डर खड़ा है
उससे 'रक्तहीनता' मत कहो
वरना वह कहेगा उसका ज़िल्द अभी नहीं चढ़ा
उससे साफ़-साफ़ कहो ख़ून की कमी
समझ रहे हो जगूड़ी!
कितनी उदासीनता में जी रहा है आदमी
पानी नहीं दुख पी रहा है आदमी
एक वह देखो बोरे में सिलकर ला रहा है कई भ्रूण
कई विकसित मुण्ड। कई इच्छाएँ
कई स्वप्नगाथा

(महाकाव्य के बिना, पृ. 86)

नाटकीय विधान के साथ ही व्यंग्य पर विचार करना भी आवश्यक है। व्यंग्य के माध्यम से जगूड़ी ने तत्कालीन परिस्थितियों का चित्रण सटीक ढंग से किया है। उनकी कविताओं में चाहे वे छोटी हों या बड़ी व्यंग्य सर्वत्र देखा जा सकता है। 'बची हुई पृथ्वी पर' कविता में कवि ने व्यंग्य भाव में यथातथ्यता को दर्शाने की लाचारी का सन्दर्भ लिया है :

ज़मीन की भाषा में ज़मीन को
पानी की भाषा में पानी को
कुछ कहना कितना मुश्किल है
अपनी भाषा में अपने को
कुछ कह भी सकूँ और यहाँ रह भी सकूँ
कितना मुश्किल है

(बची हुई पृथ्वी, पृ. 116)

'नाटक जारी है', 'बलदेव खटिक', 'मन्दिर लेन', 'पलटवार' जैसी कविताएँ जिनकी चर्चा की जा चुकी है उनमें व्यंग्य की उत्तम उपस्थिति है :

एक विचार से दूसरे विचार का अण्डा देने के लिए
बुनते हैं घोंसला
पर विद्वान अंडे कम देते हैं और बीट ज़्यादा करते हैं

(भय भी शक्ति देता है, पृ. 106)

X X X

जाओ, जूते और घड़ियों के ऊपर रहो
आदमियों के ऊपर इस वक़्त ख़तरा है।

(रात अब भी मौजूद है, पृ. 68)

समकालीन कविता छन्द मुक्त है। अर्थात् उसमें छन्द का बंधन नहीं है जैसा कि मध्यकाल की कविता में था। जिसके कारण कविता में लयात्मकता आती थी और गाई जा सकने की सामर्थ्य उसमें थी। आज का कवि छन्द को अलग ढंग से परिभाषित करता है। जगूड़ी ने लिखा है 'छंद गेयता का नाम नहीं है। एक छंद दृश्य में होता है, एक विचार में और एक छंद भाषिक अभिव्यक्ति में होता है। भाषिक अभिव्यक्ति में भी एक गैर-भाषिक अभिव्यक्ति का छंद होता है जो किसी अभिव्यक्ति के सूक्ष्म से सूक्ष्म कोष्ठ में छिपा हुआ होता है। छंद मात्राओं या केवल 'रिद्म' का नाम नहीं है, बल्कि छन्द रचना के पूरे व्यक्तित्व से बनता है। छंद मात्राओं से निर्धारित नहीं होता, बल्कि वह अनुभव और अनुभूति की मात्रा से और किसी चीज को देखने के ढंग से बनता है।'[13] प्रश्न यह उठता है कि लीलाधर जगूड़ी की यह मान्यता उनकी कविता में कितनी खरी उतरती है :

कुर्सी के हत्थों पर कोहनियाँ टेकते हुए
मुझे लगता है
कि कारीगर के घुटनों पर जोर पड़ रहा है

(इस यात्रा में, पृ. 77)

जब तुम शरीर पर कपड़े और थाली में खाना
नल में पानी और बल्ब में रोशनी देखो
तब तुम मेरे सही नाम से मुझे पुकार सको
इतना खून तो तुम में होना ही चाहिए

(रात अब भी मौजूद है का प्रारम्भ)

उनकी कविता में सूक्तियों और सूत्र वाक्यों की बहुलता है। इस सन्दर्भ में उनका मन्तव्य है 'सृष्टि में सब कुछ के साथ जब मनुष्य अपने अनुभवों को स्मृति

में सँजोने लगा होगा तब उसे अपनी भाषा में संक्षिप्तता और याद रखने लायक लयात्मकता की पहले-पहल ज़रूरत पड़ी होगी। परिणाम यह हुआ कि धीरे-धीरे बहुत सारी ऐसी स्मृतियों के लिए सूक्ति और सूत्र, लयात्मकता और आवृत्ति की कला से मनुष्यों ने भाषा में शैल्पिक नये-नये प्रयोग कर डाले। वैदिक ऋचा हो चाहे वाल्मीकि रामायण, स्मृति और लय से कविता का आरंभिक मार्ग प्रशस्त हुआ और दूसरे की वेदना को अपने शब्द देने की कला विकसित हुई। ...लोक-जीवन ही सारे अभिप्रायों और सारी अभिव्यक्तियों की जन्मभूमि है।'[14]

सूक्तियों एवं लोकोक्तियों तथा मुहावरों से उनकी कविता अलंकृत है। इन सबका प्रयोग केवल चमत्कार या शिल्प कौतुक के लिए नहीं बल्कि अर्थ की गम्भीरता एवं चारुता के लिए किया गया है। उन्होंने स्वयं स्वीकार किया है कि 'मुझे सूक्तियों और सूत्रों से बहुत प्यार है। कम से कम में अधिक से अधिक आनन्द लेना चाहता हूँ। मैं कविता अपने और अपने पाठक के आनन्द के लिए लिखता हूँ। आनन्द और स्वभाव की अनुभूति मुझे बदल देती है। उसका घटित होना, उसके बाद उस घटित होने की याद और उसका स्वाद मुझे दूसरा व्यक्ति बना देते हैं।'[15] उनकी कविता से एक उदाहरण है :

भूतल पर जैसे जल मिलकर जलधि हो जाता है
वैसे समय से-स, मनुष्य से-म और 'आज' मिलकर
'समाज' हो जाता है

(ईश्वर की अध्यक्षता में, पृ. 83)

जगूड़ी की कविता में विस्मयबोध का भी निरूपण है :

रात! तुम काली खाद हो
तारों! तुम अच्छी नस्ल के बीज हो
चाँद! तुम हँसिया हो
आकाश! तुम खेत हो

(रात अब भी मौजूद है, पृ .21)

इसी प्रकार पूरा अनुच्छेद प्रश्नचिह्नों से सही अभिव्यक्ति कर पाता है। यहाँ प्रश्नचिह्नों का प्रयोग राजनीति का स्वरूप, राजनेताओं का चेहरा और इनके शिकार हुए मुरझाये लोगों के लिए है :

कौन करेगा न्याय?
जो न्याय बाँटता है या जिसे न्याय की ज़रूरत है?

या जो न्याय कर सकता है या जो न्याय का शिकार है?
कौन करेगा न्याय?
वही जो अन्याय करते आ रहे हैं लगातार?
उन्हें ही लाना पड़ेगा न्याय के रास्ते पर?

(भय भी शक्ति देता है, पृ. 85)

विराम चिह्नों की संयुक्त प्रस्तुति एवं मनोभावों का अद्‌भुत तालमेल यहाँ देखा जा सकता है :

– बाप रे ! माँ ने कहा – वे बच्चों को इतना प्यार कर रहे थे?
पिता ने कहा–नहीं

(महाकाव्य के बिना, पृ. 58)

शब्द-शिल्पी लीलाधर जगूड़ी शब्दों को तोड़कर लिखते हैं और अपनी बात को उन तोड़े हुए शब्दों के माध्यम से प्रभावशाली बनाते हैं। जैसे :

इसको सुविधा दो
सु । वि । धा । दो
सु
विधा दो

(रात अब भी मौजूद है, पृ. 83)

यहाँ पूर्ण विरामों का प्रयोग करके कवि ने लोगों के लिए 'सुविधा' माँगने में हिचक, कठिनाई, साहस एवं भय जैसे मनोभावों को व्यक्त किया है।

इसी प्रकार 'खोदी' शब्द का उदाहरण है :

'शैली' बोयी कोई घास नहीं खोदी
खो
दी
खो, दी सबने अपनी पहचान

(रात अब भी मौजूद है, पृ. 74)

यहाँ रचना-कर्म के सतहीपन पर कवि की चिंता है। एक पंक्ति में प्लुत स्वर तथा अन्त्याक्षर लोप की प्रस्तुति है :

जै SSS हिं X धन्यवा X X X

(रात अब भी मौजूद है, पृ. 86)

उनकी कविता में शब्द की आवृत्तियाँ भावों के निकट पहुँचकर दृश्य विधान खड़ा करती हैं। आंचलिक बोध यहाँ मुहावरेदार भाषा के माध्यम से जीवंत है :

– ऋतु बदल रही है तिलचब्बन,
एक-एक रोड़े पर मस्ती आ रही है
– अरे गोबरपत्थन ! ये बच्चे
ही - ही - ही बेचारे बच्चे
– बेफिक्कर बेचारे बच्चे
– असल उम्मर तो ये है पत्थन
– न कोई मतलब बज्र पड़े से
न कोई मतलब आग लगे से

(बची हुई पृथ्वी, पृ. 80)

यहाँ डैश जिन्दगी की दूरियाँ, रिश्तों की दूरियाँ और उम्र से प्राप्त अनुभव को लिखते हैं। ही, ही, ही नकली हँसी है जो व्यवस्था पर कुठाराघात करती है। अन्तिम दो पंक्तियाँ मुहावरों से लिखी गयी हैं। यह शिल्प-वैभव जगूड़ी की अपनी पहचान है। इसमें कितना उनका अभ्यास है और कितनी नैसर्गिक कला है, बताना कठिन है–व्यंग्य के साथ-साथ विरोधाभास भी यहाँ कम नहीं है :

अँधेरा
मुझे वसन्त की तरह भोग रहा है

X X X

बहुत कुछ दब चुका होगा
स्याह उजली पत्तियों के नीचे।

(इस यात्रा में, पृ. 62-63)

अपनी कमजोरी और अपनी मजबूती के बीच
मैं ज़्यादा से ज़्यादा घास होना चाहता हूँ

(रात अब भी मौजूद है, पृ. 54-55)

अकेले अब कहीं भी जैसे अकेले नहीं रह गये हैं
असंख्य अकेले घिर आये हैं एक ही छोर पर

X X X

झूठी कहानियों से जाना कि सच किसे कहते हैं
सत्यकथाओं से जाना कि झूठ क्या होता है

(ईश्वर की अध्यक्षता में, पृ. 34-35)

विरोधाभासों से सटीक अभिव्यक्ति की कला आसान नहीं है किन्तु अपनी बात कहने का आग्रही कवि सब कुछ कर सकता है। विशेष सन्दर्भों में प्रयुक्त उनके शब्द आवृत्तियों से सच तक पहुँचते हैं जैसे :

वहाँ भी मैं एक कोशिश हूँ
वहाँ भी मैं एक परिणाम हूँ

X X X

कशाघात
कशाघात
कशाघात । बोलो – सहूँगा
–'सहूँगा'

X X X

आख़िर कहाँ है घर ?
आख़िर कहाँ है घर ?
यहाँ तो केवल मकान ही मकान है।

(रात अब भी मौजूद है, पृ. 60, 83, 93)

उनकी कविता में शब्द बदनाम होते हैं, सम्बन्धों की छाप नहीं पड़ती, समाचार खुद हिफ़ाजत चाहते हैं। पोस्टमैन का चेहरा रक्तहीन है। वे घोड़े की आँख से आकाश देखने वाले कवि हैं। उनके शब्दों में उगने का शोर है। शब्दों की नावें अंधेरे में पाल की तरह हैं। अंधेरे को कई नये सन्दर्भों में लिया गया है और रात की कई उपस्थितियाँ हैं :

महान् लोग रात को लबादे की तरह नहीं ओढ़ते
जैसे कि कैदी ओढ़ते हैं
रात उनके लिए
दिन-भर के कुकर्मों पर पड़ा हुआ पर्दा है

X X X

नंगे;
अँधेरे को कपड़े की तरह लपेट लेते हैं
ढके हुए
पूरे नंगे हो जाते हैं
रात हरेक को प्रभावित करती है

(बची हुई पृथ्वी, पृ. 22-23)

जगूड़ी की कविता के 'तथाकथित महान् लोग' रात में क्या करते हैं इसका निरूपण करते समय शिल्प की बारीकियों का भी बराबर ध्यान रखा गया है। महान लोग रात के कपड़े बदलते हैं, भोजन उनके घरों में घुस आता है जिसे वे खाते नहीं उसकी सड़ाँध सूँघते हैं। वे लम्बी रात का इन्तजार करते हैं ताकि दिन को उसमें पूरा-पूरा उलट सकें। इस कविता में 'चेहरा' शब्द की आवृत्ति देखने लायक है :

आईने में भी उनका चेहरा देख पाना
एक पागलपन है
उनके लिए अपना चेहरा लगभग अफ़वाह है
X X X
वह चेहरा
जो न आफिस में होता है
न आईने में
वह चेहरा
जो उनके चेहरे में कभी नहीं होता
वे उस चेहरे के लिए रोते हैं

तथाकथित महान लोगों की सुबह भी रात से कम उधेड़बुन वाली नहीं होती :

उनकी सुबह
टूटे हुए बटनों के मुआवजे से शुरू होती है
उनकी सुबह
ढकने और छिपाने से शुरू होती है

(बची हुई पृथ्वी, पृ. 24-25)

व्यंग्य, विरोधाभास, पुनरावृत्तियों एवं विराम चिह्नों के साथ-साथ उनकी सपाटबयानी भी जुड़ती है जो कविता को अधिक कविता बनाती है :

जीवित होना पहाड़ होने जैसा है
जीवित होना जंगल होने जैसा है
जीवित होना चलते रहना है नदी जैसे
जीवित होना अपने किनारों को काटते चलना है

(अनुभव के आकाश में चाँद, पृ. 30)

लीलाधर जगूड़ी ऐसे कवि हैं जो अनुभवहीनता के अनुभव से भी प्रेरणा लेते हैं। सत्य की आँच में वे जब तिलमिलाते हैं और व्यवस्था-बोध जब उन्हें कोंचने लगता है तब वे एक ही वाक्य को दुहराते हुए लिखते हैं :

हत्या किसी और की नहीं हुई
हत्या किसी और की नहीं हुई।

(भय भी शक्ति देता है, पृ. 22)

यहाँ कवि ने अपने को ही संबोधित किया है कि 'इस हत्या से जन्म लेना चाहिए मुझे'। पत्थर से झरती हुई रेत और बंजर सन्नाटे उनकी कविता का विन्यास करते हैं। रंग एवं कर्म का अद्‌भुत मेल है उनकी कविता में :

राख के रंग को अमूर्त करती हुई उसकी हँसी
ताँबे के रंग को अमूर्त करता हुआ
उसका चेहरा
पानी को लोहे की तरह उछालता हुआ
मन के बीचो-बीच
एक चट्टान से उतरकर
मेरे समकालीन ज़ख्म की कुशल पूछ रहा है

(इस यात्रा में, पृ. 69)

उनसे मेरा कहना है
कि जिन्हें मरने की भी फ़ुर्सत नहीं थी
उन्हें भी मैंने मरा हुआ देखा है
पर उस तरह नहीं
जिस तरह कि एक बच्चा मरता है

(घबराये हुए शब्द, पृ. 35)

जगूड़ी की कविता में प्रतीकों और उपमानों के साथ-साथ अद्‌भुत बिम्ब विधान हैं। 'लीलाधर जगूड़ी ने अद्‌भुत बिम्ब खड़े किए हैं। इतने घने बिम्ब मुझे लगता है, एक तो उनकी संस्कृत और दूसरा उनका पहाड़ से आना, इतने सम्पन्न बिम्ब उनसे तभी मुमकिन हुए हैं। हिमालय, यानी वो हिमालय जो कालिदास का है, वहाँ से उनको बहुत कुछ मिला। हिन्दी कविता में, जो हमारी आधुनिक हिन्दी कविता है, उसमें वह पूँजी नहीं थी जो जगूड़ी लेकर आये।'[16] उनकी कविता दिखाई देती है, वह सुनी जा सकती है। उसमें सुगन्ध है, स्वाद है

और जड़ को हिलाने वाली ताकत है। बिम्ब वे हैं जो ज्ञानेन्द्रियों से ग्रहण किये जाते हैं। ज्ञानेन्द्रियाँ पाँच हैं। जगूड़ी की कविता में कुछ चाक्षुष बिम्ब इस प्रकार हैं :

सूरज उगता है। जब एक
नीला कंधा लाल होता है
सीटियाँ बजाता। मोटरें गरमाता

(नाटक जारी है, पृ. 10)

अच्छी कविता मुझे सिरदर्द रहता है चक्कर आ जाते हैं
नीला-पीला दिखने लगता है। ख़ून तक नहीं दिखता है लाल

(भय भी शक्ति देता है, पृ. 11)

प्रकृति तथा जीवन दोनों के बिम्ब दृश्यमान हैं उनकी कविता में :

इस भीड़ में मेरा छोटा भाई है
पोस्टर चिपकाता हुआ
नारे लगाता हुआ
अपनी स्थापनाएँ रखता हुआ

(इस यात्रा में, पृ. 31)

जीवन-जगत के दृश्यों को आँखों से देखने वाले जगूड़ी स्पर्श की अनुभूति करते हैं। उनकी कविता का 'खलनायक' हमें अनुभूतियों की छुवन तक ले जाता है :

टटोलकर दबोचता है जिन्दगी का नाम–शर्म के नाम पर
सारी दुनिया को पृष्ठभूमि में सरकाकर
अपना शरीर काटता है
और एक कमरे में फेंक कर धीरे-धीरे सुलग जाता है

(नाटक जारी है, पृ. 29)

स्पर्श बिम्ब की अनेक प्रस्तुतियों से जगूड़ी की कविता स्वाभाविक रूप से अलंकृत हुई है। 'यह मैं हूँ बन्दी' कविता की इन पंक्तियों को यहाँ रखना आवश्यक है :

वह हमारे कमरों तक में नहीं घुस सकती
जबकि वह हमारे घावों को–छूना चाहती है
वह हमारे शरीर पर
अब भी फेरना चाहती है
अपना मन

(इस यात्रा में, पृ. 32)

हम बाह्य जगत की संवेदनाओं को नाक से ग्रहण करते हैं और अभिभूत हो जाते हैं। सुगन्ध या दुर्गन्ध का एहसास कराने वाली कविता लिखना कठिन है। परन्तु जगूड़ी की कविता में घ्राण बिम्ब के भी अनेक उत्तम नमूने दिखाई देते हैं :

जब चारों ओर
बारूद की गन्ध छा रही हो
तो उधर चलना जरूरी हो गया
जिधर से
मिट्टी में मिले हुए नगण्य लोगों को
छूकर
अब भी फसलों की गन्ध आ रही हो।

(इस यात्रा में, पृ. 108)

यहाँ एक साथ घ्राण एवं स्पर्श बिम्ब की उपस्थिति है। समाज का विद्रूप तो यहाँ दिखाई दे ही रहा है साथ ही गरीबों के जीवन की सादी सुगन्ध भी उपस्थित है।

स्वादेन्द्रियों के माध्यम से गृहीत संवेदनाओं के नमूने भी जगूड़ी की कविता में आये हैं। स्वाद का भले ही पारंपरिक अर्थ न हो, व्यंग्य की धार से उसे मजबूती मिल रही है। 'आम आदमी 1973' कविता का ख़ास आदमी आम आदमी का हिस्सा खाता दिखाई दे रहा है :

केवल खा रहा है
बिना यह जाने हुए
कि वह किस जिले का पसीना है इतना स्वादिष्ट

(रात अब भी मौजूद है, पृ. 44)

जगूड़ी की कविता में आये बिम्ब चाहे जैसे भी ग्रहण किये जायें उनमें सांस्कृतिक चेतना और युगबोध समाया रहता है। एक कविता है 'तुम रोबो नहीं हो' इसमें बच्चों के माध्यम से अभावजन्य प्रतिभा की ताकत को स्वाद में बदलने की बात है :

भूख उपजाती है प्रतिभा। रोटी हमें सक्रिय रखती है
और कई ऐसी मिठासें हैं जो हमारा सारा नमक खा जाती हैं

(अनुभव के आकाश में चाँद, पृ. 48)

कर्णेन्द्रियों के द्वारा जगूड़ी की कविता का व्यंग्य अत्यधिक प्रखर होकर

व्यक्त हुआ है, उनकी कविता सुनाई देती है। उसमें आवाज है जो गतिशील है :

तीन सौ पिचानवे धाराएँ
टूटी हुई प्लेटें
संविधान की मौत पर खनखनाती हैं

X X X

नालियों में बज रहा झाड़ू। और नहान-घर का
फ़र्श बजता है
कभी नहीं भी बजता
जब एक प्यासा तौलिया भीगते-भीगते
भीग जाता है

(नाटक जारी है, पृ. 10, 13)

उनकी कविता में 'बचपन की बरसात' है। इस पूरी कविता में जीवन की विसंगतियों को प्राकृतिक प्रतीकों के माध्यम से व्यक्त किया गया है। इन प्रसंगों में ध्वनि का आभास नहीं बल्कि ध्वनि कानों में तड़ातड़ सुनाई देती है :

डूब गये कगार। खर्र-खर्र करती ज़िंदगी में टर्र-टर्र फैली
बहुत मचा रखी थी चें-चें सूखे ने
जहाँ देखो तहाँ मुँह दरकाये दहाड़ रही थी धरती
साँय-साँय करती हवा डाँय-डाँय करती
पर भूखों ने आस लगायी थी ज़रूर आयेगी बाढ़

(अनुभव के आकाश में चाँद, पृ. 141)

लीलाधर जगूड़ी 'ईश्वर की अध्यक्षता में' ईश्वरविहीनता की कविताएँ लिखते हैं। कवि का ईश्वर भले ही एक प्रश्नचिह्न की तरह है परन्तु वह हजारों वर्ष पुरानी रचनाशीलता से लेकर आगे होने वाली रचनात्मकता तक फैला हुआ है। इस ईश्वर की भाषा वे लोगों को सुनाना चाहते हैं :

ईश्वर की भाषा नाद है या निनाद
ईश्वर की भाषा आँसू है या चीख़
ईश्वर की भाषा में कान शामिल है या सिर्फ़ मुस्कान

(ईश्वर की अध्यक्षता में, पृ. 94)

जगूड़ी की कविताओं में सहजता एवं सरलता का गुण भी देखा जा

सकता है। वे बहुत स्वाभाविक ढंग से अपनी गम्भीर बात कहते हैं। कुछ उदाहरण हैं :

एक बच्चे को अच्छा बनाने में
माँ बाप को जितने साल लग गये
उतनी ताक़त मैं जुटा नहीं पाया
कि बाद में बुरा आदमी प्रमाणित न होऊँ

(ईश्वर की अध्यक्षता में, पृ. 98-99)

स्वप्न में जानवरों की लात से। एक अथाह नदी में गिरकर
मैं उठा लाता था बड़े से बड़ा पत्थर,
और किनारे आते ही वह मेरी बाँहों में
एक जीवित जानवर की तरह कुलबुलाने लगता था

(महाकाव्य के बिना, पृ. 17)

जगूड़ी की यथातथ्यता व्यंग्य से भरी होती है। वे अर्थ को कहाँ से कहाँ और कहीं से कहीं पहुँचा देते हैं। सबसे बड़ी बात तो यह है कि सभी दृश्यों में वे प्रकृति का सहारा लेते हैं। उजाला, अंधेरा, रात, सुबह यहाँ सब कुछ है पर बदले हुए सन्दर्भों में :

तभी हमारे गाँव के आकाश में
अचानक लोगों ने एक दरार देखी
सड़क से गाँव पर रोशनी फेंकती
यह पुलिस की गाड़ी थी

(बची हुई पृथ्वी, पृ. 101)

गाँव का आकाश पहाड़ की चोटी पर भी है और गड्ढे में भी है। जगूड़ी का मानना है कि आकाश तो दोनों में ही हैं तो क्या होता है उनमें अन्तर। आकाश में उगने वाले चाँद-सितारे उन्हें अलग करते हैं। 'पहले एक चाँद ज़रूरी है' कविता में उन्होंने लिखा है :

एक आकाश पहाड़ की चोटी पर
एक गड्ढे में
आकाश दोनों हैं
फ़र्क़ चाँद सितारों का है

(अनुभव के आकाश में चाँद, पृ. 43)

उनकी कविता भावनाओं से ओत-प्रोत है। उसमें तर्क है। वह सवाल खड़ा करती है। जगूड़ी का मानना है कि 'जिस कविता में जीवन का कोई तर्क न हो ऐसी कविता की परिकल्पना करना मेरे लिए कठिन है। तर्क, प्रश्न पूछने की शक्ति देता है। मेरी कविता में तर्क और संवाद ज्यादा हैं। मेरी कोई-कोई कविता तो लगातार एक बातचीत है, अपने से और दूसरी तमाम चीज़ों से लगातार एक बातचीत। मैं भाषा के बिम्ब से घटना के बिम्ब को पकड़ना चाहता हूँ और घटना के बिम्ब से भाषा का बिम्ब बनाना चाहता हूँ।'[17] यहाँ सवाल चाँद होने का नहीं है :

चाँद दो भी हो सकते हैं और दस भी
पर अनुभव के आकाश में
पहले एक चाँद ज़रूरी है
तभी दिखेगा कोई चाँद
अनुभव के पाताल में भी

(अनुभव के आकाश में चाँद, पृ. 43)

चाँद एवं तारों की बात करने वाले जगूड़ी की कविता में अलंकारों के बिम्ब भी सहज रूप से दिखाई देते हैं। 'उपमाएँ और बिम्ब आज भी कविता के प्राण हैं बशर्ते कि वे इतने अप्रयुक्त और अश्रुत हों कि आश्चर्य का भी एक बिम्ब बना डालें। अतियथार्थ ही हमें यथार्थ की निकटता अथवा भयावहता का अनुभव करा सकता है। अपने समय के यथार्थ की तरह अपने समय की उपमाएँ और बिम्ब भी सृजित करना कवियों का ही काम है।' जगूड़ी के इस वक्तव्य को उनकी कविता में देखा जा सकता है। अलंकारों का प्रयोग कहीं से भी कविता को अस्वाभाविक नहीं बनाता बल्कि उसे गम्भीर अर्थवत्ता प्रदान करता है :

दादी का नीरस चेहरा
रसभरी के छिलकों जैसा था
मंद ज्योति आँखें गरुड़ जैसी थीं
और चेहरे पर साँपों जैसी उमेठी हुई लकीरें थीं

(रात अब भी मौजूद है, पृ. 90)

इसी प्रकार यह काव्यांश भी–
फूलों सी चमकीली
हवा सी दमकीली चिड़िया की चूँ-चूँ
और ओस की बूँदें ....

(जितने लोग उतने प्रेम, पृ. 71)

जगूड़ी की कविता में विराट कल्पना है जो यथार्थ को ही अंकित करने के लिए की गयी है। छोटे-छोटे दृश्यों को वे बड़ा भव्य आकार देते हैं :

चुपचाप गाँव छोड़ने की तैयारी में
शहर पाने की तैयारी चल रही होती है
हर काम के अन्त में फिर एक शुरुआत की तैयारी हो रही होती है

(जितने लोग उतने प्रेम, पृ. 69)

बिम्बधर्मी कविताएँ लिखने वाले कवि जगूड़ी के काव्य में प्रतीकों की संख्या पर्याप्त है। ये प्रतीक जीवन के विविध पहलुओं, वस्तुओं, प्राकृतिक उपादानों, संस्कृति एवं संस्कारों एवं पुराणों के साथ-साथ आधुनिक जीवन शैली से भी लिए लिए गये हैं। उनकी लम्बी कविता है 'उच्चैश्रवा'। इसमें पौराणिक प्रतीकों का सुन्दर प्रयोग किया गया है :

जानता हूँ पाणिनि
मेरे सामने पतंजलि से माफी माँगेगा
कात्यायन को फ़ोन पर उड़ाया जाएगा
बाद में तीनों को गोली से
गोली मारेगा देवकांत और पत्थर खाएगा
सिपाही। ऐसा फटेगा एकान्त

(रात अब भी मौजूद है, पृ. 77)

इसी प्रकार 'सदी बदलने का विभ्रम और यथार्थ' शीर्षक कविता में वे प्रतीकों के माध्यम से बीती सदी एवं आने वाली सदी की संभावनाएँ बताते हैं :

खिचड़ी राजनीति, पटरा सिद्धान्त
और कचरा वृत्तान्त भी साथ चल रहे हैं
इक्कीसवीं सदी की पहली भोर भी
सिद्धान्तशून्यता के घूरे पर ही उगने जा रही है

(ईश्वर की अध्यक्षता में, पृ. 78)

जगूड़ी की कविता में पेड़, पहाड़, बैल, पशु, घोड़े जैसे प्रतीकों का प्रयोग करके मनुष्य की वृत्ति-प्रवृत्ति एवं स्वार्थी भाव की अभिव्यक्ति हुई है। चिड़िया और पेड़ उनके प्रिय प्रतीक हैं। चिड़िया पर उनकी बहुत सी कविताएँ हैं। एक-दो कविता के अंश हैं :

आदमी के भीतर जो चिड़िया है
घोड़े के भीतर जो चिड़िया है
बिजली जिस पर गिरेगी
उस किसी एक पेड़ से
बचना चाहती है

(बची हुई पृथ्वी, पृ. 16)

एक चिड़िया के अलावा
और क्या-क्या होना चाहती है चिड़िया
कोई भी नहीं जानता
न बाज़; न शिकारी

(घबराये हुए शब्द, पृ. 59)

पेड़ों पर जगूड़ी ने बहुत सी उत्तम कविताएँ लिखी हैं। अपने एक साक्षात्कार में उन्होंने लिखा है कि 'नेरुदा के बाद मैंने सर्वाधिक कविताएँ पेड़ों पर लिखी हैं।' यहाँ 'पेड़ का आत्म साक्षात्कार' तो है ही 'पेड़ की आजादी' भी दिखाई गयी है :

पेड़ ने कहा-पत्ते न हों
तो बोझ कुछ कम हो
फूल न हों तो यह भी आफत मिटे
न हों फल तो कई तरह से
मेरी जान बच जाय
तना न हो तो काटा न जाऊँ
टहनियाँ न हों तो झुकना न पड़े
रही ज़मीन की ज़रूरत?
वह मुझे नहीं बीज को पड़ती है

(घबराये हुए शब्द, पृ. 21)

मानव जीवन के बहुविध प्रतीक उनकी कविता में आसानी से देखे जा सकते हैं। वे 'प्रेमालाप' कविता में ऐसे ही प्रतीकों का प्रयोग करते हैं :

दुनिया मेज़ भर ऊँची। पेट भर गहरी हो गयी
छोटा सिर्फ़ आदमी हुआ है
ऐसा करते हैं कि इस देश का एक नक्शा बनाते हैं

(नाटक जारी है, पृ. 27)

जगूड़ी की कुछ कविताओं में विज्ञान जगत के उपकरण एवं पदार्थों का प्रतीकों के रूप में प्रयोग किया गया है। 'सांस्कृतिक यातना' कविता में जगूड़ी ने लिखा है :

हम माँ से कह आये कि सम्बन्ध बदल गये हैं
नीला लिटमस लाल हो जाता है

X X X

स्प्रिट लैम्प जलाकर मौसम के विपरीत
इस परख नली में अब ऐसा करें
कागज। रुई। लकड़ी का बुरादा
मांस। चमड़ा और स्टार्च भरें
बिना कार्बनडाई आक्साइड के सृष्टि सम्भव नहीं होगी
अब गरम होते हुए रंगों के परिवर्तन नोट करें

(नाटक जारी है, पृ. 102-103)

जगूड़ी की कविता में संस्कृति, परम्परा और पारिवारिक जीवन के प्रतीक भी सहज ढंग से आये हैं। उनकी कविता में पारिवारिक सदस्य भी प्रतीक हैं। दादी, पिता, माँ, छोटा भाई और बहन। कुछ प्रसंगों से बात स्पष्ट हो जायेगी :

लोग सही साबुत मरते हैं
दादी का ऐसे चिथड़े-चिथड़े होकर मरना
किसी से मिलान नहीं किया जा सकता

(रात अब भी मौजूद है, पृ. 91)

उस भीड़ में उस एक और परिपक्व भीड़ में
वह मेरा पिता है
निर्णय देता हुआ
उद्विग्न।अशान्त

(इस यात्रा में, पृ. 31)

हम तीनों को समेट सकने के लिए
अब छोटे पड़ गये हैं
माँ के हाथ
वह हमारे कमरों तक में नहीं घुस सकती

X X X

लेकिन उसका साहस-सिर्फ़-बरामदे में टहलता है
जहाँ धूप है
रोज की तरह का आँगन है

(इस यात्रा में, पृ. 32)

वह मेरा छोटा भाई है। आगामी संसार की
इस भीड़ में लपलपाता हुआ
अपने प्रमाण-पत्र फाड़ता हुआ

(इस यात्रा में, पृ. 31-32)

यहाँ दादी ग्रामीण संस्कृति, पिता परम्परा और माँ साहस की प्रतीक हैं जो आज असमंजस में पड़ी स्त्री का प्रतीक बन गयी हैं। कमरा एवं आँगन उनके जीवन के दो छोर हैं। पोस्टर चिपकाता भाई क्रान्ति के लिए जनसंग्रह जुटाता है। यहाँ आकाश कल्पना लोक, चाँद जड़ता और रात निराशा के लिए है।

जगूड़ी की कविता में बहुत से प्रतीकों को दुहराया गया है। उनके विपुल रचना-संसार में एक ही बात को अनेक प्रकार से कहने की चारुता या व्यग्रता देखी जा सकती है। उनके काव्य में साँप शोषक, भ्रष्ट व्यवस्था, साँपों की नदी शोषण प्रक्रिया, बाज हिंसक प्राणी, चिड़िया असहाय वर्ग, क्रुद्ध साँड़ अनियन्त्रित शोषणकर्ता, मछलियों के पंख संघर्षशील, गूँगे पशु शोषण को सहन करने वाले, भेड़िया वहशी, लोमड़ी अतृप्त इच्छाओं, पजामे वाला जानवर भ्रष्ट राजनेता के प्रतीक बनकर आये हैं। जुगनू तो यहाँ हैं ही चींटा-चींटी भी विशेष सन्दर्भों में जगूड़ी की कविता में उपस्थित हैं। इस सन्दर्भ में 'स्वप्न भंग' कविता को याद करना आवश्यक है :

इस वक़्त उनके सपने में
आदमी
चींटों की तरह रेंग रहे हैं

X X X

पता नहीं यह अब कितने वर्षों बाद
सम्भव हो सकेगा
कि चींटे हमें हाँककर ले जाएँ–और जोत दें
(और हम भी अब वे नहीं रहे
जो हमेशा की तरह जुत जाएँ)

(इस यात्रा में, पृ. 91-92)

चींटे और बैल इस कविता की कथा के आधार बने हैं। 'चींटे शोषक नहीं होते। वे बड़े मेहनती और सामुदायिक भावना के उदाहरण तो होते ही हैं मगर एक क़िस्म से वे नगण्यता के प्रतीक भी होते हैं। आम आदमियों की तरह वे 'भीड़वृत्ति' के साथ-साथ आत्मरक्षा से पैदा अनुशासन को भी बख़ूबी निभा लेते हैं। वैसे वे अहिंसक होते हैं लेकिन छेड़ने पर अत्यन्त उग्र भी। चींटे सर्वहारा हैं : सबसे निचली श्रेणी के और मामूली क़िस्म के जीव, लेकिन अद्भुत संगठन के प्रतीक। ...पशु और चींटे, दोनों नगण्य और दलित। एक नगण्य अपने से अधिक नगण्य को देखकर खुश होता है। पशु शक्ति के पुंज हैं। चींटे समझदारी, सहकारिता और संगठन के बावजूद मानवीय दृष्टि में अशक्तता के देहकण।'[18]

लीलाधर जगूड़ी साठोत्तरी कविता के कवि हैं। बहुत स्वाभाविक है कि उस समय जिस तरह के शब्दों एवं प्रतीकों के प्रयोग का प्रचलन कविता में हो गया था उसे वे भी अपनाते। प्रेम, सौन्दर्य, यौवन, देहलिप्सा, भोगवादी प्रवृत्ति और स्त्री देह की दुर्गति की हद तक जाकर जब कविता लिखी जा रही थी तब जगूड़ी ने भी अपनी पहचान इन्हीं कारणों से बनाई। इन बातों को समझने के लिए उनका कविता संग्रह 'नाटक जारी है' बार-बार पढ़ा जाना चाहिए। संस्कृत का विद्वान कवि जब अश्लील शब्दों का प्रयोग और कविता के लिए निषिद्ध प्रसंगों का उल्लेख करता है तो निश्चित रूप से यह उसकी लाचारी भी रही होगी और उसके कवि का आक्रोश भी। 'नाटक जारी है' संग्रह में वर्णित यौवन, काम भावना एवं तद्जनित कुंठाओं के कुछ प्रतीक-स्थल यहाँ हैं :

मैं तुम्हें कालेज से कॉफ़ी हाउस तक ले जाता हूँ
जिनके बीच रोज़ वह घर के कमरे में
अभिनेत्रियाँ टाँग कर टाफ़ियाँ खाता है
लाड़कियाँ लांघकर गाना गाता है (पृ. 51)
सड़कों पर सूखती चबायी हुई औरतें देखने के बाद
गालियाँ देता है मूत मारने के लिए। (पृ. 62)
विश्वयोनि में बहुत दिन तक हम
चरित्र की तरह नहीं खुजला सकते (पृ. 59)
कमरे तक गन्ध आती है। सामने की छत पर
एक लड़की जब सुबह-सुबह अपने बाल सुखाती है
–मैं रंगीन रिबिनों में बँध जाता हूँ

X X X

वहाँ। मिट्टी की योनियाँ फटी हैं। पेड़ जन्मे हैं
टहनी-टहनी पर नयी-नयी योनियाँ-पत्तियाँ (पृ. 14)
मांस की खाड़ी में विसर्जित होने के लिए
चौपट हो गयी मेरी रात की पढ़ाई (पृ. 72)
समवयस्का की छाती का उभार और मेरी
नयी-नयी मूँछों का उगना
– मीता के साथ मेरे खेलने का अर्थ बदल रहा है (पृ. 74)
माँ। बहिन।बीबी। ये सब रिश्ते पवित्र हैं
क्योंकि मुँह जबानी हैं (पृ. 91)

ये कुछ प्रसंग हैं जो उन्हें निंदनीय कवि बनाते हैं परन्तु जिस समय 'मछली मरी हुई' लिखी जा रही थी–कविता की प्रकृति ऐसी ही दुर्गन्धयुक्त हो गयी थी। जगूड़ी भी इसी प्रभाव से रंग गये। बाद के संग्रहों में यह प्रवृत्ति घटती गई। केवल कुछ कविताओं में यौन जनित प्रसंग सामाजिक विद्रूप को लेकर रचे गये :

सड़क पर उनकी बातचीत में जो हाँ और ना थे
उनके बीच से
एक औरत होती जाती लड़की
अपने फटे हुए पैर लेकर
उस किसी एक शब्द के साथ कहीं जाना चाहती है
जो किसी ने उसके मुँह से नहीं सुना

(घबराये हुए शब्द, पृ. 19)

यहाँ फटे हुए पैर गरीबी का और वह शब्द जो बोला नहीं गया उसका गूढ़ संकेत कँपाने वाला प्रतीक है। उस लड़की ने तो कभी सोचा भी नहीं था कि उसके जीवन में केवल 'हाँ' और 'ना' की बातचीत से कोई खतरनाक मोड़ आयेगा जो उसे न लड़की रहने देगा और न औरत। इस प्रकार जगूड़ी के काव्य प्रतीकों में वैविध्य भरा संसार है। उनकी कविता बार-बार पढ़ने के बाद इन प्रतीकों का आशय खुलता है। लीलाधर जगूड़ी ने भाषा को धारदार एवं रोचक बनाने के लिए मुहावरों एवं लोकोक्तियों का प्रयोग अपनी कविता में किया है। उनके संग्रहों से कुछ अंश उद्धृत करके यह बात पूरी की जा सकती है। 'शंखमुखी शिखरों पर' संग्रह के एक-दो उदाहरण हैं–

क्षितिज पार एक याद टेरती रही !

X X X

गंगा उलटी नहीं बह सकती,

(कवि ने कहा : लीलाधर जगूड़ी, पृ. 14-15)

'नाटक जारी है' में प्रयुक्त कुछ मुहावरे हैं–

शायद तुम मेरा चेहरा पढ़ती हो (पृ. 27)
सिर मार चुकने के बाद उसकी इच्छा
ग़रीबी के पिंगल पर रची गयी सतसई है (पृ. 30)
वह ताड़ लेता है कि सब लोगों के पास एक ही चेहरा
रह गया है। थूकने के लिए (पृ. 31)
बीड़ी और बीबी के बीच। माचिस की तरह बजकर (पृ. 49)
एक ढाल। माथा पच्ची से मरा हुआ (पृ. 88)
अगर काम बनाना है

तो अंटी ढीली करो (पृ. 95)
अब मेरे लिए कितना कठिन है
लोहे का चना होना
क्योंकि प्रमुख शब्दों के दाँत पहले ही टूट गये (पृ. 134)

'इस यात्रा में' संग्रह के कुछ मुहावरे हैं जिनमें निर्मम यथार्थ है–

कमरे का चुप एक ही दिन बोलेगा
ईंट पर ईंट बजेगी
जब कोई इन दीवारों को खोलेगा। (पृ. 35)
जलूस के कपड़े उतारकर इसकी मरी हुई आँख में
सारा शहर नंगा हो जाएगा (पृ. 43)
इच्छाओं के उजाले में सरकाकर
हमने की थी जंगल की खोज (पृ. 48)
लेकिन हमने एक-दूसरे को
शब्दों में बोल दिया (पृ. 65)

'रात अब भी मौजूद है' के कुछ काव्यांश जिसमें मुहावरों की बानगी देखी जा सकती है–

मुझे भय है घास में
बर्छे उगे हुए हैं
नदियाँ सूख गयी हैं

और उनमें करोड़ों साँप लहरा रहे हैं (पृ. 16)

कि सारी धरती पर पाटा लगा दूँ। (पृ. 21)

अपनी असली जीभ का इस्तेमाल बन्द कर दिया है
कोई भी कुछ कहकर फँसना नहीं चाहता (पृ. 26)

धागे पर अटकी हुई कोई शिला भी नहीं
जो किसी को चकनाचूर कर दूँ (पृ. 53)

'घबराये हुए शब्द' के कुछ काव्य स्थल यहाँ मुहावरों की उपस्थिति के लिए उद्‌धृत हैं–

फिर ज़िंदगी तो ख़ुद एक सीढ़ी है
जिसे जहाँ से भी चढ़ो ख़तरे तक पहुँचा देती है (पृ. 14)

कि जिन्हें मरने की भी फुर्सत नहीं थी
उन्हें भी मैंने मरा हुआ देखा है (पृ. 35)

'भय भी शक्ति देता है' के कुछ मुहावरे हैं–

सारे सम्बन्धों को भुना लिया है हमने
मरने से पहले हम इतने अकेले हो गये हैं। (पृ. 26)

ज़मीन भी पेट की तरह उठ रही थी
मुँह से मिट्टी का सख़्त दरवाज़ा खोलते हुए (पृ. 63)

फिर आना ही चाहिए कोई नया मोड़
बस आता ही होगा कोई नया मोड़। (पृ. 138)

'बची हुई पृथ्वी' की कविताओं से एक-दो काव्यांश प्रस्तुत हैं–

जैसे कि हारे हुए
थके हुए में दम आता है। (पृ. 21)

एक ऐसा काव्यांश जिसमें कवि की रचना प्रक्रिया भी मुहावरों के मेल से बनी दिखाई देती है–

फिर भी ज्यों ही उन पुरानी यादगारों से
ज़िन्दगी के बारे में
एक प्रस्ताव बनाना चाहता हूँ
त्यों ही सारे शब्द
वर्णमाला की मूल सदस्यता से
त्यागपत्र देकर
विरोध में उठ खड़े होते हैं (पृ. 41)

ये पेड़ जब पकेगा
बड़ी तड़ातड़ होगी। (पृ. 100)

'अनुभव के आकाश में चाँद' के कुछ अंश जो मुहावरों से अलंकृत हैं–

मूर्ति बनते ही
इच्छाएँ सारी ख़त्म हो जायेंगी
सपने सारे मर जायेंगे (पृ. 78)
मेरे तोते मेरे हाथों से दूर
मेरे घोड़े मेरे मन से भी दूर चल गये हैं (पृ. 103)

उनके नये कविता संग्रह 'जितने लोग उतने प्रेम' से एक-दो उदाहरण हैं–

जगत तक भर आए सूखे कुएँ सी आँखों में
कोई रास्ता तलाश रहा है विसर्जित होने का। (पृ. 78)
आसमान के धूल फाँकने से/बादल अटेरने से
जिस प्रेम का पता नहीं चला
सूरज की नयी किरण से सुलगते बादल धरती के उस प्रेम का पता देते हैं (पृ. 147)

'नाटक जारी है' के मुहावरों की तुलना में इस नये संग्रह के मुहावरों के प्रयोग-कौशल के अन्तर को आसानी से देखा जा सकता है। वहाँ मुहावरों में व्यंग्य भाव था जो खुरदुरा था। धीरे-धीरे वह कोमल होता गया और प्रकृति-जगत से लिए शब्दों के माध्यम से व्यक्त होने लगा।

मुहावरों के साथ ही जगूड़ी की कविता में लोकोक्तियाँ भी प्रयुक्त हैं। मुहावरे जहाँ स्थिति विशेष के सूचक होते हैं वहीं लोकोक्तियाँ सन्दर्भ में जान डाल देती हैं। कविता आम पाठक के लिए बोधगम्य हो जाती है और प्रबुद्ध पाठक के लिए विश्लेषण की पृष्ठभूमि। कुछ उदाहरण हैं–

कुएँ में घर होगा, न डूबने का डर होगा
जो उतरायेंगे नहीं वो कुछ पायेंगे नहीं
जो उतरायेंगे
कम्बल, लोटा, बाल्टी में से कुछ
आटा, माचिस, साबुन और मोमबत्ती में से कुछ
भूखे की आस है भिगोकर खाने के लिए
बाढ़ लायेगी डबलरोटी

(अनुभव के आकाश में चाँद, पृ. 142)

मुख से ज्वालामुखी, दिल से अँधेरी
कोख से उपजाऊ, देह से बियाबान
अपने ही कम्प से बार-बार हिली हुई (1)
जब वज्र गिरते, पहाड़ धँसते और झीलें फटती हैं
बादल दिशाएँ उजाड़ देते हैं (2)
पत्थरों की कोख से टपकती वह बाँझ की बेटी (3)

(घबराये हुए शब्द, पृ. 54,55,67)

'नाटक जारी है' में प्रयुक्त लोकोक्तियाँ हैं–

तो तुम अपनी दाल किसी के भी बर्तन में गला सकते हो (1)

X X X

युद्ध में समुद्र और आसमान। दोनों खो गये हैं (2)

X X X

कंगाली के पास आटा नहीं गाली है (3)

(पृ. 54, 60, 61)

'इस यात्रा में' संग्रह में प्रयुक्त कुछ लोकोक्तियाँ इस प्रकार हैं–

भूख ऐसी धँसकर लगी हुई है जैसे जमीन के नीचे जड़ें
ऐसी फैली हुई है जैसे आकाश में हवा
ऐसी चुभी हुई है जैसे रिकॉर्ड पर सुई (1)

X X X

लय की तरह थमा हुआ
आसमान (2)

X X X

दादी की कहानियों का घोड़ा
आज भी नहीं लौटने देता (3)

X X X

चाँदी-सोने के देवता को
हर बूढ़ा कन्धा देगा (4)

(पृ. 34, 37, 38, 51)

'बची हुई पृथ्वी' से कुछ उदाहरण हैं–

चोंच चाहे बड़ी हो चाहे छोटी
भूख का ज़लज़ला एक है (1)
आटे में थोड़े-से नमक की तरह
तुम्हारी याद
मुझे स्वाद से भर देगी (2)
एक चिड़िया की भूख
एक चींटी की भूख
एक हाथी की भूख;
भूख चाहे किसी की हो
–मार एक है (3)
घास बड़ी होती है
तो आपस में दोस्त हो जाती है
पेड़ बड़े होते हैं
तो अकेले हो जाते हैं (4)

(पृ. 60, 28, 61, 86)

चौगुना-सौगुना बनने के चक्कर में एक विराट रूप
रचने की सोचता हूँ
इसी कारोबार में कभी मुँह दिखाकर कभी मुँह छिपाकर
फलता-फूलता असंतुलित और खोखला हो जाता हूँ (1)
कुल्हाड़ियों को बेंट और सभ्यता को लाठियों की भेंट से मेरा कोई
वास्ता नहीं (2)

(भय भी शक्ति देता है, पृ. 80, 81)

लीलाधर जगूड़ी ने अपने अभिप्रायों को यथार्थपूर्ण ढंग से अभिव्यक्त करने के लिए फैण्टेसी का प्रयोग किया है। यह कौतूहल का विषय हो सकता है कि यथार्थ की सटीक अभिव्यक्ति के लिए कवि ने फैण्टेसी का सहारा क्यों लिया है जबकि वह भाववादी शिल्प है। फैण्टेसी का शाब्दिक अर्थ है स्वप्न चित्र अथवा कल्पना। फैण्टेसी के माध्यम से कवि या कोई भी रचनाकार यथार्थ के नग्न स्वरूप की कलात्मक प्रस्तुति करता है। फैण्टेसी का प्रयोग बाहुल्य मुक्तिबोध की कविता में है जबकि वे भी यथार्थवादी कवि हैं। मुक्तिबोध का यह मानना है कि 'फान्तसी अनुभव की कन्या है और उस कन्या का अपना स्वतन्त्र विकासमान व्यक्तित्व है। वह अनुभव से प्रसूत है इसलिए वह उससे स्वतन्त्र है। ...फान्तसी

अनुभवप्रसूत होते हुए भी अनुभवबिम्बित होती है। इसमें वस्तुतः एक भावनात्मक उद्देश्य समाया रहता है। उसमें एक संवेदनात्मक दिशा रहती है। फान्तसी के भीतर यह दिशा और उद्देश्य उस फान्तसी का मर्मप्राण है। इस उद्देश्य और दिशा के कारण फान्तसी गतिमान हो उठती है। उसमें अनेक चित्रों की सुसंगत बिम्बावली प्रस्तुत हो जाती है और एक-एक वर्ग के आसपास ही चित्र संगठित होकर प्रभावित हो उठते हैं। फान्तसी के बिम्बायन की स्थिति में इसका केन्द्रीय भाव संवर्धित और परिवर्धित होने लगता है।'[19]

मुक्तिबोध ने 'कला के तीन क्षण' नामक निबन्ध में फैण्टेसी के स्वरूप पर विस्तार से चर्चा की है। फैण्टेसी कवि का वह रचित संसार है जिसमें कवि के द्वारा काल्पनिक चित्र उकेरे जाते हैं। मुक्तिबोध के अनुसार 'कला का यह तीसरा क्षण बहुत महत्त्वपूर्ण है, यहाँ से शब्द-साधना शुरू होती है। शब्द के अपने ध्वनि अनुषंग होते हैं जिनमें चित्र और ध्वनि दोनों शामिल हैं। कलाकार अपने हृदय के तत्त्व के रंग, रूप और आकार के अनुसार, अभिव्यक्ति का रंग-रूप-आकार तैयार करना चाहता है। इसलिए उसे अपने हृदय की भाव-ध्वनियों की, अर्थ-ध्वनियों से अनवरत तुलना करनी पड़ती है।'[20]

साठोत्तरी कविता के कवियों ने फैण्टेसी का प्रयोग किया है। उस समय के श्रेष्ठ कवि लीलाधर जगूड़ी की कविताओं में फैण्टेसी-प्रयोग के उत्तम उदाहरण हैं। 'जगूड़ी कविता की भाषा के साथ उतना प्ले नहीं करते जितना वो कविता की अन्तर्वस्तु या कविता के आख्यान के साथ करते हैं। कविता में ऐसी आकस्मिकताएँ प्रवेश करती हैं कि कविता अचानक फैंटेसी में बदल जाती है। उनकी कविता का स्थापत्य कभी-कभी एक ऐसे शहर की तरह लगता है जिसमें मुख्य सड़क से जुड़ी हुई कई घुमावदार गलियाँ हैं। कई तिलिस्म और कई भूलभुलैया हैं। कवि सड़क पर चलते-चलते अचानक किसी गली में मुड़ जाता है, फिर एक गली से दूसरी और तीसरी गली में या किसी भूलभुलैया में लेकिन ऐसा करते हुए वह हमारी उँगली नहीं छोड़ता, वह हमें भटकने के लिए अकेला नहीं छोड़ता, पिछला सूत्र कहीं ओझल नहीं होता, कभी अगर ऐसा खतरा बनता है तो वह वापस सड़क पर निकल आता है। जगूड़ी की फैंटेसी मुक्तिबोध की तरह किसी किस्म का आख्यानात्मक स्थापत्य खड़ा नहीं करती। फैंटेसी की कोई निरन्तरता वहाँ नहीं है। वह यथार्थ और फैंटेसी के बीच चलता एक खो-खो का खेल है। फैंटेसी यथार्थ को खो कर देती है और यथार्थ एक चक्कर मार कर फैंटेसी को खो कर देता है। इस शिल्प-कौतुक में फैंटेसी यथार्थ के बीच उसी तरह प्रवेश करती है जिस तरह हमारा जीवन-यथार्थ स्वयं भी कभी-कभी फैंटेसी

में बदल जाता है। इस शिल्प में कौतुक भी है और बेचैनी भी। इसलिए जगूड़ी की कविता एक पोइटिक-रिलीफ़ की गुंजाइश हमेशा कविता में बचाये रखती है। मुझे लगता है कि शिल्प-कौतुक सघन शब्द बहुलता की संरचना के बीच शब्दान्तराल के एवज की भूमिका सम्पन्न करता है। यथार्थ से फैंटेसी और फैंटेसी से यथार्थ में होती शिफ्टिंग के इस दिलचस्प शिल्प-कौतुक को देखने के लिए कई कविताओं के उद्धरण दिये जा सकते हैं लेकिन फिलवक़्त मुझे 'भय भी शक्ति देता है' की दो कविताओं की एक श्रृंखला-सपने में पाठ्य पुस्तक की याद आ रही है। एक छोटा-सा उद्धरण इसे बहुत स्पष्ट तो नहीं कर सकता लेकिन फिर भी...

लड़का सपने में एक पौधे की तरह खड़ा है
उसमें एक नयी पत्ती किक करती है
पूरा ब्रह्माण्ड हिल जाता है
वह पेड़ होने से पहले ही वापस दौड़ जाता है
पाठ्य पुस्तक को ढूँढ़ता
उसने पढ़ा भी नहीं था जिसका कोई पाठ।

एक नयी पत्ती किक करती है और पूरा ब्रह्माण्ड हिल जाता है...पंक्ति को पढ़ते ही मन के किसी कोने में केदारनाथ अग्रवाल की–बालक ने कंकर से ताल को नहीं अनन्तकाल को कँपा दिया वाली कविता की अनुगूँज सुनाई पड़ती है।'[21] उनकी कविता के फैण्टेसी प्रयोगों में से कुछ की प्रस्तुति है :

सच भी कहो। घर और घाट दोनों के (भी) रहो
तुम्हारी आवाज़ बैठी हुई है। तुम खड़े क्यों हो ...
–यह कैसे सपर सकता है। हर कहीं शर्त है
हलो; अगर तुम नहीं समझते दुनिया का क्या अर्थ है
तो एक शब्द है–घटिया
इसे रटो और देश के नक्शे पर बम की तरह फटो
यार, आदमी की तरह मत रेंगो ...

(नाटक जारी है, पृ. 91)

ऊपर की सीढ़ियों से इस भयंकर कारखाने में
तुकबन्दी से नसबन्दी तक अपरिभाषित
हालत का जायका मथ लेना चाहिए
जब ऐसे ही किसी वक्त मैंने कहा
तो कभी पूँछ सवाल का उठा कभी गाय का

(नाटक जारी है, पृ. 109)

'हम तुम्हारे लिए लाएँगे बाघ की खाल'
वे गाय से कह रहे हैं–पेड़ से मत उतरो
जमीन पर–फिर हम वही हो जाएँगे
तत्काल
देखो, वे चींटे रेंगते हुए आ रहे हैं

(इस यात्रा में, पृ. 92)

पुराने जूते और मोजे पहनकर
सारा घर
उस बच्चे को अपनी एक-एक चीज़ से देख रहा है
और उसके साथ हर क्षण करवट बदल रहा है
अगर हम समझ सकें
तो पुराना घर बहुत-सी बातें जानता है
तभी अचानक बबलू चीख़ा, घबराया हुआ जगा

(घबराये हुए शब्द, पृ. 13)

क्या वह संसार की अपराध से रक्षा कर रहा है?
क्या वह इस देश को बिगड़ने से बचा रहा है?
भीतर एक कमरे में
अपने गन्दे लेकिन वरिष्ठ दाँतों को लेकर
दीवान बैठा है
रोज़नामचे पर हाथ रखे हुए
जैसे वह शहर की पीठ हो
एक मार खाया हुआ आदमी चिंचियाता है

(बची हुई पृथ्वी, पृ. 108)

मैं ऐसा चाहता हूँ ओ मेरे अन्तरंग!
कि सैकड़ों दिनों से मुँदी हुई
कई हज़ार आँखें
बाहर के संसार में खोल दूँ

(बची हुई पृथ्वी, पृ. 18)

उपर्युक्त अंशों में यथार्थ के चरित्र को उद्घाटित करने के लिए जगूड़ी ने स्वप्न चित्रों का सहारा लिया है। पहले काव्यांश में विद्रोह के लिए प्रेरित करते हैं। कवि को आदमी की तरह नहीं बम की तरह फटने वाला आदमी चाहिए।

दूसरे में भ्रष्टाचार का छद्म रूप है जो विचलित करने वाला है। कवि को भ्रष्ट व्यवस्था पर प्रहार करने के लिए अनेक कथनों एवं प्रसंगों की कल्पना करनी पड़ी है। कुछ और प्रसंगों की प्रस्तुति है 'मन्दिर लेन' कविता से :

समय से टीके लगवाने के बाद भी समाज बीमार है
गुरुजी ने कहा था अपराधियों के लिए सुविधापूर्ण
जेलें मात्र उद्देश्य न हो जेल कभी न फूले-फले
जेल से बाहर का जीवन ज़्यादा सुरक्षित और
सुविधापूर्ण हो...

X X X

तो दोस्तो गुरु जी तो जेल में अनशन में मरे
हमें भूखों नहीं मरना है

(भय भी शक्ति देता है, पृ. 36)

इस उद्धरण में बढ़ते अपराध, मौज उड़ाते अपराधी, सुविधापूर्ण जेलों का होना और एक सत्यवादी एवं न्यायप्रिय व्यक्ति की मौत सब कुछ वर्णित है। एक और काव्यांश है :

जहाँ दिन और रात बराबर हो जाते हैं
वहाँ एक पड़ोसी ने मुझे हाईजैकर कहकर गाली दी
(मैं खुश हुआ उसने चोर-उचक्का नहीं कहा)
दूसरे ही क्षण मैं बैलों को गाड़ी पर जोत रहा था
और सोच रहा था श्यामकर्ण घोड़ों की नस्ल ख़त्म क्यों हो गई
ठंढे और गर्म समुद्र के बीच रहनेवाला मेरा पड़ोसी
मुझे हँसता हुआ देखकर भूमध्यरेखा के पीछे छिप गया

(भय भी शक्ति देता है, पृ. 94)

इस काव्यांश में व्यंग्य की धार है जो साठोत्तरकालीन मानव की नियति एवं स्थिति को तराशती है। एक और काव्यांश है :

धरती के किसी कूबड़ से
निकल आयेगा एक जनपद
हथियारों और भाँडे-बर्तनों के साथ
किसी पेड़ का ठूँठ जूते जैसा निकल आयेगा
एक पाँच फुट लम्बा जूता

तब तलाश होगी एक पाँच फुट लंबे पैरवाले
मानव कंकाल की जिसे यह पहनाया जा सके

(अनुभव के आकाश में चाँद, पृ. 81)

तुम रोज़ क़ब्रस्तान क्यों चले जाते हो?
क्यों ये सब मुर्दे उठा लाते हो?
भले आदमियों की तरह चुपचाप रहो
बहुत हुज्जत में रहोगे, मारे जाओगे सो अलग
ख़ुद तो जी नहीं सकते इन्हें जिलाते हो?

(घबराये हुए शब्द, पृ. 73)

यहाँ उन लोगों की स्थिति कवि ने स्पष्ट की है जो हर तरह से मूल्यहीन हो गये हैं। दया, मोह, करुणा एवं न्याय सब कुछ जिनके लिए बेमानी है। कवि उन्हें मुर्दा तथा उनके घरों एवं दफ़्तरों को क़ब्रस्तान कहता है। ये जीवित तो हैं परन्तु मरी हुई मानवता का तमगा पहन कर। इसी प्रकार उनकी कविता 'विरुद्ध' में भी एक दृश्य है :

एक बड़ी मछली से तुम
छोटी का शिकार कराना चाहते हो
इस बहाने जो उद्देश्य है तुम्हारा
कि कमज़ोर विरोध करें
अशक्त एक हो जायें
ईश्वर तुम्हारा यह ध्येय भी
सशक्त के पक्ष में ही जाता है

(अनुभव के आकाश में चाँद, पृ. 65)

जगूड़ी के प्रायः सभी संग्रहों में फैण्टेसी शिल्प का प्रयोग मिलता है। उन्होंने कल्पना के सहारे यथार्थ के बीहड़ प्रश्नों, पुलिस कर्मियों के अत्याचारों, राजनेताओं के भ्रष्ट आचरण तथा इन सबमें पिसते साधारण मनुष्य को रेखांकित किया है। जगूड़ी की फैण्टेसी मुक्तिबोध की फैण्टेसी की तरह जटिल प्रसंगों एवं भयावह वातावरण का निर्माण नहीं करती बल्कि विसंगतियों के चित्र खींचती है जो आसानी से पकड़ में आ जाते हैं। उनकी लम्बी कविताओं–'नाटक जारी है', 'बलदेव खटिक', 'मन्दिर लेन', 'व्यक्तिगत उड़ान' इत्यादि में फैण्टेसी के आकर्षक नमूने हैं जिन्हें लम्बी कविताओं के विश्लेषण क्रम में चित्रित किया गया है।

उनकी लम्बी कविता 'हत्या' की कुछ पंक्तियाँ यथार्थ की काल्पनिक जमीन बुनती हैं :

क्या डॉक्टर निकाल सकेंगे
मेरे दिमाग़ में चुभी हुई कील
क्या मेरे ख़ून में से डॉक्टरों के हाथ लग सकेगी
यह कोठरी? यह असुरक्षा ?
तब वे कहेंगे हत्यारा कोई नहीं था हत्यारा ज़हर था

(महाकाव्य के बिना, पृ. 81)

जगूड़ी अपने को इच्छित कविता का कवि मानते हैं। अपनी कविता-यात्रा में इच्छित कविता को लगभग प्राप्त कर लिया है। 'जगूड़ी मनुष्य की स्मृतियों, स्वप्नों, अनुभवों और पूर्वानुमानों ले लिथड़े हुए शब्दों के जंगल में पिछले चार दशक से खड़े हैं। ...अन्याय, दमन, हिंसा, भय, लाचारी और हताशा के असंख्य संदर्भों में यह कविता जाती है...जगूड़ी की कविता में शब्दों में दीप्ति है, शब्दों के बीच का स्पेस रहस्यमय सा लगता है, क्योंकि यहाँ विचारों और संवेगों की जबर्दस्त सान्द्रता है, रोजमर्रा की तमाम सूचनायें यहाँ हैं, दुर्घटनाएं और त्रासदियाँ हैं पर साथ ही वह सब भी जो कालातीत है, अजर-अमर है, जो एक धार्मिक विश्वास सरीखा एब्सोल्यूट है। जगूड़ी इसे सम्भव कर दिखाते हैं। ...हादसों और घटनाओं के नरक में हमें सहसा एक आत्मीय और मार्मिक संसार भी अपनी समूची नाटकीयता में नजर आता है। ...सीधे सपाट सच्चाईयों की पर्त को भेदते हुए मनुष्य के आदिम संवेग, इच्छाएँ, स्वप्न हर जगह इस तरह दिखते हैं जैसे हम एक जादुई सघनता का केलिडोस्कोप देख रहे हों।'[22]

इस कथन को देखते हुए जगूड़ी की कविता में नाटकीय विधान पर बात करना भी आवश्यक है। उनकी कविता के कुछ उदाहरण हैं :

एक फूल के पास जितना रंग जितना उजाला जितनी ख़ुशबू है
उतना भी नहीं चाँद के पास
रात में जंगल के सिर पर दिखा था जहाँ पर चाँद
सुबह थी अधर में लटकी ओस की कई अकेली बूँदें
भीगी धरती पर खुली पाठ्य पुस्तक सोया हुआ बच्चा
और बुझी हुई लालटेन।

(भय भी शक्ति देता है, पृ. 55)

'सपने में पाठ्य पुस्तक-2' शीर्षक कविता में जगूड़ी ने बच्चों के सपने के माध्यम से वर्तमान और भविष्य के विद्रूप को खींचा है। जीवन में जो कुछ दूर से सुन्दर दिखता है पास जाने पर निराशा हाथ लगती है। एक और कविता है 'बच्चा और राजनीति'। वहाँ भी उनका सपना है। सपने में जो घटित होता है उसे यथार्थ की सही प्रस्तुति ही कहेंगे :

फिर ज़िंदगी तो ख़ुद एक सीढ़ी है
जिसे जहाँ से भी चढ़ो ख़तरे तक पहुँचा देती है
असल ख़तरा तो सपने का है
और बच्चे को भी वे शुरू हो गये हैं ...

(घबराये हुए शब्द, पृ. 14)

इस कविता में खोता हुआ बचपन कवि की चिन्ता का विषय बना हुआ है। एक और कविता 'रद्दी शैली में मुक्ति' में कबाड़ वाले के माध्यम से कवि अपने जीवन को रद्दी मानकर कबाड़ियों से इन व्यंग्यात्मक शब्दों में ले जाने के लिए कहता है :

ऐ कबाड़ वाले तुम अच्छी तरह जानते हो
जो तुमने जाना वह तुम पहले से ही जानते थे
और फिर भी तुमको कोई अचंभा नहीं
महँगे दामों पर बिकी सेकिंड-हैंड दुनिया की
यह दस अरब करोड़वीं बिक्री है
यह फिर से बिकने की नवीनतम वारदात है

(ईश्वर की अध्यक्षता में, पृ. 71)

इस तरह के अंशों से जगूड़ी के कविता-संग्रह भरे हुए हैं जिसमें अनेक प्रकार की अभिव्यक्तियाँ, विविध शिल्प-विधानों में हुई हैं। जगूड़ी कला पारखी हैं। कला के सर्जक हैं। उनमें काव्य रचने की नैसर्गिक क्षमता है। कविता के अनुरूप शिल्प गढ़ना कवियों की लोहारी है। 'जीवन संघर्ष में नये शब्दों की पैदाइश को पहचानना उतना ही ज़रूरी है जितना कवियों का पैदा होना। कवि होंगे तो कविता होगी। अभिव्यक्ति की सबसे पुरानी विधा है शब्दों की पैदाइश। इसी पैदाइश के कारण कविता आधुनिकता के साथ अपने को सबसे पहले नया बनाते चलने वाली विधा भी है।'[23]

जगूड़ी की शब्दों की सम्पदा बहुत व्यापक है। वे किसी भी भाषा से शब्द लेने में नहीं हिचकते। अपनी बात कहनी है भाषा का कोई बन्धन नहीं। कुछ उदाहरण हैं उनके अलग संग्रहों से :

पहाड़ों के बीच के पाख
कितने दोगले हैं कि पेड़ कहीं गिरता है
और गूँज कहीं उठती है

(नाटक जारी है, पृ. 12)

इस वाक्यांश में देशज एवं तद्भव शब्दों के प्रयोग से परिस्थिति एवं प्रभाव का सफल चित्रण है।

अक्षांश, प्रचण्डता, भव्यतर, उत्कण्ठित, अन्तर्राष्ट्रीय, उच्चतर पृष्ठभूमि, यदा-कदा, आकृति, शत-प्रतिशत, अदम्य, संवत्सर, अवरुद्ध, नम्रता, सानिध्य तथा सम्प्रेषण जैसे तत्सम शब्दों का प्रयोग उनकी कविता को अर्थवान बनाते हैं। कवि का मानना है :

अनुभवहीनता का अनुभव ही सही
इससे भी प्रेरणा ली जानी चाहिए।

(अनुभव के आकाश में चाँद, पृ. 15)

आ रही हवाओं से असम्पृक्त
नहीं रह पा रहा है मेरा रक्त

(नाटक जारी है, पृ. 9)

मेरी बिलखी हुई आत्मा को
दो आँखें देकर
वह एक क्लेश को पल्लवित होते हुए दिखा रहा है

(इस यात्रा में, पृ. 69)

लीलाधर जगूड़ी अपनी कविता में शब्दों एवं वाक्यों को कहाँ से कहाँ रोपित करना है भलीभाँति जानते हैं। कविता में व्याकरण को नहीं वे कविता के नये व्याकरण रचने वाले कवि हैं। शब्दों के माध्यम से अभिप्राय, अश्रुत, युक्तियुक्त और गतिशील सरलतम भाषा में उत्प्रेक्षित होने लगते हैं। शब्दों की असंगति भी अर्थ की नयी संगति पैदा करती है। उनकी कविता से एक-दो उदाहरण इसी सन्दर्भ के हैं :

ज्यादा अच्छे लगते हैं
तब
नये पत्ते
वरना नये पौधे में तो वे होते ही हैं।

(बची हुई पृथ्वी, पृ. 36)

मैं दानव का राक्षस वाला अर्थ लेती हूँ
तो 'रक्षा करने वाला पिता' समझ में आता है
फिर कोई 'दनु' सज्जन याद आते हैं
जिनसे दनुज हुए और दानव कहलाए
जैसे रघु के वंश में राम राघव कहलाए

(जितने लोग उतने प्रेम, पृ. 127)

अंग्रेजी तथा उर्दू, फ़ारसी के शब्दों का बेहिचक प्रयोग करते हैं। वे अपने संस्कृत ज्ञान के साथ-साथ विदेशज शब्दों के ज्ञान का प्रयोग भी कविता में करते हैं। इन सभी भाषाओं के शब्दों का प्रयोग करके जगूड़ी शब्द-मंजूषा नहीं बनाते बल्कि कविता को उसके उत्कर्ष तक ले जाकर सम्प्रेषणीय बनाने में सफल होते हैं :

हमने चाहे कैसी भी ज़िंदगी बितायी हो
लेकिन यह लाज़मी हो गया
जो अपने बवाल से और पड़ोस के माल से
हमेशा अपरिचित है।

(नाटक जारी है, पृ. 24)

वह उसे कहती है हाईजैकर, आतंकवादी और आख़िर में उल्लू का पट्ठा

(भय भी शक्ति देता है, पृ. 96)

हलो, एक्सचेंज। प्लीज एक्सचेंज
अभी मत उड़ाइए। बातें चल रही हैं–
हलो, घबराने की बात नहीं
सब साले विदेशी दलाल और देशी सट्टे हैं

(नाटक जारी है, पृ. 92)

लीलाधर जगूड़ी यथार्थ का चित्रण भी करते हैं और उसका तुलनात्मक विवरण भी प्रस्तुत करते हैं। जीवन का झूठ और झूठ का जीवन उनकी कविता में फैला हुआ है। उनकी कविता में बुराई बहुत सस्ती होकर आयी है। इसी कारण बुराई बहुत से लोगों के पास है और अच्छाई बहुत महँगी होने के कारण लोग खरीद ही नहीं पाये। इसलिए अच्छाई कहीं-कहीं दिखाई देती है। वे अपनी कविता में 'टेंडर' निकालते हैं :

टेंडर नियमों के अनुसार तुलनात्मक चार्ट
सिर्फ़ दो के साथ ही नहीं बनाया जा सकता
और तीसरे के अभाव में इन टेंडरों को
अस्वीकार करने का मतलब है
पूरी जीवन पद्धति को निरस्त करना

(ईश्वर की अध्यक्षता में, पृ. 49)

जगूड़ी समकालीन कविता के ऐसे विरल कवि हैं जिन्होंने जाने-अनजाने लेखों तथा कविताओं में अपने शिल्प के विषय में बहुत कुछ लिखा है। यहाँ एक बात का उल्लेख आवश्यक है कि उनकी कविता में रंगों का बहुत प्रयोग मिलता है। ये प्रयोग बहुविध प्रसंगों में हैं। कवि ने स्वयं लिखा है :

रँग डालो जितने भी रंगों में रँगा जा सकता हो मेरे शब्दों को
X X X
लाल होता हुआ अँधेरा हरे पत्तों में दिन भर पीला चमकेगा।

(अनुभव के आकाश में चाँद, पृ. 59)

रंग के संकेत से बनी हुई गन्ध की रेखाएँ नाच का आख्यान लेकर
लोकजीवन की आवाज़ लाती हैं शब्दलोक में

(भय भी शक्ति देता है, पृ. 116)

नीले पेड़
हरे पेड़
पीले पेड़
फिर हुए लाल। (अनुभव के आकाश में चाँद, पृ. 85)

साठोत्तरी कविताओं के अश्लील एवं असाहित्यिक शब्दों के प्रयोग बाहुल्य से जगूड़ी का रचनाकाल प्रारम्भ होता है। ऐसे समय में वे अपनी बात प्रतीकात्मक रंग-ढंग से करते हैं। कविता को कई बार पढ़कर उसके रंग का अभिप्राय जाना जा सकता है। जैसे ये पंक्तियाँ :

अँधेरा उतार कर अपनी नंगी ललाई को
उस आदिम नीलिमा में नहलायें
जहाँ हम अहेरी मुलाक़ातों के हैं।

(नाटक जारी है, पृ. 13)

लीलाधर जगूड़ी की कविता में सूचनाओं की अनेक पर्तें खुलती हैं।

'हादसों और घटनाओं के नरक में हमें सहसा एक आत्मीय और मार्मिक संसार भी अपनी समूची नाटकीयता में नजर आता है। कवि के रूप में यह विजय है वर्तमान की उस निरी समाजशास्त्रीय समझ पर जो इकहरी, अपरिमार्जित, आसान और कामचलाऊ है। कवि तात्कालिकता में खूब रमता है सहज ही उसके पार चला जाता है। ...उनके पास असंख्य दृश्यों, प्रसंगों, मनस्थितियों का गुंफन है, भाषा की अनेक लयें और हरकतों के अनेक शेड्स हैं। विडम्बना बोध, विट, वाग्मिता, स्वैर कल्पना इस कविता के प्रमुख औजार हैं। कवि वस्तुओं और स्थितियों के सम्बन्धों में छिपे नाटकीय तनावों को खोजता रहता है। यह यात्रा स्थूल ब्यौरों से शुरू होकर एक विकल कर देने वाले एब्सर्ड तक पहुँचने की यात्रा है। कला का यह मुकाम एब्सर्ड इसलिए लगता है कि हम तात्कालिक और कालातीत की इस सघनता को अपने रोजमर्रा के जीवन में विस्मृत कर देने के लिए अभिशप्त हैं। जगूड़ी की कविता में मनुष्य का एक सघन अवचेतन है। यह कविता बीच सड़क या चौराहे पर घटते हुए रपट लिख़ती है पर इसमें रूप, गन्ध, स्पर्श, ध्वनि और स्वाद की अनेक स्मृतियाँ हैं। जल, आकाश, पेड़ और मिट्टी की अनेक स्मृतियाँ हैं। .... बयानों, किस्सों, वार्तालापों, दृष्टान्तों, स्वप्नों, जनविश्वासों, अनुश्रुतियों, मिथकों, मुहावरों, सूक्तियों, अतिरंजनाओं का एक बड़ा जखीरा कवि के पास है।'[24] इस उद्धरण में लीलाधर जगूड़ी की चेतना से उपजे शिल्प की मूल्यांकन-रेखा है। वस्तुतः उन्होंने शिल्प की अनेक नयी पद्धतियाँ निर्मित की हैं, खोजी हैं जिनका विश्लेषण करने के लिए आलोचकों को नवीन कसौटियाँ बनानी होंगी।

सन्दर्भ

1. लीलाधर जगूड़ी, मेरे साक्षात्कार, प्रथम संस्करण 2003, किताबघर प्रकाशन, नयी दिल्ली, पृ. 08
2. लीलाधर जगूड़ी, इस यात्रा में, दूसरा संस्करण 2011, राजकमल प्रकाशन, नयी दिल्ली, पृ. 12
3. ओम निश्चल, अनुभव के आकाश में कविता, पर्वतराग, (सं.) गुरमीत बेदी, वर्ष 04, अंक 07, पृ. 34
4. वही, पृ. 76-77
5. लीलाधर जगूड़ी, मेरे साक्षात्कार, प्रथम संस्करण 2003, किताबघर प्रकाशन, नयी दिल्ली, पृ. 117-118
6. लीलाधर जगूड़ी, इस यात्रा में, दूसरा संस्करण 2009, राजकमल प्रकाशन, नयी

दिल्ली, पृ. 21
7. लीलाधर जगूड़ी, मेरे साक्षात्कार, प्रथम संस्करण 2003, किताबघर प्रकाशन, नयी दिल्ली, पृ. 151
8. लीलाधर जगूड़ी, अभिव्यक्ति की चौपड़, अहा ! ज़िन्दगी, (सं.) आलोक श्रीवास्तव, वर्ष 11, अंक 12, पृ. 55
9. लीलाधर जगूड़ी, रचना प्रक्रिया से जूझते हुए, प्रथम संस्करण 2015, वाणी प्रकाशन, नयी दिल्ली, पृ. 19
10. लीलाधर जगूड़ी, इस यात्रा में, दूसरा संस्करण 2009, राजकमल प्रकाशन, नयी दिल्ली, पृ. 8
11. विजय कुमार, कविता की संगत, प्रथम संस्करण 1995, आधार प्रकाशन, हरियाणा, पृ. 91-92
12. लीलाधर जगूड़ी, जनसत्ता, रविवार अंक, 02 अगस्त-2015, पृ. 6
13. लीलाधर जगूड़ी, मेरे साक्षात्कार, प्रथम संस्करण 2003, किताबघर प्रकाशन, नयी दिल्ली, पृ. 32
14. वही, पृ. 140
15. वही, पृ. 138
16. केदारनाथ सिंह, बाज़ार के आक्रमण का सामना, आता ही होगा कोई नया मोड़-लीलाधर जगूड़ी : जीवन और कविता, (सं.) प्रमोद कौंसवाल, प्रथम संस्करण 2015, वाणी प्रकाशन, नयी दिल्ली, पृ. 17
17. लीलाधर जगूड़ी, मेरे साक्षात्कार, प्रथम संस्करण 2003, किताबघर प्रकाशन, नयी दिल्ली, पृ. 117
18. लीलाधर जगूड़ी, रचना प्रक्रिया से जूझते हुए, प्रथम संस्करण 2015, वाणी प्रकाशन, नयी दिल्ली, पृ. 33-34
19. डॉ. बृजबाला सिंह, मुक्तिबोध और उनकी कविता, प्रथम संस्करण 2004, विश्वविद्यालय प्रकाशन, वाराणसी, पृ. 41-42-43
20. वही, पृ. 43
21. राजेश जोशी, जिसमें कविता जैसी कविता गढ़ने की सरल बेसब्री न हो, आता ही होगा कोई नया मोड़–लीलाधर जगूड़ी : जीवन और कविता, (सं.) प्रमोद कौंसवाल, प्रथम संस्करण 2015, वाणी प्रकाशन, नयी दिल्ली, पृ. 46
22. विजय कुमार, लीलाधर जगूड़ी : प्रतिशोध का एक नया काव्यार्थ, पर्वतराग, (सं.) गुरमीत बेदी, वर्ष 04, अंक 07, पृ. 20
23. लीलाधर जगूड़ी, इस यात्रा में, दूसरा संस्करण 2009, राजकमल प्रकाशन, नयी दिल्ली, पृ. 10-11
24. विजय कुमार, लीलाधर जगूड़ी : प्रतिशोध का एक नया काव्यार्थ, पर्वतराग, (सं.) गुरमीत बेदी, वर्ष 04, अंक 07, पृ. 20

पंचम अध्याय

बड़े आशय की छोटी कविताएँ

लीलाधर जगूड़ी के विपुल काव्य-संसार को हम उनके बारह कविता संग्रहों में देख-पढ़ और समझ सकते हैं। उनकी कविताएँ आजकल लिखी जाने वाली कविताओं से सर्वथा अलग हैं। वे बहुत अधिक पढ़े जाने वाले लोकप्रिय कवि हैं। उनके कविता संग्रहों के संस्करण इसके प्रमाण हैं। नागार्जुन के बाद सम्भवतः वे दूसरे हिन्दी कवि हैं जिन्हें संस्कृत का गहन ज्ञान है। उनकी कविता सम्पदा में छोटी, मझोली एवं लम्बी कविताएँ हैं। वे समकालीन कविता के ऐसे विरल कवि हैं जिन्होंने काव्य-रचना के साथ-साथ अपनी काव्य विषयक मान्यताओं एवं अवधारणाओं पर भी बहुत लिखा है। कविता के आकार के विषय में उनका कहना है 'यों तो 'कविता' ही अपने-आप में (काव्य की तरह) एक व्यापक शब्द है, 'छोटी' और 'लम्बी' तो विशेषण भर हैं, लेकिन इधर 'छोटी कविता' और 'लम्बी कविता' दो अलग-अलग संज्ञाएँ भी तेज़ी से उभरी हैं। इन दोनों का अपनी शक्ति और सामर्थ्य के साथ होना और घटित होते रहना एक सच्चाई भी है। अच्छी छोटी कविता भी अपने आशय में बड़ी हो सकती है। ...अनुभव और विचार लम्बी कविता का मूल आधार या कथ्य कहे जा सकते हैं लेकिन वहाँ भी कविता का होना उतना ही ज़रूरी है जितनी सघनता के साथ वह अनुभव या विचार एक छोटी कविता में भी होना अनिवार्य है। छोटी कविताओं में 'इसेंस' (सारबिन्दु) से काम चल जाता है लेकिन लम्बी कविता अनुभव को पुनरुत्पादित करती है और उसे तार्किक रूपान्त तक पहुँचाती है। लम्बी कविता, कहानी, उपन्यास और नाटक के सार-तत्त्व से बनती है। आज की कविता का यह दुर्भाग्य और सौभाग्य जो भी है–कि उसका अलग से कोई शास्त्र नहीं बन पाया बल्कि वह भी समाज के भीतर अपनी दूसरी बहुत सारी गतिविधियों की तरह घटित, संघटित और विघटित हो रही है। धीरे-धीरे 'नयी कविता' के बाद से

यह अनुभव किया जा रहा है कि हमारा समय छोटी कविताओं का समय होता जा रहा है। यानी कि यह समय महाकाव्य की घोर असम्भावना का समय है।' ...मेरे लिए यह कहा गया है कि मैंने लम्बी कविताएँ ज़्यादा लिखी हैं सम्भवतः मुक्तिबोध और राजकमल चौधरी जितनी ही। लेकिन मैंने छोटी से कुछ बड़ी और बड़ी से कुछ छोटी कविताएँ उनसे ज़्यादा लिखी हैं।'[1]

छोटी कविताओं की संभावनाओं एवं सामर्थ्य का यह स्वीकार जगूड़ी की कविताओं में आसानी से देखा-समझा जा सकता है। उनकी छोटी कविताओं का स्थाई प्रभाव होता है। बिजली की कौंध की तरह वे केवल चमककर छिप नहीं जातीं बल्कि देर तक सोचने-गुनने को विवश करती हैं। इन कविताओं की धार तेज है। इनमें गहराई है। शब्द-कौतुक और शिल्प-कौशल की कई बारीकियाँ इनमें मौजूद हैं। ये रुक-रुक कर पढ़ने को भी कहती हैं और चलते-चलते सोचने को भी। इनमें विषय का वैविध्य है। यहाँ समाज में परिव्याप्त अनेक स्तरों की असमानताएँ, विसंगतियाँ, अकेलापन, भय, संशय, अविश्वास, रूढ़ियों से मुक्ति की छटपटाहट, ईश्वर के प्रति अनास्था और अनास्था का कारण देखा जा सकता है। परम्परा, प्रकृति और परिवेश को बचाने की चिंता है। यहाँ चुप्पी और आक्रोश साथ-साथ हैं। मानव सम्बन्धों की व्याख्या है। मित्रता की वह परिभाषा है जो स्वार्थपरता और अवसरवादिता से ढकी हुई है। उनकी छोटी कविताएँ तीन पंक्तियों से प्रारम्भ होकर आठ या दस पंक्तियों की दूरी तय करती हैं। एक छोटी कविता 'वस्तुबोध' से विश्लेषण का आरंभ है :

आज जो आदमी ये सोचे
कि एक ही जूता ज़िंदगी भर चले
तो उसकी उम्र कुल तीन माह शेष है

(रात अब भी मौजूद है, पृ. 112)

इस छोटी कविता में एकरस होने वाली जिन्दगी के खतरों का संकेत है। जीवन में परिवर्तन, उल्लास एवं चहक होनी चाहिए। आजकल 'वस्तुबोध' बदल गया है। दूसरी कविता है 'लक्ष्य भ्रष्ट'। इसमें शब्दों का कुशल विन्यास और अर्थ का गांभीर्य देखने लायक है। आज के मनुष्य ने एकता को किनारे कर दिया है :

एक ताकी थी
मगर नजर नहीं आती
बात कुछ एकता की थी।

(रात अब भी मौजूद है, पृ. 88)

तीन पंक्तियों और आठ शब्दों से बनी कविता 'से' को समझने की नहीं अपनाने की ज़रूरत है। जो कम शब्दों में कई बातें गुनने और मनने को विवश करती है :

बच्चा सोता है
हिलाने से
राजा जागता है

(घबराये हुए शब्द, पृ. 45)

कारक चिह्न 'से' जिसका उपयोग करण एवं अपादान दोनों में किया जाता है। उससे विरोधाभास की सुन्दर प्रस्तुति है। 'से' सेतु बना है बच्चे के सोने और राजा के जागने के बीच। जगूड़ी की बहुत सी कविताएँ चार पंक्तियों वाली हैं। उनकी 'प्रार्थना' शीर्षक कविता में गूढ़ अर्थ समाया हुआ है :

फलो!
जब तुम महँगे बेचे जाओ
तो तुरन्त सड़ जाया करो
छूते ही या देखते ही।

(घबराये हुए शब्द, पृ. 51)

यहाँ भी कवि प्रकारान्तर से अमीर और गरीब के जीवन को परिभाषित कर रहा है। महँगे फल अमीर खायेंगे इसलिए कवि का कहना है कि फलो! तुम अमीरों के लिए नहीं, गरीबों के लिए बने रहो। यदि ऐसा न हो तो तुम अनुपयोगी बन जाओ। 'आज के दिन', 'धर्मार्थ', 'जा की कृपा' भी चार पंक्तियों वाली उत्तम कवितायें हैं। 'धर्मार्थ' कविता की पंक्तियाँ हैं :

धर्म माने स्वभाव तो इसे बिगड़ने नहीं देना चाहिए
धर्म माने आचरण तो इसे सुधारते रहना चाहिए
धर्म माने अच्छाई तो इसे बुराई से बचाना चाहिए
धर्म माने निजी विश्वास तो इसे अपने में ही रखना चाहिए।

(भय भी शक्ति देता है, पृ. 91)

इन पंक्तियों में धर्म को परिभाषित करने वालों एवं धर्म की माला जपने वालों पर प्रहार है। यह कितने अर्थों वाला शब्द है। कवि का प्रश्न है कि क्या हम इसके किसी भी अर्थ को अपना धर्म मानकर स्वीकार करते हैं। कवि ने 'मानव-धर्म' की बात पाठकों पर छोड़ दी है। इसी तरह की कविता है 'जा की

कृपा'। इसमें 'ईश्वर बाहर से ही मुकम्मिल होकर भीतर आता है' :

कोई नेत्रहीन है तो वह सपने में भी
रोशनी और रंग नहीं देख पाता
बहरा है तो सपने में भी आवाज़ नहीं सुन पाता
ईश्वर बाहर से ही मुकम्मिल होकर भीतर आता है।

(भय भी शक्ति देता है, पृ. 82)

असमर्थ सपने में भी खुशी नहीं देख सकता, रोशनी, रंग, आवाज तो सामर्थ्यवान लोगों के हिस्से की चीज है। जिस पर ईश्वर की, सामर्थ्यवान की कृपा होती है वही सुखद जीवन जी सकता है। दो कविताएँ 'थका हुआ होने पर भी' और 'आज के दिन' क्रमशः हैं :

इस डर के मारे कि यह इससे भी बुरी हो सकती थी
क्या यह न सोचा जाय कि ज़िंदगी कभी-कभी
ज़रूरत से ज़्यादा बढ़िया भी होती है
जैसे कि मैं आज थका हुआ होने पर भी खुश हूँ।

(भय भी शक्ति देता है, पृ. 60)

जितने भी जंगल इस पृथ्वी पर हैं
उनकी छाया से गुज़रता हुआ
मैं देखना चाहता हूँ अपने को
धँगणगाँव जाता हुआ।

(भय भी शक्ति देता है, पृ. 143)

पहली कविता में मनःस्थिति की बात है। वह कभी उदास तो कभी असहज हो जाती है। कवि का सन्देश है कि हमें यह धारणा नहीं बना लेनी चाहिए कि जिन्दगी हमेशा मायूस करती है। वह कभी-कभी बहुत बढ़िया-जितना हम सोचे भी नहीं होते–उससे भी बढ़िया हो जाती है। थकान के क्षण भी हमें खुशी देते हैं। यहाँ यह आवश्यक है कि हमने थककर जो पाया उसके बदले जो खुशी मिली उससे हम कितने संतुष्ट हुए। दूसरी कविता में सारा संसार घूमने के उपरान्त कवि अपने गाँव जाने की इच्छा व्यक्त करता है। गाँव जाने की इच्छा यहाँ जड़ों से जुड़ने की इच्छा है और जंगल में विचरना जीवन का व्यर्थ भटकाव मानकर कविता को समझें तो यहाँ जगूड़ी बहुत बड़ी बात कह गये हैं। उनकी एक कविता है 'खतरा' जिसमें जंगल संसार में नहीं जनता के मन में है :

जनता के मन में जो जंगल है
बिना पक्षियों का
उसमें कुछ ही देर बाद
चीख की एक लहर फैलने वाली है।

(रात अब भी मौजूद है, पृ. 87)

यह 'चीख' चुप्पी तोड़कर निकलने वाला वह साहस है जो बहुतों के मन में बहुत दिन से दबा हुआ या दबाया हुआ है। वह चीख जब सुनाई देगी तो बड़े से बड़े तथाकथित लोग हिल जायेंगे। 'वि-चित्र', 'अ-दृश्य' तथा 'अ-मृत' जैसी छोटी कद में दिखने वाली कविताएँ अपना गम्भीर अर्थ रखती हैं। इन्हें भी कई-कई बार पढ़ने पर अर्थ खुलता है। उनकी एक कविता है 'अ-मृत' जो प्रकृति एवं मानव-जीवन दोनों को चित्रित करती है :

हमेशा नहीं रहते
पहाड़ों के छोये
पर हमेशा रहेंगे
वे दिन
जो तुमने और मैंने
एक साथ खोए।

(इस यात्रा में, पृ. 49)

इस कविता में पहाड़ों के छोये (वर्षा के उपरान्त पहाड़ों से टपकता पानी या गीलापन) के समानान्तर जीवन को रखकर बात कही गयी है। पहाड़ों के छोये तो विशेष मौसम में होते हैं।उनका खतम हो जाना कोई बड़ी बात नहीं है किन्तु वे दिन जिन्हें कवि ने साथ-साथ रहकर बिताया था अब भी सुधियों में शेष हैं। वे दिन अब साथ नहीं हैं। उन सुखद दिनों के बहुत से प्रसंग ताजे हैं। उन्हें भुलाना कठिन है। यहाँ कवि ने जीवन के क्षणवादी दर्शन को महत्त्व दिया है। 'भाव एक : ताव चार' शीर्षक में चार छोटी-छोटी कविताएँ हैं। इनमें प्रकृति के बिम्ब सहज भाव से आकर्षित करने वाले हैं :

नील पत्र वृक्ष
हरित पत्र वृक्ष
पीत पत्र वृक्ष
फिर हुए रक्ताभ।

X X X

नीले पत्तों वाले पेड़
हरे पत्तों वाले पेड़
पीले पत्तों वाले पेड़
फिर हुए खूनी।

(अनुभव के आकाश में चाँद, पृ. 85)

यहाँ रंगों के प्रतीक प्रकृति से जुड़कर मनोभावों को व्यक्त करनें में सफल हैं। पहले अंश के अन्त में पत्ता रक्ताभ हो जाता है। सम्भवतः कवि का संकेत कोपलों से है तो दूसरे के अन्तिम वाक्य में खूनी (हत्यारा) हो जाता है। सुन्दर एवं कुरूप, कोमल एवं कठोर शान्त एवं संघर्ष दो विरोधाभासों से जूझते शब्द यहाँ परिस्थितियों एवं युगबोध की ओर संकेत करते हैं। इसी प्रकार एक छोटी कविता है 'तो':

जब उसने कहा
कि अब सोना नहीं मिलेगा
तो मुझे कोई फ़र्क नहीं पड़ा
पर अगर वह कहता
कि अब नमक नहीं मिलेगा
तो शायद मैं रो पड़ता।

(घबराये हुए शब्द, पृ. 17)

इसमें अमीरी-गरीबी को सोना एवं नमक के प्रतीकों के माध्यम से व्यक्त किया गया है। गरीब आदमी को सोने से कोई लेना-देना नहीं है इसलिए सोना न मिलने की सूचना से वह विचलित नहीं होता। यदि उसे यह सूचना मिले कि अब नमक नहीं मिलेगा तो शायद वह रो पड़े। उसके नमक-रोटी के रिश्ते भी टूट जायेंगे। नमक रूखी-सूखी रोटियों को रसीला बनाता है।

'द्विरुक्ति' कविता में जगूड़ी ने थोड़े से शब्दों के हेर-फेर में अमीरों और गरीबों की जिन्दगी की तसवीर खड़ी कर दी है। एक के जीवन में थोड़ा बहुत काम रहता है तो दूसरे के जीवन में आराम का नामोनिशान नहीं :

अमीरों का मुहावरा ?
– जरा इधर जा रहा हूँ
जरा उधर जा रहा हूँ
थोड़ा-सा काम है

गरीबों का मुहावरा?
–आराम हराम है।

(रात अब भी मौजूद है, पृ. 109)

जगूड़ी की छोटी कविताओं में लोगों के जीवन की उदासीनता, स्वार्थलिप्सा और अवसरवादिता देखी जा सकती है। रिश्तों से खाली होती दुनिया में लोग अपना जीवन जी रहे हैं। सम्बन्धों के प्रति उदासीनता को प्रकृति से जोड़ते हुए कवि गम्भीर बात कह देता है 'सम्बन्ध' कविता में :

ऊँचे पेड़ !
तुमने आकाश को
और चिड़ियों ने तुम दोनों को
अपनाया
क्या वे तुम पर वैसे ही नहीं उतरतीं
जैसे स्टेशन पर लोग?

(घबराये हुए शब्द, पृ. 48)

लीलाधर जगूड़ी बची हुई पृथ्वी को बचाने की चिंता करने वाले कवि हैं। उनकी एक कविता में काव्यनायक अकेला होकर भी अकेला न होने की घोषणा करता है 'मैं अकेला नहीं हूँ'। वह आशावादी है। उसके कमरे में फैला अँधेरा और बाहर फैला उजाला अब उसके लिए केवल सोचने की बात नहीं रह गयी है। वह एक सुराख बनाने को तत्पर है जिससे कमरे में बाहर का उजाला आ सके और एक दरवाजा तलाश रहा है जिससे भीतर का अंधेरा बाहर जा सके। उजाले एवं अंधेरे के प्रतीकों से कविता का आशय बड़ा हो गया है :

क्या कोई छेद खिड़की नहीं हो सकता
कि उजाला भीतर आ सके?
क्या कोई छेद दरवाज़ा नहीं हो सकता
कि अँधेरा बाहर जा सके?
अब मैं अकेला नहीं हूँ
तुम्हारे अन्धे प्रहार के इन्तज़ार में
– विस्फोट के लिए जो ज़रूरी है।

(बची हुई पृथ्वी, पृ. 57)

इस कविता को पढ़ने से यह भी स्पष्ट होता है कि काव्यनायक के कमरे

में तरह-तरह के छेद हैं। एक साबूत घर उसके पास नहीं है। ऐसे ही कमरे में बैठा-बैठा उसका साहस जाग जाता है। वह लोगों को जुटाकर भ्रष्ट व्यवस्था पर प्रहार करने के लिए तैयार हो जाता है। अपने पक्ष में हो रहे अत्याचार को अब वह विस्फोट से उड़ा देने के लिए तत्पर है। 'हैसियत' कविता एक विरोधाभास को लेकर लिखी गयी है। माँगने से मौत नहीं मिलती बल्कि मौत जितनी ज़िन्दगियों को चाहे मौत के घाट उतार सकती है। जीवन और मृत्यु का खेल इस कविता के मूल में है। यहाँ गरीबी, लाचारी एवं बेबसी को व्यक्त करने में व्यंग्य का सहारा कवि ने लिया है :

उसने तीन-चार प्यारे-प्यारे नामों से
मौत को पुकारा
मगर मौत नहीं आयी
उसके बाद अचानक मौत ने
ज़िन्दगी को
तीन-चार प्यारे-प्यारे नामों से पुकारा
बस इतने में वहाँ
हज़ारों लाशें बिछ चुकी थीं।

(घबराये हुए शब्द, पृ. 16)

'रोर' कविता में कवि के सपने की चर्चा है। वह सपने में अपनी कविता के असीम विस्तार की रूपरेखा देखता है। असम्भव को सम्भव करने वाली भाषा को वह गढ़ना चाहता है :

एक अगाध कुँआ जिसके तल पर नदी बह रही हो
जिसमें से एक समुद्र की आवाज़ शंखों-सी आ रही हो
ऐसा अनुभव ऐसी भाषा
जिसका अदृश्य, दृश्य से बड़ा हो
और अश्रुत श्रव्य-सा खड़ा हो
अक़्सर मैं सुनता हूँ ऐसी भाषा का रोर
अपने सपने में।

(भय भी शक्ति देता है, पृ. 124)

'शक्तिहीन' कविता में थके, हारे किन्तु मजबूत व्यक्तित्व का उल्लेख है जो अब शक्तिहीन हो गया है। इस व्यक्तित्व का इतिहास सामर्थ्यशाली था।

वह पत्थर सा मजबूत और घोड़े के समान दौड़ने की ताकत वाला था किन्तु अब वह 'शक्तिहीन' है :

ये एक ही चोट में चुर्क-बुर्क हो जाएँगे
ये वे पत्थर हैं
जो अब हथौड़े नहीं खा सकते
जिनसे मूर्तियाँ नहीं बन सकतीं
जिनमें कोई शक्ल नहीं उभर सकतीं
ये हमें कहीं नहीं पहुँचा सकते
ये वे घोड़े हैं
जिनमें अब दौड़ नहीं है।

(इस यात्रा में, पृ. 87)

लीलाधर जगूड़ी का एक कविता संग्रह है 'घबराये हुए शब्द'। इस संग्रह में बहुत सी छोटी-छोटी कविताएँ हैं। इस संग्रह की कविताओं में परिवेश की प्रमुखता है। प्रत्येक स्थल पर यह महसूस होता रहता है कि हिंसा और युद्ध के बीच मानवीय श्रम के कई रूप भी हैं। संग्रह की 'हद' कविता भी संशयग्रस्तता, विश्वासहीनता एवं आत्मग्लानि को ध्यान में रखकर लिखी गयी है। सच्चाई का बयान करने में कसम खाने वाला व्यक्ति जब विफल हो जाये, न्याय व्यवस्था अपने निर्णय पर और अपराधी भी अपने अपराध-कर्म पर प्रश्नचिह्न लगाता हो, ऐसी दशा में घबराना बहुत स्वाभाविक है :

जहाँ क़ानून को भी यक़ीन न हो
और अपराधी को भी
वहाँ घबराना स्वाभाविक है
तब तो और भी ज़्यादा
जब कोई हद हो
जैसे कि–मौत।

(घबराये हुए शब्द, पृ. 9)

लीलाधर जगूड़ी परम्परा को अपनी कविता में स्थान देने वाले कवि हैं किन्तु वे उस परम्परा में मौलिकता देखना चाहते हैं। जड़ों से जुड़कर जीना उन्हें भाता है। उनकी कविता में अतीत की संस्कृति एवं भविष्य की सूचनाएँ सुनाई देती हैं। सबसे बड़ी बात तो यह है कि वे प्रकृति के समानान्तर मनोभावों को जोड़ते रहते हैं। उन्होंने 'मौलिकता' कविता में लिखा है :

जड़ें
वही हों
उसी तने पर
वे ही टहनियाँ हों
ज्यादा अच्छे लगते हैं
तब
नये पत्ते
वरना नये पौधे में तो वे होते ही हैं।

(बची हुई पृथ्वी, पृ. 36)

जगूड़ी की छोटी कविताओं का संसार विषय-वैविध्य भरा है। वे जहाँ जो देखते हैं उसे तुरन्त वहीं लिख डालने को तत्पर हो जाते हैं। उनकी कविता में पृष्ठभूमि को आधार बनाकर संकेतों से बहुत कुछ कहने की क्षमता है। जहाँ वे व्यथित होते हैं वहाँ कभी मुखर तो कभी मौन अभिव्यक्ति से कविता को आकार देते हैं। 'आधार' कविता में एक स्त्री की कहानी है जो जीवनभर पुरुष के अत्याचार सहती रही और उससे घृणा करती रही। उसकी घृणा का कारण क्या था वह उसे बताने की आवश्यकता नहीं समझती। कविता के अन्त में वह भविष्य को ध्यान में रखते हुए अपने बच्चे से कहती है :

इधर आओ बच्चे !
मरे हुए दिनों का अनुभव
वो रहा तुम्हारा पिता।

(बची हुई पृथ्वी, पृ. 37)

वे दिन जिसमें औरत ने घृणा के सिवाय कोई और भाव नहीं पाला। उन्हें वह मरा हुआ दिन मानती है और मरे हुए दिनों में उसने जो कुछ भी अनुभव किया इन अनुभवों का कारण पिता है जिससे बच्चे को वह परिचित कराती है, दिखाती है क्योंकि बच्चे ने तो आज तक पिता को देखा ही नहीं था। इसी क्रम में उनकी 'स्त्री प्रत्यय' कविता ली जा सकती है। इस कविता की स्त्री शादी के तीस वर्ष बाद भी पति से पूछती है 'सड़क पार कर लूँ'। निर्णय लेने में वह स्त्री अक्षम नहीं है बल्कि पुरुष सत्ता के दबाव में कृत्रिम ढंग से आज्ञाकारी बनती है। सब कुछ के बाद भी कवि उसे खोए हुए साहस की भाँति देखता है :

अकेली औरत पार करना चाहती है सूनी सड़क
आगे बढ़ चुके पति को पीछे बुलाती है

जो कि लौट आता है गुस्से और कोफ़्त में
अकेली औरत शादी के तीस वर्ष बाद भी
पूछती है सड़क पर कर लूँ
वह मर्द को अगुआ करती है
डग भरती है
जैसे एक ज़माना पार कर रही हो
वह दिखती है एक खोए हुए साहस की तरह।

(भय भी शक्ति देता है, पृ. 92)

जगूड़ी निर्णय लेने में हिचकने वाले कवि नहीं हैं। वे बड़े-बड़े निर्णय बिना संकोच लेते हैं और मनुष्यों से ऊपर उठकर ईश्वर तक पहुँच जाते हैं। ईश्वर पर कविता लिखते समय वे उसे 'निर्णय सिंधु' की संज्ञा देते हैं :

ईश्वर के रहते-रहते लोग पागल हो रहे हैं
बीमार हो रहे हैं
अपराधी हो रहे हैं
अनादर्श और बे-क़ाबू हो रहे हैं
ईश्वर तुम अब इस सृष्टि में कहीं नहीं हो
अगर हो तो तुम सबसे कमज़ोर तत्त्व हो
इसीलिए जानी-मानी कंपनियाँ
जीवनदायी शक्तिवर्द्धक तत्त्वों का नाम
तुम्हारे नाम पर रखने में घबराती हैं।

(भय भी शक्ति देता है, पृ. 118)

जगूड़ी की कविता में ईश्वर की उपस्थिति कई प्रकार से है। वे ईश्वर को कभी रचनाशीलता में सहायक मानते हैं तो कभी वे ईश्वर के अस्तित्व पर ही प्रश्न उठाते हैं। वे 'ईश्वर की अध्यक्षता में' ईश्वरविहीनता की कविता लिखते हैं। उनकी कविता 'आश्वासन' में ईश्वर को ही आश्वासन दिया गया है :

हे ईश्वर!
कुछ दिन आदमी के बाक़ी सब दिन तेरे
यह सिखाया गया था मुझे
कि हृदय है तेरा घर
पर इसमें क्यों भरे हुए हैं
इतने सारे डर?

कि कोई भी मेरी जान निकाल सकता है
हे ईश्वर ! तू चिन्ता न कर
तू तो रहेगा ही रहेगा
क्योंकि मेरे डर तुझको बनाये रहेंगे अमर।

(घबराये हुए शब्द, पृ. 18)

यहाँ ईश्वर के प्रति मनुष्य की उस दुर्बल आस्था का संकेत है जिसके कारण वह ईश्वर को पूजता है। 'डर' शब्द यहाँ व्यापक सन्दर्भों में है। डर के अनेक कारण और परतें हैं। डरा हुआ मनुष्य सशंकित रहता है। उसे हर होने वाली घटना से डर लगता है। कविता का अन्त व्यंग्यपूर्ण यथार्थ है। मनुष्य के डर से धरती पर सदैव ईश्वर की उपस्थिति बनी रहेगी, उसके ईश्वरत्व के कारण नहीं। डर जगूड़ी की कविता में जब आता है तो कोई-न-कोई नयी अभिव्यक्ति देता है। 'बोलने से पहले' कविता को इस बात का पूरक माना जा सकता है :

मुझे काम है
सरल भाषा बोलना
सरल भाषा बोलना
बहुत कठिन काम है
जैसे कोई पूछे
ठीक-ठीक बोलो
तुम्हारा क्या नाम है
और वह बिना डरे बोल जाए
तो इनाम है।

(रात अब भी मौजूद है, पृ. 15)

इस छोटी सी कविता में दो विशेष बातें हैं। पहली तो यह कि सरल भाषा में लिखना आसान नहीं होता। बोलना भी आसान नहीं होता। इसलिए कि जो बात कहनी है उसमें से थोड़ा बचाते हुए, छिपाते हुए, डरते हुए बोलना है। ऐसी दशा में भाषा की सरलता का गायब हो जाना स्वाभाविक है। भय एवं सन्देह की स्थिति में अपना नाम भी सही-सही बताना आसान नहीं होता। बोलने से पहले बोलने का रिहर्सल जरूरी है। भय एवं बेगानगी जगूड़ी की कविता में बहुत है। वे परिवेश के प्रभावों से अपनी रचना के सूत्र निकालते हैं। अपनी बात को समझाने एवं प्रभावशाली बनाने के लिए उनके पास उपमानों का बहुत बड़ा कोष

है। वे कहीं से भी कुछ उठाकर कुछ का कुछ बना देने में कुशल हैं किन्तु चमत्कार उत्पन्न करने जैसा कभी नहीं होता। 'अकेला' शीर्षक कविता को यहाँ उद्धृत करना आवश्यक है :

तारीख़ें भी तीस
और आदमी अकेला
हफ़्ते भी चार
और आदमी अकेला
महीने भी बारह
और आदमी अकेला
ऋतुएँ भी छै
और आदमी अकेला
वर्ष भी अनेक
और आदमी अकेला
काम भी बहुत से
और आदमी अकेला।

(घबराये हुए शब्द, पृ. 29)

इस कविता में आज भी ताज़गी है और टटकापन है। 'टटकापन देखने के नज़रिए में है, व्यक्त करने वाली भाषा और ज़ुबान में है और अपनी समीक्षा में है।' जगूड़ी की पुरानी और नयी कविताओं में 'जो बिम्ब बनता है उससे जगूड़ी हिन्दी कविता में अपना अलग बिम्ब' बनाते हैं।[2]

लीलाधर जगूड़ी में ईमानदार आत्मस्वीकृति है। वे कविताओं में स्थान-स्थान पर अपनी जीवनी, जीवन का संघर्ष और उसमें चलने वाली लेखनी जो भाषा को तराशने, छीलने, चमकाने के लिए अनवरत, अनथक चलती रहती है–के कवि हैं। वे अपनी कथा कविता में लिखते हैं और शीर्षक देते हैं 'मेरी कथा'। समूची कविता यहाँ है :

मेरी कथा
फावड़ा घिस जाने की
कारखाना उजड़ जाने की
सड़क टूट जाने की कथा है
मेरी कथा
पत्थर के रेत हो जाने की

पेड़ के
लकड़ी हो जाने की
कोयले के
आग हो जाने की कथा है
मेरी कथा
जाने हो जाने की कथा है।

(बची हुई पृथ्वी, पृ. 44)

यहाँ कठोर परिश्रम एवं संघर्ष के अनेक प्रतीक हैं। जैसे फावड़ा घिस जाने, कारखाना उजड़ जाने, सड़क टूट जाने, पत्थर के रेत हो जाने, पेड़ के लकड़ी और कोयले के आग हो जाने में है। आग का जलना, धधकना या सुलगना सभी स्थिति में ख़तरनाक हो सकती है। वह कभी भी विस्फोट कर सकती है।

अपनी कथा लिखने वाले जगूड़ी अपना परिचय भी देते हैं। वस्तुतः उनका परिचय एक सामान्य व्यक्ति का नहीं एक रचनाकार का परिचय है जो जन्म के समय सामान्य और जीवन में विशिष्ट नाम बन जाता है। वे जीवन को खेल मानते हैं जिसे खेलना आसान नहीं होता। 'खेल' कविता में वे अपनी कथा दुहराते हैं :

बहुत-कुछ अपने जैसा
जन्मते ही जो एक आदमी
लीलाधर जगूड़ी नहीं था
वह मैं हूँ
मेरा जन्म ही कठोर कारागार है
–जन्म ही कठोर कारागार है
–मैं जन्म से ही कठोर कारागार में हूँ

x x x

पहले यहाँ
मेरे पिता फँसे
–जब मैं आया वे जेलर बन गये
तब से मेरे दायें हाथ का काम
उनके
बायें हाथ का खेल हो गया।

(बची हुई पृथ्वी, पृ. 115)

इस कविता के मध्य में एक वाक्य तीन बार लिखा गया है। 'मेरा जन्म ही कठोर कारागार है'। जगूड़ी अपने जीवन को आसान नहीं कारागार की यातना में पलने वाला मानते हैं। फिर कहते हैं 'जन्म ही कठोर कारागार है' अर्थात् जन्मना और जीना किसी का भी आसान नहीं होता। अन्त में कहते हैं 'मैं जन्म से ही कठोर कारागार में हूँ'। यहाँ कवि का कविता-रचना के तनाव भरे संसार के कारागार में कैद होना लगता है। अन्तिम पंक्ति में दो मुहावरे हैं। 'दायें हाथ का काम होना' और 'बायें हाथ का खेल होना'। दायें हाथ का काम होना का अभिप्राय कठिनता और बायें हाथ का खेल होना सरल कार्य से है। सरल कार्य को लोग कहते हैं कि यह तो मेरे बायें हाथ का खेल है। कवि यहाँ यह बताना चाहता है कि जो कार्य पिता के लिए बायें हाथ का खेल था वह उनके लिए हमेशा दायें हाथ का काम बना रहा। इस कविता में जीवन की कठिनाइयों एवं संघर्षों के साथ-साथ आसान जीवन को भी देखा जा सकता है। 'कारागार' और 'जेलर' शब्द भी यहाँ विशेष सन्दर्भों में हैं।

जगूड़ी की छोटी कविताओं में सम्बन्धों के खोखलेपन की भी चर्चा है। साथ रहने वाले भी साथ नहीं रहते। देखने में साथ-साथ मिलते-जुलते हैं लेकिन मन से कोई निकटता या लगाव नहीं होता। उनकी एक कविता है 'विरोधी'। यहाँ पूरी कविता उद्धृत है :

ज़रूरी नहीं कि जो एक ही जगह के हैं
वे आपस में दोस्त भी हों
लगभग एक जैसी ऊँचाई पर रहते हैं
पहाड़ और बादल
इन्द्र धनुष और ओले
हिरन और चीता
एक ही जगह के रहनेवाले हैं
छूना और चिकोटना
इसी तरह एक ही चीज़ को लेकर
हुनर दो हो सकते हैं
जैसे चेहरे पर चुम्बन और घूँसे।

(घबराये हुए शब्द, पृ. 40)

जगूड़ी की छोटी कविताओं में भाषा की मितव्ययिता तो है किन्तु भाव की सीमा व्यापक है। उसका विश्लेषण करना कई बार आसान नहीं लगता। वे

शब्द-प्रयोग के कुशल शिल्पी हैं। विराम चिह्नों, परसर्गों, अन्वय, सम्बोधन और एकालाप आदि का विचित्र उपयोग उनकी कविता में दिखाई देता है। अपनी कविता के विषय में उनकी अवधारणा बहुत स्पष्ट है 'मैं अपनी कविता को कलात्मक तो कतई बनाना नहीं चाहता। काव्यकला मेरी चिन्ता का विषय नहीं है। भाषा मनुष्य के अनुभव को जहाँ जरूरत से ज्यादा अनुशासनबद्ध करना चाहती है वहाँ अपनी भाषा को रचना के लायक जीवंत बनाये रखने के लिए एक तोड़-फोड़ ज़रूरी लगता है। ...कविता केवल थीम के लिए नहीं लिखी जाती है, न वह कथानक की पुष्टि में लिखी जाती है, न वह पात्रों की स्थापना के लिए लिखी जाती है। मैं समझता हूँ कि कविता भाषिक अभिव्यक्ति में एक सार्थक, सुन्दर और संश्लिष्ट वाक्य के लिए लिखी जाती है जो उस कर्म और अनुभव का भी विकल्प हो जो उस स्थिति में किसी के द्वारा किया गया होता है, जिस स्थिति का निरूपण उस वाक्य में या उस शब्द विशेष में किया गया हो।'[3]

जगूड़ी के विपुल काव्य-संसार में और भी उत्तम कविताएँ हैं जिन्हें आकार की दृष्टि से छोटी कहा जायेगा। उनमें 'रामलीला', 'पाटा', 'मेरा ईश्वर', 'आज का दिन', 'अवदान', 'अपराध', 'दूर', 'अभी-अभी', 'अ-दृश्य', 'उपस्थिति', 'एक अहम बात', 'झटका' और 'तकरार' हैं। दो कविताओं के माध्यम से बात पूरी की जा सकती है। 'अदृश्य' कविता है :

इस समय की गाड़ी लेट है
प्लेटफ़ार्म पर
कुछ मुसाफ़िर लेटे हैं शरीर में
जैसे आत्मा अपने जूते छोड़कर चली गयी हो
जिस तरह पैर जूते में
उसी तरह पड़ी है यह आत्मा शरीर में
न जिसे भीगने से, तपने से
न जिसे छीजने से, ढहने से
और न जिसे समय से बचा सकता हूँ।

(घबराये हुए शब्द, पृ. 63)

यहाँ उपमानों का प्रयोग अर्थ को विशेष दिशा में ले जाता है। प्लेटफार्म पर लेटे हुए मुसाफिर ऐसे लगते हैं जैसे आत्मा अपने जूते छोड़कर चली गयी हो। आत्मा की तुलना जूते से करने के पीछे सम्भवतः कवि का यह उद्देश्य है कि जमीन पर

लेटने वाले लोगों को देखकर ऐसा लगता है जैसे उनके शरीर में जान ही नहीं है। 'उप-स्थिति' कविता में शब्दों के प्रयोग को देखा जा सकता है :

आग
मन पर
धन्यवाद
आ एक बार
जाने के लिए ही सही
मगर आ
ताकि मैं कह सकूँ
–आगमन पर धन्यवाद।

(रात अब भी मौजूद है, पृ. 89)

यहाँ 'आग' मन पर है जिसके लिए काव्यनायक आग के जन्मदाता को धन्यवाद देता है। फिर वह कहता है कि आओ देखो कि मन पर आग रखकर जीने वाले कैसे होते हैं? भले ही तुम आओ और बिना कुछ किये चले जाओ। कुछ होगा या नहीं होगा कम-से-कम मैं 'आगमन पर धन्यवाद' तो दे ही दूँगा। मन पर धधकती आग और नमक बचाये रखने की चिन्ता उनके सभी संग्रहों में देखी जा सकती है। 'तो' कविता की चर्चा की जा चुकी है। 'जगूड़ी की मूल चिंता जीवन में नमक को बचाये रखने की चिंता है। उनके पचास साल के रचनाकाल में इस नमक को बचाये रखने के संघर्ष के विविध रूपों को देखा जा सकता है। जीवन उनकी रचना के केन्द्र में है, वह भी तब जबकि शुरुआत उन्होंने अकविता से की थी जिसमें जीवन का ही निषेध था।'[4] जगूड़ी लम्बी कविताओं के कवि हैं और उन्हें अपनी बात कहने के लिए विस्तार चाहिए, परन्तु कुछ शब्दों और छोटी-छोटी पंक्तियों (कई बार एक ही शब्द की पंक्ति) से बड़ी-से-बड़ी बात कहने की उनमें अद्‌भुत क्षमता है।

जगूड़ी की कविताओं को पढ़ते हुए उनके आकार पर तो ध्यान जाता ही है उसके विषय भी आकृष्ट करते हैं। वे कविता के विषय के लिए लिखते हैं कि 'कविता भी हवा, पानी और आग के बाद सबसे पुरानी चीज है। एक आदिम कारखाना, जहाँ भाषा और ज़िंदगी हर बार फिर से ढाली जाती है। एक पुराना पहाड़ जो खोदकर निकालना पड़ता है। एक पुराना समुद्र जो बिस्तर के नीचे भी महसूस करना पड़ता है। एक ओर अपना जिया हुआ जीवन है, एक ओर सम्पूर्ण मानवता का जिया हुआ जीवन और समय है, दोनों तरह के जीवन किसी

रचनाकार को आज भी उकसाते और आगे कर देते हैं।'[5] यह दोनों प्रकार का जीवन उनकी छोटी-बड़ी कविताओं में दिखाई देता है।

सन्दर्भ

1. लीलाधर जगूड़ी, रचना प्रक्रिया से जूझते हुए, प्रथम सं. 2015, वाणी प्रकाशन, नयी दिल्ली, पृ. 84-85-95
2. नामवर सिंह, मेरे प्रिय कवि, आता ही होगा कोई नया मोड़-लीलाधर जगूड़ी : जीवन और कविता, सं. प्रमोद कौंसवाल, प्रथम सं. 2015, वाणी प्रकाशन, नयी दिल्ली, पृ. 13
3. लीलाधर जगूड़ी, मेरे साक्षात्कार, प्रथम सं. 2003, किताबघर प्रकाशन, नयी दिल्ली, पृ. 110-111
4. मदन कश्यप, प्रचलित मुहावरों के विरुद्ध, आता ही होगा कोई नया मोड़-4 लीलाधर जगूड़ी : जीवन और कविता, सं. प्रमोद कौंसवाल, प्रथम संस्करण 2015, वाणी प्रकाशन, नयी दिल्ली, पृ. 116
5. लीलाधर जगूड़ी, जनसत्ता, रविवार अंक, 02 अगस्त, 2015, पृ. 6

षष्ठ अध्याय

लम्बी कविताओं की महाकाव्यात्मक गाथा

लीलाधर जगूड़ी के लगभग सभी कविता संग्रहों में लम्बी कविताएँ हैं। एक संग्रह लम्बी कविताओं का ही है 'महाकाव्य के बिना' जिसकी चर्चा रचना यात्रा के क्रम में की जा चुकी है। 'नाटक जारी है' संग्रह की सभी कविताओं का आकार बड़ा है। उन्होंने बड़े आशय की छोटी कविताएँ भी लिखी हैं और लम्बी कविताओं की महाकाव्यात्मक गाथा भी। हिन्दी साहित्य में लम्बी कविताएँ लिखने की परम्परा मध्यकाल से प्रारम्भ हो गयी थी जबकि आधुनिक काल में इनकी चर्चा हुई और लम्बी कविताएँ भी लिखी गयीं। छायावादी काव्य में 'परिवर्तन', 'प्रलय की छाया', 'राम की शक्तिपूजा', 'सरोज स्मृति' आदि कविताओं की गणना लम्बी कविता में की गई। तदुपरान्त 'असाध्य वीणा', 'चक्रान्त शिला', 'समय देवता', 'प्रमथ्यु गाथा' जैसी लम्बी कविताओं का समय आया। लम्बी कविताओं का सर्वाधिक लेखन प्रयोगवाद के उपरान्त नयी कविता के समय में हुआ। 'अंधेरे में' के साथ-साथ मुक्तिबोध ने लम्बी कविताओं की बड़ी श्रृंखला बनायी। 'अलविदा', 'मुक्ति प्रसंग', 'आत्महत्या के विरुद्ध', 'लुकमान अली', 'पटकथा', 'एक मामूली आदमी का बयान' जैसी उत्तम कोटि की लम्बी कविताएँ लिखी गईं। यही वह समय था जब लीलाधर जगूड़ी का 'नाटक जारी है' संग्रह की लम्बी कविताएँ खूब पढ़ी गईं।

जगूड़ी के कवि की पहचान लम्बी कविताओं और जटिल कविताओं के कारण अलग हुई। कोई भी रचनाकार अचानक और अनायास कुछ भी नहीं करता। जगूड़ी तो बड़े कवि हैं। सोच-समझ कर ही नहीं रचना प्रक्रिया से जूझते हुए रचने वाले कवि। उन्होंने लम्बी कविता के विषय में अपनी मान्यताएँ भी दी हैं। जहाँ तक लम्बी कविता के इतिहास का सवाल है, जगूड़ी जड़ों के सहारे सीधे मध्यकाल में जा पहुँचते हैं। इसकी प्राचीनता के विषय में उन्होंने लिखा है 'लम्बी कविता 1525 से हिन्दी में शुरू हुई, ऐसा मेरा मानना है। 1525 में

'सुदामा चरित' नामक कविता नरोत्तमदास ने लिखी थी। यह कविता अवधी-हिन्दी भाषा में है जो न तो महाकाव्य है, न खण्डकाव्य। बल्कि अपने विकास में मुझे यह हिन्दी की लम्बी कविता का प्रारम्भिक मॉडल लगती है। तुलसीदास भी नरोत्तमदास के बाद के कवि हैं। बल्कि एक स्तर पर उन्हें पहले के होते हुए भी समकालीन कहा जा सकता है। वह पहली कविता है जो गरीब और गरीबी के बारे में है। 'सुदामा चरित' पहली जनवादी लम्बी कविता है। मुझे तो लम्बी कविताएँ महाकाव्य एवं खण्डकाव्य का विकल्प लगती हैं।'[1]

किसी भी रचना के पीछे रचनाकार का जीवन, उसकी पृष्ठभूमि एवं परिस्थितियाँ तो होती ही हैं उसके चिन्तन का अथाह प्रसार भी होता है। जिस रचनाकार के पास भाषा की विपुल सम्पदा होगी और अभिव्यक्ति का कौशल जितना वैविध्य भरा होगा वही लम्बी कविताएँ लिख सकेगा। लम्बी कविताएँ समय लेती हैं, श्रम लेती हैं तब कहीं जाकर निर्मित होती हैं। इस सन्दर्भ में जगूड़ी के एक बयान को उद्धृत करना आवश्यक लग रहा है। उन्होंने कहा है कि 'दरअसल मैंने अधिकांश कविताएँ पहाड़ी जनजीवन में रहते हुए लिखी हैं। मैं जिस विद्यालय में पढ़ाता था और जहाँ रहता था उसके बीच में लगभग आठ कि.मी. की चढ़ाई थी और कभी-कभी रोज मुझे इतना पैदल चलना पड़ता था। जिस महीने रोज मैं यह सफर नहीं करता था उस महीने सप्ताह में एक बार यह सफर पैदल जरूर करना पड़ता था। उस वक़्त वहाँ मोटर रोड नहीं बनी थी। यह सब इसलिए बता रहा हूँ क्योंकि सारी कविताएँ मैंने पैदल चलते हुए सोची हैं। यह तो गनीमत है कि उसमें जितना मैं पैदल चला हूँ उतनी लम्बाई नहीं है। मेरी समझ में इस बात का असर रचनाओं पर जरूर पड़ता है कि हम उन्हें कब, कैसे, किस तरह सोचते हैं।'[2]

पहाड़ के जीवन में रहते हुए जगूड़ी का कवि परिपक्व होता चला गया। लम्बी दूरी पैदल तय करने में चिन्तन से बढ़कर दूसरा कोई साथी नहीं हो सकता। ऐसा कवि का मानना है और सत्य भी यही है। उनके रचना-संसार में जो लम्बी कविताएँ हैं वे सभी एक सी नहीं हैं। उनमें विषय तथा आकार के आधार पर भी वैविध्य है। इस सन्दर्भ में उन्होंने लिखा है कि 'लम्बी कविता भी दो प्रकार की होती हैं। एक तो छोटी से कुछ बड़ी और दूसरी बड़ी से कुछ छोटी। उनमें कई ऐसे कोने होते हैं जिनसे साफ-साफ नये रास्ते निकलते दिखते हैं। पर पाठक का मन एक मुसाफिर की तरह निकल पड़ता है। फिर भी वह एक कविता नयी कविताओं में बदल जाती है। दूसरी जो सचमुच आकार में लम्बी होती हैं, वे अगर किसी कथानक पर आधारित हैं, या कोई नया कथानक रचती हैं तो उन्हें अपने प्रसार के रास्ते स्वयं मिलते चले जाते हैं। यदि वह

कथानक रचती कविता नहीं है और फिर लम्बी है और अच्छी भी है, तो वह ज्यादा कठिन होगी क्योंकि उसमें घटनाओं के बिम्ब होंगे। स्थितियाँ वहाँ बिम्ब और कथन का सहारा लेकर किसी अनुभव का समस्त भाषिक और गैर-भाषिक सौन्दर्य रच रही होंगी। लम्बी कविता का हर वाक्य एक छोटी कविता जैसा संगठित और सार्थक होना चाहिए। उसे आम तौर पर लिखे जाने वाले गद्य से एकदम अलग होना चाहिए।'[3] निश्चित रूप से जगूड़ी ने इन पंक्तियों में लम्बी कविता के आकार के साथ-साथ उसके वाक्य विन्यास एवं शब्द चयन पर भी ध्यान आकृष्ट किया है। कविता में स्थितियों की उपस्थिति बिम्बों एवं कथन का सहारा लेकर कभी लिखकर तो कभी बिना लिखे होगी। अर्थात् कविता में कुछ लिखा जायेगा तो कुछ संकेतों में व्यक्त होगा।

'महाकाव्य के बिना' संग्रह की लम्बी कविताओं के परिप्रेक्ष्य में जगूड़ी की यह उपर्युक्त विचारधारा खरी उतरती है। उनकी लम्बी कविताओं की व्याख्या, विश्लेषण एवं उन पर लेखन आसान कार्य नहीं है। इन कविताओं में कवि के जीवनानुभवों का गहरा बोध समाया हुआ है। प्रत्येक कविता का उद्‌भव विशेष परिस्थितियों की देन है। उनका मानना है कि 'मेरी इन लम्बी कविताओं का पिछले पच्चीस-तीस वर्षों के लम्बे कालखंड में ख़ास-ख़ास सामाजिक अवस्थाओं में जन्म हुआ है। इस प्रकार लम्बी कविताएँ अलग-अलग वर्गों से आये वयस्क समाज से एक ही जगह, एक ही समय में अक्सर होने वाली मुठभेड़ लगती है, जिनके बीच अपने होने के आपद्धर्म की पीड़ा, जीवित रहने की आवश्यकता व कारणों की तलाश के सवाल-जवाब चल रहे हैं। जो कारण उपस्थित हैं और जो मूल्य अनुपस्थित हैं, उनको वे जीवन की टूटी-फूटी कथा में अपने अनुभव का हिस्सा बनाते हुए परखना चाहते हैं। ये ऐसे पारखी हैं जो ख़ुद को ख़ुद ही कसौटी पर घिस रहे हैं। वैयक्तिक होते हुए भी इन कविताओं के पात्र अपने समय और समाज के अन्तर्सूत्र से बिंधे हुए हैं।'[4] यहाँ कुछ लम्बी कविताओं का विश्लेषण है जो उनकी उपर्युक्त विचारधारा की पुष्टि करते हैं।

लीलाधर जगूड़ी की लम्बी कविता 'बदलेव खटिक' हिन्दी की लम्बी कविताओं में धूमिल के 'मोचीराम' एवं रघुवीर सहाय के 'रामदास' के समानान्तर है। यह कविता भारतीय लोकतन्त्र के आलोचकीय पाठ की तरह पढ़ी जाती है जिसका सरल सा अर्थ यह है कि आम आदमी के लिए 'सरकार' कुछ भी नहीं होती और कुछ भी नहीं करती। ऐसी कविताएँ व्यवस्था एवं सरकार के चरित्र को अच्छी तरह बेनकाब करती हैं। इस कविता के पात्र बलदेव खटिक एवं रँगतू भी इसी व्यवस्था के हाथ की कठपुतलियाँ हैं। यह ऐसी विशिष्ट कविता है जिसमें जगूड़ी

ने एक सत्य का निरूपण किया है 'हमारे यहाँ हमेशा ही पुलिस को मानव-विरोधी और समाज-विरोधी शक्ति के रूप में देखा जाता है। लेकिन पुलिस में जो व्यक्ति है वह भी हमारे परिवारों से गया हुआ एक 'व्यक्ति' होता है। पुलिस वाले का एक भाई किसान और दूसरा मजिस्ट्रेट और तीसरा भाई कहीं रात का चौकीदार भी हो सकता है। इस तरह के अन्तर्विरोधी और बहुस्तरीय समाज में हम रहते हैं। ...जो पुलिस है और जो पुलिस नहीं है वह व्यक्ति के रूप में समान रूप से दुखी और पीड़ित है। पुलिस भी हमारी करुणा के क्षेत्र में आती है, ऐसा पहली बार इस कविता को रचने के दिनों में मुझे महसूस हुआ।'[5]

जगूड़ी की प्रखर काव्य प्रतिभा से व्यवस्था की अनेक परतें यहाँ इस तरह खुलती हैं जिनसे हम भौचक्के रह जाते हैं। उनकी लेखनी से छोटा विषय बड़ा और बड़ा बहुत बड़ा हो जाता है। 'बलदेव खटिक नक्सल आन्दोलन के प्रभाव वाले दौर की कविता है। तब विद्रोह का एक सूत्रबद्ध जैसा स्वरूप है और मध्यवर्ग निराशा का शिकार हो चुका है, आन्दोलन सत्ता की दमन चक्की में पिस गया है और चारों तरफ अपराध का बोलबाला है। असंगठित अपराध ही सबसे ज्यादा संगठित है। बाकी सारी संगठित कार्रवाई ध्वस्त हो चुकी है। इस पतन को जगूड़ी संवेदना के स्तर पर पकड़ते हैं और उसको पूरी जटिलता के साथ दर्ज करते हैं। यही कारण है कि किसी गहन विश्लेषण में गये बगैर ही वे राजनीतिक और सामाजिक जटिलताओं को व्यक्त करने में सफल होते हैं।'[6] वस्तुतः यह आपातकाल के उत्स से जन्मी कविता है। इस कविता की अन्दरूनी ताकत इसका ताप है। जाहिर है फूल, खुशबू, प्रकृति, पहाड़, पिता, प्रेयसी से लेकर नदी की उद्दाम धाराओं के बीच यह कहीं फिट नहीं बैठती। न भाषिक संरचना के स्तर पर न ही अपने रूपकों, उपमानों या प्रतीकों के स्तर पर। यह कविता 'राम की शक्तिपूजा', 'ब्रह्मराक्षस', 'पैराडाइज लास्ट', 'प्रोफेरियाज लव' और 'डिसऑर्डर ब्यूटी' जैसी बड़ी कविताओं की परम्परा में है। ये कविताएँ भी अपनी संरचना में 'बलदेव खटिक' के निकट हैं।

'बलदेव खटिक' कविता का मूल भाव है स्वतन्त्र भारत में आपातकाल के आसपास की परिस्थितियों में जो हालात उभरकर सामने आये–शासन व्यवस्था, सामान्य जीवन, मेहनतकश मजदूरों अथवा अमीर वर्ग–इन सबकी तस्वीर यहाँ देखी जा सकती है। चालीस वर्ष से भी अधिक पुरानी यह कविता आज भी ताजी है। समसामयिक विडम्बनाओं की सटीक अभिव्यक्ति है। इस कविता का नायक बलदेव खटिक है जिसके आस-पास कविता घूमती रहती है। रँगतू नामक पात्र कविता को स्वर देता है। हर लम्बी कविता की एक कहानी होती है।

'बलदेव खटिक' भी एक कथा पर तो नहीं कह सकते, कई प्रसंगों से जुड़कर बनी हुई कथावस्तु की कविता है। अलग-अलग घटनाओं एवं पात्रों के प्रसंग कविता को पूर्ण करते हैं। उस उद्देश्य तक पाठक को पहुँचाने में सफल होते हैं जो कवि का अभीष्ट था और है। इसका कलात्मक आरम्भ गूढ़ संकेतों से भरा है :

रात। चिथड़ा खाती गाय के जबड़े में
धीरे-धीरे ग़ायब हो रही थी
यह उसका अन्तिम छोर था
जिस पर एक बटन चमक रहा था
तभी हमारे गाँव के आकाश में
अचानक लोगों ने एक दरार देखी
सड़क से गाँव पर रोशनी फेंकती
यह पुलिस की गाड़ी थी

(महाकाव्य के बिना, पृ. 118)

रात लगभग बीत चुकी थी। भोर के समय गाँव वाले अभी आँखें भींचकर जाग ही रहे थे कि गाँव में पुलिस की गाड़ी की आवाज एवं रोशनी फैल जाती है। गाँव में पुलिस का आना सामान्य बात नहीं है। गाड़ी से भड़भड़ाकर पुलिस वाले उतरते हैं और रँगतू के घर की ओर दौड़ जाते हैं। गाँव में पुलिस सम्भवतः पहली बार आयी थी। उन्हें देखकर कुत्ते भौंकने लगते हैं क्योंकि ये गाँव के ईमानदार गरीबों के अन्न से पले हैं जो 'सभ्य एवं अजनबी पोशाकों के दुश्मन' हैं। रँगतू का अपराध कवि ने इन पंक्तियों में बताया है :

जो रँगतू
कल राशन लूटने में शरीक था
उनके पास उसके नाम का वारण्ट
उसके परिवार ने रात भरपेट खाया है
भूख-भर अन्न के नशे में
अपने देश का एक मामूली घर भी
आरामगाह बना हुआ है
(वैसे उसे घर कहना भी
ख़ामोख़ा जिन्हें घर कहते हैं
उनकी बढ़िया छतों पर घास उगा देना है)

(महाकाव्य के बिना पृ. 119)

पुलिस वाले रँगतू को लात मारकर उठाते हैं जो रात में लूट के अन्न से भरपेट भोजन करके और पेट भरने के नशे में गहरी नींद में था। जिसकी निर्वस्त्र स्त्री बच्चों को अपने तन से चिपकाकर वस्त्र बनाये हुए थी। दीनता एवं गरीबी का चरम यहाँ पाठकों को कँपा देता है। वह इमारतों को बनाने वाला मजदूर था जिसकी झोपड़ी की छत घास से बनी थी। खैर, पुलिस वाले उसे उठाकर बचे-खुचे अनाज की गठरी समेत गाड़ी में बैठाकर शहर ले आते हैं। व्यंग्य एवं निर्मम यथार्थ का मिला-जुला रूप यहाँ साथ-साथ है :

यह सुबह थी
गाड़ी के इंजन पर थरथराती हुई
अँधेरे के भीतर दुबके हुए अँधेरे में
बीबी-बच्चों के लिए लड़ता हुआ रँगतू
पहली बार गाड़ी पर 'फ़्री' चढ़ रहा था

(महाकाव्य के बिना पृ. 120)

सब कुछ भूलकर उसे बड़ा आदमी होने का एहसास होने लगता है। रँगतू को लेकर पुलिस जैसे ही थाने पहुँचती है कि एक सिपाही जिसका नाम बलदेव खटिक है, उसको माँ की बीमारी का तार मिलता है लेकिन उसे शाम तक छुट्टी नहीं मिलती। वह दिन भर रँगतू का पक्का 'जेल ऑडर' बनवाने तक रस्सा पकड़े हुए एक कमरे से दूसरे कमरे में ले जाता रहता है। शाम के पाँच बजे तक उसका यही क्रम रहता है। वह खुश होता है कि काम पूरा हो गया अब उसे छुट्टी मिल जायेगी किन्तु उसे तीसरे दिन छुट्टी मिलती है। गाँव पहुँचकर माँ को मरणासन्न स्थिति में पाता है। एम्बुलेंस के लिए भागा-भागा जिला अस्पताल जाता है किन्तु वह भाँग के पौधों के बीच खराब पड़ी मिलती है। जगूड़ी एम्बुलेंस को भाँग के बीच ही क्यों खराब स्थिति में खड़ी करते हैं, यह प्रश्न उठता नहीं बल्कि अन्तर में धँस जाने वाला है। वह वापस भागकर थाने पर आता है यही सोचकर कि वह पुलिस है इस कारण थाने की कोई गाड़ी उसे मिल जायेगी किन्तु थाने की गाड़ियाँ तो अपराधियों को पकड़ने के लिए होती हैं, मरीज को अस्पताल पहुँचाने के लिए नहीं। थक-हार कर शाम को जब वापस लौटता है तब तक माँ गाड़ी एवं दवा की दुनिया से मुक्त हो चुकी होती है। पुलिस प्रशासन एवं स्वास्थ्य विभाग के खोखलेपन पर वार करते ये व्यंग्य-प्रसंग पाठकों को विचलित करते हैं। माँ की अन्त्येष्टि कर बाल मुड़वाकर वह वापस ड्यूटी पर उजाड़, उदास मनःस्थिति से लौटता है। उसका आहत मन व्यवस्था पर अनेक

सवाल खड़ा करता है। जगूड़ी ने इस प्रसंग को साकार किया है :

उसकी छाती पर गोलियों का पट्टा है
उसके हाथ में एक बन्दूक है
उसे नहीं मालूम वह किसकी रक्षा कर रहा है
(मेरी समझ से वह केवल टहल रहा है)
क्या वह संसार की अपराध से रक्षा कर रहा है?
क्या वह इस देश को बिगड़ने से बचा रहा है?

(महाकाव्य के बिना, पृ. 124-125)

कविता का एक और मोड़, एक निर्मम यथार्थ का बयान कुछ इस तरह से प्रारम्भ होता है। इन्हीं सबके बीच थाने में मार खाया हुआ एक व्यक्ति आता है जिसका बटुआ खो गया है जिसमें उसकी लड़की की फोटो है जिसे अपहृत कर लिया गया है। वह डरा हुआ है कहीं उसकी लड़की का देह-शोषण न कर लिया जाए। इसलिए वह बहुत जल्दी अपनी रिपोर्ट दर्ज कराना चाहता है। थानेदार उसे दूसरे दिन आने के लिए कहता है। मार खाया आदमी चिंचियाता है 'मेरा दर्द दर्ज़ करो' और कविता में दृश्य उभरता है :

अपने होंठों पर मुर्दा दिन को ज़िन्दा करते हुए
दीवान कहता है
किस क़लम से करूँ?
चाँदी की क़लम से करूँ? सोने की क़लम से करूँ
कि लकड़ी की क़लम से करूँ?
मार खाया हुआ आदमी रिरियाता है
कि क़ानून की क़लम से करो
क़ानून की क़लम लकड़ी की होती है

(महाकाव्य के बिना, पृ. 125-126)

इन सारी बातों को बलदेव खटिक सुन रहा है। वह अचानक खड़ा होता है और सामने नीम के पेड़ पर बैठे कौवों पर धड़ाधड़ फायरिंग करने लगता है फिर बन्दूक के बट को थाने की दीवार से मारकर तोड़ देता है और वहाँ से फरार हो जाता है। अब वह सन्तरी बलदेव नहीं मात्र बलदेव खटिक है जिसने अपने आप को अपनी जड़ता से आजाद कर लिया है। माँ, माँ, माँ चिल्लाता हुआ वह सीधे रँगतू की झोपड़ी में पहुँच जाता है। रँगतू अनाज लूटने के आरोप में जेल में है और उसका परिवार गायब है। बलदेव के मानसिक द्वन्द्व एवं

परिस्थितियों के प्रति विद्रोह का भाव इन पंक्तियों में देखा जा सकता है :

उसके सिर पर टोपी नहीं है
कमीज़ हाफ़पैंट से बाहर आ गयी है
वह हरेक औरत से पूछता है तुमको क्या बीमारी है?
अस्पताल तक पैदल चलो। गाड़ी ख़राब है
बच्चों से कहता है लाओ मेरी लकड़ी की क़लम
मैं फ़ैसला लिख दूँ

(महाकाव्य के बिना, पृ. 127)

वह किसी की बात नहीं सुनता। उसे केवल रँगतू की झोपड़ी से निकलता पूँछ झुकाया हुआ कुत्ता मिलता है। पुलिस वाले उसकी तलाश में उसी गाँव में फिर आते हैं और हथकड़ी पहनाकर रँगतू की ही तरह गाड़ी में बैठाकर ले जाते हैं। अब वह जेल की कोठरी में है और उसी की तरह का संतरी पहरे पर खड़ा हो गया है। पुलिस वाले उसे गाड़ी में चढ़ाने से पहले उसके सरकारी कपड़े उतार लेते हैं। क्योंकि सरकारी आदमी पागल होकर अपराधी नहीं हो सकता। व्यंग्य की धार यहाँ इतनी तीखी है कि आम आदमी सरकार होने का खोखला अर्थ करीब तक जान लेता है। 'बलदेव खटिक' कविता में 'मनुष्य के उस दुःख को उकेरा गया है जिसे मार्क्स कहते हैं कि मनुष्य से शक्ति भर लो लेकिन ज़रूरत भर दो। लेकिन व्यवस्था ने लेना तो उसकी शक्ति से अधिक शुरू कर दिया है और देना उसकी ज़रूरत के अनुसार नहीं बल्कि अपनी सामर्थ्य के अनुसार शुरू कर दिया है। यहाँ एक ही घर के भूख और न्याय पैदा होना चाहते हैं। जिस घर में लोहार है उसी घर में धरातल पर पुलिस का सिपाही भी अन्याय से पीड़ित होकर शरण पाना चाहता है। न्याय करने वालों का पता भले ही न चले पर अन्याय की मार खाने वालों के ठिकाने हमें अक्सर मिल जाते हैं। अपराधी और पुलिस एक ही खदान से पैदा हो रहे हैं। गालियों से रिश्ते याद आ रहे हैं। असंगति और विडम्बना ने तालमेल बिठा लिया है। एक बार दिमाग की स्थापित व्यवस्थाओं से लगता है बाहर आना पड़ेगा। तभी जीवन को नये सिरे से व्यवस्थित करने की शुरुआत बलदेव खटिक कर सकता है। हारे हुए व्यक्ति को लगता है कि गड़बड़ मेरी वजह से है। इस अधूरे आत्म-ज्ञान से असली, नकली और नकली, असली दिखने लगता है।'[7]

यह कविता देश के आम आदमी के संघर्ष की दास्तान है। आम आदमी के जीवन-संघर्ष को व्यक्त करती हुई एक पूरा कोलाज बनाती है। रिपोर्ट दर्ज

करने वाली क़लमें अलग-अलग हैं। स्पष्ट है कि इस व्यवस्था में न्याय सबके लिए अलग-अलग है। लकड़ी की क़लम का आशय सर्वसुलभ कानून से है। आम आदमी के पास पीड़ा की अभिव्यक्ति के लिए शब्द ही नहीं हैं। जब रँगतू पुलिस हिरासत में होता है उस समय का सन्दर्भ है :

शब्द जो कि दाल और भात हैं
शब्द जो कि रोटी और साग हैं
नहीं-नहीं; शब्द इतनी बड़ी चीज़ नहीं हैं
शब्द केवल रोटी पर रखे हुए नमक के कण हैं
शब्द जो लार बनाते हैं
इस वक़्त कहाँ से लाए जायें ऐसे शब्द
जो हलफ़नामा बन सकें
जो तरफ़दारी कर सकें

(महाकाव्य के बिना, पृ. 120-121)

हिरासत में रँगतू की स्थिति को देखकर कवि को लगता है जैसे उसकी शब्दहीन आत्मा नंगे पेड़ की तरह है जिस पर थाने पहुँचने से पहले ही हजार घमौरियाँ फूट पड़ेंगी और कई हजार जीभों से बोलता हुआ वह बरी हो जायेगा। यह आम आदमी की विवश सोच है जिसका प्रतिनिधि इस कविता का रँगतू है जो अकेला ही समूची व्यवस्था से लड़ने से पहले चकनाचूर हो जाता है। उसकी दशा इन पंक्तियों में है :

अपनी जड़ों के सहारे
अपनी मिट्टी में उतरा हुआ रँगतू
न पेड़ है। न पत्ता है। न हवा है
अँधेरे के भीतर दुबका हुआ अँधेरे का कीड़ा भी नहीं
शब्द भी नहीं

(महाकाव्य के बिना, पृ. 121)

इस कविता में प्रतीकों का प्रयोग किया गया है। पुलिस तन्त्र की घृणित व्यवस्था निरंकुश सत्ता का प्रतीक है। रँगतू एवं बलदेव खटिक वर्गीय चरित्र हैं। कविता में आजादी के लगभग 30 वर्ष बाद भूख, उत्पीड़न, शोषण एवं दमन का सटीक रूप है। भूखा व्यक्ति भूख में अपना विवेक खोकर राशन की दुकान से राशन लूटता है, एक रात पेट भर भोजन करता है और इसी अपराध में वह जेल में बन्द किया जाता है। आम आदमी की अवश लाचारी का इससे बढ़कर

और क्या रूप होगा। गाँव और शहर इस कविता में ख़ास सन्दर्भों में आये हैं। गाँव गरीबी के लिए तो शहर जेल के लिए बसाया-बनाया गया है।

रँगतू अपराधी है इसलिए वह जेल में होता है। बलदेव बिना जेल की दीवारों के भी कैद में है। यदि ऐसा न होता तो माँ की बीमारी के लिए अवकाश तथा अस्पताल ले जाने के लिए गाड़ी से वंचित होकर माँ की मृत्यु के सदमे को बर्दाश्त नहीं कर पाता। सोचते-सोचते वह पागल हो जाता है। पुलिस तन्त्र से उसका भ्रम टूट जाता है। कविता की ये पंक्तियाँ बलदेव खटिक की मानसिक वेदना को अभिव्यक्त करती हैं :

एक अच्छा-ख़ासा
काम करता हुआ आदमी
पागल हो जाये
1974 की राजनीति में
इसके लिए कोई शब्द नहीं
मैं आपको यक़ीन दिलाता हूँ
बलदेव खटिक के खानदान में
कोई पागल नहीं था

(महाकाव्य के बिना, पृ. 130)

उसे पागल बनाने के लिए प्रजातन्त्र की नृशंस न्याय व्यवस्था जिम्मेदार है। क्रूर सत्ताधीशों के स्वार्थ हैं। जहाँ गरीब को इंसान समझकर जीवन जीने का हक नहीं दिया जाता वहाँ समूची धरती पर सम्भवतः इसीलिए कवि को रात-ही-रात दिखाई देती है :

सुबह होनेवाली है
लेकिन रात अब भी मौजूद है
रात उस वक़्त भी मौजूद रहेगी
जब लोग दोपहर को ढलते हुए देख रहे होंगे

(महाकाव्य के बिना, पृ. 127-128)

जगूड़ी ऐसे शिल्पी हैं जो अपनी बात को कहने के लिए अनथक श्रम करते हैं। उनकी नैसर्गिक प्रतिभा से उनकी रचनायें विशेष हो जाती हैं किन्तु वे अभ्यास भी बहुत करते हैं। इस लम्बी कविता में उनका रचनात्मक कौशल अनेक प्रकार से स्पष्ट हुआ है। वे बहुत कुछ कहते हैं फिर अनकहे में भी कहते हैं। संकेत उनके काव्य की जीवनी शक्ति है जैसे कि एक स्थान पर माँ की गाली

है। यह शायद घृणा और आक्रोश के कारण है। बलदेव खटिक को नौकरी करते हुए जो कटु अनुभव हुआ है उसी का प्रकट रूप है। किन्तु माँ की गाली मुँह से निकलते ही उसे अपनी माँ की याद आ जाती है और वह थाने से माँ, माँ, माँ कहते हुए भागता है। यह जगूड़ी का कौशल है कि अपशब्दों के प्रयोग से भी नये प्रसंग रच लेते हैं।

एक और प्रसंग का उल्लेख करना आवश्यक है जिसमें संकेतों से कवि अपनी बात करता है। माँ की बीमारी के समाचार से व्यथित बलदेव उन्हें जिला अस्पताल ले जाने के लिए गाड़ी माँगने जाता है तो वह भाँग के पौधों के बीच में खराब पड़ी मिलती है। वह कई पुरानी लाशों को लाँघता है। क्या अभिप्राय है पुरानी लाशों को लाँघने का? सम्भवतः कवि यह बताना चाहता है कि कई ऐसे विचार जो निष्क्रिय परिणाम वाले थे उसके मानस पर तिरते रहते हैं। बड़ी मुश्किल से वह थाने जाकर गाड़ी माँगने का विचार कर पाता है। यहाँ एक और प्रसंग है। थाने पर एक आदमी रोते-चिल्लाते हुए आता है। उसकी बेटी का अपहरण हो गया है। जिस बटुए में उसने बेटी की तसवीर रखी थी वह भी चोरी हो गया। वह थाने पर रिपोर्ट लिखाने जाता है जहाँ उसे अगले दिन आने को कह दिया जाता है। सन्तरी ड्यूटी पर खड़ा बलदेव खटिक-जिसकी माँ दवाई बिना मर गयी है–सब कुछ देखता-सुनता रहता है। यहाँ एक-दो पंक्तियाँ कविता में हैं जो कोष्ठक के भीतर लिखी गयी हैं :

(थाने की बड़ी घड़ी सुधारकर
घड़ीसाज़ फाटक से बाहर जा रहा है)

(महाकाव्य के बिना, पृ. 126)

थाने की घड़ी तो घड़ीसाज़ सुधार कर चला जाता है क्या थाने की कार्य प्रणाली भी सुधारने वाला कोई आया? व्यवस्था की खराब घड़ी की ओर भी यहाँ संकेत है। घड़ी का अर्थ यहाँ समय से भी लिया जा सकता है। समय बताने वाले यन्त्र से भी। फिल्म निदेशक गुण्डे एवं हत्यारे का फिल्मांकन करने के लिए आम आदमी का मेकअप कर देते हैं। तो क्या आम आदमी गुण्डा या हत्यारे के लिए रूढ़ हो गया है। इसी प्रकार का वाक्य 'सरकार पागल नहीं होती, सरकार अपराधी नहीं होती तो क्या पागल एवं अपराधी आम जनता होती है जो उसे चुनकर शासक बनाती है।' कविता का अन्त विद्रोह की चरम परिणति है। यह इशारा भी कि आम आदमी अब जागरूक हो गया है :

आप लोग अपनी परवाह करें
अपने बच्चों की जाँच करवायें
यह केवल अफ़वाह नहीं
(बल्कि ज़िन्दा होने की नयी शर्त है)
कि देश में कुछ लोग
पेट से ही पागल होकर आ रहे हैं
लेकिन वे जब फ़ायर करेंगे
तो यह तय है कि
इस बार कौवे नहीं मरेंगे।

(महाकाव्य के बिना, पृ. 130-131)

कविता की भाषिक संरचना भी ध्यान खींचती है। कविता के प्रारम्भ का दृश्य अद्‌भुत है। 'रात। चिथड़ा खाती गाय के जबड़े में/धीरे-धीरे ग़ायब हो रही थी', 'बच्चे उसके शरीर से पहनावे की तरह चिपके हुए थे', 'पर्दे पर एक ऐक्टर प्यार कर रहा था' और 'सिपाही की माँ जेब में मुड़े हुए तार पर छटपटा रही थी'। ऐसे अनेक गूढ़ व्यंजना मिश्रित वाक्यों से 'बलदेव खटिक' जीवन्त कविता बन गयी है। हिन्दी की लम्बी कविताओं में इसका स्थान इन सभी विशेषताओं के कारण है।

लीलाधर जगूड़ी की लम्बी कविता 'मन्दिर लेन' एक विशेष प्रकार की समकालीनता का भाव लिए हुये है। इस कविता के शीर्षक से लगता है कि यह मन्दिर की ओर जाने वाला रास्ता है। जिस पर चलकर हिंसा, लूट, झूठ-फ़रेब, दुराचार, मिथ्या कथन इत्यादि समेत अनेक दुर्बलताएँ समाप्त हो जाती हैं। ऐसा माना जाता है कि वह सत्य, परोपकार, न्याय जैसे उदात्त मानव-मूल्यों का उद्‌गम स्रोत है। किन्तु मन्दिर लेन की वास्तविकता क्या है इसे कविता पढ़कर जाना जा सकता है। इस कविता में जगूड़ी का विडम्बना बोध बहुत तीखे और कटु यथार्थ से उपजा है। भारतीय समाज में विशेष रूप से हमारी राजनीतिक, सामाजिक शक्ति संरचनाओं में हिंसा के कई रूप हैं। उसका स्वरूप दिन-पर-दिन जटिल और अमानवीय हुआ है। 'मन्दिर लेन' कविता के विविध दृश्यों-परिदृश्यों में घटनाओं की ऐसी श्रृंखला है जिसमें भयावह युगबोध, संशय, भय, विश्वासहीनता, असुरक्षा, पुलिस की सही तसवीर तो है ही इन सबमें पिसता हुआ आम आदमी भी अपनी नियति के साथ उपस्थित है।

द्वन्द्व एवं अटकलबाजियों से भरी हुई इस लम्बी कविता के कई दृश्य

वीभत्स हैं तो कुछ कदर्थित। कविता के ये विवरण हमारे सामने एक रहस्य लोक रचते हैं। एक हादसे से पाठक उबर नहीं पाता कि दूसरा सामने आ खड़ा होता है। मृत-चरित्रों के माध्यम से जगूड़ी ने हिंसा, अपराध में संलग्न समाज का चरित्र खींचा है। वे ऐसे विरल कवि हैं जो अपने कथ्य एवं मन्तव्य को लाशों, उसके कटे या काटे गये अंगों तथा फटे-सिले कपड़ों से जोड़कर वर्णन करते हैं। यहाँ आत्मग्लानि और विक्षिप्तता विशेष सन्दर्भों की सृष्टि करते हैं। आशंकाएँ कविता को जीवन्त बनाती हैं तो दुर्घटनाओं से कविता का कथ्य सशक्त होता है। तीन खण्डों में विभाजित यह लम्बी कविता अन्त में बहुत कुछ सोचने के लिए विवश करती है जिसका सीधा सम्बन्ध वर्तमान परिस्थितियों से है। इस कविता में एक पंक्ति कई बार आयी है 'जी हाँ, यही है मन्दिर लेन जो क़ब्रिस्तान की ओर जाती है'। प्रत्येक बार यह पंक्ति एक नये दृश्य या घटना से हमें जोड़ती है। मन को विचलित करती है। परत-दर-परत रहस्यों को खोलकर समाज के अनेक चेहरों को बेनकाब करती है। यह लम्बी कविता व्यंग्य प्रधान है। कविता का मर्म है 'कौन कैसे मरेगा यह मौत पर छोड़ देना चाहिए। देखना चाहिए कि कौन कैसे जीता है जीना बड़ी चीज है'।

कविता के प्रारम्भ में तेरह साल से मरे हुए जीवित आदमी के गिरोह से निकलकर गंगू चमार मुखबिर बनने के बाद इसी में पागल हुआ कि उसने सात फ़र्जी आदमियों को मरवाया है। इस घटना को वह भूल नहीं पाता। वह चीखता रहता है कि वे सातों जिंदा हैं। वे रोज होटलों में चाय पीने आते हैं। वे अंधेरे में घात लगाये बैठे रहते हैं। गंगू कहता है कि उसकी जान खतरे में है और अखबार कहते हैं कि 'यह हरिजन उत्पीड़न का मामला है'। विक्षिप्तावस्था, भय एवं आशंका में जीते हुए गंगू को प्रायः लगता है कि एक अदृश्य हाथ आकर उसे पीटने लगता है, एक अदृश्य टाँग आकर कोने में छिपे हुए गंगू को लँगड़ी मार देती है तो एक अदृश्य पैर आकर उसे बीच सड़क पर लात से मारने लगता है। एक दिन वह इसी अदृश्य की मार खाते-खाते मर जाता है और लोग टिप्पणी करते हैं कि 'वह बेहद क़ानूनपसन्द आदमी था'। सच्चाई तो यह है कि उसका कानून से कोई लेना-देना था ही नहीं। यहाँ कवि ने यह बताने का प्रयास किया है कि लोगों की टिप्पणी और यथार्थ में कहीं कोई तालमेल नहीं होता। मरने के बाद लोग कुछ भी बोल देते हैं। जीते जी जो व्यक्ति निन्दा का पात्र होता है वही मरणोपरान्त प्रशंसित हो जाता है।

इस कविता में एक और वाक्य कई बार आया है 'आपको कहाँ जाना है? नाले पार वाले बाग़ में?' नाले पार वाले बाग़ में हत्या, मृत्यु और आशंका के अनेक दृश्य

हैं। इन दृश्यों को कवि ने फैण्टेसी के माध्यम से अभिव्यक्त किया है। यह बाग क़ब्रगाह से कम नहीं है। 'जहाँ एक मुड़ा हुआ सिर मिला था' जिसे किसी रामपिरीत नामक व्यक्ति का बताया गया। 'बाद में वह सिर मिठाई लाल धोबी का सुना गया'। कुछ दिनों के बाद 'वह सिर न रामपिरीत का और न मिठाई लाल का रह गया, सिर्फ़ किसी धोबी-ओबी का होकर रह गया'। इस सिर के बहाने जगूड़ी एक विचित्र संसार में ले जाते हैं जहाँ एक ही व्यक्ति की दो-दो लाशें मिल जाती हैं। 'पिछले साल पुलिस ने बतायी थी एक, अब हत्यारे ने बतायी है। दोनों लाशों के परिधान दो तरह के हैं, 'पिछले साल वाले मिठाई लाल की लाश कुर्ता लुंगी और गमछे वाली थी, इस साल वाला मिठाई लाल पैंट-बुशर्ट में मिला'। मजे की बात तो यह है कि दोनों लाशों की फोटो पुलिस ने करवाये हैं। फिर भी यह विसंगति? एक मिठाई लाल की दो लाशें। विडम्बना का संकेत करने वाले मिठाई लाल के घर में दोस्तों के साथ एक फोटो है। 'दोस्तों को हत्या के सन्देह में गिरफ्तार कर लिया गया है'। जगूड़ी उस परिवेश की ओर संकेत करते हैं जिसमें दोस्त और हत्यारे में कोई अन्तर नहीं रह गया है। इस अन्धी कानून व्यवस्था को देखते हुए 'एक साथ नहीं होने चाहिए दोस्तों के फ़ोटो'।

नाले पार वाले बाग की एक और रहस्य कथा है। एक कटा हुआ हाथ और धड़ मिलना विवादित है। अटकलबाजियों से जाना जाता है कि हाथ फ़ज़ल चिरानी, धड़ सरोवर सिंह का है। छाती की चौड़ाई से अनुमान लगाया जाता है कि हो न हो यह धड़ सरोवर सिंह का हो। यहाँ एक पहेली सी है जो जीवन से नहीं मृत्यु से जनमी है। अगर हाथ, धड़ और सिर सब रामपिरीत के मान लिये जायें, तो फ़ज़ल और सरोवर सिंह का अभी तक कुछ नहीं मिला :

एक आदमी की शिनाख़्त के लिए पूरे दो आदमी मिटाने पड़ेंगे
या फिर किसी का एक हाथ मिलने से ही उसकी
पूरी मौत तय करनी पड़ेगी या फिर
हर हिस्से पर गुदा हुआ होना चाहिए शरीरवाले का नाम
क्योंकि अमवाड़े में जो टाँग मिली है उसे अब सुंदरपुर के
किसी तीरथ की बताते हैं
और जो बेहोश-सी औरत पड़ी मिली थी नाले के पास
जो भी जिस नाम की वह देवी या बाई रही हो
जिसके कपड़े एकदम नये-से थे
वह एक अज्ञात औरत की लाश थी

(महाकाव्य के बिना, पृ. 146)

उस अज्ञात औरत की लाश का पूरा-पूरा मिलना सबको अचरज में डाल देता है। 'उठाते ही पता चला कि फाड़कर पहनाये गये कपड़ों में, वह एक सिली हुई लाश थी'। शरीर के अंग तो नाले पार वाले बाग की कहानी कहते ही हैं वहाँ एक तकिया मिलता है। 'जी हाँ, सिर्फ एक तकिया और तकिये में फिरौती के लिए चुराये गये बच्चे के हाथ-पाँव, सिर और धड़ भी'। 'बच्चे का उन्होंने कुछ भी नहीं रखा अपने पास, उसी के कपड़ों से बनाया गया था वह तकिया। कहने का अभिप्राय यह है कि अत्याचार एवं हिंसा के समाज में पुरुष वर्ग ही नहीं, स्त्रियाँ एवं बच्चे भी समान रूप से रौंदे-कुचले जा रहे हैं। नाले पार वाले बाग से प्रायः चीखें सुनाई देती रहती हैं, जो इन दृश्यों को देखते हैं, उनकी औकात झिंगुर और उल्लू सरीखी है। मँडराती हुई चीलें वहाँ होनेवाली हत्या एवं हिंसा की ओर संकेत करती हैं।

कविता के दूसरे भाग में कुछ पंक्तियाँ हैं जो उसी परिवेश का बिम्ब खींचती हैं जिनकी चर्चा ऊपर की जा चुकी है। पुलिस अधिकारी पी. कुमार से एक नौजवान आकर बोलता है कि 'क्या आप उसे ढूँढ़ रहे हैं बनवारी लाल को' कल ट्रक दुर्घटना में कुचल जाने से जिसकी कमर का निचला हिस्सा ही साबुत बचा था जिसे 'हम लोगों ने पैंट से ही पहचान लिया था कि वह बनवारी है'। कविता की अगली पंक्तियाँ कुछ गहन रहस्य खोलती हैं :

नाले पार के अमरूद क्यों मीठे और पानी क्यों ख़ारा है
बाग़ नहीं जंगल है वह। पेड़-पेड़ के नीचे लाशें गाड़ी हैं

x x x

अब चीर-फाड़ की रपट बताती है कि उसका ख़ासम्-ख़ास
अंग पहले ही काट लिया गया था
ज़रूर पहले उसे मारा गया होगा
सोच-विचार के बाद ट्रक के नीचे फेंका गया होगा
जो भी हो पर अब बनवारी नहीं है

(महाकाव्य के बिना, पृ. 147-148)

अगले एक प्रसंग में नौवा और ददुआ की चर्चा है। ये दोनों कुख्यात हत्यारे एवं डाकू हैं। एक अपराधी अचानक बहुत बड़ा डाकू नहीं बन सकता। यहाँ कवि ने व्यंग्य किया है उन सफेदपोश लोगों पर जिनका ऊपरी आवरण सद्चरित्रता का उदाहरण होता है और अन्तर्मन डाकू की-सी वृत्ति वाला। ददुआ ऐसे ही सफेदपोश व्यक्तित्व का प्रतीक है। उसने 'अनाथ लड़कियों की शादियाँ करवायीं',

'विधवाओं को मदद पहुँचायी', 'गाँव तक सड़क बनवायी', 'बेरोज़गारों को अपने गैंग में भर्ती किया', 'प्याऊँ खुलवाये, धर्मशालाएँ बनवाईं', 'अपने धर्म के प्रचार में कीर्तन करवाये', 'उसने वे सारे काम करवाये जो सरकार करवाती है', 'जिंदा ददुआ या तो सरकार होता या पहुँचा हुआ महात्मा'। यहाँ कवि का व्यंग्य सीधे-सीधे राजनीतिज्ञों एवं धर्म के ठेकेदारों पर है। क्या राजनीति में पहुँचे हुए लोगों का चरित्र पहले ददुआ जैसा था या धर्मोपदेश देने वाले महात्मा की पृष्ठभूमि भी ददुआ के जीवन से मेल खाती सी है। वस्तुतः जगूड़ी अनगिनत अनकहे प्रसंगों की सृष्टि से भी कविता रचने में कुशल हैं।

कविता के तीसरे खण्ड में भी फैण्टेसी के माध्यम से अनेक प्रकार की घटनाओं-दुर्घटनाओं की चर्चा है। इस खण्ड में 'आत्महत्या' शब्द आया है। जो एक सारगर्भित प्रसंग की रचना करता है :

बस एक ही चारा था और उसी क्षण मैंने आत्महत्या कर डाली
एक मरे हुए आदमी के रूप में ख़ुद को देखने लगा
इस तरह आत्महत्या ने मुझे आदर्श और न्याय की इच्छा से
काट दिया
मरणोपरान्त जीवन में मुझे एक सार्वजनिक औरत मिली
उसने भी बताया कि यह सब वह आत्महत्या के बाद ही कर रही है
वहाँ मिले मुझे एक से एक धाकड़ अपराधी
जो सब आत्महत्या के बाद ही सफल हुए थे

(महाकाव्य के बिना, पृ. 151)

यहाँ सही मनुष्य के अपराधी होने का वृत्तान्त है। कोई जन्म से अपराधी या पागल नहीं होता। आत्महत्या का अभिप्राय यहाँ व्यापक मानव-मूल्यों से जुड़ा हुआ है। यहाँ आत्महत्या शरीर की नहीं 'स्वयं के आदर्शों, नैतिकताओं की है'। जो मनुष्य को मनुष्य नहीं रहने देती। उसे अपराधी एवं विद्रोही बना देती है। एक सही आदमी को गलत लोगों के गिरोह का सदस्य बना देती है। मनुष्य को इतना हृदयहीन बना देती है कि उसके लिए हत्या जैसा शब्द अब घृणित नहीं लगता। यह उतना ही सहज लगने लगता है जैसे किसी की सहायता करना। स्व का परिवर्तन जो आत्महत्या के उपरान्त होता है, उदात्त मानव-मूल्यों के विरोध में जो कुछ है या हो सकता है, के पक्ष में होता है। विरोधी परिस्थितियाँ आदमी को समूल नष्ट कर डालती हैं। जगूड़ी सम्भवतः यहाँ यह बताने को तत्पर हैं कि 'इस तरह की आत्महत्या तो आदमी से हज़ार हत्याएँ करा देगी,

क्या आत्महत्या से बचा नहीं जा सकता?' यह प्रश्न हथौड़े मारता है उस भ्रष्ट व्यवस्था पर जिसकी जड़ें बहुत गहरी और उलझी हुई हैं। इस कविता में कवि ने शान्त-सुखमय मानव-जीवन की कामना की है :

समय से टीके लगवाने के बाद भी समाज बीमार है
गुरुजी ने कहा था अपराधियों के लिए सुविधापूर्ण
जेलें मात्र उद्देश्य न हों जेल कभी न फूले-फले
जेल से बाहर का जीवन ज़्यादा सुरक्षित और
सुविधापूर्ण हो ....

(महाकाव्य के बिना, पृ. 150)

लीलाधर जगूड़ी की 'हत्या' शीर्षक लम्बी कविता में संशय, असुरक्षा, व्यवस्था का सही चेहरा, पुलिस की भूमिका, डॉक्टरों एवं अस्पतालों की सच्चाई सब कुछ देखा जा सकता है। यह कविता धूमिल की मृत्यु के उपरान्त कवि ने लिखी है। अस्पताल में होने वाली मृत्यु स्वाभाविक है या डॉक्टरों की लापरवाही और अस्पतालों की अव्यवस्था के कारण हत्या है कुछ कहा नहीं जा सकता। 'हत्या' तो अस्पताल के बाहर भी हो सकती है। समाज में रहने वाला व्यक्ति यदि किसी पद पर या किसी बड़े पद पर है तब तो वह सुरक्षित है किन्तु आम आदमी का जीवन बेहद असुरक्षित हो गया है। वह घर के भीतर जब तक है बचा हुआ है। घर से बाहर निकलते ही वह जनता हो जाता है। वह भीड़ का हिस्सा हो जाता है। उसके जीवन की कोई गारंटी नहीं है। उसकी न तो कोई पहचान है और न मरने के उपरान्त शिनाख़्त। कविता का बीज भाव इन पंक्तियों में है :

सचमुच मेरा दिमाग़ उस भाषा का श्मशान है
जहाँ फूल और ख़ुशहाली है
फ़व्वारा और माली है
जहाँ विदेशी अतिथि के ज़रूरी चरण हैं
जहाँ बन्दूक की गोली के अदृश्य धागे पर बिंधे हुए
हज़ारों युवा सिर हैं
हज़ारों युवा हाथ। हज़ारों युवा पैर
आख़िरकार भारत माता।
तुम्हें रोज़ कितनी खोपड़ियों की ज़रूरत है?

(महाकाव्य के बिना, पृ. 78-79)

स्पष्ट है कि इस कविता में एक ऐसा वर्ग है जो फूलों की खुशबू और फव्वारों की बूँदों से पलता है। सम्भ्रान्त, अमीर, धनाढ्य वर्ग जिनकी देश-विदेश के लोगों से मित्रता है। जो अपनी सुविधा के लिए, सुख और समृद्धि बढ़ाने के लिए हज़ारों लोगों के सिर कटवा सकते हैं। व्यंग्य का भाव है 'भारत माता तुम्हें रोज़ कितनी खोपड़ियों की ज़रूरत है?' अर्थात् कब तक वर्ग भेद का क्रूर तांडव चलता रहेगा। आम और ख़ास ये शब्द एक कब होंगे? महँगाई और गरीबी दोनों का अर्थ जब जीवन से जुड़ता है तब बातें सामान्य नहीं रह जातीं। एक वर्ग गरीबों का ऐसा है जो पुराने कपड़े पर जीवन बिताता है। उसे चिंता है कि अब कपड़े नहीं मिलेंगे। चाय भी छोड़ देनी होगी। 'मैं' पात्र गाँव के गरीब लोगों को यह सूचना देता है। इस सूचना पर गाँव के लोगों की प्रतिक्रिया, जागरुकता एवं भविष्य की चिंता सब कुछ देखी जा सकती है। जगूड़ी की कविताओं में पात्रों की बातचीत होती है। ये वार्तालाप शैली में हैं। अपनी बात को कहने के लिए वे पात्र गढ़ लेते हैं ताकि चीज़ें सही तरीके से सामने आ सकें। 'हत्या' की एक परत यहाँ और खुलती है :

और खाना? यह उनका पहला सवाल था
मुझे नहीं था मालूम कि गाँव में सवाल अब
वापस किये जा रहे हैं

x x x

लेकिन मेरे दिमाग़ में तो उनका सवाल था। चुभा हुआ।
वह दिन आने वाला है मैं कह बैठा
जब हमें खाना भी छोड़ना पड़ेगा
तुम हमारी कल्पना को तोड़ रहे हो
–वे एकदम तमतमा उठे –
तुम्हें क्या पता इससे कितनी चोट पहुँचती है

(महाकाव्य के बिना, पृ. 77)

वह वर्ग जो भविष्य में भोजन की कल्पना करके खुश हो जाया करता है, यह सूचना उसकी कल्पना और उसके सपनों पर असहनीय चोट पहुँचाती है। ऐसी चोट जिससे उसका शरीर नहीं बल्कि मन घायल हो जाता है। 'मैं' पात्र को बड़ा आश्चर्य होता है। वह प्रश्न करता है। ऐसा प्रश्न जो आजाद भारत की विकास-कथा की पोल खोलने वाला है :

आख़िर मैं शहरी जीव था; मैंने भाषा का कवच
निकाला और पहनकर खड़ा हो गया
–जब रेल या डाक या राशन या कोई भी चीज़
समय से नहीं पहुँच रही है
तो आपको 'वह चोट' कैसे जल्दी पहुँच जाती है
उन्हें हँसना चाहिए था
मेरे अनुमान के अनुसार उन्हें हँसना चाहिए था
पर वे एकदम नंगे होकर बोले
x x x
हम तुमसे समाचार सुनना चाहते थे
तुम हमें सज़ाएँ सुना रहे हो?

(महाकाव्य के बिना, पृ. 77-78)

समय ऐसा आ गया है कि कहा कुछ और सुना कुछ जाता है। शहर में दुर्घटनाएँ बढ़ रही हैं। सड़कें बूचड़खानों में बदल गयी हैं। सड़क पर चलने वालों की भीड़ में सभी शरीक हो गये हैं। बड़े-बड़े लेखक, कवि, पत्रकार। बीमार समाज में विष्णु खरे, देवताले, रघुवीर सहाय, सर्वेश्वर दयाल सक्सेना, कमलेश, काशीनाथ सिंह, मोहन थपलियाल और ज्ञानरंजन भीड़ का हिस्सा बने हुये हैं। प्रमोद जोशी, अशोक वाजपेयी, विनोद कुमार शुक्ल, कुँवर नारायण, अज्ञेय और नयी संभावनाएँ तलाशते हुए नामवर सिंह बढ़े जा रहे हैं। कविता का अन्त बहुत अधिक प्रभावशाली बन गया है। कवि सबको समेट कर मूल बात कहता है–

अगर कोई कहे 'रोटी' तो उसके सामने क्या होना चाहिए?
मैंने कहा - भूख और मेहनत के बराबर 'खेत'

(महाकाव्य के बिना, पृ. 87)

यहाँ जगूड़ी का निर्मम प्रहार है। रोटी, भूख और खेत के कवि धूमिल की मृत्यु के उपरान्त भी उनके मुँह से यह कहलवाना कि जो हत्यारे सड़कों पर हैं वे अब अस्पताल के डॉक्टरों में बदल गये हैं। रोगी को मार चुकने के बाद डाक्टर उसे हत्या नहीं कहता। उसका अज्ञान रोगी को मारता है। पुलिस के पूछे जाने पर वह बड़ी आसानी से कहता है कि आपरेशन असफल रहा और हिन्दी का एक कवि धूमिल मर गया। यह क्या? कवि की ज़ुबान तो कर्फ्यू में बन्द हो गयी किन्तु हँसता हुआ मृतक धूमिल कहाँ से आ गया?

–ऑपरेशन थियेटर को तोड़ता हुआ धूमिल
मेरे जमाने का वह किसान कवि
बरामदे में एक डॉक्टर का कॉलर पकड़ता है
'हत्यारे' !
फिर कहता है – नहीं, नहीं, तुम हत्यारे नहीं हो
डॉक्टर नहीं

(महाकाव्य के बिना, पृ. 88)

उसके बाद धूमिल की कविता की थीम को जगूड़ी ने सामने रख दिया है। कविता में अपराधी का नाम इस भय एवं आतंक के समय में खुलकर नहीं लिया जा सकता :

क्योंकि असली अपराधी का नाम लेने के लिए
कविता सिर्फ़ उतनी ही देर तक सुरक्षित है
जितनी देर कीमा होने के पहले
कसाई के ठीहे और तनी हुई गंडास के बीच
बोटी सुरक्षित है

(महाकाव्य के बिना, पृ. 88)

युगबोध को अभिव्यक्त करने के लिए यहाँ कवि ने फैण्टेसी का बड़ा सुन्दर प्रयोग किया है। बिम्बधर्मी यह कविता प्रतीकों एवं उपमानों को साथ लेकर कुछ अधिक कविता बन गयी है। संग्रह की एक कविता है 'बच्चा और राजनीति'। इस कविता में भी व्यवस्था विरोध के कई स्वर हैं। यहाँ बड़ों से नहीं चींटियों से, बच्चों और स्त्रियों के माध्यम से कवि ने अपनी बात बेहतर तरीके से रखी है। यहाँ सपने हैं जिन्हें बच्चे देखते हैं। इन सपनों के माध्यम से कवि ने पुलिस वालों का चरित्र, व्यवस्था का विरोध, परिवार में स्त्री-पुरुष की दिनचर्या और बच्चों के चेहरों पर अनेक रहस्यों के पड़ावों को व्यक्त किया है। इस कविता में चींटियाँ सुनती हैं, समझती हैं। जंगल का नैसर्गिक सौन्दर्य उजाड़ कर उनका आधुनिकीकरण किया जा रहा है। विशेष तकनीकी हाईब्रिड से दो दिन में खिलने वाले फूल उगाये जा रहे हैं। पौधों की नयी-नयी प्रजातियाँ बनायी जा रही हैं। यह सब कुछ अकृत्रिम के विपक्ष में हो रहा है। कवि का मानना है कि प्रकृति के नियमों को न समझ कर मनुष्य ने प्रकृति के गणित को अपने मनमानेपन में बदल दिया है। फसलों का और फलों का तथा फूलों का ऋतु चक्र आदमी ने बदल डाला। जो फसलें जाड़ों में होती थीं वे कभी भी पैदा

की जाने लगीं। बीज में तब्दीली की गयी। आज आधुनिकता सही मायने में वही है जिसे प्रकृति पैदा न कर सके। मनुष्य बेख़बर है किन्तु चींटियों के कान खड़े हो गये हैं।

यहाँ मध्यम वर्ग की स्त्री है जो सभी पुरुषों को पुलिस कहती है। पुलिस मतलब निर्दयी। वह अपने पति से कहती है कि तुम लापरवाह हो। तुम्हें बच्चे का मोह नहीं है। दाढ़ी बनाते हो तो बच्चा सीढ़ी की ओर चला जाता है और किताब पढ़ने में मगन हो जाते हो तो बच्चा आग की ओर। माता-पिता की इस बहस में कवि ने यह बताने का प्रयास किया है कि परिवार एवं बच्चे की चिन्ता स्त्री को अधिक होती है। पुरुष बेफिक्र होकर जीते हैं। पति-पत्नी का वैचारिक द्वन्द्व कविता को नया मोड़ देता है :

पिता ने कहा – बच्चे को सीढ़ी के पास छोड़ो या न छोड़ो
वह कहीं से भी ख़तरे तक पहुँच सकता है ....
फिर ज़िन्दगी तो ख़ुद एक सीढ़ी है
जिसे जहाँ से भी चढ़ो ख़तरे तक पहुँचा देती है
असल ख़तरा तो सपने का है
और बच्चे को भी वे शुरू हो गये हैं...

(महाकाव्य के बिना, पृ. 58)

इस कविता में पुलिस वालों के प्रतिपक्ष में भी कवि ने बहुत कुछ कहा है। पुलिस की ज़्यादती, उनका खौफ़ शहर के लोगों पर तो होता ही है अब बच्चे भी उनसे डर गये हैं। कवि ने इस यथार्थ की फैण्टेसी बनायी है। बहुत सारे बच्चे दहल गये हैं यहाँ पुलिस वालों से :

तभी अचानक बबलू चीख़ा, घबराया हुआ जगा
लगा कि लड़कर लौटा है
इस तरह टूटा सपना
माँ ने छुआ - क्या हुआ?
–मैं था, बबली थी, पप्पू था, टिक्कू थी
गुड्डू और पप्पी भी हमारे साथ थे
तुम कहाँ थी मम्मी? कहाँ चले गये थे पापा?
मम्मी! क्या देखते हैं कि इधर के पुलिसवाले
शहर में झाड़ू लगा रहे थे

और उधर के पुलिसवाले बच्चों को
पकड़-पकड़ नहला रहे थे

(महाकाव्य के बिना, पृ. 57)

यहाँ कवि ने स्वप्न चित्र का वृत्तान्त नहीं लिखा है बल्कि इसके माध्यम से बच्चों के भीतर समाये हुए भय, घबराहट और दहशत का प्रस्तुतीकरण किया है। तर्क एवं वार्तालाप के माध्यम से कवि ने इस कविता के कथ्य को रोचक बना दिया है। युगबोध तो लिखा ही जाता रहा है, यहाँ शिल्प के बदलाव से कविता में नवीनता आ गयी है।

'हाथी और पहाड़' कविता यान्त्रिक जीवनशैली पर आधारित है। उत्तर आधुनिकतावाद, मशीनीकरण के प्रति बढ़ता आकर्षण और पुरातनता से पलायन यह सब कुछ इसमें उपस्थित है। यहाँ भी फैण्टेसी है। छः खण्डों में यह कविता विभाजित है। सबके परिदृश्य अलग हैं परन्तु सब एक दूसरे से जुड़कर कविता को पूरा करते हैं। कविता में कवि ने दो प्रतीक लिए हैं। ड्रायवर और महावत। महावत हाथी हाँकता है। हाँकता ही नहीं उससे माचिस और बीड़ी भी उठवा लेता है। एक दिन कवि देखता है कि जिस लड़के को महावत के रूप में उसने देखा था उत्तरकासी के मेले में, वही ऋषिकेश में है परन्तु अब वह महावत नहीं एक ट्रक पर क्लीनर का काम करता है। महावत से क्लीनर बनने की यह यात्रा हाथी से ट्रक पर चलने का दौर जीवन के खतरनाक मशीनी युग का है। एक दिन महावत से क्लीनर बना लड़का ट्रक की चपेट में आकर मर जाता है। उसी ट्रक से जिस पर वह काम करता था। कविता के अन्त में कवि ज़िन्दगी के छोटे सफ़र में अनेक संभावनाओं को 'हाथी और पहाड़' के प्रतीकों से व्यक्त करता है :

कौन मरा यह क्लीनर या महावत 'नरो वा कुंजरो वा'
या जिसमें मुझे ड्रायवर या महावत बनने की संभावनाएँ
दिख रही थीं एक दिन
बहुत बड़ी हैं संभावनाएँ सफ़र बहुत छोटा है
पत्थर लगने से, पैर फिसलने से, नदी तरने में, चढ़ने-उतरने में
हाथी की चिंघाड़ जैसी अनेक चीख़ों से भरे हुए हैं पहाड़
जिन्हें बुहारने के लिए पेड़ों पर लटके हुए हैं हवा के झाड़ू।

(महाकाव्य के बिना, पृ. 112)

महावत से क्लीनर बने लड़के का जो बिम्ब जगूड़ी खड़ा करते हैं वह उनके

शब्द-चयन और उपमान योजना का मिलाजुला रूप है। 'मैले मुख से टपकता अमर बासीपन, अधोई आँखें आँजी-सी दिखने के बावजूद, जैसे वह सलवटों-भरे हाथी का कड़ा-सा कोई रोयाँ हो' जैसे वाक्यों के साथ-साथ सड़क पर दौड़ते वाहनों के लिए 'बिना ब्याहे, बिना ब्याँए क़ीमती उनके बच्चे, दौड़ते घोड़ों फुदकते उड़नोत्सुक पंछियों को मात दे रहे थे' जैसे उपमान कविता के कथ्य को साकार करने में सफल हैं। यहाँ प्राकृतिक जीवन एवं यान्त्रिक जीवन में तुलना करके कवि ने हमें कौन सा जीवन जीना है, सोचने का अवसर दिया है। एक साक्षात्कार में जगूड़ी ने इस विषय पर अपना मंतव्य रखा है कि 'आधुनिक दृष्टि हमेशा यथास्थितिवाद के विरुद्ध गयी है। अब ऐसा समय आ गया है कि मनुष्य को कुछ नहीं बनाना है, सिर्फ इरादा बनाना है जो उसके सामने साकार होकर आयेगा। सारा निर्गुण अब सगुण हो गया है। यानी मनुष्य का मन तो सक्रिय रहेगा बाकी सारा कार्य मशीनें कर देंगी। यह मैं समझता हूँ कि उत्तर-आधुनिकता है, यानी आधुनिकता के बाद की स्थिति, जिसमें मनुष्य को केवल विचार देने हैं, विज्ञान को या विज्ञान की क्षमता को दृष्टिगत रखते हुए । ...संक्षेप में निष्कर्ष यह है कि प्रकृति की पराधीनता से मुक्ति के लिए मनुष्य ने आधुनिक होना पसन्द किया और उत्पादन व रचना के सारे तन्त्र-मंत्र से मशीनों की एक समानांतर सत्ता स्थापित कर दी।'

'एक शब्द तिनका' कविता की पृष्ठभूमि में नक्सलबाड़ी आन्दोलन है। विनोबा भावे ने 'भूदान' आन्दोलन चलाया। नक्सलबाड़ी आन्दोलन भी एक क्रान्ति थी। भूमिहीनों को भूमि प्रदान करने की। यह क्रान्ति विफल हो गई। तमाम हिंसा, खून-खराबा हुआ। कुछ ऐसे लोग उभर कर आये जो मसीहा बने फिरते थे। पहनावा और अन्य ऊपरी आवरण कभी भी कोई सफलता नहीं दिला पाते। मजबूत संकल्प और दृढ़ इरादों से सब कुछ पाया जा सकता है। तिनके के प्रतीक के माध्यम से कवि ने कविता में कई स्थापनायें की हैं। तिनका सूर्यमुखी फूल होकर तपना चाहता है। उसमें व्यवस्था पलटने की ताकत है :

अपने सिर पर एक फूल
पैदा करने का मतलब है
भविष्य की हरी धरती
भविष्य के मामूली लोगों द्वारा सजायी गयी धरती
व्यवस्था-विहीन
गूँगे पशुओं की ज़रूरी धरती पर
एक फूल पैदा करने का मतलब है

अपने ख़ून में मिली हुई मिट्टी को
दृष्टिकोण में बदल देना
फूल : जिसमें अनेक तिनकों के बीज होंगे

(महाकाव्य के बिना, पृ. 64)

नन्हा तिनका अपना वजूद रखता है। वह अपना महत्त्व जानता है। जब सारे सहारे छूट जाते हैं तब वह सहारा बनता है। उसका कतरा-कतरा उपयोगी है। वह खुद टूटकर दूसरों को जोड़ता है। वह अपने को धरती पर ज़रूरी मानता है। कहने के लिए वह तिनका है किन्तु उसके बयान से आग निकलती है। वह बहुत बड़ा उपदेशक है। तिनके के माध्यम से कवि ने कहा है कि 'यह भी याद रखना कि मदद मिटाने में नहीं होती; जैसा कि आजकल प्रचलन है।' मिटा दिये जाने, उखाड़े जाने के बाद भी तिनका मनुष्य के लिए उपयोगी बना रहता है। उसे किसी की जरूरत नहीं है। वह तिनके के रूप में भी मनुष्य की बहुत बड़ी जरूरत बन जाता है :

पर वे अचानक दराँती लेकर आते हैं
और मुझे अपनी झोंपड़ी का कपड़ा बना देते हैं
मुझे अपनी झोंपड़ी का दरवाज़ा बना देते हैं
मुझे अपने चारों ओर दीवार बना देते हैं
फिर मैं तिनका नहीं,'घर' बन जाता हूँ
अपनी जड़ से कटकर
मैं दूसरों के जन्म से जुड़ जाता हूँ

(महाकाव्य के बिना, पृ. 66)

इस कविता में एक तिनके की आत्मकथा है। वह स्वयं अपने जीवन के सभी पहलुओं–उगने, तोड़ने, काटने, उजाड़ने और उजड़कर भी फिर से उपयोगी होने के प्रमाण रखता है। वह क्रांतिधर्मी है। विद्रोह की ताकत उसमें है। उसके भीतर आग है। वह दूसरों को सचेत करता है :

मगर एक बात का ख़याल रखना
तुम्हारी आग जब दूसरों को दिखाई दे
तो फिर उसे जेब में मत रखना
वरना वह तुमको ही जला देगी।

(महाकाव्य के बिना, पृ. 68)

लीलाधर जगूड़ी की लम्बी कविताओं में 'अनुस्मृति', 'व्यक्तिगत उड़ान', 'दूसरे शरीर की खोज', 'उच्चैश्रवा', 'पेड़' इत्यादि 'महाकाव्य के बिना' संग्रह में है। इनके अतिरिक्त 'अन्तरराष्ट्रीय बाज़ार', 'सदी बदलने का विभ्रम और यथार्थ', 'चालाकी की शुरुआत', 'पेड़ की आजादी', 'पलटवार', 'कवि की कठिनाई', 'जुर्माना', 'सौ गलियों वाला बाजार', 'ख़बर का मुँह विज्ञापन से ढका है' और 'जितने लोग उतने प्रेम' उत्कृष्ट लम्बी कविताएँ हैं। ये कविताएँ गहन विश्लेषण, विवेचन एवं मूल्यांकन की अलग से माँग करती हैं।

सन्दर्भ

1. लीलाधर जगूड़ी, मेरे साक्षात्कार, संस्करण 2003, किताबघर प्रकाशन, नयी दिल्ली, पृ. 93-94
2. लीलाधर जगूड़ी, मेरे साक्षात्कार, संस्करण 2003, किताबघर प्रकाशन, नयी दिल्ली, पृ. 51
3. लीलाधर जगूड़ी, मेरे साक्षात्कार, संस्करण 2003, किताबघर प्रकाशन, नयी दिल्ली, पृ. 139-140
4. लीलाधर जगूड़ी, महाकाव्य के बिना, संस्करण 1996, किताबघर प्रकाशन, नयी दिल्ली, पृ. 10
5. लीलाधर जगूड़ी, मेरे साक्षात्कार, संस्करण 2003, किताबघर प्रकाशन, पृ. 50
6. मदन कश्यप, जगूड़ी की कविता, पर्वतराग, (सं.) गुरमीत बेदी, अंक-7, पृ. 32
7. लीलाधर जगूड़ी, हर रचनाकार की पहली चेष्टा समकालीन होने की होती है, पर्वतराग, (सं.) गुरमीत बेदी, अंक-7, पृ. 77

❑❑